Coleção
Resumos para
CONCURSOS
Organizadores
Frederico Amado | Lucas Pavione

14

Direitos Humanos

Coleção
Resumos para
CONCURSOS

Organizadores
Frederico Amado | Lucas Pavione

14

Diego Pereira Machado

Direitos Humanos

6ª revista, ampliada e atualizada

2021

EDITORA *Jus*PODIVM
www.editorajuspodivm.com.br

EDITORA
*Jus*PODIVM
www.editorajuspodivm.com.br

Rua Território Rio Branco, 87 – Pituba – CEP: 41830-530 – Salvador – Bahia
Tel: (71) 3045.9051
• Contato: https://www.editorajuspodivm.com.br/sac

Capa: Ana Caquetti

ISBN: 978-65-5680-606-8

Agradeço aos meus amigos e colegas de trabalho
Lucas dos Santos Pavione e Flávia Cristina Moura de Andrade,
pela amizade, pela confiança e pelo respeito.

"A essência dos direitos humanos é o direito a ter direitos".
Hannah Arendt

"O futuro do mundo depende da forma como o enfrentamos".
Peter Singer

"Great spirits have always encountered violent opposition from mediocre minds".
Albert Einstein

"Pecar pelo silêncio, quando se deveria protestar, transforma homens em covardes".
Abraham Lincoln

APRESENTAÇÃO DA COLEÇÃO

A Coleção Resumos para Concursos tem por objetivo a preparação do candidato em disciplinas jurídicas e não jurídicas de maneira objetiva e didática, com o uso de linguagem simples para facilitar a compreensão do leitor.

Em todos os volumes foram abordados os temas essenciais de cada disciplina, sintetizados com bastante atenção para permitir ao leitor uma preparação eficaz e rápida.

Ademais, logo no início de cada capítulo foi indicada a legislação básica sobre o tema discutido ("leia a lei"), o que facilita a separação prévia e consulta dos principais dispositivos legais durante a leitura.

Ao longo do texto são apresentados com destaque os principais julgados e súmulas dos Tribunais Superiores em destaque, especialmente do Supremo Tribunal Federal e do Superior Tribunal de Justiça.

Para chamar à atenção aos temas mais cobrados nos concursos públicos, quadros de ATENÇÃO foram inseridos ao longo dos capítulos para destacá-los.

Ao final dos capítulos foram inseridos tópicos-síntese abarcando os principais pontos tratados, permitindo uma visão geral dos temas tratados e a elaboração de mapas mentais.

Enfim, a Coleção Resumos para Concursos foi concebida com o propósito de otimizar tempo e estudo dos "concurseiros"!

Bons estudos!

Organizadores

Lucas dos Santos Pavione

Frederico Amado

SUMÁRIO

Capítulo 10

Capítulo 11

Capítulo 12

Capítulo 13

Direitos Humanos: Temas Finais ... 357

Referências ... 401

Anexo ... 409

SIGLAS E ABREVIATURAS

ADCT – Ato das Disposições Constitucionais Transitórias
ADI – Ação Direta de Inconstitucionalidade
Ag. – Agravo
AG – Assembleia-Geral
AGU – Advocacia-Geral da União
ALADI – Associação Latino-Americana de Integração
ALALC – Associação Latino-Americana de Livre Comércio
ARE – Agravo em Recurso Extraordinário
Art. – Artigo
ASEAN – Associação das Nações do Sudeste Asiático
CES – Conselho Econômico e Social
CF – Constituição Federal
CIJ – Corte Internacional de Justiça
CLT – Consolidação das Leis do Trabalho
CNV – Comissão Nacional da Verdade
CPC – Código de Processo Civil
CR – Carta Rogatória
CS – Conselho de Segurança
DI – Direito Internacional
DIDH – Direito Internacional dos Direitos Humanos
DOU – Diário Oficial da União
EC – Emenda Constitucional
E.g. – *Exempli gratia*
Ext. – Extradição
FMI – Fundo Monetário Internacional
GATT – General Agreement on Tariffs and Trade
HC – *Habeas Corpus*
ICC – International Criminal Court
IDC – Incidente de Deslocamento de Competência
i.e. – isto é
Inc. – Inciso
Inq. – Inquérito
Interpol – Organização Internacional de Polícia Criminal
J. – Julgamento
LINDB – Lei de Introdução às Normas do Direito Brasileiro

MERCOSUL – Mercado Comum do Sul
MI – Mandado de Injunção
Min. – Ministro
MP – Ministério Público
MS – Mandado de Segurança
OACI – Organização da Aviação Civil Internacional
OEA – Organização dos Estados Americanos
OI – Organização Internacional
OIT – Organização Internacional do Trabalho
OMS – Organização Mundial da Saúde
OMT – Organização Mundial do Turismo
ONU – Organização das Nações Unidas
P. – Publicação
PARLASUL – Parlamento do MERCOSUL
PNDH – Programa Nacional de Direitos Humanos
RE – Recurso Extraordinário
Rel. – Relator
REsp – Recurso Especial
Rcl – Reclamação
RG – Repercussão Geral
RHC – Recurso em Habeas Corpus
RISTF – Regimento Interno do Supremo Tribunal Federal
RMS – Recurso em Mandado de Segurança
SGT10 – Subgrupo de Trabalho para Assuntos Sociolaborais
s.d. – Sem data
SP – São Paulo
STF – Supremo Tribunal Federal
STJ – Superior Tribunal de Justiça
TEC – Tarifa Externa Comum
TPI – Tribunal Penal Internacional
TST – Tribunal Superior do Trabalho
UE – União Europeia
UNESCO – Organização das Nações Unidas para a Educação, a Ciência e a Cultura
V.g. – *Verbi gratia*

INTRODUÇÃO

Os *direitos humanos* estão em constante processo de *enriquecimento*, haja vista que a conquista e a ampliação do rol de direitos consistem em imperativa e constante necessidade mundana, sob pena de a figura humana, com o passar do tempo, ser colocada em segundo plano; o que é inconcebível.

Os direitos são *inexauríveis* e sua *inesgotabilidade* é uma tendência inevitável, quiçá aceita por todos. **Não há limites quanto ao reconhecimento de novos direitos**, o leque do escudo protetor deve ser ampliado, de forma a galgar o ser humano a *padrões cada vez mais agradáveis de vivência*. Para tanto, não basta olhar somente o homem, *individual e subjetivamente*, é importante também desenvolver uma visão *objetiva*, ou seja, sob uma perspectiva social, conjuntural. E é nesta perspectiva que se insere, e.g., a demanda por um meio ambiente (em suas diferentes formas) protegido e equilibrado.

Todavia, é preciso já realçar que, além de se preocupar com a ampliação e a consagração de novos direitos, é necessário que os juristas comecem a se preocupar mais, também, com a efetivação das condições mínimas consagradas nas Declarações e nos vastos tratados sobre a temática. Não basta mais formalizar direitos, é preciso buscar meios eficientes para que a atribuição de direitos e a alocação de recursos passem a assumir uma feição mais realista, concretista e verdadeira.

De qualquer forma, tão importante quanto à *inexauribilidade* é a *historicidade*. Nesta tona, Norberto Bobbio realça que os direitos humanos não nascem todos de uma vez, nem de uma vez por todas (2004, p. 32). Para Hannah Arendt, os direitos humanos não são um dado, mas um construído, uma invenção humana, em constante processo de construção e reconstrução (1979).

A raça humana vivenciou, ora como vítima, ora como algoz, infindáveis acontecimentos deploráveis, execráveis e aterradores, que demonstraram o poder destruidor e insano de uma pessoa contra outras. Mas, por mais paradoxal que aparente, fato é que tais barbáries, testemunhadas incredulamente, influenciaram também para que os direitos fossem reconhecidos. *Dos horrores brotou uma gana por dias menos sombrios.* Se hoje se almeja o reconhecimento de condições cada vez mais benéficas e favoráveis à existência na Terra, reconheça-se que isso foi à custa de incontáveis vidas; milhares de pessoas penaram, pereceram, foram torturadas, saqueadas, estupradas, violentadas ou espoliadas das mais basilares condições de sobrevivência. Eis uma razão de ser dos Estados e dos demais sujeitos do Direito Internacional, bem como um dos objetivos dos *Direitos Humanos*: *concentrar forças para que tal quadro de atrocidades não seja mais desenhado*.

Os direitos humanos devem ser vislumbrados como uma construção consciente, vocacionada a assegurar a dignidade humana e a evitar sofrimentos, em face da persistente brutalidade humana (SANTIAGO NIÑO, 1991). Afinal, concordamos com Amartya Sen, quando no prefácio de seu livro, faz constar: "O que nos move, com muita sensatez, não é a compreensão de que o mundo é privado de uma justiça completa – coisa que poucos de nós esperamos –, mas a de que a nossa volta existem injustiças claramente remediáveis que queremos eliminar" (2009, p. 09).

Sendo assim, com a premissa de que os direitos são inesgotáveis e inexauríveis, com a consciência de que os acontecimentos históricos atinentes ao assunto devem ser sempre lembrados e com o fim de expor os principais pontos da disciplina *Direitos Humanos* é que se expõe o presente trabalho, *de forma esquematizada e objetiva*.

Conforme os capítulos que seguem desenvolvidos no Livro, inicialmente o leitor perceberá que algumas ideias introdutórias serão lançadas, de forma a criar bases conceituais sólidas para o prosseguimento dos estudos. Nesse sentido, a propositura de uma *Teoria Geral dos Direitos Humanos* mostra-se imprescindível.

Partindo de uma visão sistemática, abordar-se-á o sistema interno de proteção, centrando-se, por óbvio, na Constituição Federal (CF) de 1988 e no seu rico campo de salvaguarda aos direitos fundamentais.

Feito *o dever de casa* (estudada a CF), então, adentrar-se-á no sistema internacional de proteção aos direitos humanos. O aparato normativo global e os regionais serão detalhados. É assim que o *Direito Internacional dos Direitos Humanos ganha vida* na obra.

Posteriormente, há capítulos sobre temáticas estreitamente ligadas aos direitos das pessoas, tais como: *responsabilidade internacional, imunidade de jurisdição* e *condição jurídica do estrangeiro* (tema atualizado conforme legislação reformadora atual).

Não se deixou, da mesma forma, de se abordar a proteção aos direitos no âmbito dos blocos regionais. Com destaque aos dois blocos mais relevantes para os nossos estudos: o MERCOSUL e a União Europeia.

Ao final, alguns temas serão estudados de forma específica. São assuntos atuais, conectados com outras matérias, como Direito Constitucional e Direito Internacional.

Por sinal, essa conectividade de temas dos *Direitos Humanos* com outras disciplinas permite que se encerre a presente introdução com o realce de outra peculiaridade dos direitos das pessoas: eles são interdisciplinares e estão presentes (e são estudados) em todas as disciplinas.

Capítulo

1

TEORIA GERAL DOS DIREITOS HUMANOS

Leia a Lei

- *Constituição Federal, de 1988; Declaração Universal dos Direitos Humanos, de 1948; Pacto Internacional sobre Direitos Civis e Políticos, de 1966; Pacto Internacional sobre Direitos Econômicos, Sociais e Culturais, de 1966; e Convenção Americana sobre Direitos Humanos, de 1969.*

Os **direitos humanos** são dotados de uma indeclinável e inegável *importância*; eles são base de todos os ordenamentos jurídicos, requisito indispensável para se qualificar, verdadeiramente, um Estado como democrático. Por meio de sua proteção é que se conseguirá assegurar a dignidade humana.

No Estado de Direito democrático "devem ser intransigentemente respeitados os princípios que garantem a prevalência dos direitos humanos" (HC 82.424, Rel. Min. Moreira Alves, STF, J. 17/09/2003). Por sinal, o Supremo brasileiro sempre se mostrou como Corte afeita à proteção humanista, embora os últimos anos estejam marcados por pontuais decisões midiáticas. De qualquer forma, com a comemoração dos 70 anos da Declaração Universal dos Direitos Humanos (de 1948), o que ocorreu no ano de 2018, o STF aproveitou a data simbólica para destacar a importância do documento para o embasamento de vários de seus julgados.

Dessa forma, optou-se por já se mencionar algumas ementas das decisões do STF que utilizaram a Declaração de 1948, de forma direta ou indireta, nas quais são citados vários tratados que podem ser considerados *longa manus* da própria Declaração:

– **RE 466.343**: *"PRISÃO CIVIL. Depósito. Depositário infiel. Alienação fiduciária. Decretação da medida coercitiva. Inadmissibilidade absoluta. Insubsistência da previsão constitucional e das normas subalternas. Interpretação do art. 5º, inc. LXVII e §§ 1º, 2º e 3º, da CF, à luz do art. 7º, § 7, da Convenção Americana de Direitos Humanos (Pacto de San José da Costa Rica). Recurso improvido. Julgamento conjunto do RE nº 349.703 e dos HCs nº 87.585 e nº 92.566. E ilícita a prisão civil de depositário infiel, qualquer que seja a modalidade do depósito";*

***

– **RE 349.703**: *"(...) Desde a adesão do Brasil, sem qualquer reserva, ao Pacto Internacional dos Direitos Civis e Políticos (art. 11) e à Convenção Americana sobre Direitos Humanos - Pacto de San José da Costa Rica (art. 7º, 7), ambos no ano de 1992, não há mais base legal para prisão civil do depositário infiel, pois o caráter especial desses diplomas internacionais sobre direitos humanos lhes reserva lugar específico no ordenamento jurídico, estando abaixo da Constituição, porém acima da legislação interna. O status normativo supralegal dos tratados internacionais de direitos humanos subscritos pelo Brasil torna inaplicável a legislação infraconstitucional com ele conflitante, seja ela anterior ou posterior ao ato de adesão. Assim ocorreu com o art. 1.287 do Código Civil de 1916 e com o Decreto-Lei n° 911/69, assim como em relação ao art. 652 do Novo Código Civil (Lei n° 10.406/2002). ALIENAÇÃO FIDUCIÁRIA EM GARANTIA. DECRETO-LEI N° 911/69. EQUIPAÇÃO DO DEVEDOR-FIDUCIANTE AO DEPOSITÁRIO. PRISÃO CIVIL DO DEVEDOR-FIDUCIANTE EM FACE DO PRINCÍPIO DA PROPORCIONALIDADE. A prisão civil do devedor-fiduciante no âmbito do contrato de alienação fiduciária em garantia viola o princípio da proporcionalidade, visto que: a) o ordenamento jurídico prevê outros meios processuais-executórios postos à disposição do credor-fiduciário para a garantia do crédito, de forma que a prisão civil, como medida extrema de coerção do devedor inadimplente, não passa no exame da proporcionalidade como proibição de excesso, em sua tríplice configuração: adequação, necessidade e proporcionalidade em sentido estrito (...)";*

***

– **HC 87.585**: *"DEPOSITÁRIO INFIEL - PRISÃO. A subscrição pelo Brasil do Pacto de São José da Costa Rica, limitando a prisão civil por dívida ao descumprimento inescusável de prestação alimentícia, implicou a derrogação das normas estritamente legais referentes à prisão do depositário infiel";*

***

– **ADPF 144**: *"ARGÜIÇÃO DE DESCUMPRIMENTO DE PRECEITO FUNDAMENTAL – POSSIBILIDADE DE MINISTROS DO STF, COM ASSENTO NO TSE, PARTICIPAREM DO JULGAMENTO DA ADPF – INOCORRÊNCIA DE INCOMPATIBILIDADE PROCESSUAL, AINDA QUE O PRESIDENTE DO TSE HAJA PRESTADO INFORMAÇÕES NA CAUSA – RECONHECIMENTO DA LEGITIMIDADE ATIVA 'AD CAUSAM' DA ASSOCIAÇÃO DOS MAGISTRADOS BRASILEIROS – EXISTÊNCIA, QUANTO A ELA, DO VÍNCULO DE PERTINÊNCIA TEMÁTICA – ADMISSIBILIDADE DO AJUIZAMENTO DE ADPF CONTRA INTERPRETAÇÃO JUDICIAL DE QUE POSSA RESULTAR LESÃO A PRECEITO FUNDAMENTAL – EXISTÊNCIA DE CONTROVÉRSIA RELEVANTE NA ESPÉCIE, AINDA QUE NECESSÁRIA SUA DEMONSTRAÇÃO APENAS NAS ARGÜIÇÕES DE DESCUMPRIMENTO DE CARÁTER INCIDENTAL – OBSERVÂNCIA, AINDA, NO CASO, DO POSTULADO DA SUBSIDIARIEDADE – MÉRITO: RELAÇÃO ENTRE PROCESSOS JUDICIAIS, SEM QUE NELES HAJA CONDENAÇÃO IRRECORRÍVEL, E O EXERCÍCIO, PELO CIDADÃO, DA CAPACIDADE ELEITORAL PASSIVA – REGISTRO DE CANDIDATO CONTRA QUEM FORAM INSTAURADOS PROCEDIMENTOS JUDICIAIS, NOTADAMENTE AQUELES DE NATUREZA CRIMINAL, EM CUJO ÂMBITO AINDA NÃO EXISTA SENTENÇA CONDENATÓRIA COM TRÂNSITO EM JULGADO – IMPOSSIBILIDADE CONSTITUCIONAL DE DEFINIR-SE, COMO CAUSA DE INELEGIBILIDADE, A MERA INSTAURAÇÃO, CONTRA O CANDIDATO, DE PROCEDIMENTOS JUDICIAIS, QUANDO INOCORRENTE CONDENAÇÃO CRIMINAL TRANSITADA EM JULGADO – PROBIDADE ADMINISTRATIVA, MORALIDADE PARA O EXERCÍCIO DO MANDATO ELETIVO, 'VITA ANTEACTA' E PRESUNÇÃO CONSTITUCIONAL DE INOCÊNCIA – SUSPENSÃO DE DIREITOS POLÍTICOS E IMPRESCINDIBILIDADE, PARA ESSE EFEITO, DO TRÂNSITO EM JULGADO DA CONDENAÇÃO CRIMINAL (CF, ART. 15, III) – REAÇÃO, NO PONTO, DA CONSTITUIÇÃO DEMOCRÁTICA DE 1988 À ORDEM AUTORITÁRIA QUE PREVALECEU SOB O REGIME MILITAR – (...) – PRESUNÇÃO CONSTITUCIONAL DE INOCÊNCIA: UM DIREITO FUNDAMENTAL QUE ASSISTE A QUALQUER PESSOA – EVOLUÇÃO HISTÓRICA E REGIME JURÍDICO DO PRINCÍPIO DO ESTADO DE INOCÊNCIA – O TRATAMENTO DISPENSADO*

À PRESUNÇÃO DE INOCÊNCIA PELAS DECLARAÇÕES INTERNACIONAIS DE DIREITOS E LIBERDADES FUNDAMENTAIS, TANTO AS DE CARÁTER REGIONAL QUANTO AS DE NATUREZA GLOBAL – O PROCESSO PENAL COMO DOMÍNIO MAIS EXPRESSIVO DE INCIDÊNCIA DA PRESUNÇÃO CONSTITUCIONAL DE INOCÊNCIA – EFICÁCIA IRRADIANTE DA PRESUNÇÃO DE INOCÊNCIA – POSSIBILIDADE DE EXTENSÃO DESSE PRINCÍPIO AO ÂMBITO DO PROCESSO ELEITORAL - HIPÓTESES DE INELEGIBILIDADE – ENUMERAÇÃO EM ÂMBITO CONSTITUCIONAL (CF, ART. 14, §§ 4º A 8º) – RECONHECIMENTO, NO ENTANTO, DA FACULDADE DE O CONGRESSO NACIONAL, EM SEDE LEGAL, DEFINIR "OUTROS CASOS DE INELEGIBILIDADE" – NECESSÁRIA OBSERVÂNCIA, EM TAL SITUAÇÃO, DA RESERVA CONSTITUCIONAL DE LEI COMPLEMENTAR (CF, ART. 14, § 9º) – IMPOSSIBILIDADE, CONTUDO, DE A LEI COMPLEMENTAR, MESMO COM APOIO NO § 9º DO ART. 14 DA CONSTITUIÇÃO, TRANSGREDIR A PRESUNÇÃO CONSTITUCIONAL DE INOCÊNCIA, QUE SE QUALIFICA COMO VALOR FUNDAMENTAL, VERDADEIRO "CORNERSTONE" EM QUE SE ESTRUTURA O SISTEMA QUE A NOSSA CARTA POLÍTICA CONSAGRA EM RESPEITO AO REGIME DAS LIBERDADES E EM DEFESA DA PRÓPRIA PRESERVAÇÃO DA ORDEM DEMOCRÁTICA - PRIVAÇÃO DA CAPACIDADE ELEITORAL PASSIVA E PROCESSOS, DE NATUREZA CIVIL, POR IMPROBIDADE ADMINISTRATIVA – NECESSIDADE, TAMBÉM EM TAL HIPÓTESE, DE CONDENAÇÃO IRRECORRÍVEL – (...) ARGÜIÇÃO DE DESCUMPRIMENTO DE PRECEITO FUNDAMENTAL JULGADA IMPROCEDENTE, EM DECISÃO REVESTIDA DE EFEITO VINCULANTE";

***

– **<u>ADI 3510</u>**: *"CONSTITUCIONAL. AÇÃO DIRETA DE INCONSTITUCIONALIDADE. LEI DE BIOSSEGURANÇA. IMPUGNAÇÃO EM BLOCO DO ART. 5º DA LEI Nº 11.105, DE 24 DE MARÇO DE 2005 (LEI DE BIOSSEGURANÇA). PESQUISAS COM CÉLULASTRONCO EMBRIONÁRIAS. INEXISTÊNCIA DE VIOLAÇÃO DO DIREITO À VIDA. CONSTITUCIONALIDADE DO USO DE CÉLULAS-TRONCO EMBRIONÁRIAS EM PESQUISAS CIENTÍFICAS PARA FINS TERAPÊUTICOS. DESCARACTERIZAÇÃO DO ABORTO. NORMAS CONSTITUCIONAIS CONFORMADORAS DO DIREITO FUNDAMENTAL A UMA VIDA DIGNA, QUE PASSA PELO DIREITO À SAÚDE E AO PLANEJAMENTO FAMILIAR. DESCABIMENTO DE UTILIZAÇÃO DA TÉCNICA DE INTERPRETAÇÃO CONFORME PARA ADITAR À LEI DE BIOSSEGURANÇA CONTROLES DESNECESSÁRIOS QUE IMPLICAM RESTRIÇÕES ÀS PESQUISAS E TERAPIAS POR ELA VISADAS. IMPROCEDÊNCIA TOTAL DA AÇÃO. CONSTITUCIONAL. AÇÃO DIRETA DE*

INCONSTITUCIONALIDADE. LEI DE BIOSSEGURANÇA. IMPUGNAÇÃO EM BLOCO DO ART. 5º DA LEI Nº 11.105, DE 24 DE MARÇO DE 2005 (LEI DE BIOSSEGURANÇA). PESQUISAS COM CÉLULASTRONCO EMBRIONÁRIAS. INEXISTÊNCIA DE VIOLAÇÃO DO DIREITO À VIDA. CONSTITUCIONALIDADE DO USO DE CÉLULAS-TRONCO EMBRIONÁRIAS EM PESQUISAS CIENTÍFICAS PARA FINS TERAPÊUTICOS. DESCARACTERIZAÇÃO DO ABORTO. NORMAS CONSTITUCIONAIS CONFORMADORAS DO DIREITO FUNDAMENTAL A UMA VIDA DIGNA, QUE PASSA PELO DIREITO À SAÚDE E AO PLANEJAMENTO FAMILIAR. DESCABIMENTO DE UTILIZAÇÃO DA TÉCNICA DE INTERPRETAÇÃO CONFORME PARA ADITAR À LEI DE BIOSSEGURANÇA CONTROLES DESNECESSÁRIOS QUE IMPLICAM RESTRIÇÕES ÀS PESQUISAS E TERAPIAS POR ELA VISADAS. IMPROCEDÊNCIA TOTAL DA AÇÃO. CONSTITUCIONALIDADE DA LEI DE BIOSSEGURANÇA. As "células-tronco embrionárias" são células contidas num agrupamento de outras, encontradiças em cada embrião humano de até 14 dias (outros cientistas reduzem esse tempo para a fase de blastocisto, ocorrente em torno de 5 dias depois da fecundação de um óvulo feminino por um espermatozoide masculino). (...) II - LEGITIMIDADE DAS PESQUISAS COM CÉLULAS-TRONCO EMBRIONÁRIAS PARA FINS TERAPÊUTICOS E O CONSTITUCIONALISMO FRATERNAL. A pesquisa científica com células-tronco embrionárias, autorizada pela Lei n° 11.105/2005, objetiva o enfrentamento e cura de patologias e traumatismos que severamente limitam, atormentam, infelicitam, desesperam e não raras vezes degradam a vida de expressivo contingente populacional (ilustrativamente, atrofias espinhais progressivas, distrofias musculares, a esclerose múltipla e a lateral amiotrófica, as neuropatias e as doenças do neurônio motor). A escolha feita pela Lei de Biossegurança não significou um desprezo ou desapreço pelo embrião ′′in vitro, porém a mais firme disposição para encurtar caminhos que possam levar à superação do infortúnio alheio. Isto no âmbito de um ordenamento constitucional que desde o seu preâmbulo qualifica 'a liberdade, a segurança, o bem-estar, o desenvolvimento, a igualdade e a justiça' como valores supremos de uma sociedade mais que tudo 'fraterna'. (...). III - A PROTEÇÃO CONSTITUCIONAL DO DIREITO À VIDA E OS DIREITOS INFRACONSTITUCIONAIS DO EMBRIÃO PRÉ-IMPLANTO. O Magno Texto Federal não dispõe sobre o início da vida humana ou o preciso instante em que ela começa. Não faz de todo e qualquer estádio da vida humana um autonomizado bem jurídico, mas da vida que já é própria de uma concreta pessoa, porque nativiva (teoria 'natalista', em contraposição às teorias 'concepcionista' ou da 'personalidade condicional'). E quando se reporta a 'direitos da pessoa humana' e até dos 'direitos e garantias individuais' como cláusula pétrea está falando de direitos e garantias do indivíduo-pessoa, que se faz destinatário dos direitos fundamentais 'à vida, à liberdade, à igualdade, à segurança e à propriedade', entre outros direitos e garantias igualmente distinguidos com o timbre da fundamentalidade (como direito à saúde e ao planejamento familiar). Mutismo constitucional hermeneuticamente significante de transpasse de poder normativo para a legislação ordinária. (...). O Direito infraconstitucional protege por modo variado cada etapa do desenvolvimento biológico do ser humano. Os momentos da vida humana anteriores ao nascimento devem ser objeto de proteção pelo direito comum. O embrião pré-implanto é um bem a ser protegido, mas não uma pessoa no sentido biográfico a que se refere à Constituição. IV - AS PESQUISAS COM CÉLULAS-TRONCO NÃO CARACTERIZAM ABORTO. MATÉRIA ESTRANHA À PRESENTE AÇÃO DIRETA DE INCONSTITUCIONALIDADE. É constitucional a proposição de que toda gestação humana principia com um embrião igualmente humano, claro, mas nem todo embrião humano desencadeia uma gestação igualmente humana, em se tratando de experimento 'in vitro'. Situação em que deixam de coincidir concepção e nascituro, pelo menos enquanto o ovócito (óvulo já fecundado) não for introduzido no colo do útero feminino. O modo de irromper em laboratório e permanecer confinado 'in vitro' é, para o embrião, insuscetível de progressão reprodutiva. Isto sem prejuízo do reconhecimento de que o zigoto assim extra-corporalmente produzido e também extra-corporalmente cultivado e armazenado é entidade embrionária do ser humano. Não, porém, ser humano em estado de embrião. A Lei de Biossegurança não veicula autorização para extirpar do corpo feminino esse ou aquele embrião. Eliminar ou desentranhar esse ou aquele zigoto a caminho do endométrio, ou nele já fixado. Não se cuida de interromper gravidez humana, pois dela aqui não se pode cogitar. (...) O princípio fundamental da dignidade da pessoa humana opera por modo binário, o que propicia a base constitucional para um casal de adultos recorrer a técnicas de reprodução assistida que incluam a fertilização artificial ou 'in vitro'. De uma parte, para aquinhoar o casal com o direito público subjetivo à 'liberdade' (preâmbulo da Constituição e seu art. 5º), aqui entendida como autonomia de vontade. De outra banda, para contemplar os porvindouros componentes da unidade familiar, se por eles optar o casal, com planejadas condições de bem-estar e assistência físico-afetiva (art. 226 da CF). (...) VI - DIREITO À SAÚDE COMO COROLÁRIO DO DIREITO FUNDAMENTAL À VIDA DIGNA. O § 4º do art. 199 da Constituição, versante sobre pesquisas com substâncias humanas para fins terapêuticos, faz parte da seção normativa dedicada à 'SAÚDE' (Seção II do Capítulo II do Título VIII). Direito à saúde, positivado como um dos primeiros dos direitos sociais de natureza fundamental (art. 6º da CF) e também como o primeiro dos direitos constitutivos da seguridade social (cabeça do artigo constitucional de nº 194). (...) VIII - SUFICIÊNCIA DAS CAUTELAS E RESTRIÇÕES IMPOSTAS PELA LEI DE BIOSSEGURANCA NA CONDUÇÃO DAS PESQUISAS COM CÉLULAS-TRONCO EMBRIONÁRIAS. A Lei de Biosseguranca caracteriza-se como regração legal a salvo da mácula do açodamento, da insuficiência protetiva ou do vício da arbitrariedade em matéria tão religiosa, filosófica e eticamente sensível como a da biotecnologia na área da medicina e da genética humana. Trata-se de um conjunto normativo que parte do pressuposto da intrínseca dignidade de toda forma de vida humana, ou que tenha potencialidade para tanto. A Lei de Biosseguranca não conceitua as categorias mentais ou entidades biomédicas a que se refere, mas nem por isso impede a facilitada exegese dos seus textos, pois é de se presumir que recepcionou tais categorias e as que lhe são correlatas com o significado que elas portam no âmbito das ciências médicas e biológicas. IX - IMPROCEDÊNCIA DA AÇÃO. (...)"; e

***

– **ADPF 130**: *"O art. 220 é de instantânea observância quanto ao desfrute das liberdades de pensamento, criação, expressão e informação que, de alguma forma, se veiculem pelos órgãos de comunicação social. Isto sem prejuízo da aplicabilidade dos seguintes incisos do art. 5º da mesma Constituição Federal: vedação do anonimato (parte final do inciso IV; do direito de resposta (inciso V); direito a indenização por dano material ou moral à intimidade, à vida privada, à honra e à imagem das pessoas (inciso X); livre exercício de qualquer trabalho, ofício ou profissão, atendidas as qualificações profissionais que a lei estabelecer (inciso XIII; direito ao resguardo do sigilo da fonte de informação, quando necessário ao exercício profissional (inciso XIV). Lógica diretamente constitucional de calibração temporal ou cronológica na empírica incidência desses dois blocos de dispositivos constitucionais (o art. 220 e os mencionados incisos do art. 5º). Noutros termos, primeiramente, assegura-se o gozo dos sobredireitos de personalidade em que se traduz a 'livre' e 'plena' manifestação do pensamento, da criação e da informação.*

Somente depois é que se passa a cobrar do titular de tais situações jurídicas ativas um eventual desrespeito a direitos constitucionais alheios, ainda que também densificadores da personalidade humana. Determinação constitucional de momentânea paralisia à inviolabilidade de certas categorias de direitos subjetivos fundamentais, porquanto a cabeça do art. 220 da Constituição veda qualquer cerceio ou restrição à concreta manifestação do pensamento (vedado o anonimato), bem assim todo cerceio ou restrição que tenha por objeto a criação, a expressão e a informação, seja qual for a forma, o processo, ou o veículo de comunicação social. Com o que a Lei Fundamental do Brasil veicula o mais democrático e civilizado regime da livre e plena circulação das ideias e opiniões, assim como das notícias e informações, mas sem deixar de prescrever o direito de resposta e todo um regime de responsabilidades civis, penais e administrativas. Direito de resposta e responsabilidades que, mesmo atuando a posteriori, infletem sobre as causas para inibir abusos no desfrute da plenitude de liberdade de imprensa. 5. PROPORCIONALIDADE ENTRE LIBERDADE DE IMPRENSA E RESPONSABILIDADE CIVIL POR DANOS MORAIS E MATERIAIS. (...) 8. NÚCLEO DURO DA LIBERDADE DE IMPRENSA E A INTERDIÇÃO PARCIAL DE LEGISLAR. A uma atividade que já era 'livre' (incisos IV e IX do art. 5º), a Constituição Federal acrescentou o qualificativo de 'plena' (§ 1º do art. 220). Liberdade plena que, repelente de qualquer censura prévia, diz respeito à essência mesma do jornalismo (o chamado 'núcleo duro' da atividade). Assim entendidas as coordenadas de tempo e de conteúdo da manifestação do pensamento, da informação e da criação lato sensu, sem o que não se tem o desembaraçado trânsito das ideias e opiniões, tanto quanto da informação e da criação. Interdição à lei quanto às matérias nuclearmente de imprensa, retratadas no tempo de início e de duração do concreto exercício da liberdade, assim como de sua extensão ou tamanho do seu conteúdo. Tirante, unicamente, as restrições que a Lei Fundamental de 1988 prevê para o 'estado de sítio' (art. 139), o Poder Público somente pode dispor sobre matérias lateral ou reflexamente de imprensa, respeitada sempre a ideia-força de que quem quer que seja tem o direito de dizer o que quer que seja. Logo, não cabe ao Estado, por qualquer dos seus órgãos, definir previamente o que pode ou o que não pode ser dito por indivíduos e jornalistas. As matérias reflexamente de imprensa, suscetíveis, portanto, de conformação legislativa, são as indicadas pela própria Constituição, tais como: direitos de resposta e de indenização, proporcionais ao agravo; proteção do sigilo da fonte ('quando necessário ao exercício profissional'); responsabilidade penal por calúnia, injúria e difamação; diversões e espetáculos públicos; estabelecimento dos 'meios legais que garantam à pessoa e à família a possibilidade de se defenderem de programas ou programações de rádio e televisão que contrariem o disposto no art. 221, bem como da propaganda de produtos, práticas e serviços que possam ser nocivos à saúde e ao meio ambiente' (...) 10. NÃO RECEPÇÃO EM BLOCO DA LEI 5.250 PELA NOVA ORDEM CONSTITUCIONAL. 10.1. Óbice lógico à confecção de uma lei de imprensa que se orne de compleição estatutária ou orgânica. A própria Constituição, quando o quis, convocou o legislador de segundo escalão para o aporte regratório da parte restante de seus dispositivos (art. 29, art. 93 e § 5º do art. 128). (...) 12. PROCEDÊNCIA DA AÇÃO. Total procedência da ADPF, para o efeito de declarar como não recepcionado pela Constituição de 1988 todo o conjunto de dispositivos da Lei federal nº 5.250, de 9 de fevereiro de 1967".

***

– **ADO 26**: "*... Até que sobrevenha lei emanada do Congresso Nacional destinada a implementar os mandados de criminalização definidos nos incisos XLI e XLII do art. 5º da Constituição da República, as condutas homofóbicas e transfóbicas, reais ou supostas, que envolvem aversão odiosa à orientação sexual ou à identidade de gênero de alguém, por traduzirem expressões de racismo, compreendido este em sua dimensão social, ajustam-se, por identidade de razão e mediante adequação típica, aos preceitos primários de incriminação definidos na Lei nº 7.716, de 08/01/1989, constituindo, também, na hipótese de homicídio doloso, circunstância que o qualifica, por configurar motivo torpe (Código Penal, art. 121, § 2º, I, "in fine") ... repressão penal à prática da homotransfobia não alcança nem restringe ou limita o exercício da liberdade religiosa ... O conceito de racismo, compreendido em sua dimensão social, projeta-se para além de aspectos estritamente biológicos ou fenotípicos, pois resulta, enquanto manifestação de poder, de uma construção de índole histórico-cultural motivada pelo objetivo de justificar a desigualdade e destinada ao controle ideológico, à dominação política, à subjugação social e à negação da alteridade, da dignidade e da humanidade daqueles que, por integrarem grupo vulnerável (LGBTI+) e por não pertencerem ao estamento que detém posição de hegemonia em uma dada estrutura social, são considerados estranhos e diferentes, degradados à condição de marginais do ordenamento jurídico ...*";

– **ADC 54**: "*PENA – EXECUÇÃO PROVISÓRIA – IMPOSSIBILIDADE – PRINCÍPIO DA NÃO CULPABILIDADE. Surge constitucional o artigo 283 do Código de Processo Penal, a condicionar o início do cumprimento da pena ao trânsito em julgado da sentença penal condenatória, considerado o alcance da garantia versada no artigo 5º, inciso LVII, da Constituição Federal, no que direciona a apurar para, selada a culpa em virtude de título precluso na via da recorribilidade, prender, em execução da sanção, a qual não admite forma provisória*";

***

– **ADI 5.938**: "*... A proteção contra a exposição da gestante e lactante a atividades insalubres caracteriza-se como importante direito social instrumental protetivo tanto da mulher quanto da criança, tratando-se de normas de salvaguarda dos direitos sociais da mulher e de efetivação de integral proteção ao recém-nascido ... proteção à maternidade e a integral proteção à criança são direitos irrenunciáveis e não podem ser afastados pelo desconhecimento, impossibilidade ou a própria negligência da gestante ou lactante em apresentar um atestado médico, sob pena de prejudicá-la e prejudicar o recém-nascido*";

***

– **ADPF 449**: "*... Arguição de Descumprimento de Preceito Fundamental é cabível em face de lei municipal, adotando-se como parâmetro de controle preceito fundamental contido na Carta da República, ainda que também cabível em tese o controle à luz da Constituição Estadual perante o Tribunal de Justiça competente ... A União possui competência privativa para legislar sobre "diretrizes da política nacional de transportes", "trânsito e transporte" e "condições para o exercício de profissões" (art. 22, IX, XI e XVI, da CRFB), sendo vedado tanto a Municípios dispor sobre esses temas quanto à lei ordinária federal promover a sua delegação legislativa para entes federativos menores, considerando que o art. 22, parágrafo único, da Constituição faculta à Lei complementar autorizar apenas os Estados a legislar sobre questões específicas das referidas matérias ... A liberdade de iniciativa garantida pelos artigos 1º, IV, e 170 da Constituição brasileira consubstancia cláusula de proteção destacada no ordenamento pátrio como fundamento da República e é característica de seleto grupo das Constituições ao redor do mundo, por isso que não pode ser amesquinhada para afastar ou restringir* *injustificadamente o controle judicial de atos normativos que afrontem liberdades econômicas básicas ... constitucionalismo moderno se fundamenta na necessidade de restrição do poder estatal sobre o funcionamento da economia de mercado, sobrepondo-se o Rule of Law às iniciativas autoritárias destinadas a concentrar privilégios, impor o monopólio de meios de produção ou estabelecer salários, preços e padrões arbitrários de qualidade ... A teoria da escolha pública (public choice) vaticina que o processo político por meio do qual regulações são editadas é frequentemente capturado por grupos de poder interessados em obter, por essa via, proveitos superiores ao que seria possível em um ambiente de livre competição, porquanto um recurso político comumente desejado por esses grupos é o poder estatal de controle de entrada de novos competidores em um dado mercado ... A norma que proíbe o "uso de carros particulares cadastrados ou não em aplicativos, para o transporte remunerado individual de pessoas" configura limitação desproporcional às liberdades de iniciativa (art. 1º, IV, e 170 da CRFB) e de profissão (art. 5º, XIII, da CRFB), a qual provoca restrição oligopolística do mercado em benefício de certo grupo e em detrimento da coletividade ... A proibição legal do livre exercício da profissão de transporte individual remunerado afronta o princípio da busca pelo pleno emprego, insculpido no art. 170, VIII, da Constituição, pois impede a abertura do mercado a novos entrantes, eventualmente interessados em migrar para a atividade como consectário da crise econômica, para promover indevidamente a manutenção do valor de permissões de táxi ...";*

***

– RE 1055941 (repercussão geral): "*1 - É constitucional o compartilhamento dos relatórios de inteligência financeira da UIF e da íntegra do procedimento fiscalizatório da Receita Federal do Brasil, que define o lançamento do tributo, com os órgãos de persecução penal, para fins criminais, sem a obrigatoriedade de prévia autorização judicial, devendo ser resguardado o sigilo das informações em procedimentos formalmente instaurados e sujeitos a posterior controle jurisdicional. 2 - O compartilhamento pela UIF e pela Receita Federal do Brasil, referente ao item anterior, deve ser feito unicamente por meio de comunicações formais, com garantia de sigilo, certificação do destinatário e estabelecimento de instrumentos efetivos de apuração e correção de eventuais desvios*";

– **ADI 2998**: *"... É inconstitucional o estabelecimento de sanção por parte do Conselho Nacional de Trânsito – CONTRAN ...";*

***

– **ADI 5874**: *"... A Constituição Federal, visando, principalmente, a evitar o arbítrio e o desrespeito aos direitos fundamentais do homem, previu a existência dos Poderes do Estado, independentes e harmônicos entre si, repartindo entre eles as funções estatais. 2. Compete ao Presidente da República definir a concessão ou não do indulto ... A concessão de indulto não está vinculada à política criminal estabelecida pelo legislativo, tampouco adstrita à jurisprudência formada pela aplicação da legislação penal, muito menos ao prévio parecer consultivo do Conselho Nacional de Política Criminal e Penitenciária, sob pena de total esvaziamento do instituto ... Possibilidade de o Poder Judiciário analisar somente a constitucionalidade da concessão da clementia principis, e não o mérito, que deve ser entendido como juízo de conveniência e oportunidade do Presidente da República ...";*

***

– **ADI 3446**: *"... Estatuto da Criança e do Adolescente ... A decisão do legislador, de não aplicar medidas mais severas, é compatível com a percepção de que a criança é um ser em desenvolvimento, a ser, acima de tudo, protegida e educada. O legislador dispõe de considerável margem de discricionariedade para definir o tratamento adequado a ser dado à criança em situação de risco criada por seu próprio comportamento ... Opção perfeitamente proporcional do legislador, em razão do caráter estigmatizando e traumatizante da internação de uma pessoa em desenvolvimento. Situação de superlotação das unidades de acolhimento e internação que está sendo inclusive apreciada pelo STF ..."; e*

***

– **RCL 41506, voto do relator**: *"a) ofendem a dignidade da pessoa humana (autonomia e reconhecimento) e impedem as pessoas por ela abrangidas de serem como são (art. 1º, III, CRFB); b) vituperam os direitos da personalidade à luz da Constituição da República; c) aviltam, ainda que de forma desintencional, o direito fundamental à igualdade ao impedir as pessoas destinatárias da norma de serem tratadas como* *iguais em relação aos demais cidadãos (art. 5º,* caput, *CRFB); d) fazem a República Federativa do Brasil derribar o que ela deveria construir – uma sociedade livre e solidária – art. 3º, I, CRFB; d) induzem o Estado a empatar o que deveria promover – o bem de todos sem preconceitos de sexo e quaisquer outras formas de discriminação – art. 3º, IV, CRFB; e) afrontam a Convenção Americana de Direitos Humanos, o Pacto de Direitos Civis e Políticos, a Convenção Interamericana contra Toda Forma de Discriminação e Intolerância, os quais, em razão do § 2º do art. 5º, da CRFB, por serem tratados e convenções internacionais sobre direitos humanos, possuem natureza materialmente constitucional. Vale dizer, em que pese não estarem sediados no texto da Constituição da República de 1988 os direitos previstos nesses tratados e convenções internacionais sobre direitos humanos a ela se incorporam quando o Brasil torna-se parte destes".*

***

Com arrimo nos julgados acima, é facilmente perceptível que a ideologia moderna da Declaração de 1948, da humanização, foi adotada pela Constituição Federal de 1988, na linha de tantas outras Leis Fundamentais, que estão em sintonia com o movimento internacional de expansão da tutela dos direitos das pessoas. Os Direitos Constitucionais internos estão em comunicação com o Direito Internacional dos Direitos Humanos, em todos esses campos espraiou-se a importância dos direitos humanos.

Por isso, justifica-se uma *Teoria Geral.* Esta visa, inicialmente, situar a matéria e *fincar estacas propedêuticas* para o prosseguimento dos demais capítulos do Livro. A partir daqui, poder-se-á, mais à frente, pesquisar sobre os sistemas de proteção e outros temas correlatos, indispensáveis para os *Direitos Humanos.*

1. CONCEITO DE DIREITOS HUMANOS

Não há um entendimento doutrinário pacífico, nem uma vertente jurisprudencial internacional abalizada, muito menos uma definição legal ou convencional que possa fornecer de forma segura um conceito de direitos humanos. Cabe, então, à doutrina, por meio da análise de suas características e aglomerado de pensamentos, traçar um conceito, quiçá, enriquecedor.

Os direitos humanos podem ser entendidos como: "*A proteção de maneira institucionalizada dos direitos da pessoa humana contra os excessos do poder cometidos pelos órgãos do Estado ou regras para se estabelecer condições humanas de vida e desenvolvimento da personalidade humana*" (UNESCO, 1978, p. 11, *apud* ÂNGELO, 1998, p. 17. Grifos meus).

Outro conceito proveitoso é o de que os direitos humanos constituem um "conjunto de faculdades e instituições que, em cada momento histórico, concretizam as exigências da dignidade, liberdade e igualdade humanas, as quais devem ser reconhecidas positivamente pelos ordenamentos jurídicos em nível nacional e internacional" (TAVARES, 2008, p. 461).

Por "direitos humanos ou direitos do homem são, modernamente, entendidos aqueles direitos fundamentais que o homem possui pelo fato de ser homem, por sua própria natureza humana, pela dignidade que a ela é inerente. São direitos que não resultam de uma concessão da sociedade política, pelo contrário, são direitos que a sociedade política tem o dever de consagrar e de garantir" (HERKENHOFF, 1994, p. 30).

Os direitos humanos fundamentais "se colocam como uma das previsões absolutamente necessárias a todas as Constituições, no sentido de consagrar o respeito à dignidade humana, garantir a limitação de poder e visar ao pleno desenvolvimento da personalidade humana" (MORAES, 2011, p. 02).

Como se apercebe, há diferentes conceitos doutrinários que convergem para um ponto em comum: situações protetivas mínimas que almejam garantir melhores condições aos seres humanos. A busca por um conceito oportuniza uma *ideia elementar inicial básica*, que precisará, no decorrer do trabalho, ser insuflada por argumentos mais robustos.

Se fôssemos ingressar num debate mais profícuo sobre o conceito ou a ideia sobre direitos humanos, iríamos perceber que há diferentes correntes que *disputam* os direitos humanos, em especial na seara internacional. A título apenas de exemplo, são os embates travados pelas diferentes perspectivas teóricas: as *teorias naturalistas* (ex.: Grocio); as *teorias do positivismo jurídico* (ex.: Kelsen); as *teorias do neo-contratualismo e teoria da justiça* (ex.: Hobbes, Locke, Rousseau e

Dworkin); as *teorias do discurso e da ética comunicativa* (ex.: Habermas); e as *teorias dos sistemas* (ex.: Luhman). Vejam que o cardápio é imenso, tanto que se poderia atingir até as *teorias da análise econômica do direito* e as *teorias feministas*. Mas, definitivamente, não é aqui o *locus* para essa pesquisa.

2. DIMENSÃO ÉTICA DOS DIREITOS HUMANOS

A despeito da tentativa de se tentar reproduzir um conceito dos direitos humanos, a descrição segura é a de que **eles pertencem ao homem, pela simples qualidade de ser "humano". O indivíduo não pode ser privado de sua *substância* em nenhuma situação.**

Tais direitos são inerentes, ou melhor, intrínsecos à condição humana.

A Carta Internacional de Direitos Humanos – formada pela Declaração Universal dos Direitos Humanos, o Pacto Internacional sobre Direitos Civis e Políticos e o Pacto Internacional sobre Direitos Econômicos, Sociais e Culturais – materializa textualmente esta **dimensão ética,** eis o preâmbulo da *setentona* Declaração Universal (completou 70 anos em 2018): "o reconhecimento da dignidade inerente a todos os membros da família humana e de seus direitos iguais e inalienáveis é o fundamento da liberdade, da justiça e da paz no mundo".

A Convenção Americana sobre Direitos Humanos, de 1969, em seu preâmbulo, também apregoa que "os direitos essenciais do homem não se originam do fato de alguém ser uma pessoa natural de um determinado Estado, mas sim, estão baseados nos atributos da personalidade humana".

3. DIREITOS DO HOMEM, DIREITOS FUNDAMENTAIS E DIREITOS HUMANOS

Há uma clássica distinção doutrinária entre as expressões **direitos humanos, direitos fundamentais** e **direitos do homem**.

A expressão **direitos do homem** possui cunho nitidamente *naturalista* ou *jusnaturalista*, cuja conotação remonta a direitos naturais ou ainda não positivados, com origem pré-normativa, podendo ter como fundamento uma divindade, como Deus, ou um valor, como moral. São direitos que não se encontram previstos nas Constituições internas e nem nos tratados internacionais. Atualmente, para alguns professores (com os quais discordamos!), essa classificação está em desuso, porque a quase totalidade dos direitos conhecidos estão previstos, implícita ou explicitamente, nos textos normativos internos e internacionais.

Os **direitos fundamentais** relacionam-se à previsão constitucional dos direitos das pessoas que se encontram dentro de um determinado Estado. Eles representam a proteção interna (sistema interno ou nacional) de salvaguarda aos direitos. Devem estar previstos nas Leis Fundamentais dos países, sob pena de não ser possível falar em Constituição, conforme preceitua a Declaração dos Direitos do Homem e do Cidadão, de 1789: "Artigo 16º – Qualquer sociedade em que não esteja assegurada a garantia dos direitos, nem estabelecida a separação dos poderes não tem Constituição".

> ***ATENÇÃO***
>
> *Como acima exposto, percebe-se que, ao se estudar os direitos sob uma perspectiva apenas interna, prepondera o título "direitos fundamentais", conforme a própria redação da CF de 1988. Contudo, é preciso reconhecer que há outras denominações aos mesmos direitos fundamentais. Podem ser citadas as seguintes nomenclaturas:* **direitos individuais** *(espécies de direitos fundamentais, estando representados pelos direitos de primeira geração);* **direitos públicos subjetivos** *(direitos subjetivos atribuídos por normas de Direito Público);* **direitos da personalidade** *(relacionados à proteção pessoal, com a intimidade e a privacidade, integridade, imagem, nome e moral); e* **situações funcionais** *(situações jurídicas ativas e passivas dos titulares dos órgãos e de certos agentes do Estado, outorgadas aos órgãos e não aos indivíduos) (SOUSA, 2008, pp. 09-13).*

Já a expressão **direitos humanos** configura os direitos previstos nos tratados internacionais e nos costumes internacionais. Eles corporificam o Direito Internacional dos Direitos Humanos, enriquecendo o escudo protetor interno dos Estados (GORI, 2013).

Na visão de Ingo Sarlet, em que "pese sejam ambos os termos ('direitos humanos' e 'direitos fundamentais') comumente utilizados como sinônimos, a explicação corriqueira e, diga-se de passagem, procedente para a distinção é de que o termo 'direitos fundamentais' se aplica para aqueles direitos do ser humano reconhecidos e positivados na esfera do direito constitucional positivo de determinado Estado, ao passo que a expressão 'direitos humanos' guardaria relação com os documentos de direito internacional, por referir-se àquelas posições jurídicas que se reconhecem ao ser humano como tal, independentemente de sua vinculação com determinada ordem constitucional, e que, portanto, aspiram à validade universal, para todos os povos e tempos, de tal sorte que revelam um inequívoco caráter supranacional (internacional)" (SARLET, 2007, pp. 35-36).

ATENÇÃO

Curiosamente, a Carta da ONU, de 1945, estabelece essa distinção entre direitos humanos e direitos fundamentais. Da mesma forma, a Constituição brasileira de 1988 efetua uma correta distinção entre as expressões. Veja-se que o § 1º do art. 5º da CF, escorreitamente, ao se referir aos direitos em âmbito interno, assenta que "as normas definidoras dos direitos e garantias fundamentais têm aplicação imediata". De outra banda, no § 3º do art. 5º, ao se referir à proteção internacional, a CF se utiliza, irretocavelmente, da expressão direitos humanos: "Os tratados e convenções internacionais sobre direitos humanos que forem aprovados, em cada Casa do Congresso Nacional, em dois turnos, por três quintos dos votos dos respectivos membros, serão equivalentes às emendas constitucionais".

No presente Livro será adotada a distinção que acabamos de efetuar. Contudo, não será seguida de forma rigorosa, haja vista que cada vez mais os doutrinadores preferem a expressão **direitos humanos fundamentais,** de forma a conciliar a união da proteção constitucional com a salvaguarda internacional.

Quanto às terminologias que acabamos de citar, o professor João Trindade é crítico e evidencia contrariedades da doutrina. Ele destaca que há "uma verdadeira balbúrdia terminológica que assola a doutrina. Podemos registrar, por exemplo, autores que usam nomes tão díspares quanto 'direitos humanos', 'direitos humanos fundamentais', 'liberdades públicas', 'direitos dos cidadãos', 'direitos da pessoa humana', 'direitos do Homem', etc. É preciso, porém, sedimentar uma terminologia adequada, pois se trata de uma questão essencial. Consideramos que, no direito interno, a nomenclatura mais adequada é a que ora utilizamos, ou seja, direitos fundamentais. Essa é a posição, também, de Dirley da Cunha Jr., Paulo Gustavo Gonet Branco e Dimitri Dimoulis/Leonardo Martins. Isso porque a Constituição utiliza essa terminologia (Título II). Ademais, as outras nomenclaturas são inadequadas, por vários motivos. 'Liberdades públicas' é demasiadamente restrito, pois se refere apenas aos chamados direitos de primeira geração. 'Direitos do Homem' e 'direitos da pessoa humana' são, ao mesmo tempo, excessivamente genéricos e indefinidos. Afinal, só existem direitos da pessoa. Por outro lado, 'direitos humanos' parecer ser mais adequado na esfera internacional. Realmente, direitos fundamentais e direitos humanos, estes (humanos) são direitos atribuídos à humanidade em geral, por meio de tratados internacionais (Declaração Universal dos Direitos Humanos, da ONU, 1948, por exemplo). Já os direitos fundamentais são aqueles positivados em um determinado ordenamento jurídico (Constituição Brasileira, Lei Fundamental Alemã etc.). Essa tese é corroborada pela CF: quando trata de assuntos internos, a Constituição costuma se referir a 'Direitos e garantias fundamentais', ao passo que, quando trata de tratados internacionais, se refere a direitos humanos. Em verdade, o conteúdo de ambos é bastante semelhante. São conjuntos diferentes que possuem grande área de intersecção. A diferença é mais de fonte normativa que de conteúdo. Realmente, é a teoria prevalente na doutrina brasileira, como noticia Dirley da Cunha Jr, embora haja posições contrárias. Com base nisso, poderíamos definir os direitos fundamentais como os direitos considerados básicos para qualquer ser humano, independentemente de condições pessoais específicas. São direitos que compõem um núcleo intangível de direitos dos seres humanos submetidos a uma determinada ordem jurídica" (CAVALCANTE FILHO, s.d., pp. 05-06).

4. DIREITOS HUMANOS FUNDAMENTAIS

Já como título de sua indispensável obra *"Direitos Humanos Fundamentais"*, o Emérito Professor Manoel Gonçalves Ferreira Filho exprime a tendência moderna de se adotar a expressão **direitos humanos fundamentais** (FERREIRA FILHO, 2007).

A despeito da distinção das expressões, o que mais interessa é que haja efetivo respeito aos direitos, situados interna ou internacionalmente. A complementação e a comunicabilidade dos sistemas, interno e internacional, mostram-se imprescindíveis para uma concreta proteção.

Ademais, uma das características dos direitos é a indivisibilidade, o que, mais uma vez, corrobora a denominação em relevo.

5. CARACTERÍSTICAS DOS DIREITOS HUMANOS

Emergem infindáveis características dos direitos humanos impossíveis de serem citadas de forma exaustiva. A doutrina, a depender da perspectiva e até do país de origem, oscila quanto às terminologias.

Nós optamos pelas principais características arroladas pelas escolas nacionais.

Podem ser citadas como as principais características dos direitos humanos:

Historicidade	*Imprescritibilidade*
Universalidade	*Efetividade*
Essencialidade	*Inviolabilidade*
Irrenunciabilidade	*Complementaridade*
Inalienabilidade	*Limitabilidade*
Indisponibilidade	*Vedação ao retrocesso*
Inesgotabilidade	*Inexauribilidade*
Indivisibilidade	

Os direitos humanos são caracterizados pela **historicidade.** A construção ou reconstrução dos direitos vem se dando ao decorrer dos tempos. Conforme será aprofundado no capítulo sobre o Direito Internacional dos Direitos Humanos, foi a partir de 1945, com o fim da Segunda Guerra, com a criação da Organização das Nações Unidas (ONU) e com a adoção da Declaração Universal, que os direitos humanos se desenvolveram internacionalmente, embora antes já se reconhecessem marcos importantes, como a criação da Organização Internacional do Trabalho, a OIT, em 1919.

Levando em conta essa característica, pode-se citar uma **concepção contemporânea de direitos humanos**, que veio a ser introduzida pela Declaração Universal de 1948 e reiterada pela Declaração de Direitos Humanos de Viena, de 1993. Essa concepção "é fruto da internacionalização dos direitos humanos, que constitui um movimento extremamente recente na história, surgindo, a partir do Pós-Guerra, como resposta às atrocidades e aos horrores cometidos durante o nazismo" (PIOVESAN, 2006, p. 08).

Há também a característica da **universalidade**, estampada no título da Declaração UNIVERSAL dos Direitos Humanos. Os direitos são universais. Basta ter a condição de *ser humano* para titularizar direitos, independentemente de qualquer circunstância (sexo, etnia, idade e afinidade política).

POSIÇÃO DO STF

Em relação à inexistência de distinção quanto ao sexo e à opção sexual, o STF prolatou histórica decisão, para fins de reconhecimento de direitos aos casais do mesmo sexo, vejamos: "(...) O sexo das pessoas, salvo disposição constitucional expressa ou implícita em sentido contrário, não se presta como fator de desigualação jurídica. Proibição de preconceito, à luz do inciso IV do art. 3º da Constituição Federal, por colidir frontalmente com o objetivo constitucional de "promover o bem de todos". Silêncio normativo da Carta Magna a respeito do concreto uso do sexo dos indivíduos como saque da kelseniana "norma geral negativa", segundo a qual "o que não estiver juridicamente proibido, ou obrigado, está juridicamente permitido". Reconhecimento do direito à preferência sexual como direta emanação do princípio da "dignidade da pessoa humana": direito a autoestima no mais elevado ponto da consciência do indivíduo. Direito à busca da felicidade. Salto normativo da proibição do preconceito para a proclamação do direito à liberdade sexual. O concreto uso da sexualidade faz parte da autonomia da vontade das pessoas naturais. Empírico uso da sexualidade nos planos da intimidade e da privacidade constitucionalmente tuteladas. Autonomia da vontade. Cláusula pétrea. 3. TRATAMENTO CONSTITUCIONAL DA INSTITUIÇÃO DA FAMÍLIA. RECONHECIMENTO DE QUE A CONSTITUIÇÃO FEDERAL NÃO EMPRESTA AO SUBSTANTIVO "FAMÍLIA" NENHUM SIGNIFICADO ORTODOXO OU DA PRÓPRIA TÉCNICA JURÍDICA. A FAMÍLIA COMO CATEGORIA SOCIOCULTURAL E PRINCÍPIO ESPIRITUAL. DIREITO SUBJETIVO DE CONSTITUIR FAMÍLIA. INTERPRETAÇÃO NÃO-REDUCIONISTA. O caput *do art. 226 confere à família, base da sociedade, especial proteção do Estado. Ênfase constitucional à instituição da família. Família em seu coloquial ou proverbial significado de núcleo doméstico, pouco importando se formal ou informalmente constituída, ou se integrada por casais heteroafetivos ou por pares homoafetivos. A Constituição de 1988, ao utilizar-se da expressão "família", não limita sua formação a casais heteroafetivos nem a formalidade cartorária, celebração civil ou liturgia religiosa. (...) 4. UNIÃO ESTÁVEL. NORMAÇÃO CONSTITUCIONAL REFERIDA A HOMEM E MULHER, MAS APENAS PARA ESPECIAL PROTEÇÃO DESTA ÚLTIMA. FOCADO PROPÓSITO CONSTITUCIONAL DE ESTABELECER RELAÇÕES JURÍDICAS HORIZONTAIS OU SEM HIERARQUIA ENTRE AS DUAS TIPOLOGIAS DO GÊNERO HUMANO. IDENTIDADE CONSTITUCIONAL DOS CONCEITOS DE "ENTIDADE FAMILIAR" E "FAMÍLIA". A referência constitucional à dualidade básica homem/mulher, no §3º do seu art. 226, deve-se ao centrado intuito de não se perder a menor oportunidade para favorecer relações jurídicas horizontais ou sem hierarquia no âmbito das sociedades domésticas.*

Reforço normativo a um mais eficiente combate à renitência patriarcal dos costumes brasileiros. Impossibilidade de uso da letra da Constituição para ressuscitar o art. 175 da Carta de 1967/1969. Não há como fazer rolar a cabeça do art. 226 no patíbulo do seu parágrafo terceiro. Dispositivo que, ao utilizar da terminologia "entidade familiar", não pretendeu diferenciá-la da "família". Inexistência de hierarquia ou diferença de qualidade jurídica entre as duas formas de constituição de um novo e autonomizado núcleo doméstico. Emprego do fraseado "entidade familiar" como sinônimo perfeito de família. (...) INTERPRETAÇÃO DO ART. 1.723 DO CÓDIGO CIVIL EM CONFORMIDADE COM A CONSTITUIÇÃO FEDERAL (TÉCNICA DA "INTERPRETAÇÃO CONFORME"). RECONHECIMENTO DA UNIÃO HOMOAFETIVA COMO FAMÍLIA. PROCEDÊNCIA DAS AÇÕES. (...)" (ADPF 132, Min. Rel. Carlos Ayres Britto, STF, J. 05/05/2011).

Ademais, os direitos são **essenciais**. A essencialidade atine à importância antes citada.

Já a **irrenunciabilidade** não permite que a autorização do titular do direito permita sua violação Em razão da pertinência, a Lei 13.819, de 2019, ao instituir a Política Nacional de Prevenção da Automutila-ção e do Suicídio, atendeu a vários princípios dos direitos humanos, como da irrenunciabilidade. Ela visa, proeminentemente, evitar a violência autoprovocada, que se dá pelo suicídio consumado, tentativa de suicí-dio ou pelo ato de automutilação, com ou sem ideação suicida (§ 1º do art. 6º da Lei 13.819).

Conectada com a irrenunciabilidade está a **inalienabilidade**, que não permite transferir ou ceder os direitos, onerosa ou gratuitamente, a outrem, ainda que com o consentimento da pessoa; e isso os torna **indisponíveis** e **inesgotáveis**.

A **inexauribilidade** é uma das principais marcas dos direitos humanos, pois eles podem ser sempre expandidos, há sempre a possibilidade de se acrescer novos direitos.

Eles são também **imprescritíveis**, não podendo haver esgotamento dos mesmos com o passar do tempo, o que possibilita sejam vindicados e protegidos a qualquer tempo, não se esvanecem pelo advento da prescrição (aplicável aos direitos patrimoniais).

POSIÇÃO DO STF

"No Estado de Direito Democrático, devem ser intransigentemente respeitados os princípios que garantem a prevalência dos direitos humanos. (...) A ausência de prescrição nos crimes de racismo justifica-se como alerta grave para as gerações de hoje e de amanhã, para que se impeça a reinstauração de velhos e ultrapassados conceitos que a consciência jurídica e histórica não mais admitem" (HC 82.424, Rel. Min. Maurício Corrêa, STF, j. 17/09/2003).

Quanto à sua proteção, deve-se também zelar pela (característica) da **efetividade,** haja vista que há que se garantir uma proteção concreta, efetiva e material, não apenas sob o aspecto formal. Afinal, é corriqueira a tentativa do legislador brasileiro de tentar solucionar os edemas sociais por meio do *papel mágico,* ou seja, edita-se uma lei, coloca-se a *panaceia milagrosa* no texto legal e tudo está solucionado (MACHADO, 2013, p. 193), por isso, além de se declararem os direitos, torna-se fundamental que se concretizem meios para sua implementação.

Se deve haver proteção real e fática, com outras palavras, resta então claro que não pode haver violação, o que nos remete a mais uma característica: a da **inviolabilidade**.

A **complementaridade** é mais uma peculiaridade dos direitos humanos. Eles devem ser interpretados de forma plurilateral e enriquecedora, no sentido de que um direito enriqueça e complemente os demais.

Os direitos humanos, em situações excepcionais e com previsão normativa, podem ser limitados, eis sua **limitabilidade,** a qual será pesquisada no capítulo sobre a *Constituição Federal e os direitos fundamentais.*

Os direitos humanos também são adjetivados (protegidos) pela **vedação ao retrocesso**, cujo significado compreende o dever de sempre se agregar algo novo e melhor, não podendo retroceder. Aos Estados está proscrito proteger menos do que já protegem, estando os tratados internacionais, por eles concluídos, impedidos de impor restrições que diminuam ou nulifiquem direitos anteriormente já assegurados. Internamente, o princípio da vedação ao retrocesso *veda* ao legislador a supressão pura e simples da concretização de norma constitucional que permita a fruição de um direito fundamental, especialmente os sociais.

POSIÇÃO DO STF

"(...) A PROIBIÇÃO DO RETROCESSO SOCIAL COMO OBSTÁCULO CONSTITUCIONAL À FRUSTRAÇÃO E AO INADIMPLEMENTO, PELO PODER PÚBLICO, DE DIREITOS PRESTACIONAIS. – O princípio da proibição do retrocesso impede, em tema de direitos fundamentais de caráter social, que sejam desconstituídas as conquistas já alcançadas pelo cidadão ou pela formação social em que ele vive. – A cláusula que veda o retrocesso em matéria de direitos a prestações positivas do Estado (como o direito à educação, o direito à saúde ou o direito à segurança pública, v.g.) traduz, no processo de efetivação desses direitos fundamentais individuais ou coletivos, obstáculo a que os níveis de concretização de tais prerrogativas, uma vez atingidos, venham a ser ulteriormente reduzidos ou suprimidos pelo Estado. Doutrina. Em consequência desse princípio, o Estado, após haver reconhecido os direitos prestacionais, assume o dever não só de torná-los efetivos, mas, também, se obriga, sob pena de transgressão ao texto constitucional, a preservá-los, abstendo-se de frustrar – mediante supressão total ou parcial – os direitos sociais já concretizados" (ARE-AgR 639337, Min. Rel. Celso de Mello, STF, J. 23/08/2011).

POSIÇÃO DO STF

Em razão de recente reforma trabalhista, em 2018 o STF declarou a constitucionalidade do fim da contribuição sindical obrigatória. Para alguns professores a extinção da contribuição obrigatória seria retrocesso, tanto que o Ministros Edson Fachin votou pela inconstitucionalidade do fim contribuição sindical obrigatória. Dentre os argumentos, de Fachin, Dias Toffoli e Rosa Weber, o fim da obrigatoriedade do tributo iria impedir os sindicatos de buscar formas de organização mais eficazes para defender os direitos dos trabalhadores perante os interesses patronais. Todavia, por 6 votos a 3, o Supremo Tribunal Federal decidiu declarar a constitucionalidade do ponto da Reforma Trabalhista que extinguiu a obrigatoriedade da contribuição. O dispositivo foi questionado na ADI 5794, que buscava o reconhecimento da validade da mudança na legislação. Restou por prevalecer o entendimento do Ministro Luiz Fux. Dentre os argumentos expostos por ele e por Alexandre de Moraes, Luís Roberto Barroso, Gilmar Mendes, Marco Aurélio e Cármen Lúcia, está o de não se poder admitir que a contribuição sindical seja imposta a trabalhadores e empregadores quando a Constituição determina que ninguém é obrigado a se filiar ou a se manter filiado a uma entidade sindical. Além disso, eles concordaram que o fim da obrigatoriedade da contribuição sindical não ofende a Constituição.

POSIÇÃO DO STF

E ainda, sobre reforma trabalhista, o STF fixou a seguinte tese de repercussão geral: "É lícita a terceirização ou qualquer outra forma de divisão do trabalho entre pessoas jurídicas distintas, independentemente do objeto social das empresas envolvidas, mantida a responsabilidade subsidiária da empresa contratante" (STF, RE 958.252, Rel. Min. Luiz Fux, j. 30/8/2018).

As características acima elencadas podem ser aplicadas aos direitos humanos, entretanto, há três outras **características tidas como contemporâneas** decorrentes expressamente de documentos internacionais. Elas são classificadas pela doutrina como *básicas*, e merecem destaque nesse encerramento de tópico, são elas: a **universalidade**, já citada; a **indivisibilidade**; e, a **inter-relacionariedade**. Em razão de sua importância, as três serão retomadas quando do estudo da Declaração Universal, de 1948.

ATENÇÃO

A proibição do retrocesso também é conhecida como efeito cliquet, cuja meta é a proteção máxima aos direitos humanos fundamentais contra qualquer medida legal ou política de supressão ou redução de conquistas humanas. Cliquet consiste numa expressão francesa atrela à atividade de escalada, em que o significado prático é de que a partir de determinado ponto da montanha os alpinistas não podem mais retroceder. Tal postulado tem especial aplicação aos direitos de segunda dimensão ou de segunda onda, os econômicos, sociais e culturais. Constitucionalmente, são tidas como inconstitucionais (cláusulas pétreas) as medidas normativas e administrativas que, sem a devida compensação, reduzem, aniquilam, revogam, celfam ou esvaziam o núcleo material-essencial-mínimo.

6. EVOLUÇÃO HISTÓRICA: MARCOS E PENSAMENTOS

Conforme obra didática de Silvio Beltramelli Neto, o conceito de pessoa humana ao longo da história pode ser resumido da seguinte forma: 1º) Concílio de Niceia (ano 325 d.C), consistente no "concílio de padres que instituiu o dogma de fé segundo o qual Jesus Cristo era pessoa com dupla natureza: humana e divina"; 2º) Boécio, filósofo romano (início do século VI), é "pessoa, portanto, todo o ser dotado de razão em sua substância"; 3º) Immanuel Kant (final do século XVIII), o "ser humano é o único ser dotado de razão ... e existe como um fim em si mesmo e não como meio para servir à vontade de outrem"; 4º) Lotze, Brentano e Nietzsche (século XIX), reconhecimento "de que o homem é o único ser vivo que dirige sua vida em função de suas preferências valorativas"; e 5º) Pensamento existencialista (primeira metade do século XX), afirmação "da singularidade de cada ser humano, moldada pelo mundo em que vive (contexto cultural) e em permanente mudança" (2018, p. 37).

Há diferentes formas de explicar a evolução histórica dos direitos humanos.

A historicidade pode ser representada pela cronologia dos documentos importantes para a formação e reconhecimento das liberdades. Desde Declarações até Constituições influíram para a formação dos direitos humanos fundamentais (SUNSTEIN, 2006).

De outra forma, a historicidade também pode ser estudada com arrimo nas gerações ou dimensões.

Ocorre que, no momento, o que se almeja é sintetizar os marcos e pensamentos relevantes para a consolidação dos direitos humanos.

Podem ser destacados três **marcos históricos** fundamentais, quais sejam: *o Iluminismo, a Revolução Francesa e o término da Segunda Guerra Mundial* (OLIVEIRA, 2009, p. 14).

O **Iluminismo** (ou *Era da Razão*) configurou uma revolução intelectual que se efetivou no continente europeu, particularmente na França, no século XVIII. Esse movimento representou o auge das transformações culturais iniciadas no século XIV pelo movimento renascentista, e colocou em destaque os valores da burguesia, favorecendo o aumento dessa camada social.

O Iluminismo procurava uma *explicação por meio da razão* para todos os acontecimentos; rompendo, assim, com as formas de pensar que até o momento eram aceitas. Alguns princípios podem ser destacados como norteadores da sociedade na época, quais sejam: a busca da felicidade; a garantia dos direitos, da liberdade individual e da livre posse de bens pelo governo; a tolerância para a expressão de ideias; e a igualdade perante a lei (GRESPAN, 2003).

Entre os principais filósofos do movimento, destacam-se: Jhon Locke (1632-1704); Voltaire (1694-1778); Jean-Jacques Rousseau (1712-1778); Montesquieu (1689-1755); Denis Diderot (1713-1784); e Jean Le Rond d'Alembert (1717-1783) (GRESPAN, 2003).

ATENÇÃO

Embora não tão citado pela doutrina, mas importante que seja referido, é o movimento do **Humanismo**, *o qual deve ser lembrado. Tal movimento exaltava o valor humano como meio e finalidade. O Humanismo difundiu-se por toda a Europa e caracterizou o início da cultura moderna. Para o pensamento humanista o valor fundamental de uma doutrina é o homem, seu sentimento, sua originalidade e sua superioridade sobre os outros animais. O homem passa a ser visto como um ser que pode construir seu próprio destino (SAID, 2007).*

A seguir vem a **Revolução Francesa**, que foi um movimento político e social que questionava os privilégios da nobreza e do clero, bem como o poder absoluto do monarca. Por volta de 1789, a França enfrentava uma grave crise econômica, sendo que a maioria dos trabalhadores rurais pagava excessiva carga tributária. Já a indústria ainda funcionava, só que de forma muito artesanal, e o comércio também enfrentava dificuldades (HOBSBAWM, 1996).

Dentre as principais vitórias dos revoltosos franceses, está aprovação da **Declaração dos Direitos do Homem e do Cidadão**, de 1789, documento dos mais indispensáveis para a evolução dos direitos humanos. Ele assegura, dentre outros direitos, a liberdade, a igualdade e a propriedade. A Declaração, *inspirada em ideias iluministas*, serviu de base para a construção de diversas Constituições de Estados Democráticos. A Revolução Francesa incentivou muitos outros movimentos revolucionários nas décadas seguintes, marcando a luta pelo fim dos privilégios sociais e pela promoção da dignidade humana.

O lema da Revolução Francesa era: ***liberdade, igualdade e fraternidade***. Tais ideias representam as três primeiras e clássicas gerações de direitos, logo abaixo estudadas.

Nessa conjuntura, calha sublinhar as ideias de *Immanuel Kant*, expostas em suas obras *Crítica da Razão Pura* (1781), *Crítica da Razão Prática* (1788) e a *Crítica do Juízo* (1790). Com arrimo em uma vertente racionalista, Kant definiu o Estado como instrumento de produção das leis, representando os cidadãos, sendo a liberdade o principal fundamento para se valorizar a dignidade humana (HÖFFE, 2005).

Por fim, o terceiro marco que merece destaque é o **término da Segunda Guerra Mundia**l, em 1945. O período pós-guerra instaurou uma nova lógica planetária, exaltando a importância do indivíduo como um dos novos sujeitos do Direito Internacional (REINISCH, 2005). O Estado não é mais o único ator internacional, o instituto da soberania é flexibilizado e o Direito Internacional dos Direitos Humanos emerge. Este é materializado pelo sistema global de proteção dos direitos humanos (da Organização das Nações Unidas), posteriormente complementado pelos sistemas regionais (europeu, americano e africano). O período em questão teve alguns documentos de destaque, quais sejam: Carta da ONU, de 1945; e a Declaração Universal dos Direitos Humanos, de 1948.

Após a Segunda Guerra, exalta-se uma **nova corrente de pensamento**, a qual normalmente é aprofundada nas obras de Direito Constitucional. Todavia, merece aqui destaque, porque além de fortemente influenciar a salvaguarda interna dos direitos (fundamentais), também *respingou* suas balizas nas normativas internacionais (direitos humanos). Trata-se do **pós-positivismo.**

Citados os principais marcos históricos *(Iluminismo, Revolução Francesa e término da Segunda Guerra Mundial)*, **passa-se à análise das correntes de pensamentos relevantes** *(jusnaturalismo, positivismo e pós-positivismo).*

Transpassados o **jusnaturalismo** e o **positivismo,** ocupou lugar o **pós-positivismo.**

Conforme Barroso, o *jusnaturalismo* está fundado na existência de um *Direito natural, s*ua concepção consiste no reconhecimento de que há valores e pretensões humanas legítimas que não decorrem de uma norma jurídica emanada do Estado, i.e., independem do Direito positivo. Esse Direito natural tem validade em si, legitimado por uma ética superior, e estabelece limites à própria norma estatal (BARROSO, 2001, p. 13). Já o *positivismo* "foi fruto de uma idealização do conhecimento científico, uma crença romântica e onipotente de que os múltiplos domínios da indagação e da atividade intelectual pudessem ser regidos por leis naturais, invariáveis, independentes da vontade e da ação humana. (...) O positivismo comportou algumas variações e teve seu ponto culminante no normativismo de Hans Kelsen" (BARROSO, 2001, pp. 16-17).

Ainda de acordo com a doutrina do professor Barroso, a "superação histórica do jusnaturalismo e o fracasso político do positivismo abriram caminho para um conjunto amplo e ainda inacabado de reflexões acerca do Direito, sua função social e sua interpretação. O *pós-positivismo* é a designação provisória e genérica de um ideário difuso, no qual se incluem a definição das relações entre valores, princípios e regras, aspectos da chamada *nova hermenêutica* e a teoria dos direitos fundamentais" (BARROSO, 2001, p. 19).

Com o pós-positivismo, passa a ocorrer a distinção entre **princípios e regras**, os dois são espécies do termo **norma** e os dois ostentam **normatividade**.

Na linha desse pensamento, Canotilho refere-se ao sistema jurídico do Estado Democrático português como um "sistema normativo aberto de regras e princípios" (2003, p. 1159). Rafaela Machado, partindo do mesmo norte, exalta a importância dos princípios para o Direito Constitucional dos países (2012).

A mudança "de paradigma nessa matéria deve especial tributo às concepções de *Ronald Dworkin* e aos desenvolvimentos a ela dados por *Robert Alexy*. A conjugação das ideias desses dois autores dominou a teoria jurídica e passou a constituir o conhecimento convencional da matéria" (BARROSO, 2004, p. 353).

7. EVOLUÇÃO HISTÓRICA: DOCUMENTOS

Como outrora dito, a historicidade também pode ser representada pela cronologia dos documentos importantes para a formação e reconhecimento das liberdades.

O primeiro documento referido pela doutrina quanto aos direitos humanos é a **Magna Carta, de 1215**. Trata-se de um acordo entre rei e barões revoltados. Ela direciona-se à proteção dos direitos dos ingleses, originários da *law of the land* (lei da terra). Embora restrita aos ingleses, ela é o *nascedouro* dos direitos, tendo influenciado inúmeros outros documentos. Seu principal desiderato é a limitação do poder do rei. A judicialidade é um dos princípios do Estado de Direito. Prevê, *v.g.*, direito de ir e vir, propriedade privada e graduação da pena do delito.

Em **1628 adota-se a *Petition of Rights.*** Ela reafirmou os direitos da Magna Carta, dando ênfase à, *v.g.*, propriedade e à proibição da detenção arbitrária.

O ***Habeas Corpus Act*** data **de 1679**, remete ao *habeas corpus*, uma das mais relevantes garantias aos direitos humanos já criadas na história da Humanidade. Este documento foi fortemente influenciado pela Magna Carta e almejava, precipuamente, garantir o direito de ir e vir.

A Declaração de Direitos de **1689,** ou ***Bill of Rights***, submete a monarquia inglesa à soberania popular. Ela limita a autoridade real. Ao rei não mais é permitido suspender leis ou as descumprir, muito menos pode cobrar tributos sem o consentimento do **Parlamento**. Assegura-se a supremacia do Parlamento. Neste momento, são dados passos importantes para a definição da separação de poderes.

Os quatro documentos citados (*Magna Carta, Petition of Rights, Habeas Corpus Act* e *Bill of Rights*) exaltam a regra da ***Rule of Law***, que dispõe sobre a necessidade de todos se sujeitarem ao Direito (Estado de Direito), inclusive os detentores do poder.

Uma noção mais clara de direitos individuais é instaurada com a **Declaração de Virgínia, de 1776**, a qual abre caminho para a independência dos Estados Unidos. Ela preceitua sobre, v.g., o direito de igualdade, o poder emanado do povo, o direito à felicidade, a separação de poderes, o direito geral ao sufrágio e o direito à propriedade.

Em 04 de julho de **1776 há também a Declaração Americana da Independência**.

No **ano de 1789**, aprova-se a, importante é já citada, **Declaração dos Direitos do Homem e do Cidadão**, proclamada na França. É a mais famosa de todas as Declarações. *É curioso ressaltar que ela ainda está em vigor na França e integra o bloco de constitucionalidade daquele país.* Sua finalidade principal é proteger os direitos dos homens contra os atos do governo. Seu objetivo imediato é instruir os indivíduos de seus direitos fundamentais, possuindo, para tanto, caráter pedagógico. Como é uma Declaração, os direitos nela são apenas recordados, pois preexistem a ela. A igualdade perante a lei é o elemento essencial da Declaração, conforme seu art. 6º. O presente documento, decorrente da Revolução Francesa (*liberdade, igualdade e fraternidade*), foi a base da Declaração Universal dos Direitos Humanos da ONU, de 1948.

Outra fonte histórica dos direitos humanos foi a **Constituição Francesa, de 1848,** fundamental para a futura consagração dos direitos econômicos e sociais (segunda geração) nas Leis Fundamentais dos demais países.

Mais recente, mas mesmo assim influenciadora, foi a **Constituição do México, de 1917.** Ela constitucionalizou de forma expressa os direitos econômicos, sociais e culturais e exaltou a função social da propriedade. O seu art. 123 tratava de vários assuntos inéditos, tais como a limitação da jornada de trabalho para 8 horas diárias, a disciplina do trabalho de menores de 12 anos, bem como a limitação de 6 horas diárias para os menores de 16 anos, a limitação de 7 horas de jornada de trabalho noturno, o descanso semanal, o salário mínimo, a igualdade salarial, o direito de greve e outros institutos inovadores que vieram proteger as relações de trabalho.

A **Declaração Russa dos Direitos do Povo Trabalhador e Explorado, de 1918**, merece destaque, já que visava, conforme seu Capítulo II, "precipuamente a suprimir toda exploração do homem pelo homem, a abolir completamente a divisão da sociedade em classes, a esmagar implacavelmente todos os exploradores, a instalar a organização socialista da sociedade e a fazer triunfar o socialismo em todos os países (...)".

A **Constituição alemã de Weimer, de 1919**, surgiu como fruto da Primeira Guerra Mundial. O Estado Democrático Social, cujos parâmetros já haviam sido delineados pela Constituição mexicana de 1917, adquiriu com a Constituição alemã uma melhor estruturação. E, tal como a Constituição do México, os direitos trabalhistas e previdenciários *ganharam o status de direitos fundamentais*. Ela estabeleceu um novo modelo constitucional para os direitos sociais e influenciou muitas outras, como a Constituição brasileira de 1934.

É possível, por fim, realçar outros documentos, como o **Tratado de *Versailles*, de 1919** (que criou a Liga das Nações e a Organização Internacional do Trabalho), **a Carta da ONU, de 1945**, e a **Declaração Universal dos Direitos Humanos, de 1948**. Fontes estas que ainda serão objeto de abordagem específica.

8. GERAÇÕES DE DIREITOS

A evolução histórica dos direitos humanos pode, da mesma forma, ser expressa por meio do estudo das gerações. O termo "gerações" indica os *grandes momentos de conscientização em que se reconhecem famílias de direitos, com características comuns e peculiares* (FERREIRA FILHO, 2007, p. 06).

Há diferentes nomenclaturas encontradas na doutrina. Além de gerações, podem ser referidas: *dimensões, categorias, espécies, naipes* ou *ondas*.

Quem *primeiro teorizou sobre as gerações de direitos* foi *Karel Vasak*, durante uma conferência ministrada em 1979, no Instituto Internacional de Direitos Humanos, em Estrasburgo. O jurista tcheco-francês se inspirou nos ideais da Revolução Francesa (*liberté, egalité, fraternité*). Tais ideais são representados pelas cores da bandeira da França, composta por três faixas verticais (azul, branca e vermelha). Além de se referir à Revolução, a bandeira também atine aos Poderes (azul: Legislativo; branco: Executivo; e vermelho: povo).

Partindo do lema revolucionário (*liberdade, igualdade e fraternidade*), registrado na bandeira francesa, há três dimensões/gerações clássicas de direitos.

A **primeira dimensão** tem como valor ou palavra-chave a **liberdade**, com conotação exclusivamente individual. Para Canotilho, trata-se de uma liberdade *pura*, i.e., liberdade em si e não liberdade para qualquer fim (CANOTILHO, 2003, p. 1396).

Essa geração é a dos *direitos civis e políticos* (liberdades públicas ou direitos de defesa). O indivíduo é o centro, *um ser abstrato e dotado de direitos*, o que justifica sua forte carga de subjetividade.

A *aplicabilidade imediata* é uma característica marcante desta família de direitos, os quais impõem obrigações de não fazer ao Estado (*non facere*). Eis seu *caráter negativo*. Por isso que sua principal meta é limitar os abusos do poder, combatendo o absolutismo estatal. Prepondera uma mínima intervenção do Estado, típico de um Estado Liberal.

Praticamente todas as Constituições do mundo consagram os direitos de primeira dimensão, exemplo caseiro é o rol exemplificativo do art. 5º da nossa CF de 1988.

Os primeiros direitos de primeira dimensão a serem assegurados foram: à vida, à liberdade, à propriedade, à igualdade perante a lei, assim como o direito de votar e ser votado e uma série de liberdades de expressão, como a de imprensa, de manifestação e de reunião.

Além da primeira, há a **segunda dimensão de direitos,** que tem como valor a **igualdade**. Ela é representada pelos direitos *econômicos, sociais* e *culturais*.

O indivíduo continua sendo o alvo principal de proteção, contudo, agora ele é vislumbrado sob uma perspectiva de grupo (como o dos trabalhadores).

Em regra, prepondera a adjetivação de tais direitos como de aplicabilidade mediata ou, conforme convenções internacionais, *progressiva*.

Essa família de direitos impõe obrigações de natureza positiva por parte dos Estados (*facere*); demandando, assim, uma maior atuação e intervenção governamental por meio de ações (positivas) para se atingir uma igualdade material. O Estado Liberal dá lugar ao *Estado do Bem Estar Social*.

Da mesma forma que a primeira geração, a segunda também vem prevista em praticamente todas as Constituições dos Estados. Os arts. 6º e 7º da CF de 1988 assim confirmam (TOBIN, 2012). Art. 6º da CF de 1988: "São direitos sociais a educação, a saúde, a alimentação, o trabalho, a moradia, o transporte, o lazer, a seguran-ça, a previdência social, a proteção à maternidade e à infância, a assistência aos desamparados, na forma desta Constituição".

Conforme antes citados, são documentos históricos importantes, para a consagração interna de direitos de segunda dimensão, as Constituições do México (1917) e de Weimar (1919).

Os primeiros direitos de segunda dimensão a serem previstos foram: à saúde, à moradia, à alimentação, à educação, à previdência etc.

A **terceira dimensão de direitos** encontra seus valores na **fraternidade** e na **solidariedade**. É o que Canotilho chama de *direitos dos povos* (2003, p. 386).

Paulo Bonavides assim doutrina: "Com efeito, um novo polo jurídico de alforria do homem se acrescenta historicamente aos da liberdade e da igualdade. Dotados de altíssimo teor de humanismo e universalidade, os direitos da terceira geração tendem a cristalizar-se no fim do século XX enquanto direitos que não se destinam especificamente à proteção dos interesses de um indivíduo, de um grupo ou de um determinado Estado. Têm primeiro por destinatário o gênero humano mesmo, num momento expressivo de sua afirmação como valor supremo em termos de existencialidade concreta" (BONAVIDES, 2006, p. 569).

A titularidade dos direitos de terceira dimensão é difusa (direitos difusos e coletivos). Tanto que alguns exemplos de direitos desta geração, citados pela doutrina, são: à paz, ao desenvolvimento, à comunicação, à solidariedade e segurança mundiais, ao meio ambiente e à conservação do patrimônio comum da Humanidade.

POSIÇÃO DA CORTE INTERAMERICANA

De acordo com opinião consultiva OC-23/17, de 15/11/2017, no caso "MEIO AMBIENTE E DIREITOS HUMANOS", a Corte opinou no seguinte sentido: "O conceito de jurisdição do artigo 1.1 da Convenção Americana abarca toda situação na que um Estado exerça autoridade ou controle efetivo sobre as pessoas, seja dentro ou fora de seu território, em conformidade com os parágrafos 72 a 81 desta Opinião ... Com o propósito de respeitar e garantir os direitos à vida e integridade das pessoas sob sua jurisdição, os Estados têm a obrigação de prevenir danos ambientais significativos, dentro ou fora de seu território, para o qual devem regular, supervisionar e fiscalizar as atividades sob sua jurisdição que possam produzir um dano significativo ao meio ambiente; realizar estudos de impacto ambiental quando exista risco de dano significativo ao meio ambiente; estabelecer um plano de contingência, a efeito de ter medidas de seguran-ça e procedimentos para minimizar a possibilidade de grandes acidentes ambientais, e mitigar o dano ambiental significativo que produzir, de conformidade com as alíneas 127 a 174 desta Opinião... 6. Os Estados devem atuar conforme ao princípio de precaução, a efeitos da proteção do direito à vida e à integrida-de pessoal em frente a possíveis danos graves ou irreversíveis ao meio ambiente ... o propósito de garantir os direitos à vida e integridade das pessoas baixo sob sua jurisdição, em relação com a proteção do meio ambiente, os Estados têm a obrigação de garantir o direito ao acesso à informação relacionada com possíveis afetações ao meio ambiente; o direito à participação pública das pessoas sob sua jurisdição na tomada de decisões e políticas que podem afetar o meio ambiente, bem como o direito de acesso à justiça em relação com as obrigações ambientais estatais enunciadas nesta Opinião ...".

Na esteira da tutela ao desenvolvimento, em 1986, as Nações Unidas adotaram a *Declaração sobre o Direito ao Desenvolvimento*, medida que serviu para registrar o desiderato universal de ver um processo de globalização **ético** e **solidário** (PIOVESAN, 2009, p. 26).

Além das três primeiras e clássicas gerações (liberdade, igualdade e fraternidade), mencionam-se na doutrina mais duas: a quarta e a quinta.

A quarta dimensão, com existência ainda contestada, é defendida por Paulo Bonavides: "A globalização política neoliberal caminha silenciosa, sem nenhuma referência de valores. (...) Há, contudo, outra globalização política, que ora se desenvolve, sobre a qual não tem jurisdição a ideologia neoliberal. Radica-se na teoria dos direitos fundamentais. A única verdadeiramente que interessa aos povos da periferia. **Globalizar direitos fundamentais equivale a universalizá-los no campo institucional.** (...) **A globalização política na esfera da normatividade jurídica introduz os direitos de quarta geração**, que, aliás, correspondem à derradeira fase de institucionalização do Estado social. **São direitos de quarta geração o direito à democracia, o direito à informação e o direito ao pluralismo**. Deles depende a concretização da sociedade aberta do futuro, em sua **dimensão de máxima universalidade**, para a qual parece o mundo inclinar-se no plano de todas as relações de convivência" (BONAVIDES, 2006, pp. 571-572. Grifos meus).

ATENÇÃO

Norberto Bobbio tem entendimento diverso de Bonavides quanto aos direitos de quarta dimensão, em relação a seu conteúdo. Para Bobbio esta categoria refere-se aos efeitos da pesquisa biológica, que permitirá manipulações do patrimônio genético dos indivíduos (BOBBIO, 2004).

E, como encerramento, há uma **quinta dimensão**, com existência ainda mais contestada. Tal família estaria conectada com os últimos acontecimentos (como, e.g., o atentado terrorista de 11 de setembro, nos Estados Unidos), podendo-se falar em um *direito à paz*, conforme o Professor Paulo Bonavides (HONESKO, 2008, pp. 195-197). Importante relembrar que o direito *à paz* já foi citado como de terceira dimensão, todavia, o professor Bonavides o situa em uma quinta geração autônoma, classificando-o como um *supremo direito da humanidade*.

ATENÇÃO

Há doutrina que constrói outras gerações que transporiam a quinta dimensão citada.

POSIÇÃO DO STF

Duas decisões do STF, sobre sistema geracional:

"(...) até mesmo em face da justa preocupação revelada pelos povos e pela comunidade internacional em tema de direitos humanos, que estes, em seu processo de afirmação e consolidação, comportam diversos níveis de compreensão e abordagem, que permitem distingui-los em ordens, dimensões ou fases sucessivas resultantes de sua evolução histórica. Nesse contexto, (...) impende destacar, na linha desse processo evolutivo, os direitos de primeira geração (direitos civis e políticos), que compreendem as liberdades clássicas, negativas ou formais, e que realçam o princípio da liberdade. Os direitos de segunda geração (direitos econômicos, sociais e culturais), de outro lado, identificam-se com as liberdades positivas, reais ou concretas, pondo em relevo, sob tal perspectiva, o princípio da igualdade. Cabe assinalar (...) que os direitos de terceira geração (ou de novíssima dimensão), que materializam poderes de titularidade coletiva atribuídos, genericamente, e de modo difuso, a todos os integrantes dos agrupamentos sociais, consagram o princípio da solidariedade e constituem, por isso mesmo, ao lado dos denominados direitos de quarta geração (como o direito ao desenvolvimento e o direito à paz), um momento importante no processo de expansão e reconhecimento dos direitos humanos, qualificados estes, enquanto valores fundamentais indisponíveis, como prerrogativas impregnadas de uma natureza essencialmente inexaurível (...)" (ADI 3.540 MC, voto do Rel. Min. Celso de Mello, STF, j. 01/09/2005); e

"O direito à integridade do meio ambiente — típico direito de terceira geração — constitui prerrogativa jurídica de titularidade coletiva, refletindo, dentro do processo de afirmação dos direitos humanos, a expressão significativa de um poder atribuído, não ao indivíduo identificado em sua singularidade, mas, num sentido verdadeiramente mais abrangente, à própria coletividade social. Enquanto os direitos de primeira geração (direitos civis e políticos) — que compreendem as liberdades clássicas, negativas ou formais — realçam o princípio da liberdade, e os direitos de segunda geração (direitos econômicos, sociais e culturais) — que se identificam com as liberdades positivas, reais ou concretas — acentuam o princípio da igualdade, os direitos de terceira geração, que materializam poderes de titularidade coletiva atribuídos genericamente a todas as formações sociais, consagram o princípio da solidariedade e

constituem um momento importante no processo de desenvolvimento, expansão e reconhecimento dos direitos humanos, caracterizados, enquanto valores fundamentais indisponíveis, pela nota de uma essencial inexauribilidade" (MS 22.164, Rel. Min. Celso de Mello, STF, j. 30/10/1995).

9. CRÍTICA AO SISTEMA GERACIONAL

A análise das gerações de direitos acima pode induzir à equivocada ideia de que há uma substituição entre as gerações e, até mesmo, uma sucessão histórica rigorosa quanto ao reconhecimento dos direitos.

Tal ideia não pode prosperar. É por este motivo que a separação evolutiva histórica por meio das gerações deve ter função apenas doutrinária e não pode carregar caráter absoluto, especialmente se levarmos em conta algumas características dos direitos como: *a inter-relação e a complementaridade. Não há, dessa forma, relação de hierarquia entre as gerações, mas sim de complementaridade.*

Por tais motivos que se recomenda a utilização do termo **dimensões**, que está mais conectado com as citadas características, embora não esteja imune a certas críticas.

10. O INDIVÍDUO COMO SUJEITO DO DIREITO INTERNACIONAL (DI)

O último item do presente capítulo poderia ser alocado no capítulo sobre o *Direito Internacional dos Direitos Humanos,* todavia, optamos por situá-lo aqui em razão de hoje ser uma premissa interpretativa a classificação dos indivíduos como sujeitos do Direito Internacional para o desenvolvimento de qualquer temática sobre os direitos humanos. Há perspectivas teóricas, no entanto, que contestam esse ponto, como a própria análise econômica do Direito Internacional (POSNER; SYKES, 2013).

Ab initio, é importante esclarecer que a **personalidade jurídica internacional** pode ser compreendida como uma forma de aptidão ou pré-habilitação para ser considerado sujeito, com capacidade de estabelecer relações jurídicas, ou de ser titular de direitos no plano externo (MACHADO, 2012, p. 45).

Emergem divergências na doutrina quanto ao número de sujeitos do Direito Internacional, bem como quanto às suas naturezas.

Não há fórmula fechada ou um tratado que, categoricamente, defina quem são os sujeitos internacionais, cabendo, como de costume, à doutrina e à jurisprudência assim proceder. Há três correntes sobre a temática (MACHADO, 2012, p. 47).

Classicamente, o Estado sempre foi considerado o sujeito único, ostentador de personalidade internacional originária, o que lhe garantia plena capacidade para *dominar* o cenário internacional. Essa é a **teoria clássica** ou **estadualista** (originada da Alemanha), já considerada como ultrapassada pela maioria da doutrina internacionalista.

A teoria clássica foi abandonada devido a vários fatores, como a expansão do Direito Internacional (DI), conjuntamente com a redefinição do conceito de soberania, pois as fontes externas e os agentes não nacionais cada vez mais influem no cenário externo e nos territórios nacionais. Outros agentes começaram a povoar os espaços não mais ocupados pelos Estados.

Radicalmente oposta à corrente estadualista, apresenta-se a **teoria individualista** (originada da França). Esta prega que o sujeito do DI somente pode ser o indivíduo, excluindo-se Estados e qualquer outra organização. A importância interna do indivíduo transcende limites fronteiriços, a ponto de galgá-lo a posto de único com personalidade jurídica internacional. Mais um entendimento que, com *maxima venia,* deve ser refutado, haja vista que ignora todos os papéis fundamentais desempenhados pelos Estados.

Além da clássica e da individualista, como terceiro posicionamento, há a **tese eclética** ou **heteropersonalista**, cuja denominação é autoexplicativa. Ela prima pela existência de mais de um sujeito do DI, aceitando a coexistência de personalidade internacional dos Estados, dos indivíduos, das organizações internacionais (OI) e de outros.

Hodiernamente, a mais adotada é a terceira, **a eclética ou heteropersonalista**.

Dessa forma, os **Estados**, as **OI** e os **indivíduos** possuem personalidade jurídica internacional. São vislumbrados como atores cujos comportamentos trazem reflexos em âmbito internacional, são titulares de direitos e estão submetidos ao cumprimento de obrigações.

Os três com personalidade, mas com diferentes capacidades. Há que se sublinhar que uma das principais diferenças existentes entre Estados, OI e indivíduos é o campo de atuação em âmbito internacional. Os indivíduos têm um campo de atuação mais restrito, eles têm capacidade limitada.

Mas, embora a capacidade dos indivíduos seja limitada ou restrita, fato é que eles se tornaram uma realidade por meio das sucessivas conquistas no campo dos direitos humanos. O direcionamento de fontes, como a Carta da ONU de 1945 e a Declaração Universal de 1948, já demonstravam a condição relevante dos particulares para o Direito Internacional. Isso tudo foi confirmado com a capacidade, conquistada pelas pessoas, de denunciar e peticionar, em âmbito internacional, violações aos direitos (DEVA, 2014). Exemplo *caseiro* é o sistema interamericano de direitos humanos, previsto no Pacto de San José da Costa Rica, de 1969.

Entretanto, essa possibilidade de denúncia internacional contra um Estado violador, ou seja, os mecanismos de petições, ainda é restrita, pois o acesso direto às Cortes Internacionais é situação rara. No sistema interamericano, regido pelo Pacto de San José, os particulares só podem denunciar a uma Comissão, que, em juízo de admissibilidade, enviará a questão à Corte Interamericana de Direitos Humanos. Conforme art. 44 do Pacto, qualquer pessoa ou grupo de pessoas, ou uma organização não governamental "legalmente reconhecida em um ou mais Estados-membros da Organização, pode apresentar à Comissão petições que contenham denúncias ou queixas de violação desta Convenção por um Estado-parte".

De outra banda, para alento – e fortificando a condição de sujeito – há o sistema de proteção europeu, que já prevê o acesso direto (*jus standi*) a Tribunal. Na Convenção Europeia de Direitos Humanos, em seu art. 34, consta que o Tribunal pode receber petições de "qualquer pessoa singular, organização não governamental ou grupo de particulares que se considere vítima de violação por qualquer Alta Parte Contratante dos direitos reconhecidos na Convenção ou nos seus protocolos", sendo que os Estados-membros se comprometem a "não criar qualquer entrave ao exercício efetivo desse direito".

É cristalina a evolução dos particulares para com o Direito Internacional. Mesmo com capacidade limitada e ainda que o seu acesso direto aos Tribunais internacionais não seja a regra globalmente aplicada, apura-se que há uma evolução gradativa e concreta nesse campo, o que se permite afirmar que *sua condição de sujeitos do Direito Internacional não pode mais ser contestada.*

Conforme os estudos que se seguem, ver-se-á que os sujeitos, particularmente os indivíduos ou particulares, podem atuar de forma ativa em âmbito internacional (ex.: quando um indivíduo peticiona, denunciando violação aos direitos humanos) ou de forma passiva (ex.: quando um indivíduo é responsabilizado perante o Tribunal Penal Internacional).

POSIÇÃO DO TPI

Embora o TPI (permanente, criado em 1998) venha a ser estudo em item separado, apenas citamos uma recente e importante de decisão, referente à responsabilização do indivíduo internacionalmente. Em 21 de março de 2016, Jean-Pierre Bemba Gombo, ex vice-presidente da República Democrática do Congo foi considerado culpado pelo Tribunal Penal Internacional pela ocorrência de crimes de guerra e crimes contra a humanidade. O Tribunal concluiu o julgamento depois de passados mais de cinco anos desde o seu início, em novembro de 2010. Em particular, a sentença representa um importante avanço no campo do Direito Penal Internacional, porque pela primeira vez desde o começo de seu funcionamento, o TPI reconheceu e condenou o estupro como crime de guerra.

Fato é que as conquistas em relação aos direitos humanos podem ser muito bem representadas pela maior participação dos indivíduos no cenário internacional. Quando se estudar Tribunal Penal Internacional (TPI) e quando se estudar os sistemas regionais de proteção essa afirmativa poderá ser confirmada com segurança.

11. TÓPICO-SÍNTESE

TÓPICO-SÍNTESE: Teoria Geral dos Direitos Humanos	
Conceito	– **Conceito:** "conjunto de faculdades e instituições que, em cada momento histórico, concretizam as exigências da dignidade, liberdade e igualdade humanas, as quais devem ser reconhecidas positivamente pelos ordenamentos jurídicos em nível nacional e internacional" (TAVARES, 2008, p. 461).
Dimensão ética	– A despeito da tentativa de se tentar reproduzir um conceito dos direitos humanos, a verdadeira descrição é a de que eles pertencem ao homem, pela simples qualidade de ser "humano".

Direitos humanos, direitos fundamentais e direitos do homem	– **Direitos humanos:** proteção internacional. – **Direitos fundamentais:** proteção constitucional. – **Direitos do homem:** direitos naturais.
Direitos humanos fundamentais	– A complementação e a comunicabilidade dos sistemas, interno e internacional, mostram-se imprescindíveis para uma efetiva proteção, dando azo à expressão "direitos humanos fundamentais".
Características	– Historicidade, universalidade, essencialidade, irrenunciabilidade, inalienabilidade, inexauribilidade, imprescritibilidade, efetividade, inviolabilidade, limitabilidade, vedação ao retrocesso, indivisibilidade e inter-relacionariedade.
Marcos históricos	– O Iluminismo, a Revolução Francesa e o término da Segunda Guerra Mundial.
Documentos históricos	– Magna Carta, de 1215; *Petition of Rights*, de 1628; *Habeas Corpus Act*, de 1679; Declaração de Direitos, de 1689; Declaração de Virgínia, de 1776; Declaração Americana da Independência, de 1776; Declaração dos Direitos do Homem e do Cidadão, de 1789; Constituição Francesa, de 1848; Constituição do México, de 1917; Declaração Russa dos Direitos do Povo Trabalhador e Explorado, de 1918; Constituição de Weimer, de 1919; Tratado de Versailles, de 1919; Carta da ONU, de 1945; e Declaração Universal dos Direitos Humanos, de 1948.
Gerações de direitos	– **1ª DIMENSÃO:** liberdade; direitos civis e políticos; – **2ª DIMENSÃO:** igualdade; direitos econômicos, sociais e culturais; – **3ª DIMENSÃO:** fraternidade e solidariedade; direitos difusos e coletivos; – **4ª DIMENSÃO:** globalização política na esfera da normatividade jurídica; direito à democracia, direito à informação e direito ao pluralismo; – **5ª DIMENSÃO:** direito à paz.
Crítica ao sistema geracional	– A separação evolutiva histórica por meio das gerações deve ter função apenas doutrinária e não pode carregar caráter absoluto, especialmente se levarmos em conta algumas características dos direitos como: a inter-relação e a complementaridade. Não há, dessa forma, relação de hierarquia entre as gerações, mas sim de complementaridade.

Indivíduo como sujeito do DI	– Mesmo com capacidade limitada e ainda que o seu acesso direto aos Tribunais não seja a regra universalmente aplicada, apura-se que há uma evolução gradativa e concreta, o que se permite reconhecer a condição dos indivíduos como sujeitos do Direito Internacional.

Capítulo

2

A DIGNIDADE HUMANA E OS SISTEMAS DE PROTEÇÃO

Leia a Lei

- *Constituição Federal, de 1988; Declaração Universal dos Direitos Humanos, de 1948; Pactos Internacionais de Nova York, de 1966; Convenção Americana sobre Direitos Humanos, de 1969; Convenção Europeia para a Proteção dos Direitos Humanos e das Liberdades Fundamentais, de 1950; e Carta Africana de Direitos Humanos, de 1981.*

1. DIGNIDADE HUMANA, STF, MÍNIMO EXISTENCIAL E SISTEMAS DE PROTEÇÃO

A **dignidade da pessoa humana**, a nosso entender, deve ser considerada como o *cartão de visitas* da CF de 1988, tanto que está prevista no início do texto, mais precisamente no inc. III do art. 1º, estando ali como um dos fundamentos da República Federativa. Quem se lançar a ler todos os 250 artigos da Lei Fundamental brasileira (sem esquecer os artigos do *Ato das Disposições Constitucionais Transitórias* – ADCT), felizmente, vislumbrará a *dignidade da pessoa humana* como *porta* para todo o *resto* constitucional. E este *resto* não tem tom irônico e muito menos de menosprezo aos demais dispositivos constitucionais. O objetivo é apenas ressaltar que a dignidade configura como um importante *postulado normativo interpretativo* (ÁVILA, 2011) que "atua como diretriz a ser observada na criação, interpretação e aplicação das demais normas" (NOVELINO, 2011, p. 374).

Na linha do movimento do constitucionalismo contemporâneo, percebe-se que a ampla maioria das Constituições da atualidade, bem como as Declarações de Direitos, realça a dignidade da pessoa, que vem disposta como *centro* dos ordenamentos. Conforme jurisprudência do próprio STF, ela é "**considerada a centralidade (...) – significativo vetor interpretativo, verdadeiro valor-fonte que conforma e inspira todo o ordenamento constitucional vigente em nosso País e que traduz, de modo expressivo, um dos fundamentos em que se assenta, entre nós, a ordem republicana e democrática consagrada pelo sistema de direito constitucional positivo**" (HC 107.108, Min. Rel. Celso de Mello, STF, J. 30/10/2012. Grifos meus).

Há uma espécie de *lua de mel* do STF com o princípio da dignidade da pessoa humana. Tanto que o Pretório decidiu, inúmeras vezes, sobre direitos humanos e invocou o atributo da dignidade. Vejamos alguns julgados, conforme a *Coletânea Temática de Jurisprudência – Direitos Humanos* elaborada pelo próprio Tribunal:

A) Crise carcerária e a violação à dignidade: "Esta arguição envolve a problemática do dever de o Poder Público realizar melhorias em presídios ou construir novos com a finalidade de reduzir o déficit de vagas prisionais. Vai além: versa a interpretação e a aplicação das leis penais e processuais de modo a minimizar a crise carcerária, implantar a forma eficiente de utilização dos recursos orçamentários que compõem o Fundo Penitenciário Nacional (FUNPEN) e o dever de elaboração, pela União, Estados e Distrito Federal, de planos de ação voltados a racionalizar o sistema prisional e acabar com a violação de direitos fundamentais dos presos sujeitos às condições de superlotação carcerária, acomodações insalubres e falta de acesso a direitos básicos, como saúde, educação, alimentação saudável, trabalho, assistência jurídica, indispensáveis a uma vida minimamente digna e segura. (...) trata-se de pauta impopular, envolvendo direitos de um grupo de pessoas não simplesmente estigmatizado, e sim cuja dignidade humana é tida por muitos como perdida, ante o cometimento de crimes. Em que pese a atenção que este Tribunal deve ter em favor das reivindicações sociais majoritárias, não se pode esquecer da missão de defesa de minorias, do papel contramajoritário em reconhecer direitos daqueles que a sociedade repudia e os poderes políticos olvidam, ou fazem questão de ignorar. (...) A maior parte desses detentos está sujeita às seguintes condições: superlotação dos presídios, torturas, homicídios, violência sexual, celas imundas e insalubres, proliferação de doenças infectocontagiosas, comida imprestável, falta de água potável, de produtos higiênicos básicos, de acesso à assistência judiciária, à educação, à saúde e ao trabalho, bem como amplo domínio dos cárceres por organizações criminosas, insuficiência do controle quanto ao cumprimento das penas, discriminação social, racial, de gênero e de orientação sexual. (...) Nesse contexto, diversos dispositivos, contendo normas nucleares do programa objetivo de direitos fundamentais da Constituição Federal, são ofendidos: o princípio da dignidade da pessoa humana (art. 1º, III); a proibição de tortura e tratamento desumano ou degradante de seres humanos (art. 5º, III); a vedação da aplicação de penas cruéis (art. 5º, XLVII, e); o dever estatal de viabilizar o cumprimento da pena em estabelecimentos distintos, de acordo com a natureza do delito, a idade e sexo do apenado (art. 5º, XLVIII); a segurança dos presos à integridade física e moral (art. 5º, XLIX); e os direitos à saúde, educação, alimentação, trabalho, previdência e assistência social (art. 6º) e à assistência judiciária (art. 5º, LXXIV). Outras normas são afrontadas, igualmente reconhecedoras dos direitos dos presos: o Pacto Internacional dos Direitos Civis e Políticos, a Convenção contra a Tortura e outros Tratamentos e Penas Cruéis, Desumanos e Degradantes e a Convenção Americana sobre Direitos Humanos. Também a legislação interna é transgredida: a Lei 7.210, de 1984, a chamada 'Lei de Execução Penal', na qual são assegurados diversos desses direitos, inclusive o alusivo à cela individual salubre e com área mínima de seis metros quadrados, e a Lei Complementar 79/1994, por meio da qual foi criado o Fundo Penitenciário Nacional (FUNPEN), cujos recursos estão sendo contingenciados pela União, impedindo a formulação de novas políticas públicas ou a melhoria das existentes e contribuindo para o agravamento do quadro. (...) Os cárceres brasileiros não servem à ressocialização dos presos. É incontestável que implicam o aumento da criminalidade, transformando pequenos delinquentes em 'monstros do crime'. A prova da ineficiência do sistema como política de segurança pública está nas altas taxas de reincidência. E o que é pior: o reincidente passa a cometer crimes ainda mais graves. Segundo dados do Conselho Nacional de Justiça (CNJ), essa taxa fica em torno de 70% e alcança, na maioria, presos provisórios que passaram, ante o contato com outros mais perigosos, a integrar alguma das facções criminosas. A situação é, em síntese, assustadora: dentro dos presídios, violações sistemáticas de direitos humanos; fora deles, aumento da criminalidade e da insegurança social" (ADPF 347 MC, voto do Rel. Min. Marco Aurélio, STF, j. 09/09/2015);

B) Prisões brasileiras e o desrespeito à dignidade: "(...) o que se verifica, hoje, relativamente às prisões brasileiras, é uma completa ruptura com toda a doutrina legal de cunho civilizatório construída no pós-guerra. Trata-se de um processo de verdadeira 'coisificação' de seres humanos presos, amontoados em verdadeiras 'masmorras medievais', que indica claro retrocesso relativamente a essa nova lógica jurídica. O fato é que a sujeição dos presos às condições até aqui descritas mostra, com clareza meridiana, que o Estado os está sujeitando a uma pena que ultrapassa a mera privação da liberdade prevista na sentença, porquanto acresce a ela um sofrimento físico, psicológico e moral, o qual, além de atentar contra toda a noção que se possa ter de respeito à dignidade humana, retira da sanção qualquer potencial de ressocialização" (RE 592.581, voto do Rel. Min. Ricardo Lewandowski, STF, j. 13/08/2015);

C) Lei da Anistia e dignidade: "(...) a dignidade da pessoa humana precede a Constituição de 1988 e esta não poderia ter sido contrariada, em seu art. 1º, III, anteriormente a sua vigência. A arguente desqualifica fatos históricos que antecederam a aprovação, pelo Congresso Nacional, da Lei 6.683/1979. (...) A inicial ignora o momento talvez mais importante da luta pela redemocratização do país, o da batalha da anistia, autêntica batalha. Toda a gente que conhece nossa história sabe que esse acordo político existiu, resultando no texto da Lei 6.683/1979. (...) Tem razão a arguente ao afirmar que a dignidade não tem preço. As coisas têm preço, as pessoas têm dignidade. A dignidade não tem preço, vale para todos quantos participam do humano. Estamos, todavia, em perigo quando alguém se arroga o direito de tomar o que pertence à dignidade da pessoa humana como um seu valor (valor de quem se arrogue a tanto). É que, então, o valor do humano assume forma na substância e medida de quem o afirme e o pretende impor na qualidade e quantidade em que o mensure. Então o valor da dignidade da pessoa humana já não será mais valor do humano, de todos quantos pertencem à humanidade, porém de quem o proclame conforme o seu critério particular. Estamos então em perigo, submissos à tirania dos valores. (...) Sem de qualquer modo negar o que diz a arguente ao proclamar que a dignidade não tem preço (o que subscrevo), tenho que a indignidade que o cometimento de qualquer crime expressa não pode ser retribuída com a proclamação de que o instituto da anistia viola a dignidade humana. (...) O argumento descolado da dignidade da pessoa humana para afirmar a invalidade da conexão criminal que aproveitaria aos agentes políticos que praticaram crimes comuns contra opositores políticos, presos ou não, durante o regime militar, esse argumento não prospera" (ADPF 153, voto do Rel. Min. Eros Grau, STF, j. 29/04/2010);

D) **Prestação jurisdicional e o princípio da dignidade**: "A prestação jurisdicional é uma das formas de se concretizar o princípio da dignidade humana, o que torna imprescindível seja ela realizada de forma célere, plena e eficaz" (Rcl. 5.758, Rel. Min. Cármen Lúcia, STF, j. 13/05/2009);

E) **Estado Constitucional Cooperativo e a proteção aos direitos humanos**: "Não se pode perder de vista que, hoje, vivemos em um 'Estado Constitucional Cooperativo', identificado pelo professor Peter Häberle como aquele que não mais se apresenta como um Estado Constitucional voltado para si mesmo, mas que se disponibiliza como referência para os outros Estados Constitucionais membros de uma comunidade, e no qual ganha relevo o papel dos direitos humanos e fundamentais. Para Häberle, ainda que, numa perspectiva internacional, muitas vezes a cooperação entre os Estados ocupe o lugar de mera coordenação e de simples ordenamento para a coexistência pacífica (ou seja, de mera delimitação dos âmbitos das soberanias nacionais), no campo do direito constitucional nacional, tal fenômeno, por si só, pode induzir ao menos a tendências que apontem para um enfraquecimento dos limites entre o interno e o externo, gerando uma concepção que faz prevalecer o direito comunitário sobre o direito interno. Nesse contexto, mesmo conscientes de que os motivos que conduzem à concepção de um Estado Constitucional Cooperativo são complexos, é preciso reconhecer os aspectos sociológico-econômico e ideal-moral como os mais evidentes. E no que se refere ao aspecto ideal-moral, não se pode deixar de considerar a proteção aos direitos humanos como a fórmula mais concreta de que dispõe o sistema constitucional, a exigir dos atores da vida sociopolítica do Estado uma contribuição positiva para a máxima eficácia das normas das Constituições modernas que protegem a cooperação internacional amistosa como princípio vetor das relações entre os Estados Nacionais e a proteção dos direitos humanos como corolário da própria garantia da dignidade da pessoa humana" (RE 466.343, Rel. Min. Cezar Peluso, voto do Min. Gilmar Mendes, STF, j. 03/12/2008);

F) **O Direito Internacional e a dignidade**: "Não se pode desconhecer (...) que se delineia, hoje, uma nova perspectiva no plano do direito internacional. É que, ao contrário dos padrões ortodoxos consagrados pelo direito internacional clássico, os tratados e convenções, presentemente, não mais consideram a pessoa humana como um sujeito estranho ao domínio de atuação dos Estados no plano externo. O eixo de atuação do direito internacional público contemporâneo passou a concentrar-se, também, na dimensão subjetiva da pessoa humana, cuja essencial dignidade veio a ser reconhecida, em sucessivas declarações e pactos internacionais, como valor fundante do ordenamento jurídico sobre o qual repousa o edifício institucional dos Estados nacionais. Torna-se importante destacar, sob tal perspectiva, que a Conferência Mundial sobre Direitos Humanos, realizada em Viena, em 1993, sob os auspícios da Organização das Nações Unidas, representou um passo decisivo no processo de reconhecimento, consolidação e contínua expansão dos direitos básicos da pessoa humana. A Declaração e Programa de Ação de Viena, adotada consensualmente pela Conferência Mundial sobre Direitos Humanos, foi responsável — consoante observa o diplomata brasileiro José Augusto Lindgren Alves (Os direitos humanos como tema global. p. 135/144, item n. 8.2, 1994, Perspectiva) — por significativos avanços conceituais que se projetaram nos planos concernentes à legitimidade das preocupações internacionais com os direitos humanos (art. 4º), à interdependência entre democracia, desenvolvimento e direitos humanos (art. 8º) e, ainda, ao reconhecimento do sentido de universalidade dos direitos humanos (art. 5º). Cumpre não desconhecer, nesse contexto, o alcance e o significado de diversas proclamações constantes da Declaração de

Viena, especialmente daquelas que enfatizam o compromisso solene de todos os Estados de promoverem o respeito universal e a observância e proteção de todos os direitos humanos e liberdades fundamentais das pessoas, assegurando-lhes, para esse efeito, meios destinados a viabilizar o acesso à própria jurisdição de organismos internacionais" (RE 466.343, Rel. Min. Cezar Peluso, voto do Min. Celso de Mello, STF, j. 03/12/2008);

G) **Tratamento degradante do acusado e dignidade da pessoa**: "Segundo o art. 1º da Carta Federal, a própria República tem como fundamento a dignidade da pessoa humana. Da leitura do rol das garantias constitucionais — art. 5º —, depreende-se a preocupação em resguardar a figura do preso. A ele é assegurado o respeito à integridade física e moral — inciso XLIX. (...) Ora, estes preceitos — a configurarem garantias dos brasileiros e dos estrangeiros residentes no País — repousam no inafastável tratamento humanitário do cidadão, na necessidade de lhe ser preservada a dignidade. Manter o acusado em audiência, com algema, sem que demonstrada, ante práticas anteriores, a periculosidade, significa colocar a defesa, antecipadamente, em patamar inferior, não bastasse a situação de todo degradante" (HC 91.952, voto do Rel. Min. Marco Aurélio, STF, j. 07/08/2008); e

H) **Organização do trabalho e dignidade**: "(...) é inadmissível pensar que o respectivo sistema de organização do trabalho, atividade que dignifica o homem e em que ele se aperfeiçoa completamente, possa ser concebido unicamente à luz do que tradicionalmente se passou a caracterizar como órgãos e instituições, excluindo-se dessa relação o ator principal de todo o sistema, isto é, o homem, esse ser dotado de dignidade intrínseca. Não. Data venia dos que esposam pontos de vista diferentes, entendo que o componente humano, sobretudo em virtude da proteção elevada que a Constituição outorga à sua dignidade, deve, sim, ser considerado elemento indissociável da organização do trabalho. A Constituição, no art. 109, VI, determina que são da competência da Justiça Federal os crimes contra a organização do trabalho, sem explicitar que delitos se incluem nessa categoria. Embora no Código Penal brasileiro haja um capítulo destinado a tais crimes, o entendimento doutrinário e jurisprudencial dominante é no sentido de que não há correspondência taxativa entre os delitos capitulados no referido Código e aqueles indicados na Constituição, cabendo ao intérprete verificar em quais casos se está diante de 'crime contra a organização do trabalho'" (RE 398.041, voto do Rel. Min. Joaquim Barbosa, STF, j. 30/11/2006).

As decisões citadas do Supremo Tribunal apenas corroboram o dizer doutrinário que, pacificamente, adjetiva a dignidade como "núcleo axiológico do constitucionalismo contemporâneo", ela é o "valor supremo que irá informar a criação, a interpretação e a aplicação de toda a ordem normativa constitucional (...)" (NOVELINO, 2011, p. 371).

ATENÇÃO

O preâmbulo da CF de 1988 dispõe que "o exercício dos direitos sociais e individuais, a liberdade, a segurança, o bem-estar, o desenvolvimento, a igualdade e a justiça" são "valores supremos de uma sociedade fraterna, pluralista e sem preconceitos". A despeito da falta de técnica redacional do preâmbulo, o fato de a dignidade não ter sido citada como "valor supremo" não tira da mesma esta qualificação.

Aludida *centralidade* antes citada não se percebe apenas em âmbito interno. As normas internacionais também trilham o mesmo caminho, eis a situação, *v.g.*, da Declaração Universal dos Direitos Humanos, que, já na primeira oração de seu preâmbulo, considera que "o reconhecimento da dignidade inerente a todos os membros da família humana e de seus direitos iguais e inalienáveis é o fundamento da liberdade, da justiça e da paz no mundo". Logo em seguido, no art. 1º da Declaração, exalta-se que todas "as pessoas nascem livres e iguais em dignidade e direitos".

Face o até aqui exposto, acredita-se que resta cristalino o quão importante é e o grau (imensurável) de relevância que a dignidade ostenta. Até o presente momento, em poucas linhas, *ela já foi adjetivada como* **"vetor interpretativo", "ponto de partida", "núcleo axiológico", "valor supremo", "postulado normativo", "fundamento" e "verdadeiro valor-fonte"**.

Contudo, é preciso *dar mais corpo* ao entendimento do que venha a ser dignidade. Não é viável, e muito menos aconselhável, que se apresente uma conceituação exata, uniforme e fechada. Mas há que se ter, ao menos, um norte conceitual, ainda que superficial. É o que se tenta a partir de agora.

O emérito Professor Fábio Konder Comparato ensina que a dignidade "é um atributo essencial do homem enquanto pessoa, isto é, do homem em sua essência, independentemente de suas qualificações específicas" (COMPARATO, 1998, p. 73). Marcelo Novelino, da mesma forma, entende que é: "um atributo inerente a todo ser humano, independentemente de sua origem, sexo, idade, condição social ou qualquer outro requisito" (NOVELINO, 2011, p. 372).

E a doutrina vai além. Mais que atributo essencial do homem e mais que fundamento da República brasileira (art. 1º, inc. III, da CF de 1988), a dignidade é: a) tida como um **valor absoluto**, o qual "não pode ser substituído por qualquer outro valor" (GUERRA, 2006, p. 92); e b) considerada, modernamente, como o **fundamento dos direitos humanos** (GUERRA, 2006, p. 89).

Para nós, a **dignidade,** como **valor absoluto** que **fundamenta** os direitos humanos, é um **atributo** de cada pessoa, sendo considerada como o **centro** das ordens interna e externa.

Eis que emerge outro questionamento delicado.

E como se protege (ou se garante) a dignidade das pessoas?

A dignidade não é um direito em si, mas sim, na verdade, é um atributo! Dessa constatação, surge a figura dos *direitos,* em sentido *lato,* ou seja, tanto os fundamentais (proteção interna) quanto os humanos (proteção internacional).

Levando em conta que existe uma "mútua dependência entre" a dignidade e os direitos, resta concluir que "somente por meio da existência desses direitos a dignidade poderá ser respeitada e protegida" (NOVELINO, 2011, p. 408).

É por meio da efetividade protetora aos direitos (fundamentais e humanos) que se conseguirá garantir a dignidade humana. Ao se reconhecer, assegurar e promover os direitos, está-se, por consequência, garantindo-se dignidade.

E, nessa tessitura, é imprescindível ressaltar que há um limite, básico, instransponível, pois para se falar em dignidade há que se ter um padrão mínimo irredutível, qual seja: o **mínimo existencial**. Este é um conjunto mínimo e básico de direitos que devem ser protegidos para que se possa, minimamente, falar em dignidade.

ATENÇÃO

Dentro deste contexto, pertinente é a doutrina do Professor Luis Roberto Barroso. Este afirma que o núcleo material elementar da dignidade da pessoa humana "é composto do mínimo existencial, locução que identifica o conjunto de bens e utilidades básicas para a subsistência física e indispensável ao desfrute da própria liberdade" (BARROSO, 2001, p. 16).

POSIÇÃO DO STF

O mínimo existencial tem estreita ligação com os direitos de segunda dimensão (econômicos, sociais e culturais). Trata-se do tema da "reserva do possível". Em histórica decisão, o STF assim se manifestou: "(...) INOPONIBILIDADE DO ARBÍTRIO ESTATAL À EFETIVAÇÃO DOS DIREITOS SOCIAIS, ECONÔMICOS E CULTURAIS. CARÁTER RELATIVO DA LIBERDADE DE CONFORMAÇÃO DO LEGISLADOR. CONSIDERAÇÕES EM TORNO DA CLÁUSULA DA "RESERVA DO POSSÍVEL". NECESSIDADE DE PRESERVAÇÃO, EM FAVOR DOS INDIVÍDUOS, DA INTEGRIDADE E DA INTANGIBILIDADE DO NÚCLEO CONSUBSTANCIADOR DO "MÍNIMO EXISTENCIAL". (...) Cumpre advertir, desse modo, que a cláusula da "reserva do possível" – ressalvada a ocorrência de justo motivo objetivamente aferível – não pode ser invocada, pelo Estado, com a finalidade de exonerar-se do cumprimento de suas obrigações constitucionais, notadamente quando, dessa conduta governamental negativa, puder resultar nulificação ou, até mesmo, aniquilação de direitos constitucionais impregnados de um sentido de essencial fundamentalidade. (...) A limitação de recursos existe e é uma contingência que não se pode ignorar. O intérprete deverá levá-la em conta ao afirmar que algum bem pode ser exigido judicialmente, assim como o magistrado, ao determinar seu fornecimento pelo Estado. Por outro lado, não se pode esquecer de que a finalidade do Estado ao obter recursos, para, em seguida, gastá-los sob a forma de obras, prestação de serviços, ou qualquer outra política pública, é exatamente realizar os objetivos fundamentais da Constituição. A meta central das Constituições modernas, e da Carta de 1988 em particular, pode ser resumida, como já exposto, na promoção do bem-estar do homem, cujo ponto de partida está em assegurar as condições de sua própria dignidade, que inclui, além da proteção dos direitos individuais, condições materiais mínimas de existência. (...)" (ADPF 45, Min. Rel. Celso de Mello, STF, J. 29/04/2004).

Como atributo da pessoa, a dignidade é garantida por meio da efetiva salvaguarda aos direitos. E essa proteção tem um limite básico: o mínimo existencial. Dessa forma, é possível inferir que uma proteção para menos, ou seja, que não garanta o mínimo existencial (o núcleo material elementar da dignidade), pode ser taxada como execrável e inadmissível.

De outra banda, uma proteção para mais, cada vez mais ampla e efetiva, por óbvio, é plenamente aceitável e admissível. De fato, é um dever.

POSIÇÃO DO STF

"Defensoria Pública. Implantação. Omissão estatal que compromete e frustra direitos fundamentais de pessoas necessitadas. Situação constitucionalmente intolerável. O reconhecimento, em favor de populações carentes e desassistidas, postas à margem do sistema jurídico, do "direito a ter direitos" como pressuposto de acesso aos demais direitos, liberdades e garantias. Intervenção jurisdicional concretizadora de programa constitucional destinado a viabilizar o acesso dos necessitados à orientação jurídica integral e à assistência judiciária gratuita (CF, art. 5º, LXXIV, e art. 134). Legitimidade dessa atuação dos juízes e tribunais. O papel do Poder Judiciário na implementação de políticas públicas instituídas pela Constituição e não efetivadas pelo poder público. A fórmula da reserva do possível na perspectiva da teoria dos custos dos direitos: impossibilidade de sua invocação para legitimar o injusto inadimplemento de deveres estatais de prestação constitucionalmente impostos ao Estado. A teoria das "restrições das restrições" (ou da "limitação das limitações"). Controle jurisdicional de legitimidade sobre a omissão do Estado: atividade de fiscalização judicial que se justifica pela necessidade de observância de certos parâmetros constitucionais (proibição de retrocesso social, proteção ao mínimo existencial, vedação da proibição insuficiente e proibição de excesso). Doutrina. Precedentes. A função constitucional da Defensoria Pública e a essencialidade dessa instituição da República. Thema decidendum que se restringe ao pleito deduzido na inicial, cujo objeto consiste, unicamente, na "criação, implantação e estruturação da Defensoria Pública da Comarca de Apucarana". Recurso de agravo provido, em parte" (AI 598.212 ED, Rel. Min. Celso de Mello, STF, j. 25/03/2014).

E se é pelo caminho do respeito aos direitos que se garante dignidade, então, questiona-se: como se protegem os direitos, de forma a se garantir dignidade? Eis uma pergunta sem resposta exata, cerrada. Muitas alternativas poderiam ser fornecidas e todas poderiam ser consideradas corretas. Contudo, atendo-se ao projeto proposto para o presente Livro, a resposta que se escolheu foi a seguinte: por meio da conjugação e comunicabilidade dos diferentes sistemas de proteção.

2. SISTEMAS DE PROTEÇÃO

Parte-se da premissa de que os direitos, previstos interna e internacionalmente, demandam atenção e respeito de todos. Esse "todos" se refere aos órgãos Estatais nacionais, aos Estados estrangeiros, às organizações internacionais, aos demais atores internacionais e até aos próprios particulares.

Surgem, destarte, os **diferentes sistemas**, que devem: interagirem-se, comunicarem-se e enriquecerem-se.

A presente obra obedece à *lógica dos sistemas*, como meio de vislumbrar proteção o mais efetiva possível aos direitos.

2.1. Sistemas interno e internacional

Após a introdução, a exposição sobre uma teoria geral e estudo sobre dignidade, no capítulo seguinte deste Livro adentrar-se-á no ponto sobre a salvaguarda interna (a Constituição Federal e os direitos fundamentais). Eis o que se entende por **sistema interno de proteção**: integrado por todo o aparato normativo nacional (constitucional e infraconstitucional).

O sistema interno do Brasil é composto por uma desorganizada e confusa produção legislativa, cuja principal marca é a falta de técnica. Mesmo assim, é preciso reconhecer que há normas importantes.

Dentre as leis denominas Estatutos, os principais em matéria de direitos humanos, são:

Estatuto da Advocacia e da Ordem dos Advogados do Brasil

Estatuto da Criança e do Adolescente

Estatuto de Defesa do Torcedor

Estatuto do Desarmamento

Estatuto do Estrangeiro

Estatuto do Idoso

Estatuto da Igualdade Racial

Estatuto do Índio

Estatuto da Juventude

Estatuto dos Militares

Estatuto dos Refugiados.

POSIÇÃO DO STF

Os Estatutos brasileiros têm estreita ligação com a igualdade material. E este tema tem considerável cabedal de decisões do STF. Eis algumas:

"O princípio da igualdade material é prestigiados por ações afirmativas. No entanto, utilizar, para qualquer outro fim, a diferença estabelecida com o objetivo de superar a discriminação ofende o mesmo princípio da igualdade, que veda tratamento discriminatório fundado em circunstâncias que estão fora do controle das pessoas, como a raça, o sexo, a cor da pele ou qualquer outra diferenciação arbitrariamente considerada. Precedente do CEDAW" (ADI 5.617, Rel. Min. Edson Fachin, STF, j. 15/03/2018); e

"É constitucional a Lei 12.990/2014, que reserva a pessoas negras 20% das vagas oferecidas nos concursos públicos para provimento de cargos efetivos e empregos públicos no âmbito da administração pública federal direta e indireta, por três fundamentos. Em primeiro lugar, a desequiparação promovida pela política de ação afirmativa em questão está em consonância com o princípio da isonomia. Ela se funda na necessidade de superar o racismo estrutural e institucional ainda existente na sociedade brasileira, e garantir a igualdade material entre os cidadãos, por meio da distribuição mais equitativa de bens sociais e da promoção do reconhecimento da população afrodescendente. Em segundo lugar, não há violação aos princípios do concurso público e da eficiência. A reserva de vagas para negros não os isenta da aprovação no concurso público. Como qualquer outro candidato, o beneficiário da política deve alcançar a nota necessária para que seja considerado apto a exercer, de forma adequada e eficiente, o cargo em questão. Além disso, a incorporação do fator "raça" como critério de seleção, ao invés de afetar o princípio da eficiência, contribui para sua realização em maior extensão, criando uma "burocracia representativa", capaz de garantir que os pontos de vista e interesses de toda a população sejam considerados na tomada de decisões estatais. Em terceiro lugar, a medida observa o princípio da proporcionalidade em sua tríplice dimensão. A existência de uma política de cotas para o acesso de negros à educação superior não torna a reserva de vagas nos quadros da administração pública desnecessária ou desproporcional em sentido estrito. Isso porque: (i) nem todos os cargos e empregos públicos exigem curso superior; (ii) ainda quando haja essa exigência, os beneficiários da ação afirmativa no serviço público podem não ter sido beneficiários das cotas nas universidades públicas; e (iii) mesmo que o concorrente tenha ingressado em curso de ensino superior por meio de cotas, há outros fatores que impedem os negros de competir em pé de igualdade nos concursos públicos, justificando a política de ação afirmativa instituída pela Lei 12.990/2014. Ademais, a fim de garantir a efetividade da política em questão, também é constitucional a instituição de mecanismos para evitar fraudes pelos candidatos. É legítima a utilização, além da autodeclaração, de critérios subsidiários de heteroidentificação (e.g., a exigência de autodeclaração presencial perante a comissão do concurso), desde que respeitada a dignidade da pessoa humana e garantidos o contraditório e a ampla defesa" (ADC 41, Rel. Min. Roberto Barroso, STF, j. 08/06/2017).

Há também leis simbólicas, como a de nº 13.646, de 2018, que "institui o Ano de Valorização e Defesa dos Direitos Humanos da Pessoa Idosa, em alusão à Convenção Interamericana sobre a Proteção dos Direitos Humanos dos Idosos", e a Lei nº 13.581, de 2017, que declarou "Dom Helder Câmara Patrono Brasileiro dos Direitos Humanos".

Já há outras leis em que seu conteúdo tem mais densidade normativa, das quais são os exemplos: a Lei nº 13.505, de 2017, que acrescentou "dispositivos à Lei nº 11.340, de 7 de agosto de 2006 (Lei Maria da Penha), para dispor sobre o direito da mulher em situação de violência doméstica e familiar de ter atendimento policial e pericial especializado, ininterrupto e prestado, preferencialmente, por servidores do sexo feminino"; e a Lei nº 13.460, de 2017, que dispõe "sobre participação, proteção e defesa dos direitos do usuário dos serviços públicos da administração pública".

Em complemento, toda a normativa internacional representada, sobremaneira, pelo *Direito Internacional dos Direitos Humanos* (Declarações, tratados internacionais e costumes internacionais), integra o que se denomina **sistema internacional**.

2.2. Sistemas global e regionais

Levando em conta o sistema internacional, só que sob um critério territorial ou de alcance e abrangência das normas internacionais, é ainda possível desenvolver outra classificação: o **sistema global** e os **sistemas regionais (ou continentais)**.

O processo de expansão do Direito Internacional dos Direitos Humanos se desenvolveu em diferentes planos, em diferentes terrenos. Um de alcance global, mundial, congregando a maioria dos Estados do planeta (**sistema global**). Os outros de alcance regional ou continental, congregando nações pertencentes a determinadas regiões (**sistemas regionais**) (BARRETTO, 2011, p. 92).

O **sistema global** é gerenciado pela Organização das Nações Unidas, a **ONU**, e é integrado por imenso número de convenções. Já os regionais são gerenciados por organizações internacionais (OI) específicas. Há três **sistemas regionais** ou continentais, cada qual com sua OI: *o europeu, o americano e o africano.*

ATENÇÃO

Perceba-se que há o sistema global, complementado pelos sistemas regionais (europeu, americano e africano). Resta um questionamento: e quanto à Ásia-Pacífico? Pois bem, de acordo com o entendimento amplamente majoritário, a Ásia não possui sistema continental formalmente estruturado, como os demais. Contudo, não se pode afirmar que lá não existam mecanismos de proteção ou que os direitos humanos estejam "largados ao vento", haja vista que há ONG's que atuam assiduamente pela maior proteção às liberdades fundamentais, e que há décadas pleiteiam a formação de mecanismos regionais. As ONG's asiáticas têm insistido na necessidade de criação de um mecanismo regional. Este, por sinal, foi um dos pontos focados tanto na Declaração de Banguecoques, de 1993, como, cinco anos depois, na Declaração apresentada na conferência Vienna Plus Five Global NGO Forum on Human Rights, realizada em Otava, no Canadá, em junho de 1998. Fato é que as dissonâncias econômicas, sociais e culturais são os principais entraves ao desenvolvimento de um sistema continental; nessa região há diferentes perspectivas quanto ao que se entende por "direitos humanos". Uma das alternativas para sanar este grave déficit é o desenvolvimento do assunto dentro do campo de atuação dos blocos regionais atuantes no continente (MACHADO; DEL'OLMO, 2011), o que vem sendo concretizado pela Associação das Nações do Sudeste Asiático (ASEAN). Em 2009, por exemplo, foi criada a Comissão intergovernamental de Direitos Humanos da ASEAN, que tem por finalidade promover uma maior conscientização para a realização dos direitos na região.

Tanto o sistema global como os sistemas regionais serão estudados em capítulos específicos. Há uma clara diversidade de aparatos normativos, que não se anulam ou se incompatibilizam. Na verdade, há estreita conexão, compatibilidade, tanto que a maioria das normas nacionais (**sistema interno**), das normas internacionais regionais (**sistemas regionais**) e das normas internacionais globais (**sistema global**) possuem redações idênticas. Os artigos são reprodução, literalmente cópias, uns dos outros, o que demonstra uma *saudável* diversidade de mecanismos protetores, em atendimento ao processo histórico de generalização e expansão da proteção aos direitos.

2.3. Sistemas homogêneo e heterogêneo

O critério aqui levado em conta para a classificação dos sistemas é o dos *destinatários de determinadas normas internacionais*, ou seja, *os sujeitos alvos.*

Há convenções gerais que se destinam a proteger todos os seres humanos, sem especificar ou direcionar para uma determina classe ou grupo da sociedade. Fala-se em **sistema geral ou homogêneo.** Compõem o sistema geral todas as normas (globais ou regionais) de alcance generalizado, levando-se em conta as pessoas protegidas. Neste são incluídos todos: negros, não negros, crianças, adolescentes, idosos, homens, mulheres etc. Os documentos com alcance geral, que protegem todas as pessoas indistintamente, não relevam critérios como a nacionalidade, a etnia, a idade e o sexo.

Exemplos de documentos do sistema geral: Declaração Universal dos Direitos Humanos, de 1948; Pacto Internacional sobre Direitos Civis e Políticos, de 1966; Pacto Internacional sobre Direitos Econômicos, Sociais e Culturais, de 1966; Convenção Americana sobre Direitos Humanos, de 1969; e Protocolo de San Salvador, de 1988 (DOLINGER, 2003, p. 85).

De outra banda, há convenções com alcance direcionado, específicas, que abarcam uma determinada parcela da sociedade. Eis **o sistema especial** ou **heterogêneo** de proteção. Este tem como objetivo proteger um grupo de pessoas, individualizando e direcionando o arcabouço tutelar, remetendo-nos ao desenvolvimento do *conteúdo jurídico do princípio da igualdade*, brilhantemente ensinado por Celso Bandeira de Mello (2007).

Como se apercebe, leva-se em conta a necessidade de maior atenção que se deve destinar a uma parcela da sociedade, como crianças, mulheres, idosos e portadores de necessidades especiais. **É um nítido processo de especificação do sujeito** (FEIX, 2004, p. 219). Tal sistema não anula ou revoga o anterior, eles são, sim, plenamente coexistentes e complementares. O conjunto de normas internacionais que compõem o *mundo* heterogêneo se justifica pela situação de hipossuficiência dos que demandam maior atenção, credores de um *olhar especial*, a exemplo das crianças.

Citando a necessidade de tutela específica das crianças, Bobbio doutrina: "deixa-se claro que os direitos da criança são considerados como um *ius singulare* com relação a um *ius commune*; o destaque que se dá a essa especificidade, (...) deriva de um processo de especificação do genérico, no qual se realiza o respeito à máxima *suum cuique tribuere*" (BOBBIO, 2004, p. 34).

POSIÇÃO DO STF

"A própria Constituição da República delineou as regras de sopesamento entre os valores da liberdade de expressão dos meios de comunicação e da proteção da criança e do adolescente. Apesar da garantia constitucional da liberdade de expressão, livre de censura ou licença, a própria Carta de 1988 conferiu à União, com exclusividade, no art. 21, XVI, o desempenho da atividade material de " exercer a classificação, para efeito indicativo, de diversões públicas e de programas de rádio e televisão" . A CF estabeleceu mecanismo apto a oferecer aos telespectadores das diversões públicas e de programas de rádio e televisão as indicações, as informações e as recomendações necessárias acerca do conteúdo veiculado. É o sistema de classificação indicativa esse ponto de equilíbrio tênue, e ao mesmo tempo tenso, adotado pela Carta da República para compatibilizar esses dois axiomas, velando pela integridade das crianças e dos adolescentes sem deixar de lado a preocupação com a garantia da liberdade de expressão. A classificação dos produtos audiovisuais busca esclarecer, informar, indicar aos pais a existência de conteúdo inadequado para as crianças e os adolescentes. O exercício da liberdade de programação pelas emissoras impede que a exibição de determinado espetáculo dependa de ação estatal prévia. A submissão ao Ministério da Justiça ocorre, exclusivamente, para que a União exerça sua competência administrativa prevista no inciso

XVI do art. 21 da Constituição, qual seja, classificar, para efeito indicativo, as diversões públicas e os programas de rádio e televisão, o que não se confunde com autorização. Entretanto, essa atividade não pode ser confundida com um ato de licença, nem confere poder à União para determinar que a exibição da programação somente se dê nos horários determinados pelo Ministério da Justiça, de forma a caracterizar uma imposição, e não uma recomendação. Não há horário autorizado, mas horário recomendado. Esse caráter autorizativo, vinculativo e compulsório conferido pela norma questionada ao sistema de classificação, data venia, não se harmoniza com os arts. 5º, IX; 21, XVI; e 220, § 3º, I, da Constituição da República. Permanece o dever das emissoras de rádio e de televisão de exibir ao público o aviso de classificação etária, antes e no decorrer da veiculação do conteúdo, regra essa prevista no parágrafo único do art. 76 do ECA, sendo seu descumprimento tipificado como infração administrativa pelo art. 254, ora questionado (não sendo essa parte objeto de impugnação). Essa, sim, é uma importante área de atuação do Estado. É importante que se faça, portanto, um apelo aos órgãos competentes para que reforcem a necessidade de exibição destacada da informação sobre a faixa etária especificada, no início e durante a exibição da programação, e em intervalos de tempo não muito distantes (a cada quinze minutos, por exemplo), inclusive, quanto às chamadas da programação, de forma que as crianças e os adolescentes não sejam estimulados a assistir a programas inadequados para sua faixa etária. Deve o Estado, ainda, conferir maior publicidade aos avisos de classificação, bem como desenvolver programas educativos acerca do sistema de classificação indicativa, divulgando, para toda a sociedade, a importância de se fazer uma escolha refletida acerca da programação ofertada ao público infanto-juvenil. Sempre será possível a responsabilização judicial das emissoras de radiodifusão por abusos ou eventuais danos à integridade das crianças e dos adolescentes, levando-se em conta, inclusive, a recomendação do Ministério da Justiça quanto aos horários em que a referida programação se mostre inadequada. Afinal, a CF também atribuiu à lei federal a competência para 'estabelecer meios legais que garantam à pessoa e à família a possibilidade de se defenderem de programas ou programações de rádio e televisão que contrariem o disposto no art. 221' (art. 220, § 3º, II, CF/1988). Ação direta julgada procedente, com a declaração de inconstitucionalidade da expressão "em horário diverso do autorizado' contida no art. 254 da Lei 8.069/1990" (ADI 2.404, Rel. Min. Dias Toffoli, STF, j. 31/08/2016).

Exemplos de documentos do sistema heterogêneo, aproveitando a situação das crianças, são: Declaração de Genebra, de 1924; Declaração dos Direitos da Criança, de 1959; Regras Mínimas das Nações Unidas para a Administração da Justiça da Infância e da Juventude, de 1984; Convenção sobre os Direitos da Criança, de 1989; Convenção 138 da OIT, de 1973; Convenção 182 da OIT, de 1999 (ROSSATO; LÉPORE; CUNHA, 2010, pp. 55-69).

O primeiro a surgir foi o sistema homogêneo ou geral. Gradativamente, a demanda por salvaguarda especial e direcionada começou a se mostrar uma necessidade indelével, começaram, então, a aparecer fontes do sistema heterogêneo ou especial. Este último, frisa-se, nasce em razão da premente necessidade de um "processo de especificação e concretização do sujeito de direito" (GUERRA, 2006, p. 208).

ATENÇÃO

Cabe, mais uma vez, alertar o leitor. O nosso Livro, primeiro trata sobre a proteção interna, depois adentra no sistema internacional, reservando capítulo próprio para o sistema global (ONU) e para os sistemas regionais. Dentre os regionais, o mais importante é o americano, que é tratado em capítulo apartado. Já os sistemas homogêneo e heterogêneo devem ser aferíveis por meio da análise de cada convenção, haja vista que não serviram de critério para a divisão dos capítulos.

3. PRINCÍPIO *PRO HOMINE*

Embora se almeje a comunicabilidade dos sistemas, de forma a ampliar o escudo protetor dos direitos, cuja garantia da dignidade é a meta principal, e, mesmo que se tenha afirmado que as fontes dos diferentes sistemas, normalmente, repetem-se, não se pode negar que há possibilidade de antinomias, conflitos.

Nessa situação, em hipótese de conflito de normas, independentemente da hierarquia, **aplica-se a norma mais favorável à vítima, à pessoa, ao homem,** *pro homine.*

Por força do princípio interpretativo *pro homine,* quando se tratar de normas que asseguram um direito, valerá a que mais amplie esse direito. E, ao contrário, se frente a restrições ao gozo de direito, aplicar-se-á a norma que menos restringe.

POSIÇÃO DO STF

Exemplo pode ser retirado da jurisprudência do Supremo Tribunal Federal. Entre a norma da Convenção Americana sobre Direitos Humanos que assegura o duplo grau de jurisdição em âmbito criminal (art. 8º, 2, h) e a que restringe esse direito (CPP, art. 594), aplica-se a mais protetora, a primeira, da Convenção Americana. Conforme HC 88.420, da 1ª Turma do STF.

As fontes sobre direitos humanos (de quaisquer dos sistemas) retroalimentam-se (BIDART CAMPOS, 1994, p. 80), como já enfatizado inicialmente, complementam-se. Desenvolve-se, para tanto, uma hermenêutica de compatibilização e coexistência entre sistemas de proteção, entendimento que está em sintonia com a **teoria do diálogo das fontes de Erik Jayme** (1995). Conforme art. 29 da Convenção Americana sobre Direitos Humanos: "nenhuma disposição sua pode ser interpretada no sentido de limitar o gozo ou o exercício de qualquer direito ou liberdade previsto no direito interno (...) suas normas não podem limitar outros direitos previstos em outros tratados ou convenções".

Para concluir, conforme Luiz Flávio Gomes, "diante do concurso simultâneo de normas (concorrência de normas ou conflito aparente de normas), sejam elas internacionais, sejam elas internacionais e internas (domésticas), observando-se que estas últimas podem ser constitucionais ou não, deve (sempre) ser eleita e aplicada a norma (internacional ou doméstica) (a) que garante mais amplamente o gozo do direito ou (b) que admita menos restrições ao seu exercício ou (c) que sujeite as restrições a um maior número de condições" (GOMES, 2008, p. 55).

O princípio *pro homine* está a ser aplicado expressamente pelos Tribunais brasileiros, espraiou-se pelas diferentes instâncias, não só no âmbito do STF, particularmente quando os julgadores passaram a fazer controle de convencionalidade das leis nacionais (análise da compatibilidade da legislação doméstica com as convenções sobre direitos humanos).

Apenas a título exemplificativo, o STJ no RESP 1640084, de 2016, efetuou controle de convencionalidade da conduta de desacato no Brasil, donde citou o princípio *pro homine*: "(...) O art. 2º, c/c o art. 29, da Convenção Americana de Direitos Humanos (Pacto de São José da Costa Rica) prevê a adoção, pelos Estados Partes, de 'medidas legislativas ou de outra natureza' visando à solução de antinomias normativas que possam suprimir ou limitar o efetivo exercício de direitos e liberdades fundamentais. (...) 6. Decidiu-se, no precedente repetitivo, que, 'no plano material, as regras provindas da Convenção Americana de Direitos Humanos, em relação às normas internas, são ampliativas do exercício do direito fundamental à liberdade, razão pela qual paralisam a eficácia normativa da regra interna em sentido contrário, haja vista que não se trata aqui de revogação, mas de invalidade'. 7. A adequação das normas legais aos tratados e convenções internacionais adotados pelo Direito Pátrio configura controle de constitucionalidade, o qual, no caso concreto, por não se cuidar de convenção votada sob regime de emenda constitucional, não invade a seara do controle de constitucionalidade e pode ser feito de forma difusa, até mesmo em sede de recurso especial. (...) 10. A Comissão Interamericana de

Direitos Humanos - CIDH já se manifestou no sentido de que as leis de desacato se prestam ao abuso, como meio para silenciar ideias e opiniões consideradas incômodas pelo establishment, bem assim proporcionam maior nível de proteção aos agentes do Estado do que aos particulares, em contravenção aos princípios democrático e igualitário. 11. A adesão ao Pacto de São José significa a transposição, para a ordem jurídica interna, de critérios recíprocos de interpretação, sob pena de negação da universalidade dos valores insertos nos direitos fundamentais internacionalmente reconhecidos. Assim, o método hermenêutico mais adequado à concretização da liberdade de expressão reside no postulado *pro homine*, composto de dois princípios de proteção de direitos: a dignidade da pessoa humana e a prevalência dos direitos humanos. 12. A criminalização do desacato está na contramão do humanismo, porque ressalta a preponderância do Estado - personificado em seus agentes - sobre o indivíduo. 13. A existência de tal normativo em nosso ordenamento jurídico é anacrônica, pois traduz desigualdade entre funcionários e particulares, o que é inaceitável no Estado Democrático de Direito. (...) 15. O afastamento da tipificação criminal do desacato não impede a responsabilidade ulterior, civil ou até mesmo de outra figura típica penal (calúnia, injúria, difamação etc.), pela ocorrência de abuso na expressão verbal ou gestual utilizada perante o funcionário público. 16. Recurso especial conhecido em parte, e nessa extensão, parcialmente provido para afastar a condenação do recorrente pelo crime de desacato (art. 331 do CP)".

POSIÇÃO DO STJ

Em recente decisum, *o STJ foi criticado por muitos integrantes da comunidade acadêmica. Trata-se de acórdão do RHC 97876, da Quarta Turma do STJ, que proibiu a apreensão do passaporte de um devedor, mas manteve a suspensão de sua Carteira Nacional de Habilitação. A questão diz respeito à imposição de medidas ao devedor para que ele cumpra uma obrigação, do que pode violar artigos de convenções sobre direitos humanos: "Toda pessoa que se ache legalmente no território de um Estado tem direito de circular nele e de nele residir em conformidade com as disposições legais". A suspensão da Carteira de Habilitação pode configurar medida que fere a proporcionalidade e deve ser aferida não em razão da lei interna, mas com base em convenção de força, no mínimo, supralegal. Mesmo com a polêmica, seguem trechos da ementa do RHC 97876: "(...) Nos termos da jurisprudência do STJ, o acautelamento de passaporte é medida que limita a liberdade de locomoção, que pode, no caso concreto, significar constrangimento ilegal e arbitrário, sendo o habeas corpus via processual adequada para essa análise. (...). Revela-se ilegal e arbitrária a medida coercitiva de suspensão do passaporte proferida no bojo de execução por título extrajudicial (duplicata de prestação de serviço), por restringir direito fundamental de ir e vir de forma desproporcional e não razoável. Não tendo sido demonstrado o esgotamento dos meios tradicionais de satisfação, a medida não se comprova necessária (...). A jurisprudência desta Corte Superior é no sentido de que a suspensão da Carteira Nacional de Habilitação não configura ameaça ao direito de ir e vir do titular, sendo, assim, inadequada a utilização do* habeas corpus, *impedindo seu conhecimento. É fato que a retenção desse documento tem potencial para causar embaraços consideráveis a qualquer pessoa e, a alguns determinados grupos, ainda de forma mais drástica, caso de profissionais, que tem na condução de veículos, a fonte de sustento. É fato também que, se detectada esta condição particular, no entanto, a possibilidade de impugnação da decisão é certa, todavia por via diversa do habeas corpus, porque sua razão não será a coação ilegal ou arbitrária ao direito de locomoção, mas inadequação de outra natureza".*

POSIÇÃO DO STF

"Habeas corpus. *2. Crime de desacato a militar (art. 299 do Código Penal Militar). 3. Controle de constitucionalidade (arts. 1º; 5º, incisos IV, V e IX, e 220 da Constituição Federal) e de convencionalidade (art. 13 da Convenção Americana de Direitos Humanos (Pacto de São José da Costa Rica). 4. Alegada ofensa à liberdade de expressão e do pensamento que se rejeita. 5. Criminalização do desacato que se mostra compatível com o Estado Democrático de Direito. 6. Ordem denegada" (HC 141949, Min. Rel. Gilmar Mendes, STF, J. 13/03/2018).*

E há outros paradigmas, como o decidido pelo Tribunal de Justiça do Amazonas (06175333920178040001): "(...) A ausência de expressa menção ao Estado, por si só, não evidencia seu desinteresse do ente estatal na causa, fazendo-se necessária a análise da natureza do direito envolvido; II – Em regra compete ao Juízo da Fazenda Pública julgar os pleitos de condução coercitiva e internação compulsória fora da esfera privada, ou seja, quando o pedido versar apenas sobre saúde pública; III – Caso o local de internação compulsória detenha natureza privada, se extrai a competência do Juízo Cível, em razão da inexistência de órgão estatal no polo passivo, bem como da eficácia horizontal dos direitos fundamentais; IV - Nos autos, o requerimento é cumulado com interdição, matéria pertencente ao direito de família, por se tratar do estado e capacidade civil da pessoa; V - O processo de interdição/curatela tem ligação umbilical com o fundamento constitucional da Dignidade da Pessoa Humana, pelo que sua aplicação deve seguir balizada no princípio *pro homine*, à razão de que, quando se tratar de normas que asseguram direitos, vale a que mais o amplia e otimiza seu exercício; VI - No caso o Juízo de Família detém maior capacidade de atuação na esfera individual, sendo capaz de resolver *in totum* o mérito da demanda, bem como providenciar as medidas suficientes à satisfação da tutela jurisdicional requisitada".

Há inclusive importantes julgados da Justiça trabalhista, como esta do Tribunal Regional do Trabalho da 24ª (00012268320135240004): "Por conseguinte, indisponível e que tem nítido caráter tutelar e merece interpretação e aplicação que mais se aproximem da sua finalidade, até porque é entendimento assente na doutrina e na jurisprudência que as normas protetoras dos direitos fundamentais devem ser sempre interpretadas em benefício da vítima da eventual agressão – princípio *pro homine*, na medida em que traz como escopo reduzir os riscos inerentes ao trabalho e preservar a saúde e a segurança do trabalhador que labora em ambiente artificialmente frio. (...)".

ATENÇÃO

Cuidado para não confundir o princípio pro homine, *estudado no presente tópico, com a aplicação do brocardo* "dies interpellat pro homine". *Este último atine ao estudo da configuração da mora no Direito das obrigações. Veja essa decisão do STJ, no RESP 1654843: "(...). A controvérsia a ser dirimida reside em definir se a responsabilidade pelo atraso na entrega do loteamento imobiliário vendido pela recorrente ocorreu por sua exclusiva responsabilidade ou por caso fortuito/força maior decorrente de desídia do poder público na expedição de alvarás indispensáveis à consecução do empreendimento. 2. A mora* ex re *independe de qualquer ato do credor, como interpelação ou citação, porquanto decorre do próprio inadimplemento de obrigação positiva, líquida e com termo implementado, cuja matriz normativa é o art. art. 397,* caput, *do Código Civil de 2002. 3. Havendo prazo certo para cumprimento da obrigação, sem que haja dúvida quanto ao valor a ser pago pelo eventual inadimplemento contratual (multa expressamente prevista no instrumento de promessa de compra e venda), desnecessária a notificação da devedora sobre a mora. Aplicação do brocardo* dies interpellat pro homine. *4. Esta Corte possui entendimento consolidado no sentido de que a inversão das conclusões da Corte local, para afirmar que o atraso na entrega de imóvel adquirido na planta além do prazo de tolerância estipulado seria decorrente de caso fortuito ou força maior (desídia do poder público), demandaria o reexame do conjunto fático-probatório dos autos, circunstância que atrai a incidência da Súmula nº 7/STJ. (...)".*

4. TÓPICO-SÍNTESE

TÓPICO-SÍNTESE: A Dignidade Humana e os Sistemas de Proteção	
Dignidade humana	– Adjetivada como "vetor interpretativo", "ponto de partida", "núcleo axiológico", "valor supremo", "postulado normativo", "fundamento" e "verdadeiro valor-fonte". A dignidade, como valor absoluto que fundamenta os direitos humanos, é um atributo de cada pessoa, sendo considerada como o centro das ordens interna e externa.

Dignidade e direitos	– É por meio da efetiva proteção aos direitos (fundamentais e humanos) das pessoas que se conseguirá garantir a dignidade humana. Ao se reconhecer, assegurar e promover os direitos, está-se, por consequência, garantindo-se dignidade.
Mínimo existencial	– O núcleo material elementar da dignidade da pessoa humana é composto do mínimo existencial.
Sistema interno	– Ele é integrado por todo o aparato normativo nacional (constitucional e infraconstitucional) que visa proteger os direitos fundamentais.
Sistema internacional	– Toda normativa internacional, representada, sobremaneira, pelo Direito Internacional dos Direitos Humanos, integra o que se denomina sistema internacional de proteção aos direitos humanos.
Sistema global	– O sistema global é gerenciado pela Organização das Nações Unidas, a ONU.
Sistemas regionais	– Há três sistemas regionais ou continentais, cada qual com sua OI: o europeu, o americano e o africano.
Sistema homogêneo	– Compõem o sistema geral (ou homogêneo) todas as normas (globais ou regionais) de alcance generalizado.
Sistema heterogêneo	– Convenções com alcance direcionado, que abarcam uma determinada parcela da sociedade (processo de especificação dos sujeitos).
Pro homine	– Em hipótese de conflito de normas, independentemente da hierarquia, aplica-se a norma mais favorável à vítima, à pessoa, ao homem, *pro homine*.

Capítulo

3

A CONSTITUIÇÃO FEDERAL DE 1988 E OS DIREITOS FUNDAMENTAIS

Leia a Lei

- *Arts. 1º a 16 da CF de 1988.*

O foco principal atual é o **sistema interno de proteção aos direitos fundamentais**, mirando as normas constitucionais. A meta traçada é estudar os principais mecanismos que tutelam os direitos inerentes à pessoa humana no âmbito nacional.

Ultrapassado esse ponto, será então possível, nos próximos capítulos, o estudo do sistema internacional, haja vista que há uma estreita conexão (complementaridade) entre as fontes nacionais e as internacionais.

A própria *internacionalização dos direitos humanos* se mostra algo concreto para o Brasil por três motivos cristalinos, estudados neste Livro: 1º) o Estado brasileiro é signatário de praticamente todos os documentos internacionais sobre direitos humanos; 2º) com a Constituição de 1988 ocorre a redemocratização e a redefinição do conceito de cidadania; e 3º) os tratados de direitos humanos no Brasil têm *status* de fonte acima da legislação infraconstitucional.

Dito isso, infere-se que a República Federativa aderiu, *formal e irrefutavelmente*, ao Direito Internacional dos Direitos Humanos. Por essa razão, durante as exposições, procurar-se-á destacar os pontos da Constituição que comprovam essa *complementaridade*, ou melhor, esse *diálogo* entre as normas constitucionais e as normas internacionais.

1. AS CONSTITUIÇÕES

O respeito aos direitos fundamentais oscilou no Brasil desde a adoção da primeira Constituição até a atual, à medida que a ordem constitucional vigente assentava-se, com menor ou maior intensidade, a ditames democráticos. A correlação e a dependência entre democracia e direitos fundamentais podem ser constatadas com a análise, ainda que sucintamente, das Cartas Magnas brasileiras (MENDES; BRANCO, 2011, pp. 112-116).

Mesmo com essa oscilação, é louvável que se reconheça que todas "as Constituições brasileiras, sem exceção, enunciaram Declarações de Direitos. As duas primeiras contentaram-se com as liberdades públicas, vistas claramente como limitações do Poder. Todas, a partir de 1934, a estas acrescentaram, na Ordem Econômica, os direitos sociais. A atual já prevê pelo menos um dos direitos de solidariedade" (FERREIRA FILHO, 2007, p. 99).

A **primeira Constituição brasileira foi a de 1824,** do período **imperial.** Para aprová-la, D. Pedro I dissolveu a Assembleia Constituinte em 1823 e impôs seu próprio projeto, que se tornou a primeira Constituição do Brasil, com 179 artigos. Dentre suas principais medidas, está o fortalecimento do poder pessoal do imperador (Poder Moderador, que estava acima dos Poderes Executivo, Legislativo e Judiciário), as províncias passaram a ser governadas por presidentes nomeados pelo imperador e as eleições eram indiretas e censitárias. O direito ao voto era concedido somente aos homens livres e proprietários e, para ser eleito, o cidadão também tinha que comprovar renda mínima proporcional ao cargo pretendido. Até o momento, a Carta de 1824 teve a duração mais longa na história do país (65 anos).

A **segunda** Constituição brasileira data de **1891**. É a **Constituição da República**. Após a proclamação da República, em 15 de novembro de 1889, ocorreram alterações relevantes no quadro político e econômico do Brasil (v.g.: abolição do trabalho escravo, ampliação da indústria e deslocamento de pessoas do meio rural para centros urbanos). Essa Constituição marcou a troca do sistema parlamentarista pelo presidencialista (influência norte-americana), por iniciativa de Rui Barbosa. Os principais pontos da Carta eram: instituição da forma federativa de Estado e da forma republicana de governo; estabelecimento da independência dos Poderes Executivo, Legislativo e

Judiciário; criação do sufrágio com menos restrições; e instituição do *habeas corpus* (garantia concedida em caso de o indivíduo sofrer ou se achar ameaçado de sofrer violência ou coação em seu direito de locomoção, por ilegalidade ou abuso de poder).

POSIÇÃO DO STF

"A primeira Constituição política do Brasil a dispor sobre a liberdade de associação foi, precisamente, a Constituição republicana de 1891, e, desde então, essa prerrogativa essencial tem sido contemplada nos sucessivos documentos constitucionais brasileiros, com a ressalva de que, somente a partir da Constituição de 1934, a liberdade de associação ganhou contornos próprios, dissociando-se do direito fundamental de reunião, consoante se depreende do art. 113, § 12, daquela Carta Política. Com efeito, a liberdade de associação não se confunde com o direito de reunião, possuindo, em relação a este, plena autonomia jurídica (...). Diria, até, que, sob a égide da vigente Carta Política, intensificou-se o grau de proteção jurídica em torno da liberdade de associação, na medida em que, ao contrário do que dispunha a Carta anterior, nem mesmo durante a vigência do estado de sítio se torna lícito suspender o exercício concreto dessa prerrogativa. (...) Revela-se importante assinalar, neste ponto, que a liberdade de associação tem uma dimensão positiva, pois assegura a qualquer pessoa (física ou jurídica) o direito de associar-se e de formar associações. Também possui uma dimensão negativa, pois garante a qualquer pessoa o direito de não se associar, nem de ser compelida a filiar-se ou a desfiliar-se de determinada entidade. Essa importante prerrogativa constitucional também possui função inibitória, projetando-se sobre o próprio Estado, na medida em que se veda, claramente, ao poder público, a possibilidade de interferir na intimidade das associações e, até mesmo, de dissolvê-las, compulsoriamente, a não ser mediante regular processo judicial" (ADI 3.045, voto do Rel. Min. Celso de Mello, STF, j. 10/08/2005).

Em **1934**, surge a **terceira Constituição brasileira**, também **republicana**. À época, o Estado era presidido por Getúlio Vargas, por essa razão a Carta tem viés bem *getulista,* com diretrizes acentuadamente sociais (NETO, 2006): maior poder ao governo federal; voto obrigatório e secreto a partir dos 18 anos, com direito de voto às mulheres; criação da Justiça Eleitoral e da Justiça do Trabalho; criação de leis trabalhistas, instituindo jornada de trabalho de oito horas diárias, repouso semanal e férias remuneradas; mandado de segurança e ação popular.

POSIÇÃO DO STF

"O mandado de segurança coletivo – que constitui, ao lado do writ individual, mera espécie da ação mandamental instituída pela Constituição de 1934 – destina-se, em sua precípua função jurídico-processual, a viabilizar a tutela jurisdicional de direito líquido e certo não amparável pelos remédios constitucionais do habeas corpus e do habeas data. Simples interesses, que não configurem direitos, não legitimam a válida utilização do mandado de segurança coletivo" (MS 21.291 AgR-QO, Rel. Min. Celso de Mello, STF, j. 12/04/1991).

POSIÇÃO DO STF

"... Na linha do que vem sendo decidido pelo Supremo Tribunal Federal, desde a solução da Questão de Ordem na AP 937, devem permanecer sob jurisdição do Tribunal os fatos supostamente praticados em 2014 pelo detentor de foro, uma vez que no exercício do cargo e em razão dele. 2. Quanto aos demais fatos, praticados em 2010 e 2012, não subsiste competência do Supremo Tribunal Federal para investigá-los, na medida em que praticados fora do exercício do cargo. 3. Quanto ao declínio de competência em relação aos fatos supostamente praticados em 2012 – crimes comuns de competência da Justiça Federal conexos a crimes eleitorais –, argui-se a necessidade de cisão da competência na origem para que se remetam à Justiça Eleitoral somente os crimes eleitorais, nada obstante a previsão legal (art. 35, II, do Código Eleitoral) de competência da Justiça Eleitoral para os crimes conexos, considerada a competência constitucional absoluta da Justiça Federal. Entender de modo diverso seria autorizar que a lei modificasse a competência constitucionalmente estabelecida no art. 109 da CF. 4. Nesse ponto, sustenta-se também um argumento pragmático, para além do fundamento técnico: a extrema complexidade que ostenta boa parte dos crimes de competência da Justiça Federal dificulta, quando não verdadeiramente impede, a efetiva persecução penal ser realizada pela Justiça Eleitoral que não é aparelhada para esse fim, não contando com estrutura adequada, ou com profissionais especializados nesse tipo de persecução penal ..." (INQ 4435, Min. Rel. Marco Aurélio, STF, J. 20/11/2018).

Durante o período do Estado Novo, emerge a **quarta Constituição**, no ano de **1937**. O Presidente Getúlio Vargas revogou a Constituição de 1934, dissolveu o Congresso e outorgou ao país, sem qualquer consulta prévia, a *Carta Constitucional do Estado Novo*, de nítida inspiração fascista, com a supressão dos partidos políticos e concentração de poder nas mãos do chefe do Executivo. Entre as principais medidas, destacam-se: instituição da pena de morte; supressão da liberdade partidária e da liberdade de imprensa; anulação da independência dos Poderes Legislativo e Judiciário; restrição das prerrogativas do Congresso Nacional; permissão para suspensão da imunidade parlamentar; prisão e exílio de opositores do governo; e eleição indireta para presidente da República (com mandato de seis anos).

A **Constituição de 1946** foi a quinta na história político-constitucional brasileira e teve como principal *virtude* a retomada da linha democrática, tanto que foi promulgada de forma legítima, após as deliberações do Congresso recém-eleito. Dentre as principais disposições, merecem destaque: o restabelecimento dos direitos individuais; o fim da censura e da pena de morte; a independência dos Poderes; a autonomia dos Estados e dos Municípios; e a instituição de eleição direta para presidente da República (com mandato de cinco anos). Outras medidas foram: incorporação da Justiça do Trabalho e do Tribunal

Federal de Recursos ao Poder Judiciário; pluralidade partidária; direito de greve e livre associação sindical; e condicionamento do uso da propriedade ao bem-estar social, possibilitando a desapropriação por interesse social. Importante também lembrar que, por meio de emenda à Carta de 1946, ocorreu, em 02 de setembro de 1961, a instituição do regime parlamentarista.

POSIÇÃO DO STF

"Magistrados e pensionistas de magistrados aposentados que entraram na magistratura quando vigente a Constituição da República de 1946. Reiteração dos argumentos de que a EC 20/1998 e a EC 41/2003 não alcançariam os servidores que ingressaram na carreira antes da promulgação da Constituição da República de 1988. Ausência de norma de imunidade tributária absoluta que assegure aos agravantes o direito adquirido de não se sujeitarem à contribuição previdenciária. Descumprimento da ADI 3.105" (Rcl 4.486 MC-AgR, Rel. Min. Cármen Lúcia, STF, j. 28/08/2008).

Durante um período sombrio para os direitos fundamentais, o **Regime Militar**, foi adotada a **sexta Constituição brasileira**, de **1967**. O contexto geopolítico era de autoritarismo, em que a *política da chamada segurança nacional* buscava combater os inimigos (subversivos) do regime em vigor. O Regime Militar foi instaurado em 1964. A Lei Fundamental de 1967 manteve a Federação, com expansão da União, e adotou a eleição indireta para presidente da República, por meio de Colégio Eleitoral formado pelos integrantes do Congresso e delegados indicados pelas Assembleias Legislativas. Quanto ao Poder Judiciário, foram suspensas as garantias dos magistrados. A Constituição de 1967 foi emendada por sucessiva expedição de Atos Institucionais, que "legitimaram" as ações políticas dos militares. De 1964 a 1969 foram decretados 17 Atos, e um deles, o AI-5, de 13 de dezembro de 1968, foi o instrumento que deu ao regime poderes absolutos, cujas primeiras consequências foram o "fechamento" do Congresso Nacional e o recesso dos mandatos de senadores, deputados e vereadores. Outras medidas do AI-5: suspensão de qualquer reunião de cunho político; censura aos meios de comunicação; suspensão do *habeas corpus* para os crimes políticos; decretação do estado de sítio pelo presidente da República em qualquer dos casos previstos; e autorização para intervenção em Estados e Municípios. Em **1969**, foi aprovada a **Emenda Constitucional nº 1**, que, para alguns doutrinares, foi uma nova Constituição.

POSIÇÃO DO STF

"Cartório de notas. Depende da realização de concurso público de provas e títulos a investidura na titularidade de serventia cuja vaga tenha ocorrido após a promulgação da Constituição de 1988 (art. 236, § 3º), não se configurando direito adquirido ao provimento, por parte de quem haja preenchido, como substituto, o tempo de serviço contemplado no art. 208, acrescentado à Carta de 1967 pela Emenda 22, de 1982" (RE 182.641, Rel. Min. Octavio Gallotti, STF, j. 22/08/1995).

E, para encerrar, há a **atual Constituição Federal**, tida como cidadã, de **1988.** Em 27 de novembro de 1985, por meio da Emenda Constitucional 26, foi convocada a Assembleia Nacional Constituinte com a finalidade de elaborar novo texto constitucional, o qual deveria expressar a realidade social pela qual passava o Estado brasileiro, que vivenciava uma fase de transição da ditadura para a democracia (*processo de redemocratização*).

Conforme doutrina já citada, a Constituição de 1988 tem *duplo valor simbólico*, pois, primeiro, marca um período de transição democrática (ruptura do regime militar autoritário) e, segundo, institucionaliza os direitos humanos no país. É cediço que a CF de 1988 é "pródiga no reconhecimento de direitos ditos como fundamentais" (WAMBIER, 2009, p. 25). O seu *preâmbulo* é digno de nota quanto a este aspecto: "Nós, **representantes do povo brasileiro**, reunidos em Assembleia Nacional Constituinte para instituir um **Estado Democrático**, destinado a **assegurar o exercício dos direitos** sociais e individuais, a liberdade, a segurança, o bem-estar, o desenvolvimento, a igualdade e a justiça como valores supremos de uma sociedade fraterna, pluralista e sem preconceitos, fundada na harmonia social e comprometida, na ordem interna e internacional (...)" (Grifos meus).

No dia 05 de outubro de 1988, a Constituição inaugurou novo arcabouço jurídico-institucional, com o reconhecimento e a ampliação de liberdades civis. Muitas foram as inovações e incalculáveis foram os benefícios em relação aos direitos fundamentais. Novos direitos trabalhistas foram previstos, v.g., como redução da jornada semanal de 48 para 44 horas, seguro-desemprego e férias remuneradas acrescidas de um terço do salário. Além de outras medidas, como: instituição de eleições majoritárias em dois turnos; direito à greve e à liberdade sindical; aumento da licença-maternidade de três para quatro meses; licença-paternidade; criação do Superior Tribunal de Justiça (em substituição ao Tribunal Federal de Recursos); criação dos mandados de injunção e de segurança coletivo, *habeas data* e restabelecimento do *habeas corpus*; reforma do sistema tributário e da repartição das receitas tributárias federais; reformas na ordem econômica e social; regras sobre o meio ambiente; fim da censura contra os meios de comunicação; e alterações nas normas sobre seguridade e assistência sociais.

POSIÇÃO DO STF

*"Controle e constitucionalidade das leis penais. Mandatos constitucionais de criminalização. A Constituição de 1988 contém um significativo elenco de normas que, em princípio, não outorgam direitos, mas que, antes, determinam a criminalização de condutas (CF, art. 5º, XLI, XLII, XLIII, XLIV; art. 7º, X; art. 227, § 4º). Em todas essas normas é possível identificar um mandato de criminalização expresso, tendo em vista os bens e valores envolvidos. Os direitos fundamentais não podem ser considerados apenas como proibições de intervenção (*Eingriffsverbote*), expressando também um postulado de proteção (*Schutzgebote*). Pode-se dizer que os direitos fundamentais expressam não apenas uma proibição do excesso (*Übermassverbote*), como também podem ser traduzidos como proibições de proteção insuficiente ou imperativos de tutela (*Untermassverbote*). Os mandatos constitucionais de criminalização, portanto, impõem ao legislador, para o seu devido cumprimento, o dever de observância do princípio da proporcionalidade como proibição de excesso e como proibição de proteção insuficiente" (HC 104.410, Rel. Min. Gilmar Mendes, STF, j. 06/03/2012).*

1.1. A CF de 1988 e a concepção contemporânea de cidadania

O princípio ***cidadania*** foi expressamente aceito pela CF de 1988 no art. 1º, inc. II, como um dos fundamentos da República. Muitas compreensões poderiam ser dadas a ele, ora de forma mais restrita, ora de forma mais ampla.

ATENÇÃO

Importante a leitura do art. 1º da CF: "Art. 1º A República Federativa do Brasil, formada pela união indissolúvel dos Estados e Municípios e do Distrito Federal, **constitui-se em Estado Democrático de Direito** *e tem como* **fundamentos:** *I – a soberania; II –* **a cidadania;** *III –* **a dignidade da pessoa humana;** *IV –* **os valores sociais do trabalho e da livre iniciativa;** *V – o pluralismo político. Parágrafo único. Todo o poder emana do povo, que o exerce por meio de representantes eleitos ou diretamente, nos termos desta Constituição".*

Como ele está relacionado ao reconhecimento dos direitos fundamentais, o entendimento de cidadania deve ser o mais amplo possível, segundo o qual se deve abarcar o mais vasto campo de direitos.

Cidadania pode ser entendida como o "direito a ter direitos, além do dever de lutar por estes. Não é só isso, porém; cidadania também representa a necessidade de reconhecimento de novos direitos" (LOUREIRO, 2009, p. 175). A condição de cidadão permite, conforme a CF de 1988, que não se cumpra ordem ilegal, ou a ela se submeta, ainda que emanada de autoridade judicial. E mais, é "dever de cidadania opor-se à ordem ilegal; caso contrário, nega-se o Estado de Direito" (HC 73.454, Rel. Min. Maurício Corrêa, STF, J. 22/04/1996).

A cidadania é a expressão republicada consagrada em vários dispositivos constitucionais (v.g.: voto, direito de petição). Ela possui estreita vinculação com os direitos fundamentais, tanto que tem como corolário o princípio da dignidade da pessoa humana, outro fundamento da República (art. 1º, inc. III, da CF).

Por meio da proteção aos direitos fundamentais, garante-se a dignidade humana, o que, da mesma forma, viabiliza a condição de cidadão. Mister, então, que se insufle a gama de direitos de forma a consolidar a condição de cidadão.

Com esse viés ampliativo, a CF de 1988 "endossa a concepção contemporânea de cidadania, por refletir a universalidade e a indivisibilidade dos direitos humanos, bem como o processo de especificação do sujeito de direito" (PIOVESAN, 2003, p. 342).

Explica-se.

A redefinição do conceito de cidadania de matriz internacionalista e de caráter ampliativo é possível em razão de a CF de 1988 ter permitido a inserção de novos direitos, além dos nacionais, decorrentes do Direito Internacional dos Direitos Humanos. Tanto que, hoje, pode-se afirmar que "a realização plena, e não apenas parcial dos direitos da cidadania, envolve o exercício efetivo dos direitos humanos, nacional e internacionalmente assegurados" (PIOVESAN, 2003, p. 72).

Ao se aceitar a **redefinição do conceito de cidadania** adotado pela CF de 1988, quer se referir a uma **concepção contemporânea do instituto da cidadania**, o que se dá pelos seguintes motivos: a) **nova topografia dos direitos e garantias**, que estão localizados no começo da Constituição, como prioridade, que exigem atenção máxima; b) **preeminência de direitos sociais**, de segunda dimensão (como os previstos no art. 6º da CF), que têm a mesma importância que os civis e políticos; c) adoção do **Direito Internacional dos Direitos Humanos** e seus modernos dogmas humanistas, tais como as novas qualificações dos direitos humanos, tidos como *universais, indivisíveis, interdependentes e inter-relacionados*; e d) por fim, aplicação do **processo de especificação do sujeito de direitos**, em que o sujeito deixa de ser visto em sua abstração e generalidade e passa a ser conhecido em sua concretude, em suas especificidades e peculiaridades. Por essa razão, a CF de 1988 tutela, em capítulos separados, e.g., as crianças e os índios (PIOVESAN, 2003, pp. 327-342).

Todos esses motivos dão o tom da *concepção contemporânea de cidadania* no Brasil.

POSIÇÃO DO STF

"(...) não há norma constitucional que imponha ao legislador o dever de regulamentar os direitos do nascituro. Como se infere do art. 5º, LXXI, da CRFB/1988, o mandado de injunção tem lugar quando a falta de norma regulamentadora impedir o exercício de direitos e liberdades constitucionais e das prerrogativas inerentes à nacionalidade, à soberania e à cidadania. Nesse passo, inexistente a previsão do direito na Constituição Federal, tampouco do dever de regulamentação, não há que se falar em omissão legislativa que possa ser imputada às autoridades impetradas" (MI 6.591 AgR, Rel. Min. Luiz Fux, STF, j. 16/06/2016).

"Lei 9.534/1997. Registros públicos. Atos relacionados ao exercício da cidadania. Gratuidade. (...) A atividade desenvolvida pelos titulares das serventias de notas e registros, embora seja análoga à atividade empresarial, sujeita-se a um regime de direito público. Não ofende o princípio da proporcionalidade lei que isenta os "reconhecidamente pobres" do pagamento dos emolumentos devidos pela expedição de registro civil de nascimento e de óbito, bem como a primeira certidão respectiva" (ADC 5, Rel. Min. Ricardo Lewandowski, STF, j. 11/06/2007).

"O Registro Geral (RG) ou carteira de identidade é um documento público emitido para cidadãos nascidos e registrados no Brasil e para nascidos no exterior, que sejam filhos de brasileiros, servindo para confirmar a identidade da pessoa natural, solicitação de outros documentos e exercício de direitos relacionados à cidadania. A gratuidade da emissão da primeira via da carteira de identidade não desborda da legítima liberdade de conformação normativa do Poder Legislativo, tratando-se de mero cumprimento por parte do Poder Público Federal de uma obrigação haurida das esferas constitucional e internacional" (ADI 4.825, Rel. Min. Edson Fachin, STF, j. 15/12/2016).

1.2. A CF de 1988 *dialógica*

Conforme tantas vezes foi e será defendido no presente Livro, passa-se por momento de *diálogo entre as fontes* (*Erik Jayme*), o que permite a mudança do Direito *dialético* para o *dialógico*, de forma a se garantir, cada vez mais, efetivos meios de proteção aos homens. A

CF de 1988 mantém vasos comunicantes com o Direito Internacional, em especial com o Direito Internacional dos Direitos Humanos, o que permite classificá-la como *dialógica*.

A adoção de visão ampliativa dos direitos e contemporânea de cidadania se deve a tais diálogos com os direitos humanos previstos em normas internacionais.

É preciso reconhecer que se passa por um momento de valorização do *diálogo entre as fontes* do Direito, de um *Direito dialético* transmuda-se para um *Direito dialógico* (GOMES; MAZZUOLI, 2011, p. 59). Sendo assim, mesmo que se centre na *roupagem* dada pela Constituição aos direitos fundamentais, a Lei Fundamental brasileira não exclui os tratados (e nem estes a Constituição), pois ambas as fontes se unem para impedir retrocessos ou violações ao mínimo existencial.

No "Estado de Direito internacional (...) é preciso respeitar a pluralidade de fontes normativas e promover, entres elas, o devido 'diálogo' (...) capaz de fazer prevalecer a norma mais favorável à tutela dos direitos humanos (princípio *pro homine*)" (GOMES; MAZZUOLI, 2011, p. 72).

Negar o diálogo entre as diferentes fontes do Direito é negar que o mundo normativo é extremamente variado e múltiplo (BOBBIO, 2010, p. 17).

POSIÇÕES DO STF E STJ

Por ser oportuno, citamos trechos de alguns julgados do STF e do STJ que aplicam essa concepção dialógica que passa a nortear o ordenamento nacional. Seguem os julgados: "Portanto, ao analisar a possibilidade de aplicação da Súmula 331 do C. TST em se tratando de órgão púbico, necessário o fazê-lo sobre o prisma do diálogo das fontes jurídicas. Nesta perspectiva, o artigo 71, § 1º, da Lei de Licitações deverá ser (...)" (Rcl 15208-MC, Rel. Min. Cármen Lúcia, STF, J. 20/02/2013).

"É assente que nenhum direito é absoluto ou insuscetível de restrição. O importante é garantir que o núcleo de cada um dos direitos previstos na ordem jurídica não seja atingido, restringindo-se o mínimo possível seu âmbito de incidência, a fim de que sua identidade seja respeitada. A ordem de serviço em apreço é materialização desse ajuste decorrente do 'diálogo das fontes e entre direitos', pois concilia, na hipótese, os dois interesses em jogo, com o mínimo de restrição a cada um deles" (RE 621464, Rel. Min. Ayres Britto, STF, J. 16/03/2012).

"A antinomia aparente entre o artigo 185-A, do CTN (que cuida da decretação de indisponibilidade de bens e direitos do devedor executado) e os artigos 655 e 655-A, do CPC (penhora de dinheiro em depósito ou aplicação financeira) é superada com a aplicação da Teoria pós-moderna do Diálogo das Fontes, idealizada pelo alemão Erik Jayme e apli-

cada, no Brasil, pela primeira vez, por Cláudia Lima Marques, a fim de preservar a coexistência entre o Código de Defesa do Consumidor e o novo Código Civil. 10. Com efeito, consoante a Teoria do Diálogo das Fontes, as normas gerais mais benéficas supervenientes preferem à norma especial (concebida para conferir tratamento privilegiado à determinada categoria), a fim de preservar a coerência do sistema normativo. 11. Deveras, a ratio essendi do artigo 185-A, do CTN, é erigir hipótese de privilégio do crédito tributário, não se revelando coerente "colocar o credor privado em situação melhor que o credor público, principalmente no que diz respeito à cobrança do crédito tributário, que deriva do dever fundamental de pagar tributos (artigos 145 e seguintes da Constituição Federal de 1988)" (AgRg no REsp 1196537, Rel. Min. Luiz Fux, STJ, J. 03/02/2011).

2. CONCEITO DOUTRINÁRIO DE DIREITOS FUNDAMENTAIS

Ao decorrer do presente capítulo há referências a elementos para se conceituar os direitos fundamentais. Ademais, no capítulo inicial sobre a *Teoria Geral dos Direitos Humanos*, distinguem-se direitos humanos de direitos fundamentais.

Todavia, mostra-se recomendável trazer à baila ao menos um conceito de direitos fundamentais, os quais podem ser entendidos como "direitos público-subjetivos de pessoas (físicas ou jurídicas), contidos em dispositivos constitucionais e, portanto, que encerram caráter normativo supremo dentro do Estado, tendo como finalidade limitar o exercício do poder estatal em face da liberdade individual" (DIMOULIS; MARTINS, 2008, p. 54).

3. DIREITOS E GARANTIAS FUNDAMENTAIS NA CF DE 1988

A Carta Magna brasileira de 1988, em seu Título II, classifica como gênero a expressão "*Direitos e Garantias Fundamentais*". O Título II está dividido em capítulos, os quais representam grupos de direitos:

CAPÍTULO I
DOS DIREITOS E DEVERES INDIVIDUAIS E COLETIVOS

CAPÍTULO II
DOS DIREITOS SOCIAIS

CAPÍTULO III
DA NACIONALIDADE

CAPÍTULO IV
DOS DIREITOS POLÍTICOS

CAPÍTULO V
DOS PARTIDOS POLÍTICOS

POSIÇÃO DO STF

Conforme entendimento do STF, os direitos e deveres individuais e coletivos (Capítulo I) não se limitam ao rol que consta no art. 5º da CF, podendo ser encontrados ao longo do texto constitucional: "1. Uma Emenda Constitucional, emanada, portanto, de Constituinte derivada, incidindo em violação a Constituição (...). A Emenda Constitucional n. 3 (...) incidiu em vício de inconstitucionalidade, ao dispor, no parágrafo 2. desse dispositivo, que, quanto a tal tributo, não se aplica "o art. 150, III, "b" e VI", da Constituição, porque, desse modo, violou os seguintes princípios e normas imutáveis (somente eles, não outros): 1. – o princípio da anterioridade, que e garantia individual do contribuinte (art. 5., par. 2., art. 60, par. 4., inciso IV e art. 150, III, "b" da Constituição); 2. – o princípio da imunidade tributária recíproca (que veda a União, aos Estados, ao Distrito Federal e aos Municípios a instituição de impostos sobre o patrimônio, rendas ou serviços uns dos outros) e que e garantia da Federação (art. 60, par. 4º, inciso I, e art. 150, VI, "a", da CF) (...). Em consequência, e inconstitucional, também, a Lei Complementar n. 77, de 13.07.1993, sem redução de textos, nos pontos em que determinou a incidência do tributo no mesmo ano (art. 28) e deixou de reconhecer as imunidades previstas no art. 150, VI, "a", "b", "c" e "d" da C.F. (arts. 3º, 4º e 8º. do mesmo diploma, L.C. n. 77/93). 4. Ação Direta de Inconstitucionalidade julgada procedente, em parte (...)" (ADI 939, Min. Rel. Sydney Sanches, STF, J. 15/12/1993).

4. APLICAÇÃO IMEDIATA

O § 1º do art. 5º da CF dispõe que as "normas definidoras dos direitos e garantias fundamentais têm aplicação imediata". O § 1º destina-se aos Poderes da República (Legislativo, Executivo e Judiciário), que devem desenvolver os direitos e as garantias fundamentais dentro de seus campos de atuação. Isso, porém, não significa que todos os direitos e garantias fundamentais venham sempre expressos em *normas de eficácia plena ou contida*. A aplicação imediata é a regra, mas há normas definidoras de direitos que são nitidamente de *eficácia limitada*, como o art. 5º, XXXII: "*o Estado promoverá, na forma da lei, a defesa do consumidor*".

De acordo com José Afonso da Silva, ter aplicação imediata significa que as normas constitucionais são "dotadas de todos os meios e elementos necessários à sua pronta incidência aos fatos, situações, condutas ou comportamentos que elas regulam. A regra é que as normas definidoras de direitos e garantias individuais (direitos de 1ª dimensão, acrescente-se) sejam de aplicabilidade imediata. Mas aquelas definidoras de direitos sociais, culturais e econômicos (direitos de 2ª dimensão, acrescente-se) nem sempre o são, porque não raro dependem de providências ulteriores que lhes completem a eficácia e possibilitem sua aplicação" (SILVA, 2007, p. 408).

Ainda na linha doutrinária do professor citado, o sentido de "aplicação imediata" é o seguinte: "em primeiro lugar, significa que elas são aplicáveis até onde possam, até onde as instituições ofereçam condições para seu atendimento. Em segundo lugar, significa que o Poder Judiciária, sendo invocado a propósito de uma situação concreta nelas garantida, não pode deixar de aplicá-las" (SILVA, 2007, p. 408).

POSIÇÃO DO STF

"Mandado de injunção. Natureza. Conforme disposto no inciso LXXI do art. 5º da CF, conceder-se-á mandado de injunção quando necessário ao exercício dos direitos e liberdades constitucionais e das prerrogativas inerentes à nacionalidade, à soberania e à cidadania. Há ação mandamental e não simplesmente declaratória de omissão. A carga de declaração não é objeto da impetração, mas premissa da ordem a ser formalizada. Mandado de injunção. Decisão. Balizas. Tratando-se de processo subjetivo, a decisão possui eficácia considerada a relação jurídica nele revelada. Aposentadoria. Trabalho em condições especiais. Prejuízo à saúde do servidor. Inexistência de lei complementar. Art. 40, § 4º, da CF. Inexistente a disciplina específica da aposentadoria especial do servidor, impõe-se a adoção, via pronunciamento judicial, daquela própria aos trabalhadores em geral (...)" (MI 721, Rel. Min. Marco Aurélio, STF, J. 30/08/2007).

POSIÇÃO DO STF

"Extradição e necessidade de observância dos parâmetros do devido processo legal, do estado de direito e do respeito aos direitos humanos. CB, arts. 5º, § 1º, e 60, § 4º. Tráfico de entorpecentes. Associação delituosa e confabulação. Tipificações correspondentes no direito brasileiro. (...) Obrigação do STF de manter e observar os parâmetros do devido processo legal, do estado de direito e dos direitos humanos. Informações veiculadas na mídia sobre a suspensão de nomeação de ministros da Corte Suprema de Justiça da Bolívia e possível interferência do Poder Executivo no Poder Judiciário daquele país. Necessidade de assegurar direitos fundamentais básicos ao extraditando. Direitos e garantias fundamentais devem ter eficácia imediata (cf. art. 5º, § 1º) (...)" (Ext. 986, Rel. Min. Eros Grau, STF, J. 15/08/2007).

> **POSIÇÃO DO STF**
>
> *O STF, em repercussão geral: "O não encaminhamento de projeto de lei de revisão anual dos vencimentos dos servidores públicos, previsto no inciso X do art. 37 da CF/1988, não gera direito subjetivo a indenização. Deve o Poder Executivo, no entanto, pronunciar-se de forma fundamentada acerca das razões pelas quais não propôs a revisão" (RE 565089, Min. Rel. Marco Aurélio, STF, J. 25/09/2019).*

5. SISTEMA ABERTO DE DIREITOS FUNDAMENTAIS

O § 2º do art. 5º da CF assegura um sistema aberto de direitos fundamentais, não podendo se falar em taxatividade do rol de direitos: "Os direitos e garantias expressos nesta Constituição não excluem outros decorrentes do regime e dos princípios por ela adotados, ou dos tratados internacionais em que a República Federativa do Brasil seja parte".

> **POSIÇÃO DO STF**
>
> *"ARGUIÇÃO DE DESCUMPRIMENTO DE PRECEITO FUNDAMENTAL: ADEQUAÇÃO. OBSERVÂNCIA DO PRINCÍPIO DA SUBSIDIARIEDADE. ARTS. 170, 196 E 225 DA CONSTITUIÇÃO DA REPÚBLICA. CONSTITUCIONALIDADE DE ATOS NORMATIVOS PROIBITIVOS DA IMPORTAÇÃO DE PNEUS USADOS. RECICLAGEM DE PNEUS USADOS: AUSÊNCIA DE ELIMINAÇÃO TOTAL DE SEUS EFEITOS NOCIVOS À SAÚDE E AO MEIO AMBIENTE EQUILIBRADO. AFRONTA AOS PRINCÍPIOS CONSTITUCIONAIS DA SAÚDE E DO MEIO AMBIENTEECOLOGICAMENTE EQUILIBRADO. COISA JULGADA COM CONTEÚDO EXECUTADO OU EXAURIDO: IMPOSSIBILIDADE DE ALTERAÇÃO. DECISÕES JUDICIAIS COM CONTEÚDO INDETERMINADO NO TEMPO: PROIBIÇÃO DE NOVOS EFEITOS A PARTIR DO JULGAMENTO. ARGUIÇÃO JULGADA PARCIALMENTE PROCEDENTE. (...) 2. Arguição de descumprimento dos preceitos fundamentais constitucionalmente estabelecidos: decisões judiciais nacionais permitindo a importação de pneus usados de Países que não compõem o MERCOSUL: objeto de contencioso na Organização Mundial do Comércio – OMC, a partir de 20.6.2005, pela Solicitação de Consulta da União Europeia ao Brasil. (...) 4. Princípios constitucionais (art. 225) a) do desenvolvimento sustentável e b) da equidade e responsabilidade intergeracional. Meio ambiente ecologicamente equilibrado: preservação para a geração atual e para as gerações futuras. Desenvolvimento sustentável: crescimento econômico com garantia paralela e superiormente respeitada da saúde da população, cujos direitos devem ser observados em face das necessidades atuais e daquelas previsíveis e a serem prevenidas para garantia e respeito às gerações futuras. Atendimento ao princípio da precaução, acolhido constitucionalmente, harmonizado com os demais princípios da ordem social e econômica. 5. Direito à saúde: o depósito de pneus ao ar livre, inexorável com a falta de utilização dos pneus inservíveis, fomentado*

pela importação é fator de disseminação de doenças tropicais. Legitimidade e razoabilidade da atuação estatal preventiva, prudente e precavida, na adoção de políticas públicas que evitem causas do aumento de doenças graves ou contagiosas. Direito à saúde: bem não patrimonial, cuja tutela se impõe de forma inibitória, preventiva, impedindo-se atos de importação de pneus usados, idêntico procedimento adotado pelos Estados desenvolvidos, que deles se livram. (...) 7. Autorização para importação de remoldados provenientes de Estados integrantes do MERCOSUL limitados ao produto final, pneu, e não às carcaças: determinação do Tribunal ad hoc, à qual teve de se submeter o Brasil em decorrência dos acordos firmados pelo bloco econômico: ausência de tratamento discriminatório nas relações comerciais firmadas pelo Brasil. (...)" (Informativo 552 do STF).

POSIÇÃO DO STF

"A exigência de diploma de curso superior para a prática do jornalismo – o qual, em sua essência, é o desenvolvimento profissional das liberdades de expressão e de informação – não está autorizada pela ordem constitucional, pois constitui uma restrição, um impedimento, uma verdadeira supressão do pleno, incondicionado e efetivo exercício da liberdade jornalística, expressamente proibido pelo art. 220, § 1º, da Constituição. (...) A Corte Interamericana de Direitos Humanos proferiu decisão no dia 13-11-1985, declarando que a obrigatoriedade do diploma universitário e da inscrição em ordem profissional para o exercício da profissão de jornalista viola o art. 13 da Convenção Americana de Direitos Humanos, que protege a liberdade de expressão em sentido amplo (caso La colegiación obligatoria de periodistas *– Opinião Consultiva OC-5/85, de 13-11-1985). Também a Organização dos Estados Americanos (OEA), por meio da Comissão Interamericana de Direitos Humanos, entende que a exigência de diploma universitário em jornalismo, como condição obrigatória para o exercício dessa profissão, viola o direito à liberdade de expressão (Informe Anual da Comissão Interamericana de Direitos Humanos, de 25-2-2009)" (RE 511.961, Rel. Min. Gilmar Mendes, STF, J. 17/06/2009).*

POSIÇÃO DO STF

"Imunidade de jurisdição. Organização das Nações Unidas. Programa das Nações Unidas para o Desenvolvimento. (...) Segundo estabelece a 'Convenção sobre Privilégios e Imunidades das Nações Unidas', promulgada no Brasil pelo Decreto 27.784, de 16 de fevereiro de 1950, 'A Organização das Nações Unidas, seus bens e haveres, qualquer que seja seu detentor, gozarão de imunidade de jurisdição, salvo na medida em que a Organização a ela tiver renunciado em determinado caso. Fica, todavia, entendido que a renúncia não pode compreender medidas executivas'. Esse preceito normativo, que no direito interno tem natureza equivalente a das leis ordinárias, aplica-se também às demandas de natureza trabalhista" (RE 578.543 e RE 597.368, rel. p/ o ac. Min. Teori Zavascki, STF, J. 15/05/2013).

POSIÇÃO DO STF

"No plano dos tratados e convenções internacionais, aprovados e promulgados pelo Estado brasileiro, é conferido tratamento diferenciado ao tráfico ilícito de entorpecentes que se caracterize pelo seu menor potencial ofensivo. Tratamento diferenciado, esse, para possibilitar alternativas ao encarceramento. É o caso da Convenção Contra o Tráfico Ilícito de Entorpecentes e de Substâncias Psicotrópicas, incorporada ao direito interno pelo Decreto 154, de 26-6-991. Norma supralegal de hierarquia intermediária, portanto, que autoriza cada Estado soberano a adotar norma comum interna que viabilize a aplicação da pena substitutiva (a restritiva de direitos) no aludido crime de tráfico ilícito de entorpecentes." (HC 97.256, Rel. Min. Ayres Britto, STF, J. 01/09/2010).

POSIÇÕES DO STF

"O organismo internacional que tenha garantida a imunidade de jurisdição em tratado firmado pelo Brasil e internalizado na ordem jurídica brasileira não pode ser demandado em juízo, salvo em caso de renúncia expressa a essa imunidade" (RE 1.034.840, Rel. Min. Luiz Fux, STF, j. 01/06/2017).

"Nos termos do art. 178 da Constituição da República, as normas e os tratados internacionais limitadores da responsabilidade das transportadoras aéreas de passageiros, especialmente as Convenções de Varsóvia e Montreal, têm prevalência em relação ao Código de Defesa do Consumidor" (RE 636.331, Rel. Min. Gilmar Mendes, STF, j. 25/05/2017).

"Não se vê, no caso em tela, ofensa às disposições do Tratado de Assistência Mútua em Matéria Penal celebrado entre o Governo da República Federativa do Brasil e o Governo do Canadá – internalizado pelo Decreto 6.747/2009 –, porquanto as mensagens interceptadas foram trocadas em território brasileiro e por pessoas com residência no Brasil, sendo a interceptação, inclusive, deferida por autoridade judicial brasileira. Ressalte-se que uma das finalidades fundamentais dos tratados de cooperação jurídica em matéria penal é justamente "a desburocratização da colheita da prova" (MS 33.751, de minha relatoria, Primeira Turma, DJE de 31-3-2016), de modo que, cumpridas as exigências legais do direito interno brasileiro, eventual inobservância a formalidades previstas no acordo internacional não acarretaria a ilicitude da prova" (Inq 3.990, Rel. Min. Edson Fachin, STF, j. 14/03/2017).

6. DUPLO SENTIDO DOS DIREITOS FUNDAMENTAIS

Partindo da redação do § 2º do art. 5º da CF (sistema aberto), acima citado, e partindo-se do pressuposto de que haja duas categorias de normas de direitos fundamentais, a doutrina tem vislumbrado um *duplo sentido aos direitos fundamentais*, conforme doutrina o Professor Artur Cortez Bonifácio (2008).

Têm-se, assim, *direitos fundamentais em* ***sentido formal*** *e direitos fundamentais em* ***sentido material***. Os formais corporificam os direitos fundamentais previstos na CF de 1988, só que além desses há os direitos acrescidos pela cláusula de abertura (§ 2º do art. 5º), conforme vinculação substancial ao regime e princípios da Carta Política e aos tratados de direitos humanos (BONIFÁCIO, 2008, p. 75).

Os **direitos fundamentais em sentido formal** são aqueles **positivados no texto constitucional**, estando, normalmente, concentrados em um título da Lei Fundamental; são visíveis de forma explícita e expressa, formando um catálogo de direitos fundamentais. Essa sistemática de catalogação **expressa** de direitos encontra como representantes principais na CF de 1988 os incisos do art. 5º.

De outro lado, há os **direitos fundamentais em sentido material**, que agregam todos os direitos **vinculados por uma *fundamentalidade material***. A partir do momento em que a CF tutela direitos como à vida, à igualdade e à propriedade, desses brotam tantos outros direitos que se ramificam no sentido de comungar um rol de proteção, cada vez mais vasto, ao homem, confirmando a concepção moderna de cidadania.

Tais direitos – sem sentido material – acham-se vinculados por uma fundamentação de ordem material, haja vista que há direitos não tipificados, não expressos, não escritos, mas passíveis de articulação com o sistema constitucional.

Para sedimentar os conhecimentos transmitidos, vamos asseverar o seguinte: quando se fala em direitos em sentido formal atinem-se aos direitos tipificados, escritos e expressos no texto da CF de 1988; já quando se refere ao seu sentido material, quer significar que nem todos os direitos estão expressos no texto constitucional. Dessa forma, os direitos fundamentais existem, e disso, por obviedade, não restam dúvidas, contudo, eles podem se mostrar de forma expressa, ou seja, escritos literalmente na Magna Carta, ou podem não estar escritos, mas mesmo assim mantém o posto de direitos fundamentais.

A existência de direitos em sentido material encontra guarida na afinidade material e na textura de abertura da Carta de 1988. Por meio de uma cláusula permissiva ou de abertura se inserem direitos à ordem constitucional brasileira, e essa abertura consiste no já citado § 2º do art. 5º da CF, que dispõe: "Os direitos e garantias expressos nesta Constituição não excluem outros decorrentes do regime e dos princípios por ela adotados, ou dos tratados internacionais em que a República Federativa do Brasil seja parte".

POSIÇÃO DO STF

"Recepção pela CR de 1988 do acordo geral de tarifas e comércio. Isenção de tributo estadual prevista em tratado internacional firmado pela República Federativa do Brasil. Art. 151, III, da CF. Art. 98 do CTN. Não caracterização de isenção heterônoma. (...) A isenção de tributos estaduais prevista no Acordo Geral de Tarifas e Comércio para as mercadorias importadas dos países signatários, quando o similar nacional tiver o mesmo benefício, foi recepcionada pela CR de 1988. O art. 98 do CTN possui caráter nacional, com eficácia para a União, os Estados e os Municípios. (voto do eminente Min. Ilmar Galvão). No direito internacional apenas a República Federativa do Brasil tem competência para firmar tratados (art. 52, § 2º, da CR), dela não dispondo a União, os Estados-membros ou os Municípios. O presidente da República não subscreve tratados como chefe de Governo, mas como chefe de Estado, o que descaracteriza a existência de uma isenção heterônoma, vedada pelo art. 151, III, da Constituição" (RE 229.096, Rel. Min. Cármen Lúcia, STF, J. 16/08/2007).

7. FUNDAMENTALIDADE MATERIAL

Há muitas dificuldades em se encontrar um fundamento último para os direitos fundamentais, o que não impede que se reconheça, casuisticamente, como tem feito o STF, um leque cada vez maior de direitos tidos como fundamentais. Essa ideia respalda a concepção contemporânea de cidadania e está em sintonia com o duplo sentido antes exposto, sobremaneira, ao sentido material.

Em sentido material (fundamentalidade material), os direitos e garantias fundamentais "são, pois, pretensões que, em cada momento histórico, se descobrem a partir da perspectiva do valor dignidade humana" (MENDES; BRANCO, 2011, p. 159).

Nesse sentido, José Afonso da Silva vislumbra a seguinte compreensão sobre direitos fundamentais: "no nível do direito positivo, aquelas prerrogativas e instituições que o ordenamento jurídico concretiza em garantia de uma convivência digna, livre e igual de todas as pessoas. Nos qualificativos fundamentais acha-se a indicação de que se trata de situações jurídicas sem as quais a pessoa humana não se realiza, não convive e, às vezes, nem mesmo sobrevive" (SILVA, 1992, pp. 163-164).

8. DIFERENÇA ENTRE DIREITOS E GARANTIAS

O Capítulo I da CF de 1988 versa sobre os *direitos e deveres individuais e coletivos*, espécies do gênero *Direitos e Garantias Fundamentais* (Título II). Contudo, um documento reconhecedor de direitos (Constituição ou tratado) precisa possuir mecanismos para a salvaguarda efetiva dos direitos, sob pena de se tornar inócuo. Por essa razão, o Capítulo I – além dos direitos – dispõe sobre as *garantias*.

Conforme clássica doutrina de Rui Barbosa, ao analisar a Constituição de 1891, "as disposições meramente declaratórias, que são as que imprimem existência legal aos direitos reconhecidos, e as disposições assecuratórias, que são as que, em defesa, dos direitos, limitam o poder. Aquelas instituem os direitos, estas as garantias; ocorrendo não raro juntar-se, na mesma disposição constitucional, ou legal, a fixação da garantia, com a declaração do direito" (*apud* SILVA, 1992, p. 360).

Dessa forma, cabe retomar, as *disposições meramente declaratórias* instituem os **direitos**. De outra banda, as *disposições assecuratórias* instituem as **garantias**.

E cabe às garantias instrumentais dar consistência aos direitos fundamentais, ou seja, buscar a concretização destes. Por isso as garantias também têm índole constitucional.

De acordo com Teresa Arruda Wambier, a CF de 1988 tem dois tipos de garantias instrumentais***: os princípios processuais constitucionais*** e as ***ações constitucionalmente tipificadas*** (WAMBIER, 2009, pp. 25-26).

Os *princípios processuais constitucionais* "garantem a todos o respeito, no plano de operação da atividade jurisdicional, à possibilidade de defesa diante de qualquer alegação, o amplo conhecimento de tudo quanto ocorra no processo, além de outras garantias de igual porte e relevância" (WAMBIER, 2009, p. 25).

As *ações constitucionais tipificadas* são meios processuais de defesa, previstos expressamente na CF. Ineficaz é "a previsão de um direito considerado como direito material, se este não puder, pela via processual, ser feito valer contra quem quer que seja que o pretenda violar ou que efetivamente o viole, inclusive o Estado" (WAMBIER, 2009, p. 25).

Estão previstas na ordem constitucional brasileira as seguintes ações constitucionais: *habeas corpus*, *habeas data*, mandado de segurança (individual e coletivo), mandado de injunção, ação popular, ação direta de inconstitucionalidade, ação direta de constitucionalidade, ação direta de inconstitucionalidade por omissão e ação civil pública (vale lembrar que atualmente além do controle da constitucionalidade, há o *controle da convencionalidade*). Essas ações são mais bem trabalhadas nas obras de Direito Constitucional e de Direito Processual Civil.

POSIÇÃO DO STF

"HABEAS CORPUS" – RÉU MILITAR – DEVER DO ESTADO DE ASSEGURAR AO RÉU MILITAR TRANSPORTE PARA COMPARECER À AUDIÊNCIA DE INQUIRIÇÃO DE TESTEMUNHAS, AINDA QUE O JUÍZO PROCESSANTE TENHA SEDE EM LOCAL DIVERSO DAQUELE EM QUE ESTÁ SITUADA A ORGANIZAÇÃO MILITAR A QUE O ACUSADO ESTEJA VINCULADO (DECRETO Nº 4.307/2002, ART. 28, N. I) – PEDIDO DEFERIDO – INTERROGATÓRIO JUDICIAL – NATUREZA JURÍDICA – MEIO DE DEFESA DO ACUSADO – POSSIBILIDADE DE QUALQUER DOS LITISCONSORTES PENAIS PASSIVOS ACOMPANHAR O INTERROGATÓRIO DOS DEMAIS CORRÉUS, NOTADAMENTE SE AS DEFESAS DE TAIS ACUSADOS MOSTRAREM-SE COLIDENTES – PRERROGATIVA JURÍDICA CUJA LEGITIMAÇÃO DECORRE DO POSTULADO CONSTITUCIONAL DA AMPLA DEFESA – PRERROGATIVA JURÍDICA CUJA LEGITIMAÇÃO DECORRE DO POSTULADO CONSTITUCIONAL DA AMPLA DEFESA – DIREITO DE PRESENÇA E DE COMPARECIMENTO DO RÉU AOS ATOS DE PERSECUÇÃO PENAL EM JUÍZO – NECESSIDADE DE RESPEITO, PELO PODER PÚBLICO, ÀS PRERROGATIVAS JURÍDICAS QUE COMPÕEM O PRÓPRIO ESTATUTO CONSTITUCIONAL DO DIREITO DE DEFESA – A GARANTIA CONSTITUCIONAL DO "DUE PROCESS OF LAW" COMO EXPRESSIVA LIMITAÇÃO À ATIVIDADE PERSECUTÓRIA DO ESTADO (INVESTIGAÇÃO PENAL E PROCESSO PENAL) – O CONTEÚDO MATERIAL DA CLÁUSULA DE GARANTIA DO "DUE PROCESS" – PRECEDENTES DO SUPREMO TRIBUNAL FEDERAL – MAGISTÉRIO DA DOUTRINA – CONSTRANGIMENTO ILEGAL CARACTERIZADO – RECURSO DE AGRAVO IMPROVIDO. A essencialidade do postulado do devido processo legal, que se qualifica como requisito legitimador da própria "persecutio criminis". – O exame da cláusula referente ao "due process of law" permite nela identificar alguns elementos essenciais à sua configuração como expressiva garantia de ordem constitucional, destacando-se, entre eles, por sua inquestionável importância, as seguintes prerrogativas: (a) direito ao processo (garantia de acesso ao Poder Judiciário); (b) direito à citação e ao conhecimento prévio do teor da acusação; (c) direito a um julgamento público e célere, sem dilações indevidas; (d) direito ao contraditório e à plenitude de defesa (direito à autodefesa e à defesa técnica); (e) direito de não ser processado e julgado com base em leis "ex post facto"; (f) direito à igualdade entre as partes; (g) direito de não ser processado com fundamento em provas revestidas de ilicitude; (h) direito ao benefício da gratuidade; (i) direito à observância do princípio do juiz natural; (j) direito ao silêncio (privilégio contra a autoincriminação); (k) direito à prova; e (l) direito de presença e de "participação ativa" nos atos de interrogatório judicial dos demais litisconsortes penais passivos, quando existentes. (...)" (HC 111567, Rel. Min. Celso de Mello, STF, J. 05/08/2014).

9. DOS DEVERES FUNDAMENTAIS

O dever fundamental trata-se de "uma reivindicação de cunho conservador, segundo a qual o papel da Constituição não se esgota no ato de conferir direitos, sendo também necessário formular os deveres das pessoas enquanto membros da sociedade" (DIMOULIS; MARTINS, 2008, p. 76).

Os Professores Dimitri Dimoulis e Leonardo Martins (2008, pp. 76-80) arrolam algumas espécies de deveres que passam a ser expostas.

O primeiro consiste no **dever de efetivação** dos direitos fundamentais e de garantia das instituições (públicas e privadas). Neste caso, exige-se do Estado, principal destinatário, a adoção de medidas de proteção, o que justifica seu caráter positivo.

Há também os **deveres específicos** do Estado em face dos indivíduos, tais como a assistência jurídica gratuita e a indenização por erro judiciário.

Os próximos são os **deveres de criminalização** do Estado, em relação aos quais a CF determina a tipificação e punição criminal de determinas condutas pelo Legislativo.

O quarto grupo de **deveres são os dos cidadãos** e da **sociedade**, como o alistamento eleitoral, o voto obrigatório e a educação.

Da mesma forma, foram desenvolvidos pela doutrina os **deveres decorrentes do exercício dos direitos**. Para fins de garantia de determinados direitos, a CF exige, em contrapartida, o exercício solidário e em harmonia com os interesses da sociedade, como é a situação do direito de propriedade.

E, para encerrar, partindo da premissa de que a todo direito corresponde um dever que o assegura, existem **deveres implícitos** decorrentes dos direitos explicitamente declarados. Esses deveres podem consistir em uma ação ou omissão por parte do Estado ou dos particulares.

POSIÇÃO DO STF

"AGRAVO DE INSTRUMENTO – EMBARGOS DE DECLARAÇÃO RECEBIDOS COMO RECURSO DE AGRAVO – DEFENSORIA PÚBLICA – IMPLANTAÇÃO – OMISSÃO ESTATAL QUE COMPROMETE E FRUSTRA DIREITOS FUNDAMENTAIS DE PESSOAS NECESSITADAS – SITUAÇÃO CONSTITUCIONALMENTE INTOLERÁVEL – O RECONHECIMENTO, EM FAVOR DE

POPULAÇÕES CARENTES E DESASSISTIDAS, POSTAS À MARGEM DO SISTEMA JURÍDICO, DO "DIREITO A TER DIREITOS" COMO PRESSUPOSTO DE ACESSO AOS DEMAIS DIREITOS, LIBERDADES E GARANTIAS – INTERVENÇÃO JURISDICIONAL CONCRETIZADORA DE PROGRAMA CONSTITUCIONAL DESTINADO A VIABILIZAR O ACESSO DOS NECESSITADOS À ORIENTAÇÃO JURÍDICA INTEGRAL E À ASSISTÊNCIA JUDICIÁRIA GRATUITAS (CF, ART. 5º, INCISO LXXIV, E ART. 134) – LEGITIMIDADE DESSA ATUAÇÃO DOS JUÍZES E TRIBUNAIS – O PAPEL DO PODER JUDICIÁRIO NA IMPLEMENTAÇÃO DE POLÍTICAS PÚBLICAS INSTITUÍDAS PELA CONSTITUIÇÃO E NÃO EFETIVADAS PELO PODER PÚBLICO – A FÓRMULA DA RESERVA DO POSSÍVEL NA PERSPECTIVA DA TEORIA DOS CUSTOS DOS DIREITOS: IMPOSSIBILIDADE DE SUA INVOCAÇÃO PARA LEGITIMAR O INJUSTO INADIMPLEMENTO DE DEVERES ESTATAIS DE PRESTAÇÃO CONSTITUCIONALMENTE IMPOSTOS AO ESTADO – A TEORIA DA "RESTRIÇÃO DAS RESTRIÇÕES" (OU DA "LIMITAÇÃO DAS LIMITAÇÕES") – CONTROLE JURISDICIONAL DE LEGITIMIDADE DA OMISSÃO DO ESTADO: ATIVIDADE DE FISCALIZAÇÃO JUDICIAL QUE SE JUSTIFICA PELA NECESSIDADE DE OBSERVÂNCIA DE CERTOS PARÂMETROS CONSTITUCIONAIS (PROIBIÇÃO DE RETROCESSO SOCIAL, PROTEÇÃO AO MÍNIMO EXISTENCIAL, VEDAÇÃO DA PROTEÇÃO INSUFICIENTE E PROIBIÇÃO DE EXCESSO) – DOUTRINA – PRECEDENTES – A FUNÇÃO CONSTITUCIONAL DA DEFENSORIA PÚBLICA E A ESSENCIALIDADE DESSA INSTITUIÇÃO DA REPÚBLICA – "THEMA DECIDENDUM" QUE SE RESTRINGE AO PLEITO DEDUZIDO NA INICIAL, CUJO OBJETO CONSISTE, UNICAMENTE, na "criação, implantação e estruturação da Defensoria Pública da Comarca de Apucarana" – RECURSO DE AGRAVO PROVIDO, EM PARTE.

Assiste a toda e qualquer pessoa – especialmente àquelas que nada têm e que de tudo necessitam – uma prerrogativa básica essencial à viabilização dos demais direitos e liberdades fundamentais, consistente no reconhecimento de que toda pessoa tem direito a ter direitos, o que põe em evidência a significativa importância jurídico-institucional e político-social da Defensoria Pública. – O descumprimento, pelo Poder Público, do dever que lhe impõe o art. 134 da Constituição da República traduz grave omissão que frustra, injustamente, o direito dos necessitados à plena orientação jurídica e à integral assistência judiciária e que culmina, em razão desse inconstitucional inadimplemento, por transformar os direitos e as liberdades fundamentais em proclamações inúteis, convertendo-os em expectativas vãs. – É que de nada valerão os direitos e de nenhum significado revestir-se-ão as liberdades, se os fundamentos em que eles se apoiam – além de desrespeitados pelo Poder Público ou transgredidos por particulares – também deixarem de contar com o suporte e o apoio de um aparato institucional, como aquele proporcionado pela Defensoria Pública, cuja função precípua, por efeito de sua própria vocação constitucional (CF, art. 134), consiste em dar efetividade e expressão concreta, inclusive mediante acesso do lesado à jurisdição do Estado, a esses mesmos direitos, quando titularizados por pessoas necessitadas, que são as reais destinatárias tanto da norma inscrita no art. 5º, inciso LXXIV, quanto do preceito consubstanciado no art. 134, ambos da Constituição da República. (...)" (AI 598212, Min. Rel. Celso de Mello, STF, J. 25/03/2014).

10. DESTINATÁRIOS DOS DIREITOS FUNDAMENTAIS

Embora a universalidade seja uma das principais características modernas dos direitos humanos, quando se adota a expressão *direitos fundamentais*, em sua acepção mais técnica e restritiva, percebe-se que eles têm destinatários específicos, uma vez endereçados aos que estão sob a jurisdição da ordem constitucional de um país.

A *cabeça* do art. 5º da CF de 1988 veio com a seguinte redação: "Todos são iguais perante a lei, sem distinção de qualquer natureza, garantindo-se aos brasileiros e aos estrangeiros residentes no País a inviolabilidade do direito à vida, à liberdade, à igualdade, à segurança e à propriedade, nos termos seguintes: (...)".

Como facilmente se nota, a redação do *caput* do art. 5º faz expressa referência somente a brasileiros (natos e naturalizados) e aos estrangeiros residentes. Todavia, uma interpretação literal do dispositivo não pode ser aceita. Há que se desenvolver uma **interpretação sistemática da Carta Magna**, respeitando-se sua **força normativa**, no sentido de incluir neste leque de **protegidos** os **apátridas**, as **pessoas jurídicas** e os **estrangeiros não residentes** (como o turista).

O Supremo Tribunal já se manifestou que estrangeiros de passagem pelo país também podem ser protegidos – embora, obviamente, não possam titularizar todos os direitos fundamentais. Veja-se: "'HABEAS CORPUS' (...) ESTRANGEIRO NÃO DOMICILIADO NO BRASIL – IRRELEVÂNCIA – CONDIÇÃO JURÍDICA QUE NÃO O DESQUALIFICA COMO SUJEITO DE DIREITOS E TITULAR DE GARANTIAS CONSTITUCIONAIS E LEGAIS – PLENITUDE DE ACESSO, EM CONSEQUÊNCIA, AOS INSTRUMENTOS PROCESSUAIS DE TUTELA DA LIBERDADE – NECESSIDADE DE RESPEITO, PELO PODER PÚBLICO, ÀS PRERROGATIVAS JURÍDICAS QUE COMPÕEM O PRÓPRIO ESTATUTO CONSTITUCIONAL DO DIREITO DE DEFESA (...). O SÚDITO ESTRANGEIRO, MESMO AQUELE SEM DOMICÍLIO NO BRASIL, TEM DIREITO A TODAS AS PRERROGATIVAS BÁSICAS QUE LHE ASSEGUREM A PRESERVAÇÃO DO "STATUS LIBERTATIS" E A OBSERVÂNCIA, PELO PODER PÚBLICO, DA CLÁUSULA CONSTITUCIONAL DO "DUE PROCESS". – O súdito estrangeiro, mesmo o não domiciliado no Brasil, tem plena legitimidade para impetrar o remédio constitucional do "habeas corpus", em ordem a tornar efetivo, nas hipóteses de persecução penal, o direito subjetivo, de que também é titular, à observância e ao integral respeito, por parte do Estado, das prerrogativas que compõem e dão significado à cláusula do devido processo legal. – A condição jurídica de não nacional do Brasil e a circunstância de o réu estrangeiro não possuir domicílio em nosso país não legitimam a adoção, contra tal acusado, de qualquer tratamento arbitrário ou discriminatório. Precedentes. – Impõe-se, ao Judiciário, o dever de assegurar, mesmo ao réu estrangeiro sem domicílio no Brasil, os direitos básicos que resultam do postulado do devido processo legal, notadamente as prerrogativas inerentes à garantia da ampla defesa, à garantia do contraditório, à igualdade entre as partes perante o juiz natural e à garantia de imparcialidade do magistrado processante" (HC 94.016, Rel. Min. Celso de Mello, STF, J. 16/09/2008).

Os direitos fundamentais também se aplicam às pessoas jurídicas (inclusive as de Direito Público), desde que sejam compatíveis com as naturezas delas. Por sinal, há jurisprudência que considera que as pessoas jurídicas (empresas, associações e partidos políticos) podem pleitear indenização por danos morais: "*A pessoa jurídica pode sofrer dano moral*" (Súmula 227 do STJ). Quanto ao assunto, há também o art. 52 do Código Civil atual: "*Aplica-se às pessoas jurídicas, no que couber, a proteção aos direitos da personalidade*".

POSIÇÃO DO STJ

"RECURSO ESPECIAL. DIREITO CIVIL. AÇÃO INDENIZATÓRIA. RESPONSABILIDADE CIVIL. DANOS MORAIS. PESSOA JURÍDICA. SÚMULA Nº 227/STJ. LEGITIMIDADE ATIVA AD CAUSAM. CAPACIDADE PROCESSUAL. OFENSA À HONRA OBJETIVA DE INSTITUIÇÃO DE ENSINO SUPERIOR. EXTRAPOLAÇÃO DOS LIMITES DA LIBERDADE DE MANIFESTAÇÃO DE PENSAMENTO E CRÍTICA. ENTREVISTA CONCEDIDA POR MÉDICO PSIQUIATRA. QUESTIONAMENTO ACERCA DA POTENCIAL INFLUÊNCIA DO ABUSO DE DROGAS NA PRÁTICA DE CRIME DE HOMICÍDIO. AFIRMAÇÃO DO ENTREVISTADO DE QUE A CONDUTA DE INSTITUIÇÃO AUTORA É PERMISSIVA E INCENTIVADORA DO USO DE SUBSTÂNCIA ENTORPECENTE. MONTANTE INDENIZATÓRIO. RAZOABILIDADE. REDUÇÃO. IMPOSSIBILIDADE. SÚMULA Nº 7/STJ. ALEGAÇÃO DE OFENSA A DISPOSITIVO DA LEI DE IMPRENSA. NÃO CONHECIMENTO. NÃO RECEPÇÃO PELA CONSTITUIÇÃO FEDERAL. 1. Ação indenizatória, por danos morais, movida por instituição de ensino superior de renome, a quem foi atribuída pelo réu, em entrevista concedida à emissora de rádio, parcela de responsabilidade pelo crime, de grande repercussão nacional, que vitimou o casal Richtofen. 2. Entrevistado que, ao ser questionado sobre a potencial influência das drogas nos desígnios homicidas dos jovens responsáveis pelo crime, desvia-se do que lhe foi perguntado e passa a tecer considerações desabonadoras a respeito de suposto comportamento permissivo e incentivador do uso de determinada droga por parte da instituição de ensino superior autora da demanda. 3. A pessoa jurídica, por ser titular de honra objetiva, faz jus à proteção de sua imagem, seu bom nome e sua credibilidade. Por tal motivo, quando os referidos bens jurídicos forem atingidos pela prática de ato ilícito, surge o potencial dever de indenizar (Súmula nº 227/STJ). 4. A garantia constitucional de liberdade de manifestação do pensamento não é absoluta. Seu exercício encontra limite no dever de respeito aos demais direitos e garantias fundamentais também protegidos, dentre os quais destaca-se a inviolabilidade da honra das pessoas, sob pena de indenização pelo dano moral provocado. 5. As afirmações de que a instituição de ensino recorrida tem "a ideologia de favorecer

o uso da maconha", consubstanciando-se em um "antro da maconha", evidenciam a existência do ânimo do recorrente de simplesmente ofender, comportamento ilícito que enseja, no caso vertente, o dever de indenizar. 6. O Superior Tribunal de Justiça, afastando a incidência da Súmula nº 7/STJ, tem reduzido o montante fixado pelas instâncias ordinárias apenas quando abusivo, circunstância inexistente no presente caso, em que não se pode afirmar excessivo o arbitramento da indenização no valor de R$ 10.000,00 (dez mil reais) diante das especificidades do caso concreto. 7. Recurso especial parcialmente conhecido e, nesta parte, não provido" (REsp 1334357, Rel. Min. Ricardo Villas Bôas Cueva, STJ, J. 16/09/2014).

11. REQUISITOS DOS DIREITOS FUNDAMENTAIS

Há parcela da doutrina que relega a segundo plano o estudo da história dos direitos fundamentais, limitando-se a destacar *três elementos ou requisitos para a existência dos mesmos*, quais sejam:

ESTADO + INDIVÍDUO + TEXTO NORMATIVO REGULADOR

O primeiro requisito para poder se falar em direitos fundamentais é o **Estado**. Trata-se do "funcionamento de um aparelho de poder centralizado que possa efetivamente controlar determinado território e impor suas decisões por meio da Administração Pública, dos tribunais, da polícia, das forças armadas e também dos aparelhos de educação e propaganda política. Sem a existência de Estado, a proclamação de direitos fundamentais carece de relevância prática. Estes não poderiam ser garantidos e cumpridos e perderiam sua função precípua, qual seja a de limitar o poder do Estado em face do indivíduo" (DIMOULIS; MARTINS, 2008, p. 25).

O segundo elemento para a existência é o próprio **indivíduo.** Pode até "parecer supérfluo dizer que a existência dos indivíduos é um requisito dos direitos fundamentais. Não existem pessoas desde o início da humanidade? Do ponto de vista filosófico e da teoria política, a resposta é negativa. Nas sociedades do passado, as pessoas eram consideradas membros de grandes ou pequenos coletivos (família, clã, aldeia, feudo, reino), sendo subordinadas a tais coletivos e privadas de direitos próprios" (DIMOULIS; MARTINS, 2008, p. 25).

E, por fim, como terceiro requisito para a existência dos direitos fundamentais, exige-se um **texto normativo regulador da relação**

entre Estado e indivíduos. O "papel de regulador entre os dois elementos *supra* descritos é desempenhado pela Constituição no sentido formal, que declara e garante determinados direitos fundamentais, permitindo ao indivíduo conhecer sua esfera de atuação livre de interferências estatais e, ao mesmo tempo, vincular o Estado a determinadas regras que impeçam cerceamentos injustificados das esferas garantidas da liberdade individual. O texto deve ter validade em todo o território nacional e encerrar supremacia, isto é, força vinculante superior àquela das demais normas" (DIMOULIS; MARTINS, 2008, p. 26).

12. FUNÇÕES DOS DIREITOS FUNDAMENTAIS

Os direitos fundamentais desempenham diferentes funções na sociedade. Essa multiplicidade de funções já tentou ser sistematizada por vários doutrinadores. Optou-se por expor os quatro tradicionais *status* de *Jellinek*. A partir dessa teoria, podem ser decalcadas as espécies de direitos fundamentais mais usuais (direitos de defesa, a prestações e de participação).

12.1. Os quatro *status* de Jellinek

Há diferentes correntes que almejam explicar a função desempenhada pelos direitos fundamentais. Será, no momento, destacada a teoria dos quatro *status* de Jellinek, que, conforme Robert Alexy, "a despeito de suas inúmeras obscuridades e algumas deficiências, a teoria dos *status* de Jellinek é o mais formidável exemplo de construção teórica analítica no âmbito dos direitos fundamentais" (2006, p. 269).

No ***status* passivo** (*subjectionis*), a pessoa se encontra em posição de subordinação em relação aos Poderes da República; vinculando-se, assim, por mandamentos e proibições. O indivíduo possui deveres para com o Estado.

No ***status* negativo**, por possuir personalidade, o indivíduo goza de um espaço de liberdade diante das ingerências dos Poderes. Embora o Estado tenha autoridade, a mesma se exerce e se limita frente a homens dotados de liberdade.

Já no terceiro ***status*, o positivo** ou *status civitatis*, o indivíduo tem o direito de exigir do Estado que este atue pró-ativamente, devendo providenciar as prestações a favor das pessoas.

E, no ***status* ativo**, o indivíduo possui competências para influenciar a formação da vontade do Estado, como o exercício dos direitos políticos.

POSIÇÃO DO STF

"O direito à nomeação constitui um típico direito público subjetivo em face do Estado, decorrente do princípio que a ministra Cármen Lúcia, em obra doutrinária, cunhou de princípio da acessibilidade aos cargos públicos (ROCHA, Cármen Lúcia Antunes. Princípios constitucionais dos servidores públicos. São Paulo: Saraiva, 1999. p. 143). Na ordem constitucional brasileira, esse princípio está fundado em alguns princípios informadores da organização do Poder Público no Estado Democrático de Direito, tais como: a) o princípio democrático de participação política, que impõe a participação plural e universal dos cidadãos na estrutura do Poder Público, na qualidade de servidores públicos; b) o princípio republicano, que exige a participação efetiva do cidadão na gestão da coisa pública; c) o princípio da igualdade, que prescreve a igualdade de oportunidades no acesso ao serviço público. Nesses termos, a acessibilidade aos cargos públicos constitui um direito fundamental expressivo da cidadania, como bem observou a ministra Cármen Lúcia na referida obra. Esse direito representa, dessa forma, uma das faces mais importantes do status activus dos cidadãos, conforme a conhecida "teoria dos status" de Jellinek. A existência de um direito à nomeação, nesse sentido, limita a discricionariedade do Poder Público quanto à realização e gestão dos concursos públicos. Respeitada a ordem de classificação, a discricionariedade da Administração resume-se ao momento da nomeação, nos limites do prazo de validade do concurso. Não obstante, quando se diz que a Administração Pública tem a obrigação de nomear os aprovados dentro do número de vagas previsto no edital, deve-se levar em consideração a possibilidade de situações excepcionalíssimas que justifiquem soluções diferenciadas, devidamente motivadas de acordo com o interesse público" (RE 598.099, voto do Rel. Min. Gilmar Mendes, STF j. 30/09/2011).

12.2. Direitos de defesa, a prestação e de participação

Superado o estudo sobre a teoria de Jellinek, os direitos fundamentais passam a ser classificados sob uma nova perspectiva, mais prática e com forte influência do Direito alemão e do português.

Referimo-nos aos direitos de defesa, a prestação e de participação.

Os **direitos de defesa** caracterizam-se por impor ao Estado um dever de abstenção (*non facere*), um dever de não interferência. Os direitos dessa classe têm por fim limitar a ação do Estado, evitando, destarte, ingerências do Poder Público sobre o patrimônio, material e imaterial, do indivíduo, sob pena de restar configurada obrigação de indenizar em caso de lesão sofrida pelo cidadão. O art. 5º da CF possui, em grande medida, direitos de defesa.

> **ATENÇÃO**
>
> *Nesse sentido, acerca da responsabilidade objetiva do Estado, vide o § 6º do art. 37 da CF: "As pessoas jurídicas de direito público e as de direito privado prestadoras de serviços públicos responderão pelos danos que seus agentes, nessa qualidade, causarem a terceiros, assegurado o direito de regresso contra o responsável nos casos de dolo ou culpa".*

Em complemento, há os **direitos a prestação**. Eles exigem que o Estado aja para atenuar desigualdades. Eles são direitos promocionais, que surgem da necessidade de se atingir a igualdade material. Eles demandam um *facere* do Estado, um comportamento ativo, materializado por, *e.g.*, ações afirmativas.

Os direitos a prestações ainda sofrem outra classificação. Eles podem se bifurcar em uma **prestação jurídica** ou em uma **prestação material**.

Direitos a **prestação jurídica** são concretizados por meio da **edição de uma norma**, como o que ocorre com o art. 5º, XLII (práticas de racismo) e com o art. 5º, XLIII (tortura e terrorismo).

Já os direitos a **prestação material** (prestação em sentido estrito) exprimem a concepção social do Estado, são direitos sociais por excelência, visando atenuar as desigualdades de fato na sociedade. Eles são concretizados por meio de uma utilidade concreta, um bem ou um serviço. São exemplos os direitos previstos no *caput* do art. 6º da CF: "São direitos sociais a educação, a saúde, a alimentação, o trabalho, a moradia, o transporte, o lazer, a segurança, a previdência social, a proteção à maternidade e à infância, a assistência aos desamparados, na forma desta Constituição".

Além dos direitos de defesa e a prestação, a doutrina ainda se refere aos **direitos de participação**, que correspondem aos direitos de participar na formação de vontade do Estado, v.g., os direitos políticos.

12.3. Direitos a prestação e o Judiciário

Adentra-se em terreno de férteis debates, especialmente porque haveria conflito entre as funções de dois Poderes: Executivo e Judiciário. E no meio deste embate estão, principalmente, os direitos sociais.

Tem-se tornado comum o recurso ao Judiciário para que este assegure o respeito a direito fundamental. Contudo, permeiam polêmicas quando o direito em voga é um de prestação, especialmente material.

O princípio da inafastabilidade da jurisdição ou da ubiquidade da Justiça está consagrado no inc. XXXV do art. 5º da CF de 1988: "a lei não excluirá da apreciação do Poder Judiciário lesão ou ameaça a direito". Este postulado garante o acesso amplo à atividade jurisdicional.

POSIÇÃO DO STF

"É inconstitucional a exigência de depósito prévio como requisito de admissibilidade de ação judicial na qual se pretenda discutir a exigibilidade de crédito tributário" (Súmula Vinculante 28). "Viola a garantia constitucional de acesso à jurisdição a taxa judiciária calculada sem limite sobre o valor da causa" (Súmula 667).

Um tema extremamente delicado é sobre o Judiciário poder (ou não) **determinar que o Executivo assegure um direito de segunda dimensão, um direito social, como a da saúde ou qualquer outro previsto no art. 6º da CF.** O caráter mandamental que vem se revestindo as decisões judiciais, muitas em sede liminar, para que o Executivo forneça determinados medicamentos (*judicialização do fornecimento de remédios*), tem ocupado significativo relevo dentre as decisões dos Tribunais, em particular no Supremo.

POSIÇÃO DO STJ

O controle do Judiciário sobre as políticas do Executivo gera polêmica não só quanto aos direitos sociais, mas sim também aos civis e políticos. Essa relação tormentosa foi enfrentada pelo STJ, em recente julgado: "DIREITO CONSTITUCIONAL E ADMINISTRATIVO. CONTROLE JURISDICIONAL DE POLÍTICAS PÚBLICAS RELACIONADO A INÚMERAS IRREGULARIDADES ESTRUTURAIS E SANITÁRIAS EM CADEIA PÚBLICA. Constatando-se inúmeras irregularidades em cadeia pública – superlotação, celas sem condições mínimas de salubridade para a permanência de presos, notadamente em razão de defeitos estruturais, de ausência de ventilação, de iluminação e de instalações sanitárias adequadas, desrespeito à integridade física e moral dos detentos, havendo, inclusive, relato de que as visitas íntimas seriam realizadas dentro das próprias celas e em grupos, e que existiriam detentas acomodadas improvisadamente –, a alegação de ausência de previsão orçamentária não impede que seja julgada procedente ação civil pública (...). De fato, evidencia-se, na hipótese em análise, clara situação de violação à garantia constitucional de respeito da integridade física e moral do preso (art. 5º, XLIX, da CF) e aos princípios da dignidade da pessoa humana e do mínimo existencial. Nessas circunstâncias – em que o exercício da discricionariedade administrativa pelo não desenvolvimento de determinadas políticas públicas acarreta grave vulneração a direitos e garantias fundamentais assegurados pela Constituição –, a intervenção do Poder Judiciário se justifica como forma de implementar, concreta e eficientemente, os valores que o constituinte elegeu como "supremos de uma sociedade fraterna, pluralista e sem preconceitos fundada na harmonia social", como apregoa o preâmbulo da CF. Há, inclusive, precedentes do STF (...). Além disso, não há, na intervenção em análise, ofensa ao princípio da separação dos poderes. Isso porque a concretização dos direitos sociais não pode ficar con-

dicionada à boa vontade do Administrador, sendo de suma importância que o Judiciário atue como órgão controlador da atividade administrativa. (...). Tratando-se de direito essencial, incluso no conceito de mínimo existencial, inexistirá empecilho jurídico para que o Judiciário estabeleça a inclusão de determinada política pública nos planos orçamentários do ente político, mormente quando não houver comprovação objetiva da incapacidade econômico-financeira da pessoa estatal. (...). No entanto, é preciso ter em mente que o princípio da reserva do possível não pode ser utilizado de forma indiscriminada. Na verdade, o direito alemão construiu essa teoria no sentido de que o indivíduo só pode requerer do Estado uma prestação que se dê nos limites do razoável, ou seja, na qual o peticionante atenda aos requisitos objetivos para sua fruição. Informa a doutrina especializada que, de acordo com a jurisprudência da Corte Constitucional alemã, os direitos sociais prestacionais estão sujeitos à reserva do possível no sentido daquilo que o indivíduo, de maneira racional, pode esperar da sociedade. Ocorre que não se podem importar preceitos do direito comparado sem atentar para Estado brasileiro. (...). É por isso que o princípio da reserva do possível não pode ser oposto a um outro princípio, conhecido como princípio do mínimo existencial. Desse modo, somente depois de atingido esse mínimo existencial é que se poderá discutir, relativamente aos recursos remanescentes, em quais outros projetos se deve investir. Ou seja, não se nega que haja ausência de recursos suficientes para atender a todas as atribuições que a Constituição e a Lei impuseram ao estado. Todavia, se não se pode cumprir tudo, deve-se, ao menos, garantir aos cidadãos um mínimo de direitos (...). Por esse motivo, não havendo comprovação objetiva da incapacidade econômico-financeira da pessoa estatal, inexistirá empecilho jurídico para que o Judiciário determine a inclusão de determinada política pública nos planos orçamentários do ente político" (Informativo nº 543 do STJ).

Sobre o tema, cabem considerações sistematizadas.

O Poder Judiciário (bem como o Executivo e o Legislativo) vincula-se aos direitos fundamentais, em respeito à própria **eficácia irradiante** destes. E aludida vinculação se dá de duas formas: a) o Judiciário deve zelar em suas decisões pelo respeito aos direitos fundamentais, ou seja, o conteúdo de suas manifestações deve ser compatível com a proteção aos direitos (deve haver respeito ao devido processual legal e ampla defesa); e b) o Judiciário também efetua a fiscalização dos demais Poderes quanto à aplicação dos direitos fundamentais. Neste último ponto, reside a polêmica do item atual.

No seu papel de *fiscal*, ao Judiciário é possível declarar uma lei inconstitucional ou anular atos administrativos.

Mas a sua atividade de *fiscal* tem limites, muito delicados, que o separa das atribuições dos demais Poderes. Até que ponto pode o juiz determinar a implementação de uma política pública ou o fornecimento de medicamento? **Direitos nitidamente de prestação**.

Conforme manifestações do Supremo Tribunal Federal (ex.: RE 271.286 e RE 410.715), ao Judiciário é possível **exigir o cumprimento dos direitos de prestação material (direito à saúde, à educação)**, desde que de forma **excepcional e, principalmente, quando decorrem diretamente da CF**. O Supremo vem entendendo que a falta de verbas justifica-se somente quando calcada em motivos objetivos, razoáveis e verdadeiros, prestados claramente pelo Poder Público.

O assunto tem como um dos principais julgados, ou até *leading case*, a **ADPF 45 do STF**, que, a despeito da densidade jurídico, merece leitura atenta: "(...) A omissão do Estado – que deixa de cumprir, em maior ou em menor extensão, a imposição ditada pelo texto constitucional – qualifica-se como comportamento revestido da maior gravidade político jurídica, **eis que, mediante inércia, o Poder Público também desrespeita a Constituição, também ofende direitos que nela se fundam e também impede, por ausência de medidas concretizadoras, a própria aplicabilidade dos postulados e princípios da Lei Fundamental.** (...) É certo que não se inclui, ordinariamente, no âmbito das funções institucionais do Poder Judiciário – e nas desta Suprema Corte, em especial – a atribuição de formular e de implementar políticas públicas (...) pois, nesse domínio, o encargo reside, primariamente, nos Poderes Legislativo e Executivo. Tal incumbência, **no entanto, embora em bases excepcionais, poderá atribuir-se ao Poder Judiciário, se e quando os órgãos estatais competentes, por descumprirem os encargos político-jurídicos que sobre eles incidem, vierem a comprometer, com tal comportamento, a eficácia e a integridade de direitos individuais e/ou coletivos impregnados de estatura constitucional, ainda que derivados de cláusulas revestidas de conteúdo programático**. Cabe assinalar, presente esse contexto – consoante já proclamou esta Suprema Corte – que o caráter programático das regras inscritas no texto da Carta Política 'não pode converter-se em promessa constitucional inconsequente, sob pena de o Poder Público, fraudando justas expectativas nele depositadas pela coletividade, substituir, de maneira ilegítima, o cumprimento de seu impostergável dever, por um gesto irresponsável de infidelidade governamental ao que determina a própria Lei Fundamental do Estado' (...) **É que a realização dos direitos econômicos, sociais e culturais – além de caracterizar-se pela gradualidade de seu processo de concretização – depende, em grande medida, de um inescapável vínculo financeiro subordinado às possibilidades orçamentárias**

do Estado, de tal modo que, comprovada, objetivamente, a incapacidade econômico-financeira da pessoa estatal, desta não se poderá razoavelmente exigir, considerada a limitação material referida, a imediata efetivação do comando fundado no texto da Carta Política. Não se mostrará lícito, no entanto, ao Poder Público, em tal hipótese – mediante indevida manipulação de sua atividade financeira e/ou político-administrativa – **criar obstáculo artificial que revele o ilegítimo, arbitrário e censurável propósito de fraudar, de frustrar e de inviabilizar o estabelecimento e a preservação, em favor da pessoa e dos cidadãos, de condições materiais mínimas de existência. Cumpre advertir, desse modo, que a cláusula da** *'reserva do possível'* **– ressalvada a ocorrência de justo motivo objetivamente aferível – não pode ser invocada, pelo Estado, com a finalidade de exonerar-se do cumprimento de suas obrigações constitucionais, notadamente quando, dessa conduta governamental negativa, puder resultar nulificação ou, até mesmo, aniquilação de direitos constitucionais impregnados de um sentido de essencial fundamentalidade.** (...) limitação de recursos existe e é uma contingência que não se pode ignorar. O intérprete deverá levá-la em conta ao afirmar que algum bem pode ser exigido judicialmente, assim como o magistrado, ao determinar seu fornecimento pelo Estado. Por outro lado, não se pode esquecer que a finalidade do Estado ao obter recursos, para, em seguida, gastá-los sob a forma de obras, prestação de serviços, ou qualquer outra política pública, é exatamente realizar os objetivos fundamentais da Constituição. A meta central das Constituições modernas, e da Carta de 1988 em particular, pode ser resumida, como já exposto, na promoção do bem-estar do homem, cujo ponto de partida está em assegurar as condições de sua própria dignidade, que inclui, além da proteção dos direitos individuais, condições materiais mínimas de existência. Ao apurar os elementos fundamentais dessa dignidade (o mínimo existencial), estar-se-ão estabelecendo exatamente os alvos prioritários dos gastos públicos. Apenas depois de atingi-los é que se poderá discutir, relativamente aos recursos remanescentes, em que outros projetos se deverá investir. O mínimo existencial, como se vê, associado ao estabelecimento de prioridades orçamentárias, é capaz de conviver produtivamente com a reserva do possível." (Grifos meus) (...) A eficácia dos Direitos Fundamentais Sociais a prestações materiais depende, naturalmente, dos recursos públicos disponíveis; normalmente, há uma delegação constitucional para o legislador concretizar o conteúdo desses direitos" (Sem grifo no original).

Dessa forma, a **reserva do possível** relaciona os limites do Estado (recursos públicos) com a efetivação dos direitos sociais, podendo ser invocada quando demonstrada por *motivo justo e objetivamente comprovável*. A reserva não pode ser alegada para a Administração se eximir de qualquer obrigação na efetivação dos direitos fundamentais; tendo o Judiciário, assim, legitimidade para apreciar e julgar. O julgador, no mínimo, deve se inteirar das possibilidades concretas para implementação dos direitos fundamentais sociais pleiteados, pois também não pode o Juiz obrigar que o Poder Público cumpra o, material e juridicamente, impossível.

Há tantos outros julgados do STF sobre o assunto. Vide: Suspensões de Tutela (STA) 175, 211 e 278; Suspensões de Segurança 3724, 2944, 2361, 3345 e 3355; e Suspensão de Liminar (SL) 47.

Com arrimo nas decisões citadas, vem se percebendo que, a despeito de ficar ao crivo do magistrado no caso concreto ponderar valores, conforme linha jurisprudencial do STF, entende-se que o princípio da dignidade da pessoa humana tem prevalecido frente ao princípio da separação dos poderes. Com isso, encontram-se cada vez mais manifestações jurisprudenciais em que o Judiciário assegura direitos de prestação material, como o fornecimento de remédios ao cidadão ou o estabelecimento de uma política pública, desde que de forma excepcional e, principalmente, quando decorrem diretamente da CF.

POSIÇÃO DO STF

Sobre o assunto medicamento e Judiciário, vide Informativo 752 do STF: "Direito à saúde e manutenção de medicamento em estoque. A 1ª Turma negou provimento a recurso extraordinário para assentar a legitimidade de determinação judicial no sentido de que o Estado do Rio de Janeiro mantivesse determinado medicamento em estoque. No caso, o Ministério Público Federal ajuizara ação civil pública, cujo pedido fora julgado parcialmente procedente, na qual se postulava a aquisição, pelo referido ente federativo, de medicamento a portadores da doença de Gaucher, e a manutenção de estoque por certo período, para evitar interrupção do tratamento, tendo em conta lapsos na importação do produto. Preliminarmente, a Turma afastou o sobrestamento do feito por falta de similitude com o RE 566.471 RG/RN — processo com repercussão geral reconhecida, que versa sobre o dever do Estado de fornecer medicamento de alto custo a portador de doença grave —, por entender diversa a matéria. No mérito, reafirmou a jurisprudência da Corte quanto à ausência de violação ao princípio da separação dos Poderes quando do exame pelo Poder Judiciário de ato administrativo tido por ilegal ou abusivo. Aduziu, ademais, que o Poder Público, qualquer que fosse a esfera institucional de sua atuação no plano da organização federativa brasileira, não poderia se mostrar indiferente ao problema da saúde da população, sob pena de incidir, ainda que por censurável omissão, em grave comportamento inconstitucional. RE 429903/RJ, rel. Min. Ricardo Lewandowski, 25.6.2014".

POSIÇÃO DO STF

O "estado de coisas inconstitucional"! Trata-se de mais um instituto novo, importado pelo STF da Colômbia, para justificar o ativismo judicial e a interferência do Tribunal em campos de atribuição do Executivo. Mais uma vez se está frente ao dilema: direitos + recursos públicos + políticas públicas. Em recente decisão, em sede de cautelar na ADPF 347, o STF determinou sejam tomadas medidas para minorar a crise prisional do país, a fim de determinar aos juízes e tribunais que passem a realizar audiências de custódia, no prazo máximo de 90 dias, de modo a viabilizar o comparecimento do preso perante a autoridade judiciária em até 24 horas contadas do momento da prisão. Os ministros também entenderam que deve ser liberado, sem qualquer tipo de limitação, o saldo acumulado do Fundo Penitenciário Nacional para utilização na finalidade para a qual foi criado, proibindo a realização de novos contingenciamentos. O ministro Ricardo Lewandowski seguiu totalmente o voto do relator. Assim como outros ministros, ele reconheceu, no caso, o "estado de coisas inconstitucional", ao explicar que essa foi uma medida desenvolvida pela Corte Nacional da Colômbia a qual identificou um quadro insuportável e permanente de violação de direitos fundamentais a exigir intervenção do Poder Judiciário de caráter estrutural e orçamentário.

POSIÇÃO DO STF

Em sede de repercussão geral, o STF sedimentou que: "1. O Estado não pode ser obrigado a fornecer medicamentos experimentais. 2. A ausência de registro na ANVISA impede, como regra geral, o fornecimento de medicamento por decisão judicial. 3. É possível, excepcionalmente, a concessão judicial de medicamento sem registro sanitário, em caso de mora irrazoável da ANVISA em apreciar o pedido de registro (prazo superior ao previsto na Lei nº 13.411/2016), quando preenchidos três requisitos: (i) a existência de pedido de registro do medicamento no Brasil (salvo no caso de medicamentos órfãos para doenças raras e ultrarraras); (ii) a existência de registro do medicamento em renomadas agências de regulação no exterior; e (iii) a inexistência de substituto terapêutico com registro no Brasil. 4. As ações que demandem fornecimento de medicamentos sem registro na Anvisa deverão necessariamente ser propostas em face da União" (RE 657718, Min. Rel. Marco Aurélio, STF, J. 22/05/2019).

POSIÇÃO DO STF

O STF também sedimentou, processualmente, que: "É da jurisprudência do Supremo Tribunal Federal que o tratamento médico adequado aos necessitados se insere no rol dos deveres do Estado, porquanto responsabilidade solidária dos entes federados. O polo passivo pode ser composto por qualquer um deles, isoladamente, ou conjuntamente. 2. A fim de otimizar a compensação entre os entes federados, compete à autoridade judicial, diante dos critérios constitucionais de descentralização e hierarquização, direcionar, caso a caso, o cumprimento conforme as regras de repartição de competências e determinar o ressarcimento a quem suportou o ônus financeiro. 3. As ações que demandem fornecimento de medicamentos sem registro na ANVISA deverão necessariamente ser propostas em face da União" (RE 855178, Min. Rel. Luiz Fux, STF, J. 23/05/2019).

POSIÇÃO DO STJ

Recentemente, o STJ, em sede de liminar de mandado de segurança (processo em sigilo), determinou que o Ministério da Saúde depositasse aproximadamente R$ 6,7 milhões em conta destinada à compra do remédio Zolgensma, para o tratamento de um bebê com atrofia muscular espinhal (AME) – doença rara, progressiva e potencialmente fatal. Do voto do Ministro, disponível no site do STJ: "Praticamente nenhuma família brasileira possui em seu orçamento a disponibilidade de R$ 12 milhões para pronto pagamento; além disso, há a necessidade de urgente administração do medicamento (até os dois anos de idade da criança com AME). Ninguém duvida que é sobre o Estado que recairá a obrigação constitucional de prestar o tão almejado fármaco".

13. DIMENSÕES DOS DIREITOS FUNDAMENTAIS

Até o presente momento foi enfatizada a **dimensão subjetiva** dos direitos fundamentais. Na verdade, é uma tendência de todos os livros sobre o assunto. Essa dimensão é a de maior realce, porque tem como perspectiva a *garantia de posições individuais*, sendo considerada sob uma *perspectiva individualista*.

Em complemento, desenvolve-se também, hodiernamente, uma **dimensão objetiva**, em que os direitos fundamentais ganham significado como princípios básicos da ordem constitucional, a transcender posições individuais e valorizando bens de interesse da sociedade. Na dimensão objetiva, a percepção independe de seus titulares, vale dizer, dos sujeitos de direito (DIMOULIS; MARTINS, 2008, p. 118).

POSIÇÃO DO STJ

"(...) 1. Os direitos e garantias fundamentais elencados na Constituição Federal, contemplados na dimensão objetiva, consistem em norte para atuação valorativa do Estado na realização do bem comum. Já na dimensão subjetiva, permitem ao indivíduo se sobrepor à arbitrariedade estatal. (...)" (HC 97336, Rel. Min. Arnaldo Esteves Lima, STJ, J. 15/06/2010).

14. IRRADIAÇÃO DOS DIREITOS FUNDAMENTAIS

Aqui se adentra no *efeito irradiador* dos direitos fundamentais no sistema jurídico.

Citando decisão do Tribunal Constitucional Federal da Alemanha, Alexy doutrina que as normas de direitos fundamentais contêm "não apenas direitos subjetivos de defesa do indivíduo contra o Estado, eles também representam uma ordem objetiva de valores, que vale como decisão constitucional fundamental para todos os ramos do direito, o que fornece diretrizes e impulsos para a legislação, a Administração e a jurisprudência" (ALEXY, 2006, pp. 524-525).

POSIÇÃO DO STJ

"(...) Trata-se de agravo contra decisão que inadmitiu o recurso especial interposto por UNIMED RIBEIRÃO PRETO COOPERATIVA DE TRABALHO MÉDICO. O apelo extremo, com fundamento no art. 105, III, alínea 'a', da Constituição Federal, insurge-se contra acórdão proferido pelo Tribunal de Justiça do Estado de São Paulo assim ementado: 'Medida Cautelar e Ação de Obrigação de Fazer – Plano de Saúde – Recusa na cobertura de procedimento (oclusão percutânea) solicitado à menor para tratamento de cardiopatia – Recomendação médica – Recusa fundada no caráter experimental do procedimento – Informação infirmada por médico especialista consultado pelo Secretário Estadual de Saúde, que atesta não se tratar de tratamento experimental – Interpretação das cláusulas contratuais consoante os princípios da boa-fé e função social do contrato – Irradiação dos direitos fundamentais As relações privadas – Sentença, nessa parte, mantida. Recurso adesivo dos autores – Honorários de advogado que, fixados por equidade, merecem majoração após análise das particularidades dos feitos – Sentença reformada para elevação da honorária. Apelo da ré desprovido, recurso adesivo dos autores provido (...)" (AREsp 518855 Rel. Min. Ricardo Villas Bôas Cueva, STJ, P. 15/10/2014).

15. EFICÁCIAS VERTICAL E HORIZONTAL

É cediço que se acreditava que os direitos fundamentais incidiam unicamente na relação entre o cidadão e o Estado. Trata-se da conhecida **eficácia vertical**, ou seja, a eficácia dos direitos fundamentais nas relações entre o Poder estatal e o cidadão.

Posteriormente, em meados do século XX, surgiu na Alemanha a teoria da **eficácia horizontal** dos direitos fundamentais, que assegura a sua incidência nas relações privadas (particular-particular). Pode ser denominada, também, de *efeito externo* dos direitos fundamentais ou contra terceiros, conforme doutrina reconhecida de Ingo Sarlet (2007, pp. 05 *et seq*).

Dessa maneira, é possível já deduzir que os direitos fundamentais se aplicam não só nas relações entre o Estado e o cidadão (eficácia vertical), mas sim também nas relações entre os particulares (eficácia horizontal).

Atualmente, a ideia de que "normas de direitos fundamentais produzem efeitos na relação cidadão/cidadão e, nesse sentido, têm um efeito perante terceiros, ou efeito horizontal, é amplamente aceita" (ALEXY, 2006, p. 528).

Embora hoje praticamente aceitas as eficácias vertical e horizontal, outras teorias foram desenvolvidas sobre a eficácia externa.

Merecem destaques as teorias da *state action* e da *public function,* de origem norte-americana. Nos Estados Unidos, não é tranquilamente aceita a incidência dos direitos fundamentais nas relações entre os particulares, havendo inclusive precedentes nesse sentido da Suprema Corte, que considera que os direitos fundamentais só são exigíveis nas relações dos cidadãos com o Poder Público (*state action theory*), ou, pelo menos, com um particular que desenvolva atividade nitidamente pública (*public function theory*).

Para os defensores da corrente norte-americana, os direitos fundamentais aplicam-se às relações somente entre particulares de forma indireta ou mediata, quando estiver previsto em *cláusulas gerais* do Direito Privado. Para ser mais preciso, em regra, no campo do Direito Privado, a autonomia da vontade preponderaria, sendo que os direitos fundamentais incidiriam apenas por meio de cláusulas gerais, tais como *ordem pública, liberdade contratual* e *boa-fé.*

Tal tese norte-americana e a linha de pensamento de que os direitos fundamentais, nas relações privadas (entre particulares), somente se aplicariam de forma indireta, aparentemente, está em confronto com o § 1º do art. 5º da CF, que prevê que as normas definidoras de direitos fundamentais possuem *aplicação imediata*.

Dessa constatação é que se desenvolve a *teoria da eficácia imediata e direta* dos direitos fundamentais. Consiste na aceitação da eficácia horizontal, com a incidência dos direitos fundamentais na relação particular de forma imediata e direta, originada da Alemanha. Essa corrente tem prevalecido na jurisprudência brasileira.

Segundo o que preconiza essa linha de pensamento, os direitos fundamentais se aplicam diretamente às relações entre os particulares.

Os particulares são tão obrigados a cumprir os ditames dos direitos fundamentais quanto o Estado o é.

Registra-se que as obrigações decorrentes das normas constitucionais definidoras das liberdades públicas têm por sujeito passivo o Estado (eficácia vertical) e os particulares, nas relações entre si (eficácia horizontal, que é direta e imediata). Esse entendimento (da eficácia horizontal imediata), embora predominante, possui oponentes, conforme explica André Ramos Tavares (2008, p. 530).

Colocamo-nos favoravelmente à tese da eficácia horizontal imediata, em atendimento à própria constitucionalização do Direito Privado, que é um fenômeno inegável. E, sendo assim, qualquer aplicador do Direito tem que, antes de aplicar as leis, verificar a compatibilidade com os direitos fundamentais.

POSIÇÃO DO STF

"SOCIEDADE CIVIL SEM FINS LUCRATIVOS. UNIÃO BRASILEIRA DE COMPOSITORES. EXCLUSÃO DE SÓCIO SEM GARANTIA DA AMPLA DEFESA E DO CONTRADITÓRIO. EFICÁCIA DOS DIREITOS FUNDAMENTAIS NAS RELAÇÕES PRIVADAS. RECURSO DESPROVIDO. I. EFICÁCIA DOS DIREITOS FUNDAMENTAIS NAS RELAÇÕES PRIVADAS. As violações a direitos fundamentais não ocorrem somente no âmbito das relações entre o cidadão e o Estado, mas igualmente nas relações travadas entre pessoas físicas e jurídicas de direito privado. Assim, os direitos fundamentais assegurados pela Constituição vinculam diretamente não apenas os poderes públicos, estando direcionados também à proteção dos particulares em face dos poderes privados. II. OS PRINCÍPIOS CONSTITUCIONAIS COMO LIMITES À AUTONOMIA PRIVADA DAS ASSOCIAÇÕES. A ordem jurídico-constitucional brasileira não conferiu a qualquer associação civil a possibilidade de agir à revelia dos princípios inscritos nas leis e, em especial, dos postulados que têm por fundamento direto o próprio texto da Constituição da República, notadamente em tema de proteção às liberdades e garantias fundamentais. O espaço de autonomia privada garantido pela Constituição às associações não está imune à incidência dos princípios constitucionais que asseguram o respeito aos direitos fundamentais de seus associados. A autonomia privada, que encontra claras limitações de ordem jurídica, não pode ser exercida em detrimento ou com desrespeito aos direitos e garantias de terceiros, especialmente aqueles positivados em sede constitucional, pois a autonomia da vontade não confere aos particulares, no domínio de sua incidência e atuação, o poder de transgredir ou de ignorar as restrições postas e definidas pela própria Constituição, cuja eficácia e força normativa também se impõem, aos particulares, no âmbito de suas relações privadas, em tema de liberdades fundamentais (...)" (RE 201.819, Min. Rel. Gilmar Mendes, STF, J. 27/10/2006).

16. CONFLITUOSIDADE OU CONCORRÊNCIA

Pode ocorrer de os direitos fundamentais estarem em conflito uns com os outros. Nesses casos de conflito, não se pode estabelecer abstratamente qual o direito que deve prevalecer; somente será possível aferir, com base no princípio da proporcionalidade (cedência recíproca), qual direito prevalecerá.

Busca-se uma saída por meio do consenso que, com arrimo na ponderação, garanta a máxima efetividade dos direitos fundamentais.

POSIÇÃO DO STF

"AGRAVO REGIMENTAL EM RECURSO EXTRAORDINÁRIO COM AGRAVO. DIREITO À SAÚDE. FORNECIMENTO PELO PODER PÚBLICO DO TRATAMENTO ADEQUADO. SOLIDARIEDADE DOS ENTES FEDERATIVOS. OFENSA AO PRINCÍPIO DA SEPARAÇÃO DOS PODERES. NÃO OCORRÊNCIA. COLISÃO DE DIREITOS FUNDAMENTAIS. PREVALÊNCIA DO DIREITO À VIDA. PRECEDENTES. A jurisprudência do Supremo Tribunal Federal é firme no sentido de que, apesar do caráter meramente programático atribuído ao art. 196 da Constituição Federal, o Estado não pode se eximir do dever de propiciar os meios necessários ao gozo do direito à saúde dos cidadãos. O Supremo Tribunal Federal assentou o entendimento de que o Poder Judiciário pode, sem que fique configurada violação ao princípio da separação dos Poderes, determinar a implementação de políticas públicas nas questões relativas ao direito constitucional à saúde. O Supremo Tribunal Federal entende que, na colisão entre o direito à vida e à saúde e interesses secundários do Estado, o juízo de ponderação impõe que a solução do conflito seja no sentido da preservação do direito à vida. Ausência de argumentos capazes de infirmar a decisão agravada. Agravo regimental a que se nega provimento" (ARE 801676, Min. Rel. Roberto Barroso, STF, J. 19/08/2014).

17. LIMITABILIDADE E NÚCLEO ESSENCIAL

Não há direito absoluto. A própria possibilidade de conflito, a ser solucionada pelo critério da proporcionalidade, em que um direito, casuisticamente, irá prevalecer, é prova de que há a possibilidade de limitação ou restringibilidade. E mais, nenhum direito pode ser utilizado como escudo para a prática de ilícitos.

Todavia, as limitações permitidas também possuem limitações, ou seja, o limite não pode ser desmesurado, não se podem limitar os direitos fundamentais além do estritamente necessário.

Conforme Konrad Hesse: "A limitação de direitos fundamentais deve, por conseguinte, ser adequada para produzir a proteção do bem jurídico, por cujo motivo ela é efetuada. Ela deve ser necessária para isso, o que não é o caso, quando um meio mais ameno bastaria. Ela deve, finalmente, ser proporcional em sentido restrito, isto é, guardar relação adequada com o peso e o significado do direito fundamental" (HESSE, 1998, p. 256).

POSIÇÃO DO STF

"OS DIREITOS E GARANTIAS INDIVIDUAIS NÃO TÊM CARÁTER ABSOLUTO. Não há, no sistema constitucional brasileiro, direitos ou garantias que se revistam de caráter absoluto, mesmo porque razões de relevante interesse público ou exigências derivadas do princípio de convivência das liberdades legitimam, ainda que excepcionalmente, a adoção, por parte dos órgãos estatais, de medidas restritivas das prerrogativas individuais ou coletivas, desde que respeitados os termos estabelecidos pela própria Constituição. O estatuto constitucional das liberdades públicas, ao delinear o regime jurídico a que estas estão sujeitas – e considerado o substrato ético que as informa – permite que sobre elas incidam limitações de ordem jurídica, destinadas, de um lado, a proteger a integridade do interesse social e, de outro, a assegurar a coexistência harmoniosa das liberdades, pois nenhum direito ou garantia pode ser exercido em detrimento da ordem pública ou com desrespeito aos direitos e garantias de terceiros" (RMS 23.452, Rel. Min. Celso de Mello, STF, J. 12/05/2000).

POSIÇÃO DO STF

"A questão dos autos diz respeito à constitucionalidade da modificação empreendida pelo art. 8º da Lei 11.482/2007 no art. 3º da Lei 6.194/1974. A Lei 11.482/2007, que resultou da conversão da MP 340, de 2006, alterou os valores das indenizações devidas por morte, por invalidez permanente, total ou parcial, e por despesas de assistência médica e suplementares. (...) Não enxergo, no princípio da dignidade humana, nem no da proibição do retrocesso, fundamento para amparar a pretensão de se manterem em vigor os parâmetros já revogados pela Lei 11.482/2007. Com efeito, dizer que a ação estatal deva caminhar no sentido da ampliação dos direitos fundamentais e de assegurar-lhes a máxima efetividade possível, por certo, não significa afirmar que seja terminantemente vedada qualquer forma de alteração restritiva na legislação infraconstitucional, desde que, é claro, não se desfigure o núcleo essencial do direito tutelado, como seria o caso, se fôssemos adotar a tese de que os valores devidos a título de seguro DPVAT são imodificáveis ou irredutíveis. (...) não parece que o princípio da dignidade humana, tampouco o da vedação do retrocesso tenham efetivamente o conteúdo ou o sentido que o recorrente lhes deseja conferir, ao postular a aplicação de legislação já revogada ao tempo da ocorrência do sinistro. Posta a questão nesses termos, penso, na verdade, a controvérsia dos autos pode ser compreendida e discutida na linha da jurisprudência tradicional deste Tribunal, que rejeita o reconhecimento de direito adquirido a regime jurídico. (...) Pretender a manutenção do valor das indenizações previstas na redação original da Lei 6.194/1974 em relação aos sinistros ocorridos após sua revogação (parcial) pela Lei 11.482/2007 é conferir ultratividade à norma revogada e, portanto, ao regime jurídico nela previsto. Em outras palavras, é reconhecer direito adquirido ao estatuto jurídico revogado, isto é, ao valor das indenizações previsto originariamente no art. 3º da Lei 6.194/1974" (ARE 704.520, voto do Rel. Min. Gilmar Mendes, STF, j. 23/10/2014).

Nas claras palavras de André Ramos Tavares: "Não existe nenhum direito humano consagrado pelas Constituições que se possa considerar absoluto, no sentido de sempre valer como máxima a ser aplicada nos casos concretos, independentemente da consideração de outras circunstâncias ou valores constitucionais. Nesse sentido, é correto afirmar que os direitos fundamentais não são absolutos" (2008, p. 528).

A despeito da redundância que segue, mas por fins didáticos, é preciso sublinhar que a *limitabilidade do direito possui limites*, isto é, se o direito pode ser limitado, a sua limitação deve ser limitada. Há, dessa forma, um **núcleo essencial** que precisa ser respeitado.

Quando frente a uma limitação de direitos fundamentais não se pode ultrapassar uma determinada fronteira, isto é, não pode esvaziá-los, em outras palavras, a restrição não pode tornar os direitos inócuos, vazios ou desfigurados.

Nesse sentido, o STF já decidiu que a exigência de diploma de jornalista para exercer esta profissão é exagerada, violando o próprio núcleo essencial. Confira-se a decisão: "ÂMBITO DE PROTEÇÃO DA LIBERDADE DE EXERCÍCIO PROFISSIONAL (ART. 5º, INCISO XIII, DA CONSTITUIÇÃO). IDENTIFICAÇÃO DAS RESTRIÇÕES E CONFORMAÇÕES LEGAIS CONSTITUCIONALMENTE PERMITIDAS. RESERVA LEGAL QUALIFICADA. PROPORCIONALIDADE. A Constituição de 1988, ao assegurar a liberdade profissional (art. 5º, XIII), segue um modelo de reserva legal qualificada presente nas Constituições anteriores, as quais prescreviam à lei a definição das "condições de capacidade" como condicionantes para o exercício profissional. No âmbito do modelo de reserva legal qualificada presente na formulação do art. 5º, XIII, da Constituição de 1988, paira uma imanente questão constitucional quanto à razoabilidade e proporcionalidade das leis restritivas, especificamente, das leis que disciplinam as qualificações profissionais como condicionantes do livre exercício das profissões. Jurisprudência do Supremo Tribunal Federal: Representação n° 930, Redator p/ o acórdão Ministro Rodrigues Alckmin, DJ, 2-9-1977. **A reserva legal estabelecida pelo art. 5º, XIII, não confere ao legislador o poder de restringir o exercício da liberdade profissional a ponto de atingir o seu próprio núcleo essencial**" (RE 511.961, Min. Rel. Gilmar Mendes, STF, J. 12/11/2009. Grifo meu).

POSIÇÃO DO STF

"(...) A alíquota interna, quando o destinatário não for contribuinte do ICMS, é devida à unidade federada de origem, e não à destinatária, máxime porque regime tributário diverso enseja odiosa hipótese de bitributação, em que os signatários do protocolo invadem competência própria daquelas unidades federadas (de origem da mercadoria ou bem) que constitucionalmente têm o direito de constar como sujeitos ativos da relação tributária quando da venda de bens ou serviços a consumidor final não contribuinte localizado em outra unidade da Federação. 7. O princípio do não confisco, que encerra direito fundamental do contribuinte, resta violado em seu núcleo essencial em face da sistemática adotada no cognominado Protocolo ICMS nº 21/2011, que legitima a aplicação da alíquota interna do ICMS na unidade federada de origem da mercadoria ou bem, procedimento correto e apropriado, bem como a exigência de novo percentual, a diferença entre a alíquota interestadual e a alíquota interna, a título também de ICMS, na unidade destinatária, quando o destinatário final não for contribuinte do respectivo tributo. 8. O tráfego de pessoas e bens, consagrado como princípio constitucional tributário (CRFB/88, art. 150, V), subjaz infringido pelo ônus tributário inaugurado pelo Protocolo ICMS nº 21/2011 nas denominadas operações não presenciais e interestaduais. 9. A substituição tributária, em geral, e, especificamente para frente, somente pode ser veiculada por meio de Lei Complementar, a teor do art. 155, § 2º, XII, alínea b, da CRFB/88. In casu, *o protocolo hostilizado, ao determinar que o estabelecimento remetente é o responsável pela retenção e recolhimento do ICMS em favor da unidade federada destinatária vulnera a exigência de lei em sentido formal (CRFB/88, art. 150, § 7º) para instituir uma nova modalidade de substituição. 10. Os Estados membros, diante de um cenário que lhes seja desfavorável, não detém competência constitucional para instituir novas regras de cobrança de ICMS, em confronto com a repartição constitucional estabelecida. (...)" (ADI 4628, Rel. Min. Luiz Fux, STF, J. 17/09/2014).*

17.1. Tipos de Restrições

Analisada a possibilidade de conflito, bem como a restringibilidade, é recomendável que se destaquem os tipos de restrições que podem recair sobre os direitos fundamentais.

Há diferentes tipos de restrições aos direitos fundamentais, conforme a CF de 1988, que são: a) *as diretamente constitucionais*; b) *as indiretamente constitucionais* (reserva de lei restritiva simples ou qualificada); e c) *as tacitamente constitucionais.*

As **restrições diretamente constitucionais** são aquelas estabelecidas pelo próprio texto constitucional. Podem ser citadas como exemplos: *a casa é asilo inviolável do indivíduo, ninguém nela podendo penetrar sem consentimento do morador, salvo em caso de flagrante delito ou desastre, ou para prestar socorro, ou, durante o dia, por determinação judicial* (5°, XI, da CF); e *é plena a liberdade de associação para fins lícitos, vedada a de caráter paramilitar* (art. 5º, XVII, da CF). Com arrimo em tais exemplos, infere-se que a própria Carta da República assegura e, na mesma oportunidade, restringe diretamente o direito fundamental.

Já em relação às **restrições indiretamente constitucionais**, elas podem ser compreendidas como aquelas que não se encontram previstas no texto constitucional, uma vez que a CF limita-se a autorizar o legislador a estabelecê-las por meio de leis infraconstitucionais. São exemplos os seguintes casos: *é livre o exercício de qualquer trabalho, ofício ou profissão, atendidas as qualificações profissionais que a lei estabelecer* (5º, XIII, da CF); e *a lei só poderá restringir a publicidade dos atos processuais quando a defesa da intimidade ou o interesse social o exigirem* (art. 5º, LX, da CF). Nessas situações, o texto constitucional que assegura o direito fundamental não preceitua diretamente a restrição, mas sim prevê que lei poderá estabelecê-la.

Nessa esteira, calha asseverar que a autorização constitucional para a lei estabelecer restrições aos direitos fundamentais (*reserva de lei restritiva*) pode ocorrer de duas maneiras: *reserva de lei restritiva simples* ou *reserva de lei restritiva qualificada*. A primeira se dá quando a Constituição não determina requisitos ou qualificações, ou seja, a norma constitucional autoriza a restrição *tout court*. Estas são as situações dos seguintes casos: *é livre a locomoção no território nacional em tempo de paz, podendo qualquer pessoa, nos termos da lei, nele entrar, permanecer ou dele sair com seus bens* (5°, XV, da CF); e *o civilmente identificado não será submetido à identificação criminal, salvo nas hipóteses prevista em lei* (art. 5°, LVIII, da CF). De outra banda, há *reserva de lei restritiva qualificada* quando a Carta Magna fixa requisitos ou objetivos para a lei tida como restritiva, o que, consequentemente, limita a discricionariedade do legislador ordinário. Podem ser referidos como exemplos desta hipótese: *é inviolável o sigilo da correspondência e das comunicações telegráficas, de dados e das comunicações telefônicas, salvo, no último caso, por ordem judicial, nas hipóteses e na forma que a lei estabelecer para fins de investigação criminal ou instrução processual penal* (art. 5°, XII, da CF); e *a lei estabelecerá procedimento para desapropriação por necessidade ou utilidade pública, ou por interesse social, mediante justa e prévia indenização em dinheiro, ressalvados os casos previstos nesta Constituição* (art. 5°, XXIV, da CF).

E, por fim, aparecem as **restrições tacitamente constitucionais**. A CF autoriza tacitamente, tanto o Legislativo quanto o Judiciário, a imporem restrições aos direitos fundamentais com o escopo de resolver ou evitar colisões entre os próprios direitos fundamentais ou, ainda, o conflito destes com valores sociais que também são constitucionalmente protegidos (v.g.: segurança pública e saúde pública). Como é cediço, não raras vezes sucede colisão da liberdade de expressão e informação (art. 5º, IX) com o direito à privacidade (art. 5º, X).

POSIÇÃO DO STF

"LIBERDADE DE IMPRENSA. Decisão liminar. Proibição de reprodução de dados relativos ao autor de ação inibitória ajuizada contra empresa jornalística. Ato decisório fundado na expressa invocação da inviolabilidade constitucional de direitos da personalidade, notadamente o da privacidade, mediante proteção de sigilo legal de dados cobertos por segredo de justiça. Contraste teórico entre liberdade de imprensa e os direitos previstos nos arts. 5º, incs. X e XII, e 220, caput, da CF. Ofensa à autoridade do acórdão proferido na ADPF nº 130, que deu por não recebida a Lei de Imprensa. Não ocorrência. Matéria não decidida na ADPF. Processo de reclamação extinto, sem julgamento de mérito. Votos vencidos. Não ofende a autoridade do acórdão proferido na ADPF nº 130, a decisão que, proibindo a jornal a publicação de fatos relativos ao autor de ação inibitória, se fundou, de maneira expressa, na inviolabilidade constitucional de direitos da personalidade, notadamente o da privacidade, mediante proteção de sigilo legal de dados cobertos por segredo de justiça" (Rcl 9428, Rel. Min. Cezar Peluso, STF, J. 10/12/2009).

18. RECENTES MECANISMOS DE PROTEÇÃO DOS DIREITOS

Recentemente, a Emenda Constitucional (EC) 45 de 2004 acrescentou mecanismos para a salvaguarda aos direitos, tanto fundamentais quanto humanos. São eles: a **constitucionalização dos tratados sobre direitos humanos**; a possibilidade de **submissão à jurisdição de Tribunal Penal Internacional;** e o **Incidente de Deslocamento de Competência** (IDC).

18.1. O § 3º do art. 5º, da CF

Conforme § 3º do art. 5º, os "tratados e convenções internacionais sobre direitos humanos que forem aprovados, em cada Casa do Congresso Nacional, em dois turnos, por três quintos dos votos dos respectivos membros, serão equivalentes às emendas constitucionais". O parágrafo em análise trata da *constitucionalização dos tratados sobre direitos humanos,* incluído pela EC 45 de 2004, tendo repercutido na compreensão sobre o *bloco de constitucionalidade* brasileiro.

ATENÇÃO

Bloco de constitucionalidade. *O Ministro Celso de Mello, do STF, no julgamento da Ação Direta de Inconstitucionalidade nº 514 (Informativo 499/2008) analisou o sentido da expressão "bloco de constitucionalidade". De acordo com o Julgador da Corte Suprema, a "ideia de inconstitucionalidade (ou de constitucionalidade), por encerrar um conceito de relação (JORGE MIRANDA, 'Manual de Direito Constitucional', tomo II, p. 273/274, item n. 69, 2ª ed., Coimbra Editora Limitada) – que supõe, por isso mesmo, o exame da compatibilidade vertical de um ato, dotado de menor hierarquia, com aquele que se qualifica como fundamento de sua existência, validade e eficácia – torna essencial, para esse específico efeito, a identificação do parâmetro de confronto, que se destina a possibilitar a verificação, 'in abstracto', da legitimidade constitucional de certa regra de direito positivo, a ser necessariamente cotejada em face da cláusula invocada como referência paradigmática". Dessa feita, está-se frente à busca do paradigma de confronto, i.e., à procura de um padrão de cotejo que permita, ao intérprete-julgador, o exame da fidelidade hierárquico-normativa de determinado ato estatal contestado em face da Constituição, está calcado no princípio da supremacia e da rigidez constitucionais. Sendo assim, assevera o Ministro que quaisquer que possam ser os parâmetros de controle que se adotem – a Constituição escrita, de um lado, ou a ordem constitucional global, de outro – torna-se essencial, para fins de viabilização do processo de controle normativo abstrato, que tais referências paradigmáticas* **encontrem-se, ainda, em regime de plena vigência**, *pois o controle de constitucionalidade, em sede concentrada,* **não se instaura, em nosso sistema jurídico, em função de paradigmas históricos**, *consubstanciados em normas que já não mais se acham em vigor, ou, embora vigendo, tenham sofrido alteração substancial em seu texto. É por tal razão que, em havendo a revogação superveniente (ou a modificação substancial) da norma de confronto, não mais se justificará a tramitação do processo objetivo de fiscalização de constitucionalidade. Nesse sentido, a redação do § 3º do art. 5º da CF, acrescentada pela EC 45 de 2004, permite afirmar que os tratados em matéria de direitos humanos passaram a integrar o bloco de constitucionalidade brasileiro. As convenções dessa natureza ingressam em nosso ordenamento como equivalentes às emendas, ou seja, formal e materialmente constitucionais. O bloco de constitucionalidade, dessa forma, pode ser compreendido como a reunião de diferentes diplomas normativos de cunho constitucional, que atuam, em seu conjunto, como parâmetro do controle de constitucionalidade".*

Remetemos o leitor para o capítulo que versa sobre *Direito Constitucional Internacional* e *Tratados Internacionais*, no qual o § 3º será estudado de forma específica.

18.2. O § 4º do art. 5º, da CF

A Magna Carta brasileira carrega preceitos que exaltam a importância dos Tribunais Internacionais e, em particular, do Tribunal Penal Internacional, o TPI, criado pelo Tratado de Roma de 1998.

Destaca-se o § 4º, do art. 5º, o qual dispõe que o Brasil "se submete à jurisdição de Tribunal Penal Internacional a cuja criação tenha manifestado adesão" (incluído pela EC 45 de 2004).

Juntamente com o § 4º citado, merece referência o art. 7º do ADCT da CF de 1988, que dispõe que o Brasil "propugnará pela formação de um tribunal internacional dos direitos humanos".

18.3. Tribunal Penal Internacional (TPI)

O Tribunal Penal Internacional (TPI) ou *International Criminal Court* (ICC) representa uma das maiores conquistas para os direitos humanos nas últimas décadas. Trata-se de *Corte com jurisdição permanente* (TRINDADE, 2003, p. 393) *e com personalidade jurídica própria e independente*, que almeja, precipuamente, *extirpar a impunidade relativa à prática de crimes de lesa-humanidade.*

A Corte em análise está relacionada com a atuação passiva dos indivíduos em âmbito internacional. Explica-se. *As pessoas físicas são responsabilizadas penalmente em âmbito internacional; as normas internacionais recaem sobre as mesmas*, caso violem o Tratado de Roma de 1998. Este documento, sendo assim, consagra a *responsabilidade penal internacional dos indivíduos*, **por essa razão que o Tribunal não julga pessoas jurídicas (empresas ou Estados).**

18.3.1. Estatuto, adoção, vigência, independência, sede e Estados-membros

O TPI é a *primeira instituição internacional penal permanente que tem competência para julgar crimes internacionais.* Até então, com tal competência, existiam somente cortes *ad hoc*, criadas após a prática delituosa e com *vida* jurisdicional temporária.

O Tribunal foi criado pelo Tratado de Roma de 1998, resultado de estudos e negociações que começaram em 1994 no seio da Comissão de Direito Internacional, após os últimos trabalhos desenvolvidos nas Conferências de Roma, em 17 de julho de 1998.

Embora a criação tenha ocorrido em 1998, é imprescindível destacar que *a vigência internacional do Estatuto se deu em 01 de julho de 2002*, após ter sido atingida a ratificação de número 60.

ATENÇÃO

Como se infere, o Estatuto de 1998 adotou o instituto da ratificação condicionada, de forma que sua vigência internacional se daria somente após o depósito do instrumento de número 60, o que se tornou realidade no ano de 2002. Importante destacar, mais uma vez, que a criação ocorreu em 1998, com o Tratado de Roma, ou seja, seu Estatuto existe desde este ano, contudo, a vigência internacional se deu somente em 2002.

ATENÇÃO

Essa exposição quanto a datas, embora aparentemente singela, é muito relevante para o entendimento sobre sua competência temporal, pois o TPI tem competência para julgar os crimes previstos em seu Estatuto **desde que cometidos após a vigência internacional (01/07/2002).**

O art. 126 do Estatuto, item 1, parte final, preceitua que o instrumento (de ratificação, de aceitação, de aprovação ou de adesão) será depositado junto ao Secretário-Geral das Nações Unidas. A relação do TPI (que é independente) com a ONU é regulada por meio de acordo especial, o que demonstra uma estreita conectividade entre os dois, que atuam em conjunto e têm duas metas afins: manutenção da paz e proteção ao ser humano.

A Corte está *sediada em Haia*, Países Baixos, que é denominado como Estado anfitrião.

ATENÇÃO

Na realidade, Haia pode ser considerada hoje capital judiciária planetária, sediando seis tribunais internacionais distintos, dos quais três são permanentes (a Corte Permanente de Arbitragem, a Corte Internacional de Justiça da ONU e o Tribunal Penal Internacional, ora em estudo) e três são temporários (o Tribunal Irã-Estados Unidos, o Tribunal Penal para a ex-Iugoslávia e o Tribunal Especial para o Líbano).

No momento de elaboração do presente item, constam como membros do TPI 120 Estados, os quais assinaram e ratificaram (ou aderiram) o Tratado de Roma de 1998, vinculando-se à sua jurisdição. O Brasil é um dos integrantes, mas *tardou para que a República Federativa do Brasil se tornasse Estado-parte do TPI.* A sua assinatura ocorreu somente em 2000 e a ratificação em 2002 (Decreto 4.388).

18.3.2. Jurisdição (permanente, internacional, subsidiária e complementar) e competência

O TPI exerce jurisdição adjetivada como **permanente, internacional, subsidiária** e **complementar**, a qual deve ser expressamente aceita pelos Estados. A parte final do § 4º do art. 5º da CF, ao preceituar que o Brasil se submete à jurisdição de tribunal *a cuja criação tenha manifestado adesão*, apenas reproduz princípio já consumado pelo Direito Internacional, segundo o qual a adesão é facultativa.

Eis que se está frente a uma Corte com jurisdição penal **permanente**, não tendo sido criada para vigorar por prazo determinado.

> ***ATENÇÃO***
>
> *O TPI em estudo não é* ad hoc*, ele não é provisório. Mas ainda podem ser criadas instâncias* ad hoc*. O Conselho de Segurança da ONU, mediante Resoluções, pode instituir Corte com jurisdição provisória. Sua criação também pode se dar por meio de acordos entre Estados. Exemplos são: o Tribunal Militar Internacional de Nuremberg, criado pelo Acordo de Londres; o Tribunal Militar Internacional de Tóquio, criado para julgar os japoneses pela prática de crimes contra a humanidade, inclusive o ataque a* Pearl Harbor *em 1941; e, mais recentes, criados pelo Conselho de Segurança, os Tribunais da antiga Iugoslávia e o de Ruanda.*

Além de internacional e permanente, a sua jurisdição é **subsidiária e complementar**: o TPI não foi criado como substitutivo do exercício jurisdicional nacional (este ainda é primário). O seu Estatuto adotou como um dos preceitos estruturantes o **princípio da complementaridade**. Dessa forma, somente se houver constatação de *má vontade* ou condutas indicadoras de parcialidade ou de corrupção das autoridades nacionais responsáveis pela persecução penal é que o TPI estará autorizado a investigar e processar.

Quanto à competência do Tribunal, há *três critérios* para sua definição: em razão da matéria, em razão da pessoa e em razão do tempo.

A competência **em razão da matéria** ou ***ratione materiae***: cabe ao TPI julgar crimes internacionais graves, ou melhor, *crimes de maior gravidade com alcance internacional*. Dessa forma, conforme art. 5º, a competência "restringir-se-á aos crimes mais graves que afetam a comunidade internacional no seu conjunto", julgando os seguintes delitos: "a) O crime de genocídio; b) Os crimes contra a Humanidade; c) Os crimes de guerra; d) O crime de agressão".

TÓPICO-SÍNTESE: Competência em razão da matéria	
Crimes:	Condutas previstas no Estatuto do TPI:
Genocídio	– **Art. 6º:** "Para os efeitos do presente Estatuto, entende-se por 'genocídio' qualquer um dos atos que a seguir se enumeram, praticado com intenção de destruir, no todo ou em parte, um grupo nacional, étnico, rácico ou religioso, enquanto tal: a) Homicídio de membros do grupo; b) Ofensas graves à integridade física ou mental de membros do grupo; c) Sujeição intencional do grupo a condições de vida pensadas para provocar a sua destruição física, total ou parcial; d) Imposição de medidas destinadas a impedir nascimentos no seio do grupo; e) Transferência, à força, de crianças do grupo para outro grupo".
Contra a Humanidade	– **Art. 7º:** "Para os efeitos do presente Estatuto, entende-se por 'crime contra a Humanidade' qualquer um dos atos seguintes, quando cometido no quadro de um ataque, generalizado ou sistemático, contra qualquer população civil, havendo conhecimento desse ataque: a) Homicídio; b) Extermínio; c) Escravidão; d) Deportação ou transferência à força de uma população; e) Prisão ou outra forma de privação da liberdade física grave, em violação das normas fundamentais do direito internacional; f) Tortura; g) Violação, escravatura sexual, prostituição forçada, gravidez à força, esterilização à força ou qualquer outra forma de violência no campo sexual de gravidade comparável; h) Perseguição de um grupo ou coletividade que possa ser identificado, por motivos políticos, raciais, nacionais, étnicos, culturais, religiosos ou de sexo, tal como definido no n.º 3, ou em função de outros critérios universalmente reconhecidos como inaceitáveis em direito internacional, relacionados com qualquer ato referido neste número ou com qualquer crime da competência do Tribunal; i) Desaparecimento forçado de pessoas; j) Crime de apartheid; k) Outros atos desumanos de caráter semelhante que causem intencionalmente grande sofrimento, ferimentos graves ou afetem a saúde mental ou física".
Guerra	– **Art. 8º (citado com supressões):** "1 – O Tribunal terá competência para julgar os crimes de guerra, em particular quando cometidos como parte integrante de um plano ou de uma política ou como parte de uma prática em larga escala desse tipo de crimes. 2 – Para os efeitos do presente Estatuto, entende-se por 'crimes de guerra': a) As violações graves às Convenções de Genebra, de 12 de Agosto de 1949, a saber, qualquer um dos seguintes atos, dirigidos contra pessoas ou bens protegidos nos termos da Convenção de Genebra que for pertinente: i) Homicídio doloso; ii) Tortura ou outros tratamentos desumanos, incluindo as experiências biológicas; iii) O ato de causar intencionalmente grande sofrimento ou ofensas graves à integridade física ou à saúde; iv) Destruição ou apropriação de bens em larga escala, quando não justificadas por

Guerra	quaisquer necessidades militares e executadas de forma ilegal e arbitrária; (...) iv) Lançar intencionalmente um ataque, sabendo que o mesmo causará perdas acidentais de vidas humanas ou ferimentos na população civil, danos em bens de caráter civil ou prejuízos extensos, duradouros e graves no meio ambiente que se revelem claramente excessivos em relação à vantagem militar global concreta e direta que se previa; v) Atacar ou bombardear, por qualquer meio, aglomerados populacionais, habitações ou edifícios que não estejam defendidos e que não sejam objetivos militares; (...) vii) Utilizar indevidamente uma bandeira de tréguas, a bandeira nacional, as insígnias militares ou o uniforme do inimigo ou das Nações Unidas, assim como os emblemas distintivos das Convenções de Genebra, causando deste modo a morte ou ferimentos graves; (...) 3 – O disposto nas alíneas c) e e) do n.º 2 em nada afetará a responsabilidade que incumbe a todo o Governo de manter e de restabelecer a ordem pública no Estado e de defender a unidade e a integridade territorial do Estado por qualquer meio legítimo".
Agressão	– **Art. 5º:** "2 – O Tribunal poderá exercer a sua competência em relação ao crime de agressão desde que, nos termos dos artigos 121.º e 123.º, seja aprovada uma disposição em que se defina o crime e se enunciem as condições em que o Tribunal terá competência relativamente a este crime. Tal disposição deve ser compatível com as disposições pertinentes da Carta das Nações Unidas".

ATENÇÃO

Ao se analisar o item 2 do art. 5º, percebe-se que o delito de agressão precisa ser definido por disposição autônoma. Já os demais estão especificados nos arts. 6º (crime de genocídio), 7º (crimes contra a humanidade) e 8º (crimes de guerra). O crime de agressão, de acordo com a Resolução 3314 da ONU, de 1974, que resultou dos trabalhos da Comissão de Direito Internacional, pode ser, resumidamente, compreendido como o uso de força armada por um Estado contra a soberania, integridade territorial ou independência política de outro país, ou qualquer outra agressão que vá contra a Carta da ONU. Em junho de 2010, em Kampala, Uganda, durante a Conferência de Revisão do Estatuto de Roma, organizada pela Assembleia dos Estados-partes, os representantes destes e alguns juristas acordaram em investir o TPI em estudo do poder de processar e julgar crimes de agressão.

Já a competência ***ratione temporis*** também já foi referida no presente Livro e encontra *aconchego* normativo no art. 11: "Tribunal só terá competência relativamente aos crimes cometidos após a entrada em vigor do presente Estatuto".

Por fim, mas não menos importante, há a competência **em razão da pessoa (*ratione personae*)**. Ela está prevista no art. 26, que trata da exclusão da jurisdição relativamente a menores de 18 anos (pessoas físicas).

18.3.3. Outros pontos sobre o TPI

Outros temas sobre o TPI devem ser destacados de forma *esquematizada*, quais sejam:

TEMAS	COMENTÁRIOS
Da estrutura: julgadores e Procurador (modelo acusatório)	– Estrutura do Tribunal: *possui uma Presidência, três Seções (de Instrução ou de Questões Preliminares; de Julgamento em Primeira Instância; e de Recursos ou de Apelação), o gabinete do Procurador e uma Secretaria.* – A Corte é composta por, no mínimo, **18 juízes**. Mandato de 9 anos, sem reeleição. – Há um **Procurador,** que tem poderes para investigar e dar início à ação penal. Mandato de 9 anos, sem reeleição.
Julgamento e Direito aplicável	– Em regra, o julgamento do processo será realizado na sede do TPI, em Haia. *Durante essa sessão é obrigatória presença do acusado*, o que não ocorrerá em situações de perturbação persistente da audiência. – O *Direito a ser aplicado nos julgamentos e demais decisões* (art. 21) será, em primeiro lugar, o próprio Tratado de Roma, os elementos constitutivos do crime e o Regulamento Processual. Num segundo momento, se for o caso, podem ser adotados os tratados e os princípios e normas de Direito Internacional. Na falta destes, são aplicáveis os princípios gerais do Direito.
Detenção de natureza cautelar	– Há a *possibilidade de detenções de natureza cautelar durante o inquérito ou o processo criminal*. O mandado de detenção expedido manter-se-á válido até manifestação em contrário do próprio Tribunal. Aos Estados-partes cabe colaborar com os mandados.
Decisão definitiva, detenções e processos em andamento	– A primeira condenação definitiva se deu em 14 de março de 2012, do congolês Thomas Lubanga Dyilo, culpado por recrutar crianças-soldado. Principais casos: por crimes cometidos em Uganda, por Joseph Kony, Vincent Otti, Okot Odhiambo e Dominic Ongwen; cometidos na República Democrática do Congo; caso Procurador x Bosco Ntaganda (em custódia do TPI); caso Procurador x Germain Katanga (em custódia do TPI) e Mathieu Ngudjolo Chui; caso Procurador x Calixte Mbarushimana (liberado); caso Procurador x Sylvestre Mudacumura (foragido); crimes cometidos em Darfur – Sudão; caso Procurador x Omar Hassan Ahmad Al Bashir (foragido); caso Procurador x Bahar Idriss

Decisão definitiva, detenções e processos em andamento	Abu Garda (liberado); caso Procurador x Abdallah Banda Abakaer Nourain (espera de julgamento); caso Procurador x Abdel Raheem Muhammad Hussein (foragido); crimes cometidos na República Centro-Africana; crimes cometidos na República do Quênia; caso Procurador x Ouro Muigai Kenyatta; caso Walter Osapiri Barasa; crimes cometidos na Líbia; crimes cometidos na Corte do Marfim; caso Simone Gbagbo e Charles Blé Goudé; crimes ocorridos no Mali; e crimes na Venezuela.
Princípios gerais de Direito Penal Internacional do Estatuto	– Princípios gerais: *nullum crimen sine lege; nulla poena sine lege;* não retroatividade *ratione personae;* responsabilidade criminal internacional do indivíduo (pessoa física); exclusão da jurisdição relativamente a menores de 18 anos; irrelevância da qualidade oficial; responsabilidade dos chefes militares e outros superiores hierárquicos; e imprescritibilidade dos crimes.
Das penas em espécie	– Conforme art. 77 do Estatuto, as penas aplicáveis são: a) pena de prisão por um número determinado de anos, até ao limite máximo de 30 anos; ou b) pena de prisão perpétua, se o elevado grau da ilicitude do fato e as condições pessoais do condenado justificarem. Além das penas restritivas de liberdade, o TPI poderá também aplicar uma multa e perda de produtos, bens e haveres provenientes, direta ou indiretamente, do crime, sem prejuízo dos direitos de terceiros que tenham agido de boa-fé.

18.3.4. Princípio da ampla cooperação e instituto da entrega

Como forma de viabilizar o projeto de Justiça Penal Internacional, idealizado pelo Tratado de Roma, a cooperação dos Estados ratificadores é de suma imprescindibilidade. Por isso, as relações entre Estados e Tribunal estão baseadas no **princípio da ampla cooperação**.

Para viabilizar essa cooperação, os Estados-partes precisam editar leis internas que disciplinem os mecanismos de cooperação, especialmente, o **instituto da entrega**. Face essa deficiência, no Brasil ainda pairam dúvidas quanto à procedibilidade dos instrumentos de cooperação, e essa lacuna normativa, bem como as dúvidas sobre quem deve analisar a entrega, estão sendo objeto de debate na Petição 4625 do Supremo Tribunal Federal.

POSIÇÃO DO STF

"ESTATUTO DE ROMA. INCORPORAÇÃO DESSA CONVENÇÃO MULTILATERAL AO ORDENAMENTO JURÍDICO INTERNO BRASILEIRO (DECRETO Nº 4.388/2002). INSTITUIÇÃO DO TRIBUNAL PENAL INTERNACIONAL. CARÁTER SUPRA-ESTATAL DESSE ORGANISMO JUDICIÁRIO. INCIDÊNCIA DO PRINCÍPIO DA COMPLEMENTARIDADE (OU DA SUBSIDIARIEDA

DE) SOBRE O EXERCÍCIO, PELO TRIBUNAL PENAL INTERNACIONAL, DE SUA JURISDIÇÃO. COOPERAÇÃO INTERNACIONAL E AUXÍLIO JUDICIÁRIO: OBRIGAÇÃO GERAL QUE SE IMPÕE AOS ESTADOS PARTES DO ESTATUTO DE ROMA (ARTIGO 86). PEDIDO DE DETENÇÃO DE CHEFE DE ESTADO ESTRANGEIRO (...). SOLICITAÇÃO FORMALMENTE DIRIGIDA, PELO TRIBUNAL PENAL INTERNACIONAL, AO GOVERNO BRASILEIRO. DISTINÇÃO ENTRE OS INSTITUTOS DA ENTREGA ("SURRENDER") E DA EXTRADIÇÃO. QUESTÃO PREJUDICIAL PERTINENTE AO RECONHECIMENTO, OU NÃO, DA COMPETÊNCIA ORIGINÁRIA DO SUPREMO TRIBUNAL FEDERAL PARA EXAMINAR ESTE PEDIDO DE COOPERAÇÃO INTERNACIONAL. CONTROVÉRSIAS JURÍDICAS EM TORNO DA COMPATIBILIDADE DE DETERMINADAS CLÁUSULAS DO ESTATUTO DE ROMA EM FACE DA CONSTITUIÇÃO DO BRASIL. O § 4º DO ART. 5º DA CONSTITUIÇÃO, INTRODUZIDO PELA EC Nº 45/2004: CLÁUSULA CONSTITUCIONAL ABERTA DESTINADA A LEGITIMAR, INTEGRALMENTE, O ESTATUTO DE ROMA? (...)" (Informativo 554 do STF).

ATENÇÃO

O instituto da entrega é a mais importante válvula para cooperação, diferenciando-se, todavia, da medida de extradição. O primeiro resume-se em uma relação vertical entre o Tribunal e Estados-membros, já a extradição consiste em relação horizontal entre dois Estados. Ademais, em regra, a extradição não se aplica a nacionais, já essa vedação não impede a entrega de brasileiros ao TPI.

18.3.5. Sentenças internacionais e necessidade de homologação pelo STJ (?)

Embora ainda inexistente em nosso país uma lei infraconstitucional reguladora dos mecanismos de cooperação, bem como disciplinadora do cumprimento das sentenças internacionais do TPI, resta assente que suas decisões, em sentido *lato*, devem ser cumpridas.

Nessa linha, é preciso diferenciar **sentenças internacionais** (regidas pelo Direito Internacional e prolatadas por Tribunais Internacionais) de **sentenças estrangeiras** (regidas pelo Direito estrangeiro e prolatadas por Tribunais estrangeiros). Estas últimas necessitam de homologação (juízo de delibação) do Superior Tribunal de Justiça (art. 105, inc. I, i, da CF; e art. 15 da LINDB). *Já as internacionais não, pois devem ser cumpridas diretamente.*

18.3.6. Tratado de Roma de 1998 X Constituição Federal de 1988

Primeiramente, é preciso ressaltar que *o Tratado de Roma não permite reservas* (art. 120), o que significa que o país interessado em integrá-lo ratificará o documento já ciente de suas normativas e da indeclinável obrigação de acatar seus preceitos, integralmente, sem poder eximir-se do cumprimento de quaisquer de seus artigos.

Essa situação gerou conflitos, apenas aparentes, com normas constitucionais brasileiras, conforme destacam em suas obras Renata Mantovani de Lima, Marina Martins da Costa Brina (2006) e Valério de Oliveira Mazzuoli (2005).

É preciso reconhecer que o modelo do Direito brasileiro permite e incentiva esse *aparente conflito*, pois está baseado em raízes do modelo romano-germânico; já o Direito Penal Internacional, por sua vez, é norteado, fundamentalmente, pelos princípios da *common law* e, secundariamente, pelo Direito francês (AMBOS, 2008, pp. 109 *et seq*).

Em decorrência da objetividade do tratamento dado à temática no presente item, foram elencados alguns dos principais pontos que levantam dúvidas acerca de suas aplicabilidades em território nacional: **aplicação de prisão perpétua**; **entrega de nacionais**; **irrelevância da função pública**; e **coisa julgada**.

Quanto à previsão de **prisão perpétua** no Estatuto e sua vedação pela CF (art. 5º, inc. XLVII, b), não há que se cogitar em conflito concreto. A vedação interna pela Constituição aplica-se ao legislador nacional, e não ao internacional redator do Tratado de Roma. Assim, sua impossibilidade direciona-se às autoridades nacionais, inclusive ao nosso magistrado, não aos juízes de Haia. Além disso, há a possibilidade de aplicação, excepcionalmente, de pena de morte em nosso ordenamento pátrio (art. 5º, inc. XLVII, a, da CF), a qual é, teoricamente, mais grave que a perpétua.

Tais argumentos antes lançados amoldam-se perfeitamente ao ditame sobre a **irrelevância da função pública**. As imunidades e prerrogativas constitucionalmente previstas (ex.: art. 52, inc. I, da CF) têm valor apenas interno, uma vez que buscam a harmonia interna entre os Poderes da República (teoria da separação) e dizem respeito ao exercício das competências dentro do campo da soberania doméstica. Como um dispositivo (ainda que constitucional), poderia extrapolar os limites de nossa jurisdição para *petrificar* a atuação de um Tribunal internacional como o TPI, sediado em Haia?

Em relação à **entrega,** as razões já foram expostas. A proscrição quanto à extradição de nacionais (art. 5º, inc. LI, da CF) atine apenas a essa medida de cooperação (a extradição) e não faz qualquer referência ao mecanismo da entrega, que, como dito, é diverso e, por conseguinte, pode se aplicar aos nossos nacionais.

Por fim, aventa-se que o Estatuto do TPI estaria afrontando a **coisa julgada**, estaria a relativizando (o que, por sinal, é feito cada vez com mais frequência pela nossa jurisprudência: *destruir* a coisa julgada). Esse argumento, *concessa maxima vênia,* não tem qualquer sentido, pois os indivíduos já sentenciados em seu país de origem não serão novamente condenados pelo TPI, a não ser que se constate fraude ou burla processual, o que é justificado pela complementaridade da sua jurisdição. O art. 20 do Estatuto, ao disciplinar *ne bis in idem* é cristalino que, salvo disposição em contrário do Estatuto, nenhuma pessoa poderá ser julgada pelo Tribunal por atos constitutivos de crimes pelos quais este já a tenha condenado ou absolvido.

> ***ATENÇÃO***
>
> *Os Tribunais internacionais com competência criminal, como o TPI ora estudado, bem como outros, como o próprio Tribunal de Nuremberg criado logo após a Segunda Guerra Mundial (1945), foram decisivos para fomentar o processo de justicialização dos direitos humanos, processo este de "afirmação de uma ordem pública internacional com novas características, atenta ao vínculo entre paz e o respeito aos direitos humanos" (PIOVESAN, 2006, p. 33). Para maiores detalhes sobre a justicialização dos direitos humanos, remete-se o leitor ao capítulo sobre os sistemas regionais.*

18.4. O Incidente de Deslocamento de Competência (IDC)

O IDC constitui mecanismo consagrador da *federalização dos crimes graves contra os direitos humanos.* Ele está previsto na CF da seguinte forma: "Art. 109. Aos juízes federais compete processar e julgar: (...) V-A as causas relativas a direitos humanos a que se refere o § 5º deste artigo (...) § 5º **Nas hipóteses de grave violação de direitos humanos, o Procurador-Geral da República, com a finalidade de assegurar o cumprimento de obrigações decorrentes de tratados internacionais de direitos humanos dos quais o Brasil seja parte, poderá suscitar, perante o Superior Tribunal de Justiça, em qualquer fase do inquérito ou processo, incidente de deslocamento de competência para a Justiça Federal**" (Grifos meus).

O Incidente tem como finalidade *combater a impunidade, proteger os direitos humanos e assegurar o cumprimento de obrigações internacionais*; evitando, assim, responsabilização em caso de omissão. É preciso registrar que ele não fixou competência exclusiva da Justiça

Federal, mas sim subsidiária, pois a competência (primária) para julgamento de crimes graves foi reafirmada para a Justiça Estadual.

Por essa razão, o IDC tem caráter *subsidiário*, devendo, ademais, ser aplicado para sua adoção o princípio da proporcionalidade (aferindo-se sua adequação, necessidade e proporcionalidade em sentido estrito, ou ponderação ou razoabilidade).

O primeiro IDC foi do Caso Irmã Dorothy Stang, em 2005, indeferido pelo STJ. Já o primeiro a ser aceito foi o Caso Manoel Mattos (advogado e defensor dos direitos humanos), em 2010.

POSIÇÃO DO STJ

"CONSTITUCIONAL. PENAL E PROCESSUAL PENAL. HOMICÍDIO DOLOSO QUALIFICADO. (VÍTIMA IRMÃ DOROTHY STANG). CRIME PRATICADO COM GRAVE VIOLAÇÃO AOS DIREITOS HUMANOS. INCIDENTE DE DESLOCAMENTO DE COMPETÊNCIA – IDC. INÉPCIA DA PEÇA INAUGURAL. NORMA CONSTITUCIONAL DE EFICÁCIA CONTIDA. PRELIMINARES REJEITADAS. VIOLAÇÃO AO PRINCÍPIO DO JUIZ NATURAL E À AUTONOMIA DA UNIDADE DA FEDERAÇÃO. APLICAÇÃO DO PRINCÍPIO DA PROPORCIONALIDADE. RISCO DE DESCUMPRIMENTO DE TRATADO INTERNACIONAL FIRMADO PELO BRASIL SOBRE A MATÉRIA NÃO CONFIGURADO NA HIPÓTESE. INDEFERIMENTO DO PEDIDO. 1. Todo homicídio doloso, independentemente da condição pessoal da vítima e/ou da repercussão do fato no cenário nacional ou internacional, representa grave violação ao maior e mais importante de todos os direitos do ser humano, que é o direito à vida, previsto no art. 4º, nº 1, da Convenção Americana sobre Direitos Humanos, da qual o Brasil é signatário por força do Decreto nº 678, de 6/11/1992, razão por que não há falar em inépcia da peça inaugural. 2. Dada a amplitude e a magnitude da expressão "direitos humanos", é verossímil que o constituinte derivado tenha optado por não definir o rol dos crimes que passariam para a competência da Justiça Federal, sob pena de restringir os casos de incidência do dispositivo (CF, art. 109, § 5º), afastando-o de sua finalidade precípua, que é assegurar o cumprimento de obrigações decorrentes de tratados internacionais firmados pelo Brasil sobre a matéria, examinando-se cada situação de fato, suas circunstâncias e peculiaridades detidamente, motivo pelo qual não há falar em norma de eficácia limitada. Ademais, não é próprio de texto constitucional tais definições. 3. Aparente incompatibilidade do IDC, criado pela Emenda Constitucional nº 45/2004, com qualquer outro princípio constitucional ou com a sistemática processual em vigor deve ser resolvida aplicando-se os princípios da proporcionalidade e da razoabilidade. 4. Na espécie, as autoridades estaduais encontram-se empenhadas na apuração dos fatos que resultaram na morte da missionária norte-americana Dorothy Stang, com o objetivo de punir os responsáveis, refletindo a intenção de o Estado do Pará dar resposta eficiente à violação do maior e mais importante dos direitos humanos, o que afasta a necessidade de deslocamento da competência originária para a Justiça Federal, de forma subsidiária, sob pena, inclusive, de dificultar o andamento do processo criminal e atrasar o seu desfecho, utilizando-se o instrumento criado pela aludida norma em desfavor de seu fim, que é combater a impunidade dos crimes praticados com grave violação de direitos humanos. 5. O deslocamento de competência – em que a existência de crime praticado com grave violação aos direitos humanos é pressuposto de admissibilidade do pedido

– deve atender ao princípio da proporcionalidade (adequação, necessidade e proporcionalidade em sentido estrito), compreendido na demonstração concreta de risco de descumprimento de obrigações decorrentes de tratados internacionais firmados pelo Brasil, resultante da inércia, negligência, falta de vontade política ou de condições reais do Estado-membro, por suas instituições, em proceder à devida persecução penal. No caso, não há a cumulatividade de tais requisitos, a justificar que se acolha o incidente. 6. Pedido indeferido, sem prejuízo do disposto no art. 1º, inc. III, da Lei nº 10.446, de 8/5/2002" (IDC 1, Min. Rel. Arnaldo Esteves Lima, 3 Seção – STJ, J. 08/06/2005).

POSIÇÃO DO STJ

"INCIDENTE DE DESLOCAMENTO DE COMPETÊNCIA. JUSTIÇAS ESTADUAIS DOS ESTADOS DA PARAÍBA E DE PERNAMBUCO. HOMICÍDIO DE VEREADOR, NOTÓRIO DEFENSOR DOS DIREITOS HUMANOS, AUTOR DE DIVERSAS DENÚNCIAS CONTRA A ATUAÇÃO DE GRUPOS DE EXTERMÍNIO NA FRONTEIRA DOS DOIS ESTADOS. AMEAÇAS, ATENTADOS E ASSASSINATOS CONTRA TESTEMUNHAS E DENUNCIANTES. ATENDIDOS OS PRESSUPOSTOS CONSTITUCIONAIS PARA A EXCEPCIONAL MEDIDA. 1. A teor do § 5.º do art. 109 da Constituição Federal, introduzido pela Emenda Constitucional n.º 45/2004, o incidente de deslocamento de competência para a Justiça Federal fundamenta-se, essencialmente, em três pressupostos: a existência de grave violação a direitos humanos; o risco de responsabilização internacional decorrente do descumprimento de obrigações jurídicas assumidas em tratados internacionais; e a incapacidade das instâncias e autoridades locais em oferecer respostas efetivas. 2. Fatos que motivaram o pedido de deslocamento deduzido pelo Procurador-Geral da República: o advogado e vereador pernambucano MANOEL BEZERRA DE MATTOS NETO foi assassinado em 24/01/2009, no Município de Pitimbu/PB, depois de sofrer diversas ameaças e vários atentados, em decorrência, ao que tudo leva a crer, de sua persistente e conhecida atuação contra grupos de extermínio que agem impunes há mais de uma década na divisa dos Estados da Paraíba e de Pernambuco, entre os Municípios de Pedras de Fogo e Itambé. 3. A existência de grave violação a direitos humanos, primeiro pressuposto, está sobejamente demonstrado: esse tipo de assassinato, pelas circunstâncias e motivação até aqui reveladas, sem dúvida, expõe uma lesão que extrapola os limites de um crime de homicídio ordinário, na medida em que fere, além do precioso bem da vida, a própria base do Estado, que é desafiado por grupos de criminosos que chamam para si as prerrogativas exclusivas dos órgãos e entes públicos, abalando sobremaneira a ordem social. 4. O risco de responsabilização internacional pelo descumprimento de obrigações derivadas de tratados internacionais aos quais o Brasil anuiu (dentre eles, vale destacar, a Convenção Americana de Direitos Humanos, mais conhecido como "Pacto de San Jose da Costa Rica") é bastante considerável, mormente pelo fato de já ter havido pronunciamentos da Comissão Interamericana de Direitos Humanos, com expressa recomendação ao Brasil para adoção de medidas cautelares de proteção a pessoas ameaçadas pelo tão propalado grupo de extermínio atuante na divisa dos Estados da Paraíba e Pernambuco, as quais, no entanto, ou deixaram de ser cumpridas ou não foram efetivas. Além do homicídio de MANOEL MATTOS, outras três testemunhas da CPI da Câmara dos Deputados foram mortas, dentre eles LUIZ TOMÉ DA SILVA FILHO, ex-pistoleiro, que decidiu denunciar e testemunhar contra os outros delinquentes. Também FLÁVIO MANOEL DA SILVA, testemunha da CPI da Pistolagem e do Narcotráfico da Assembleia Legislativa

do Estado da Paraíba, foi assassinado a tiros em Pedra de Fogo, Paraíba, quatro dias após ter prestado depoimento à Relatora Especial da ONU sobre Execuções Sumárias, Arbitrárias ou Extrajudiciais. E, mais recentemente, uma das testemunhas do caso Manoel Mattos, o Maximiano Rodrigues Alves, sofreu um atentado a bala no município de Itambé, Pernambuco, e escapou por pouco. Há conhecidas ameaças de morte contra Promotores e Juízes do Estado da Paraíba, que exercem suas funções no local do crime, bem assim contra a família da vítima Manoel Mattos e contra dois Deputados Federais. 5. É notória a incapacidade das instâncias e autoridades locais em oferecer respostas efetivas, reconhecida a limitação e precariedade dos meios por elas próprias. Há quase um pronunciamento uníssono em favor do deslocamento da competência para a Justiça Federal, dentre eles, com especial relevo: o Ministro da Justiça; o Governador do Estado da Paraíba; o Governador de Pernambuco; a Secretaria Executiva de Justiça de Direitos Humanos; a Ordem dos Advogados do Brasil; a Procuradoria-Geral de Justiça do Ministério Público do Estado da Paraíba. 6. As circunstâncias apontam para a necessidade de ações estatais firmes e eficientes, as quais, por muito tempo, as autoridades locais não foram capazes de adotar, até porque a zona limítrofe potencializa as dificuldades de coordenação entre os órgãos dos dois Estados. Mostra-se, portanto, oportuno e conveniente a imediata entrega das investigações e do processamento da ação penal em tela aos órgãos federais. 7. Pedido ministerial parcialmente acolhido para deferir o deslocamento de competência para a Justiça Federal no Estado da Paraíba da ação penal n.º 022.2009.000.127-8, a ser distribuída para o Juízo Federal Criminal com jurisdição no local do fato principal; bem como da investigação de fatos diretamente relacionados ao crime em tela. Outras medidas determinadas, nos termos do voto da Relatora" (IDC 2, Min. Rel. Laurita Vaz, 3 Seção – STJ, J. 27/10/2010).

POSIÇÃO DO STJ

"INCIDENTE DE DESLOCAMENTO DE COMPETÊNCIA (IDC). GREVE DE POLICIAIS MILITARES DO ESTADO DO ESPÍRITO SANTO. JUSTIÇA MILITAR ESTADUAL. INEFICÁCIA DAS INSTÂNCIAS LOCAIS E RISCO DE RESPONSABILIZAÇÃO INTERNACIONAL, QUANTO AOS CRIMES MILITARES PRÓPRIOS OBJETO DO IDC, NÃO CARACTERIZADOS. INDEFERIMENTO. 1. O IDC foi introduzido no ordenamento jurídico brasileiro por via da EC 45/2004 para possibilitar a transferência de investigações ou julgamentos, da Justiça Estadual para a Justiça Federal, nos casos em que identificadas graves violações de diretos humanos passíveis de atrair a responsabilização do Estado brasileiro no plano internacional - CF, artigo 109, § 5º. 1.1. O IDC possui natureza processual, com características de excepcionalidade e subsidiariedade. Quanto aos seus requisitos, exige-se cumulativamente (i) grave violação de direitos humanos previsto em tratado internacional do qual signatário o Brasil; (ii) risco de responsabilização internacional do Estado brasileiro em razão incapacidade das instâncias locais para realizar a investigação ou julgamento das graves violações de direitos humanos previstos em tratados (IDC's n. 1, 2, 3 e 5, Terceira Seção). 2. A inércia das instâncias locais e o risco de responsabilização internacional são requisitos correlacionados - este pressupõe aquele - a serem justificados sob critérios objetivamente aferíveis. 2.1. Ausente prova de leniência, inércia ou falta de comprometimento das instâncias locais em processar e julgar os crimes militares próprios objeto do IDC, inviável se cogitar sobre o risco de responsabilização internacional do Estado brasileiro. 2.2. Parcialidade da Justiça Militar Estadual não demonstrada.

Alegações especulativas a revelar mero inconformismo com o modelo de deliberação da Justiça Castrense. Desfecho - no sentido de que pressões exógenas estão a influenciar a lisura dos julgamentos – não evidenciado. 2.3. Eventuais dificuldades nos julgamentos de oficiais de altas patentes devem ser superadas dentro da própria institucionalidade da Justiça Militar - excepcionalidade e subsidiariedade (última ratio) do instituto. O IDC não se legitima como alternativa meramente conveniente de substituição de competência constitucional. 3. Controvérsias sobre a oportunidade e necessidade do IDC entre as instâncias locais e federais de persecução; inexistência de falhas nas investigações, ou de desentendimentos ou desconcertamento entre as autoridades processantes locais; ausência de sinalizações específicas da comunidade internacional sobre o risco de responsabilização do Brasil sobre os eventos. 4. Incidente de Deslocamento de Competência indeferido" (IDC 14, Rel. Min. Maria Thereza de Assis Moura, STJ, j. 08/08/2018).

19. TÓPICO-SÍNTESE

TÓPICO-SÍNTESE: A CF de 1988 e os Direitos Fundamentais	
CF de 1988	– A Constituição de 1988 tem duplo valor simbólico, pois, primeiro, marca um período de transição democrática (ruptura do regime militar autoritário) e, segundo, institucionaliza os direitos humanos no país.
Redefinição do conceito de cidadania	– Ao se aceitar a redefinição do conceito de cidadania adotado pela CF de 1988, quer se referir a uma concepção contemporânea do instituto da cidadania, o que se dá pelos seguintes motivos: a) nova topografia dos direitos e garantias; b) preeminência de direitos sociais; c) adoção do Direito Internacional dos Direitos Humanos; e c) processo de especificação do sujeito de direitos.
Aplicação imediata	– O § 1º do art. 5º da CF dispõe que as "normas definidoras dos direitos e garantias fundamentais têm aplicação imediata".
Sistema aberto	– O § 2º do art. 5º da CF assegura um sistema aberto de direitos fundamentais, não podendo se falar em taxatividade do rol de direitos: "Os direitos e garantias expressos nesta Constituição não excluem outros decorrentes do regime e dos princípios por ela adotados, ou dos tratados internacionais em que a República Federativa do Brasil seja parte".
Duplo sentido	– Têm-se, assim, direitos fundamentais, em sentido formal; e direitos fundamentais, em sentido material.
Fundamentalidade material	– Em sentido material (fundamentalidade material), os direitos e garantias fundamentais "são, pois, pretensões que, em cada momento histórico, se descobrem a partir da perspectiva do valor dignidade humana" (MENDES; BRANCO, 2011, p. 159).

Diferença entre direitos e garantias	– As disposições meramente declaratórias instituem os direitos. De outra banda, as disposições assecuratórias instituem as garantias.
Deveres fundamentais	– São deveres fundamentais: dever de efetivação; deveres específicos do Estado; deveres de criminalização; deveres são os dos cidadãos e da sociedade; deveres decorrentes do exercício dos direitos; e deveres implícitos.
Destinatários	– Destinatários: brasileiros (natos e naturalizados); estrangeiros residentes e não residentes; apátridas; e pessoas jurídicas.
Requisitos	– Estado, indivíduo e texto normativo regulador da relação entre Estado e indivíduos.
Quatro *status* de Jellinek	– *Status* passivo (*subjectionis*); *status* negativo; *status* positivo ou *status civitatis*; e *status* ativo.
Classificação	– Direitos de defesa, a prestação e de participação.
Dimensões	– Subjetiva e objetiva.
Eficácias vertical e horizontal	– Vertical (Estado-cidadão); e horizontal (particular-particular).
Conflituosidade	– Pode ocorrer de os direitos fundamentais estarem em conflito uns com os outros. Nesses casos de conflito, não se pode estabelecer abstratamente qual o direito que deve prevalecer; somente será possível aferir, com base no princípio da proporcionalidade (cedência recíproca), qual direito prevalecerá.
Limitação e núcleo essencial	– É preciso sublinhar que a limitabilidade do direito possui limites, isto é, se o direito pode ser limitado, a sua limitação deve ser limitada, há, dessa forma, um núcleo essencial que precisa ser respeitado.
Recentes mecanismos de proteção na CF de 1988	– São eles: constitucionalização dos tratados sobre direitos humanos; possibilidade de submissão à jurisdição de Tribunal Penal Internacional; e Incidente de Deslocamento de Competência (IDC).

Capítulo

4

DIREITO CONSTITUCIONAL INTERNACIONAL E TRATADOS INTERNACIONAIS SOBRE DIREITOS HUMANOS

Leia a Lei

- *Preâmbulo, arts. 1º, 3º, 4º, 5º, 6º, 7º, 8º, 9º, 10, 11, 12, 13, 14, 15, 16, 49, 84 e 109, todos da CF de 1988; art. 38 do Estatuto da Corte Internacional de Justiça, de 1920; Convenção de Viena sobre Direito dos Tratados, de 1969; e a Convenção de Viena sobre o Direito dos Tratados entre Estados e Organizações Internacionais ou entre Organizações Internacionais, de 1986.*

1. NOTAS INTRODUTÓRIAS

O **Direito Constitucional Internacional** é oriundo da *interação da Constituição Federal com o Direito Internacional*. As normas constitucionais que atinem às relações exteriores da República Federativa do Brasil, as que dizem respeito aos direitos fundamentais (em sentido *lato*), as relacionadas à incorporação dos tratados e seus *status* e, inclusive, os princípios fundamentais e bens da União (estes dois últimos estudados no Livro de *Direito Constitucional* da *coleção resumos esquematizados*) **materializam o Direito Constitucional Internacional**.

Dessa forma, o que já foi estudado sobre os direitos fundamentais e temas correlatos e alguns itens que ainda serão analisados em capítulos posteriores, como a imunidade dos Estados, encaixar-se-iam no presente espaço.

Todavia, como ficou reservado espaço próprio no presente Livro para alguns dos temas acima citados e levando em conta que outros assuntos são abordados de forma específica em outras obras da *coleção*, o capítulo atual ficou, então, *encarregado* de elucidar, sinteticamente, o Direito Constitucional Internacional e trabalhar, prioritariamente, sobre a *questão dos tratados internacionais, particularmente os sobre os direitos humanos.*

1.1. Definição e características

Conforme Bonifácio, o **Direito Constitucional Internacional** apresenta-se "como um plexo de normas constitucionais que projetam a Constituição à ordem jurídica internacional, oportunizando a sua convivência harmônica com o Direito Internacional Público, nomeadamente com o Direito Internacional dos Direitos Humanos, com o qual se aproxima na proteção dos direitos fundamentais" (2008, p. 321).

Contudo, de acordo com Mello, não há que se falar em autonomia do ramo em estudo, mas sim em uma divisão do Direito Constitucional, como o que já ocorre, por exemplo, com o Direito Constitucional Tributário (MELLO, 2000).

Como se percebe, a tarefa de definição do Direito Constitucional Internacional é árdua, vez que se estudam dois ramos das Ciências Jurídicas: o Direito Constitucional e o Direito Internacional, cada qual com seus contornos. Nessa tessitura, alerta Mello que, na verdade, "não há um Direito Constitucional Internacional claramente definido e com normas próprias de interpretação, ou ainda com um conteúdo preciso. Pelo contrário, tudo vai depender do grau de internacionalização dos diferentes setores da vida social. Por outro lado, o Direito Constitucional está cada vez mais subordinado ao Direito Internacional. As normas daquele são limitadas e interpretadas conforme as normas deste" (MELLO, 2000, p. 05).

2. TRATADOS INTERNACIONAIS SOBRE DIREITOS HUMANOS

Os tratados internacionais sobre direitos humanos realmente merecem atenção especial, porque são *diferenciados,* podendo ser classificados como tema imprescindível e mínimo do Direito Constitucional Internacional. Essa peculiaridade se deve, dentre outras razões, ao fato de o STF ter assegurado recentemente *status, no mínimo, supralegal* dentro da nova pirâmide normativa brasileira. E essa constatação comprova uma tendência já conhecida, que é a da "força expansiva dos valores da dignidade humana e dos direitos fundamentais, como parâmetros axiológicos a orientar a compreensão do fenômeno constitucional" (PIOVESAN, 1997, pp. 82-83).

2.1. As fontes do Direito Internacional

Os tratados são as principais fontes primárias do Direito Internacional (DI), dotados de respeitável segurança jurídica em razão de se manifestarem na forma escrita e por terem como princípio-mor orientador o da *pacta sunt servanda*. Os documentos que merecem maior atenção sobre a temática são: a Convenção de Viena sobre Direito dos Tratados, de 1969; e a Convenção de Viena sobre Direito dos Tratados, de 1986. As normas constitucionais são também relevantes nesse ponto, particularmente no que corresponde à valoração interna e à processualística de celebração dos tratados.

O art. 38 do Estatuto da Corte Internacional de Justiça, de 1920, preceitua sobre as fontes do Direito Internacional, da seguinte forma: "A Corte, cuja função seja decidir conforme o direito internacional as controvérsias que sejam submetidas, deverá aplicar: 2. as **convenções internacionais**, sejam gerais ou particulares, que estabeleçam regras expressamente reconhecidas pelos Estados litigantes; 3. o **costume internacional** como prova de uma prática geralmente aceita como direito; 4. os **princípios gerais do direito** reconhecidos pelas nações civilizadas; 5. as ***decisões judiciais e as doutrinas*** dos publicitários de maior competência das diversas nações, como meio auxiliar para a determinação das regras de direito, sem prejuízo do disposto no Artigo 59. 6. A presente disposição não restringe a faculdade da Corte para decidir um litígio *ex aequo et bono*, se convier às partes" (Grifo meu).

Dessa forma, podem ser elencadas como **fontes do DI**: *os tratados ou convenções internacionais, os costumes internacionais e os princípios gerais do direito*. A doutrina e a jurisprudência não são fontes no aspecto técnico, mas sim meios auxiliares, servindo como instrumentos integrantes para interpretação.

Quando se lê o art. 38, é de suma imprescindibilidade lembrar que as fontes previstas em seu dispositivo não representam uma ordem sucessória, ou seja, não expõem uma relação hierárquica. Infere-se dessa assertiva que os costumes, as convenções e os princípios gerais têm o mesmo valor hierárquico, o que permite, em âmbito internacional, que um costume possa derrogar um tratado e que um tratado possa derrogar um costume.

ATENÇÃO

Há, todavia, exceção à regra da paridade supracitada. Trata-se da fonte jus cogens. Jus cogens *são normas que dizem respeito, particularmente, à proteção dos direitos humanos, tal conjunto de tratados e costumes está acima de todas as demais. Face o exposto, é possível concluir que: em regra, não há hierarquia entre as fontes do DI, com exceção das fontes* jus cogens! *Extrai-se essa conclusão da leitura do art. 53 da Convenção de Viena sobre Direito dos Tratados, de 1969: "norma imperativa de Direito Internacional geral é uma norma aceita e reconhecida pela comunidade internacional dos Estados como um todo, como norma da qual nenhuma derrogação é permitida e que só pode ser modificada por norma ulterior de Direito Internacional geral da mesma natureza". Imprescindível, da mesma forma, a leitura do art. 64 do documento de 1969: "Superveniência de uma Nova Norma Imperativa de Direito Internacional Geral (*jus cogens*) – Se sobrevier uma nova norma imperativa de Direito Internacional geral, qualquer tratado existente que estiver em conflito com essa norma torna-se nulo e extingue-se".*

A *jus cogens* pode ser classificada como uma das novas fontes do DI, juntamente com outras que podem também não estar previstas no **art. 38, haja vista que este dispositivo é exemplificativo**, não apresentando rol fechado ou cerrado. São consideradas novas fontes, além de *jus cogens*: a equidade e a analogia; os atos unilaterais dos Estados; as decisões unilaterais das organizações internacionais; e a *soft law*.

ATENÇÃO

Quando da pesquisa sobre as novas fontes do Direito Internacional, infere-se que a tendência deste é de produzir cada vez mais fontes, bem como permitir o aparecimento de novos sujeitos. A tendência de ampliação (objetiva e subjetiva) do Direito das Gentes é irrefutável. Por essa razão, não podemos deixar de citar três novas fontes, de forma que se possa compará-las. Duas já foram referidas alhures e a terceira é novidade neste trabalho esquematizado. Estamos nos reportando às fontes erga omnes, jus cogens *e* soft law. *Na conformação conceitual da doutrina moderna, elas podem ser definidas e diferenciadas da seguinte forma: "As obrigações erga omnes compõem o conjunto de deveres a todos destinados, independentemente de aceitação e sem a possibilidade de objeção. O* jus cogens, *por sua vez, representa uma categoria de normas imperativas de Direito Internacional geral da qual nenhuma derrogação é possível, a não ser por outra posterior da mesma natureza (sendo, por isso, mais amplo – até pelo fato de ser hierarquicamente superior – que as obrigações erga omnes, como se verá). Por fim, as chamadas normas de* soft law *são produto recente no direito das gentes, tendo como característica principal a flexibilidade de que são dotadas (à diferença das obrigações erga omnes e das normas de jus cogens, cujos comandos são em tudo rígidos)" (MAZZUOLI, 2012, p. 155).*

2.2. A Convenção de Viena sobre Direito dos Tratados de 1969: sua importância e sua recepção pelo Brasil

O Direito dos Tratados encontra respaldo, especialmente, na Convenção de Viena sobre Direito dos Tratados, de 26 de maio de 1969, que entrou em vigor, em âmbito internacional, em 27 de janeiro de 1980 (*entered into force*).

> **ATENÇÃO**
>
> *O processo de sua recepção no Brasil começou em 1992. Entretanto, apenas no ano de 2009, quando algumas gotas de vergonha resolveram recair sobre Brasília, o Congresso Nacional a aprovou por meio do Decreto Legislativo 496, de 17 de julho de 2009. O depósito da ratificação ocorreu no dia 25 de setembro do mesmo ano junto ao Secretário-Geral da ONU. A promulgação presidencial aconteceu em 14 de dezembro de 2009, por meio do Decreto 7.030. Somente após esse trâmite a Convenção de Viena de 1969 foi, oficialmente, recepcionada e assumiu o caráter de fonte convencional formalmente vinculante. Todavia, mesmo antes disso, ela já era adotada pelo Brasil, porém era tida como um costume internacional.*

A República brasileira era a única, entre os membros do Mercado Comum do Sul (MERCOSUL), que não havia internalizado a Convenção de 1969. E, quando o fez, apresentou reservas ou salvaguardas aos arts. 25 (sobre aplicação provisória) e 66 (sobre solução judicial, arbitragem e conciliação).

2.3. Direito dos Tratados (*Law of Treaties*)

Far-se-á imersão no mundo dos tratados internacionais, que passam a ser estudados com base nas convenções citadas, na Constituição Federal e na jurisprudência nacional.

Sem receio de dúvidas, o processo de celebração dos tratados e sua valoração no Brasil, partindo da jurisprudência do STF, são os pontos mais atrativos para o Direito Constitucional Internacional.

2.4. Conceito de tratado

Conforme art. 2º, 1, a, da Convenção de Viena, de 1969, tratado "significa um **acordo internacional** concluído por **escrito** entre **Estados** e **regido pelo Direito Internacional**, quer conste de um **instrumento único,** quer de dois ou mais **instrumentos conexos, qualquer** que seja sua **denominação específica**".

Embora o art. 2º da Convenção de 1969 mencione apenas o Estado como ente celebrante, é cediço que as organizações internacionais (OI) também exercem esse direito de convenção, tanto que há documento específico sobre o assunto: Convenção de Viena sobre o Direito dos Tratados entre Estados e Organizações Internacionais ou entre Organizações Internacionais, de 1986.

Na linha da melhor doutrina, Beviláqua entende que tratado internacional é "um ato jurídico, em que dois ou mais Estados concordam sobre a criação, modificação ou extinção de algum direito", sendo que a definição "abrange todos os atos jurídicos bilaterais ou multilaterais do direito público internacional, que, realmente, podem ser designados pela denominação geral de tratados, mas que recebem (...) qualificações diversas" (BEVILÁQUA,1939, p. 13).

Em regra, como se vê, não há denominação específica. Porém, existe exceção, são as concordatas, espécies de tratados celebrados entre Estados e a Santa Sé, a exemplo da Concordata de Bolonha.

POSIÇÃO DO STF

Em 2017, em sessão plenária, o STF julgou improcedente a Ação Direta de Inconstitucionalidade (ADI) 4439, na qual a Procuradoria-Geral da República questionava o modelo de ensino religioso nas escolas da rede pública. Por maioria dos votos (6 x 5), os Ministros entenderam que o ensino religioso nas escolas públicas brasileiras pode ter natureza confessional, ou seja, vinculado às diversas religiões. Na ADI, a PGR pedia a interpretação conforme a CF ao dispositivo da Lei de Diretrizes e Bases da Educação (caput e §§ 1º e 2º, do art. 33, da Lei 9.394/1996) e ao art. 11, § 1º do acordo firmado entre o Brasil e a Santa Sé (promulgado por meio do Decreto 7.107/2010) para assentar que o ensino religioso nas escolas públicas não pode ser vinculado a religião específica e que fosse proibida a admissão de professores na qualidade de representantes das confissões religiosas. A laicidade estatal "não implica o menosprezo nem a marginalização da religião na vida da comunidade, mas, sim, afasta o dirigismo estatal no tocante à crença de cada qual". "O Estado laico não incentiva o ceticismo, tampouco o aniquilamento da religião, limitando-se a viabilizar a convivência pacífica entre as diversas cosmovisões, inclusive aquelas que pressupõem a inexistência de algo além do plano físico". "A laicidade do Estado brasileiro não impediu o reconhecimento de que a liberdade religiosa impôs deveres ao Estado, um dos quais a oferta de ensino religioso com a facultatividade de opção por ele".

2.5. Processo de celebração dos tratados

Cada Estado soberano estabelece suas normas internas para a celebração dos tratados internacionais. É assunto reservado à competência estatal, contudo, com a incorporação da Convenção de Viena de 1969 pelo Brasil e com a tendência de padronização – até mesmo como forma de harmonizar a vivência internacional – as normas internacionais têm cada vez mais influência na processualística de celebração.

2.5.1. O STF e o processo de celebração na CF

Conforme o Supremo Tribunal Federal, interpretando a Constituição de 1988, os atos internacionais não têm aplicabilidade imediata (e nem produzem efeitos diretos) no Brasil. Foi essa a opção do Poder Constituinte originário, ou seja, os tratados precisam passar pelo processo de celebração que, de acordo com a Corte Suprema, termina com a promulgação e a publicação, quando o documento externo passa a vincular internamente.

Há críticas à posição do Supremo, especificamente, quanto ao último requisito (promulgação e publicação), também utilizado no processo legislativo das leis. Neste ponto, o Tribunal tem entendimento demasiadamente clássico e nacionalista. Hoje, já se defende, conforme abaixo será citado, que as convenções sobre direitos humanos, logo após a ratificação pelo Presidente da República, não necessitam da promulgação e da publicação, vigorando interna e internacionalmente.

Todavia, nessa altura, cabe apenas exaltar a imprescindibilidade de incorporação expressa, de recepção, de aceitação de uma norma internacional para que produza seus efeitos em território nacional.

POSIÇÃO DO STF

"(...) A recepção de acordos celebrados pelo Brasil no âmbito do MERCOSUL está sujeita à mesma disciplina constitucional que rege o processo de incorporação, à ordem positiva interna brasileira, dos tratados ou convenções internacionais em geral. (...) PROCEDIMENTO CONSTITUCIONAL DE INCORPORAÇÃO DE CONVENÇÕES INTERNACIONAIS EM GERAL E DE TRATADOS DE INTEGRAÇÃO (MERCOSUL). A recepção dos tratados internacionais em geral e dos acordos celebrados pelo Brasil no âmbito do MERCOSUL depende, para efeito de sua ulterior execução no plano interno, de uma sucessão causal e ordenada de atos revestidos de caráter político-jurídico, assim definidos: (a) aprovação, pelo Congresso Nacional, mediante decreto legislativo, de tais convenções; (b) ratificação desses atos internacionais, pelo Chefe de Estado, mediante depósito do respectivo instrumento; (c) promulgação de tais acordos ou tratados, pelo Presidente da República, mediante decreto, em ordem a viabilizar a produção dos seguintes efeitos básicos, essenciais à sua vigência doméstica: (1) publicação oficial do texto do tratado e (2) executoriedade do ato de direito internacional público, que passa, então – e somente então – a vincular e a obrigar no plano do direito positivo interno. Precedentes. O SISTEMA CONSTITUCIONAL BRASILEIRO NÃO CONSAGRA

O PRINCÍPIO DO EFEITO DIRETO E NEM O POSTULADO DA APLICABILIDADE IMEDIATA DOS TRATADOS OU CONVENÇÕES INTERNACIONAIS (...). (CR 8279 AgRg/AT, Min. Rel. Celso de Mello, STF, J. 17/06/1998. Grifo nosso).

ATENÇÃO

Há celeuma interminável que circunda os bancos acadêmicos sobre as relações entre o Direito Internacional e o Direito Interno. Face essa indefinição de qual modelo seja adotado no Brasil, a divisão entre **monistas e dualistas** *tem cada vez menos importância. O próprio STF já se manifestou que é no texto constitucional que se deve buscar a solução normativa para a questão da incorporação dos tratados e, não, na controvérsia doutrinária que antagoniza monistas e dualistas. De qualquer forma, mesmo que majoritária a orientação doutrinária pelo dualismo, nossa posição é pelo monismo. Este último modo de pensar tem cada vez mais adeptos, sendo hoje a matriz mais condizente com as normas internacionais e com a Constituição Federal de 1988. A adoção do modelo monista – do tipo internacionalista, com a prevalência dos tratados internacionais – ganha cada vez mais forças, especialmente, no que toca ao Direito Internacional dos Direitos Humanos.*

POSIÇÕES DO STF

A relação entre a supremacia da Constituição e o status dos tratados não é temática nova, e, por isso, ainda gera rusgas nos átrios acadêmicos. Entretanto, no âmbito da jurisprudência do STF está relativamente pacífica, pendendo para a prevalência da Lei Fundamental frente às convenções. Vejamos três importantes julgados:

"Supremacia da CR sobre todos os tratados internacionais. O exercício do 'treaty-making power', pelo Estado brasileiro, está sujeito à observância das limitações jurídicas emergentes do texto constitucional. Os tratados celebrados pelo Brasil estão subordinados à autoridade normativa da CR. Nenhum valor jurídico terá o tratado internacional, que, incorporado ao sistema de direito positivo interno, transgredir, formal ou materialmente, o texto da Carta Política. Precedentes" (MI 772, Rel. Min. Celso de Mello, STF, J. 24/10/2007).

"Prevalência da Constituição, no direito brasileiro, sobre quaisquer convenções internacionais, incluídas as de proteção aos direitos humanos, que impede, no caso, a pretendida aplicação da norma do Pacto de São José: motivação. A CB e as convenções internacionais de proteção aos direitos humanos: prevalência da Constituição que afasta a aplicabilidade das cláusulas convencionais antinômicas. (...) Assim como não o afirma em relação às leis, a Constituição não precisou dizer-se sobreposta aos tratados: a hierarquia está ínsita em preceitos inequívocos seus, como os que submetem a aprovação e a promulgação das convenções ao processo legislativo ditado pela Constituição e menos exigente que o das emendas a ela e aquele que, em consequência, explicitamente admite o controle da constitucionalidade dos tratados (CF, art. 102, III, b*). Alinhar-se ao consenso em torno da estatura infraconstitucional, na ordem positiva brasileira, dos tratados a ela incorporados, não implica assumir compromisso de logo com o entendimento – majoritário em recente decisão do STF (ADI 1.480-MC) – que, mesmo em relação às convenções internacionais de proteção de direitos fundamentais, preserva*

a jurisprudência que a todos equipara hierarquicamente às leis ordinárias. Em relação ao ordenamento pátrio, de qualquer sorte, para dar a eficácia pretendida à cláusula do Pacto de São José, de garantia do duplo grau de jurisdição, não bastaria sequer lhe conceder o poder de aditar a Constituição, acrescentando-lhe limitação oponível à lei como é a tendência do relator: mais que isso, seria necessário emprestar à norma convencional força ab-rogante da Constituição mesma, quando não dinamitadoras do seu sistema, o que não é de admitir" (RHC 79.785, Rel. Min. Sepúlveda Pertence, STF, J. 29/03/2000).

"Subordinação normativa dos tratados internacionais à CR. (...) Controle de constitucionalidade de tratados internacionais no sistema jurídico brasileiro. (...) Paridade normativa entre atos internacionais e normas infraconstitucionais de direito interno. (...) Tratado internacional e reserva constitucional de lei complementar. (...) Legitimidade constitucional da Convenção 158/Organização Internacional do Trabalho, desde que observada a interpretação conforme fixada pelo STF" (ADI 1.480-MC, Rel. Min. Celso de Mello, STF, J. 04/09/1997).

2.5.2. Poderes envolvidos na celebração

Em atendimento à separação dos Poderes, na processualística de celebração dos tratados, há a participação dos Poderes Executivo e Legislativo. Cada uma das fases, cada uma das manifestações, em conjunto, formam um **ato subjetivamente complexo** e, muitas vezes, moroso.

Conforme a CF, em seu art. 21, inc. I, compete à União "manter relações com Estados estrangeiros e participar de organizações internacionais", sendo que compete privativamente ao Presidente da República, conforme art. 84, inc. VII e VIII, "manter relações com Estados estrangeiros e acreditar seus representantes diplomáticos" e "celebrar tratados, convenções e atos internacionais, sujeitos a referendo do Congresso Nacional". O art. 49, inc. I, da Magna Carta, dispõe sobre a competência exclusiva do Congresso Nacional para "resolver definitivamente sobre tratados, acordos ou atos internacionais que acarretem encargos ou compromissos gravosos ao patrimônio nacional".

POSIÇÃO DO STF

"(...) o requerente alega que o art. 49, I, da CF, ao prever competência exclusiva do Congresso Nacional, restringe-se ao poder de resolver acordos ou tratados internacionais que acarretem encargos ou compromissos gravosos ao patrimônio nacional. Por outro lado, o dispositivo estadual vai além, prevendo o poder de autorizar e resolver empréstimos, acordos e convênios que acarretem encargos ou compromissos gravosos ao patrimônio estadual. (...) no caso em análise, não verifico inobservância local, pois a

Constituição estadual apenas complementou o Texto Federal. Nesse sistema de complementariedade, tenho que o Texto Federal pode até mesmo ser influenciado, em possível poder constituinte reformador, pelas experiências das Constituições estaduais. É preciso dar espaço a oficinas e experimentos no âmbito do poder constituinte estadual. (...) No caso, a inovação da Constituição paraibana não atenta contra os marcos fundamentais da Carta Magna, mas, antes, procura tornar ainda mais efetivos os comandos constitucionais do equilíbrio entre os poderes e do controle republicano dos compromissos públicos" (ADI 331, voto do Rel. Min. Gilmar Mendes, STF, j. 03/04/2014).

POSIÇÃO DO STF

"A soberania nacional no plano transnacional funda-se no princípio da independência nacional, efetivada pelo presidente da República, consoante suas atribuições previstas no art. 84, VII e VIII, da Lei Maior. A soberania, dicotomizada em interna e externa, tem na primeira a exteriorização da vontade popular (art. 14 da CRFB) através dos representantes do povo no parlamento e no governo; na segunda, a sua expressão no plano internacional, por meio do presidente da República. No campo da soberania, relativamente à extradição, é assente que o ato de entrega do extraditando é exclusivo, da competência indeclinável do presidente da República, conforme consagrado na Constituição, nas leis, nos tratados e na própria decisão do Egrégio STF na Ext. 1.085. O descumprimento do tratado, em tese, gera uma lide entre Estados soberanos, cuja resolução não compete ao STF, que não exerce soberania internacional, máxime para impor a vontade da República italiana ao chefe de Estado brasileiro, cogitando-se de mediação da Corte Internacional de Haia, nos termos do art. 92 da Carta das Nações Unidas de 1945. O sistema 'belga' ou 'da contenciosidade limitada', adotado pelo Brasil, investe o STF na categoria de órgão juridicamente existente apenas no âmbito do direito interno, devendo, portanto, adstringir-se a examinar a legalidade da extradição; é dizer, seus aspectos formais, nos termos do art. 83 da Lei 6.815/1980 (...). O presidente da República, no sistema vigente, resta vinculado à decisão do STF apenas quando reconhecida alguma irregularidade no processo extradicional, de modo a impedir a remessa do extraditando ao arrepio do ordenamento jurídico, nunca, contudo, para determinar semelhante remessa, porquanto, o Poder Judiciário deve ser o último guardião dos direitos fundamentais de um indivíduo, seja ele nacional ou estrangeiro, mas não dos interesses políticos de Estados alienígenas, os quais devem entabular entendimentos com o chefe de Estado, vedada a pretensão de impor sua vontade através dos Tribunais internos. (...) A reclamação por descumprimento de decisão ou por usurpação de poder, no caso de extradição, deve considerar que a Constituição de 1988 estabelece que a soberania deve ser exercida, em âmbito interno, pelos três Poderes (Executivo, Legislativo e Judiciário) e, no plano internacional, pelo chefe de Estado, por isso que é insindicável o poder exercido pelo presidente da República e, consequentemente, incabível a reclamação, porquanto juridicamente impossível submeter o ato presidencial à apreciação do Pretório Excelso. A impossibilidade de vincular o presidente da República à decisão do STF se evidencia pelo fato de que inexiste um conceito rígido e absoluto de crime político. (...) Compete ao presidente da República, dentro da liberdade interpretativa que decorre de suas atribuições de chefe de Estado, para caracterizar a natureza dos delitos, apreciar o contexto político atual e as possíveis perseguições contra o extraditando relativas ao presente, na forma do permitido pelo texto do tratado firmado (art. III, 1, f); por isso que, ao decidir sobre a extradição de um estrangeiro, o presidente não age

como chefe do Poder Executivo federal (art. 76 da CRFB), mas como representante da República Federativa do Brasil. O juízo referente ao pedido extradicional é conferido ao 'presidente da República, com apoio em juízo discricionário, de caráter eminentemente político, fundado em razões de oportunidade, de conveniência e/ou de utilidade (...) na condição de chefe de Estado' (Ext. 855, rel. min. Celso de Mello, DJ de 1º-7-2006). O chefe de Estado é a figura constitucionalmente capacitada para interpretar a cláusula do Tratado de Extradição, por lhe caber, de acordo com o art. 84, VII, da Carta Magna, 'manter relações com Estados estrangeiros'. O Judiciário não foi projetado pela Carta Constitucional para adotar decisões políticas na esfera internacional, competindo esse mister ao presidente da República, eleito democraticamente e com legitimidade para defender os interesses do Estado no exterior; aplicável, in casu, a noção de capacidades institucionais, cunhada por Cass Sunstein e Adrian Vermeule (Interpretation and Institutions. U Chicago Law & Economics, Olin Working Paper, n. 156, 2002; U Chicago Public Law Research Paper n. 28)" (Rcl 11.243, Rel. Min. Luiz Fux, STF, j. 08/06/2011).

2.5.3. As quatro fases solenes

Há quatro fases solenes que devem ser respeitadas para a recepção de tratados internacionais. Começa com as **negociações preliminares e assinatura**, quando então o documento, num segundo momento, será submetido, internamente, ao Congresso Nacional para **referendo**. Em caso de aprovação, juízo positivo do Parlamento, numa terceira fase, manifesta-se o Chefe de Estado, que poderá **ratificar** o documento, e, se assim proceder, numa quarta e última etapa, mediante Decreto, o mesmo Presidente da República **promulgará e publicará o tratado**.

Seguem as quatro etapas com as informações pertinentes sobre cada uma:

1 – Negociações preliminares e assinatura

- É uma primeira fase internacional, quando são constituídas conferências *ad hoc* e comissões especiais para o debate e o desenvolvimento das negociações sobre o projeto de tratado. Nesse momento é fundamental a participação de especialistas (*experts*) sobre o objeto da futura convenção.
- Após as negociações, devem os participantes adotar o texto, pois o tratado é um acordo de vontades. A sua adoção, numa conferência internacional, efetua-se pela maioria de 2/3 dos países presentes e votantes.
- Superadas as negociações, adotado o documento, os representantes estatais irão, então, autenticá-lo. Essa é a função do ato de assinatura, ele autentica – após as negociações e a adoção – e encerra a primeira fase.

- Em regra, não é a partir da assinatura que o documento é vinculativo aos Estados participantes. Entretanto, excepcionalmente, a Convenção de Viena de 1969, em seu art. 12, assim possibilita.
- As reservas são declarações unilaterais feitas com o objetivo de excluir ou modificar o efeito jurídico de certas disposições do tratado. Elas podem ser apresentadas já nesse primeiro momento, juntamente com a assinatura.
- Capacidade para negociar, adotar e assinar um determinado tratado em nome da República Federativa do Brasil: o Presidente da República, como Chefe de Estado, tem competência originária para fazê-lo, não precisando de autorização em apartado. Também não precisam de autorização especial o Ministro das Relações Exteriores e os Chefes de missão diplomática (os embaixadores), só que suas competências são derivadas. É possível que outra autoridade também assine, porém, precisará de uma autorização específica para tanto, o que o tornará um plenipotenciário. Trata-se da carta de plenos poderes.
- Após a assinatura, o tratado poderá ser enviado ao Congresso Nacional; é o que se dessume da leitura (sempre conjunta) dos arts. 49, inc. I, e 84, inc. VIII, da CF. Essa incumbência de enviar ao Congresso é do Presidente da República, o que, em regra, não é automática ou obrigatória (salvo as convenções da OIT, a Organização Internacional do Trabalho), sendo possível, inclusive, ser postergada essa submissão ou mesmo ocorrer o arquivamento, se entender o Presidente que as negociações não foram a contento. Entretanto, se houver intenção do Chefe de Estado em ratificar (terceira fase), isso só será possível se passar antes pelo crivo do Congresso (segunda fase).

2 – Referendo do Congresso Nacional

- Todos os atos devem ser referendados (*ad referendum*), por determinação constitucional, pelo Congresso Nacional, em decorrência de uma leitura conjunta do art. 49, inc. I, e do art. 84, VIII, ambos da CF.
- No Congresso, o ato internacional é encaminhado para exame e aprovação, sucessivamente, pela Câmara dos Deputados e pelo Senado Federal. Antes de ser levado aos respectivos Plenários das duas Casas, o instrumento é avaliado pelas Comissões de Constituição e Justiça e de Relações Exteriores e por outras Comissões especiais interessadas na matéria em questão. Caso não seja aprovado pela Câmara, o instrumento sequer é enviado ao Senado.
- Em caso de rejeição, pela Câmara ou pelo Senado, encerra-se o processo de celebração. Veja-se que a manifestação do Congresso sobre um tratado somente será definitiva se negativa. Se rejeitar, neste caso, apenas comunica o repúdio ao tratado por meio de Mensagem ao Presidente, que estará impossibilitado de ratificar. Caso contrário, se afirmativa, se referendar, prossegue o *iter*.
- Em caso de aprovação do tratado pelas Casas do Congresso, será emitido um Decreto Legislativo, a ser promulgado pelo Presidente do Senado Federal. **O *quorum* para aprovação é de maioria simples, salvo se versar a convenção sobre matéria de direitos humanos, quando poderá (faculdade) ser aprovada com os requisitos das emendas constitucionais, conforme § 3º do art. 5º da CF:** "Os

tratados e convenções internacionais sobre direitos humanos que forem aprovados, em cada Casa do Congresso Nacional, em dois turnos, por três quintos dos votos dos respectivos membros, serão equivalentes às emendas constitucionais". É nesse momento que poderá ser aplicada a nova sistemática de incorporação especial das fontes do Direito Internacional dos Direitos Humanos, o que já foi colocada em prática: **com a aprovação da Convenção Internacional sobre os Direitos das Pessoas com Deficiência e seu Protocolo Facultativo, assinados em Nova York, em 30 de março de 2007 (é equivalente à emenda constitucional).**

– Nessa altura, como o tratado foi negociado e delineado durante a primeira fase, cabe ao Parlamento aprovar ou rejeitar, estando impossibilitado de emendar o conteúdo do tratado.

3 – Ratificação do Presidente da República

– Referendado o tratado pelo Legislativo, independentemente se com os requisitos das emendas constitucionais ou não, o instrumento deverá ser enviado ao Presidente para, se assim entender, ratificá-lo. Eis a terceira fase, atribuição exclusiva do Chefe da Nação.

– É a partir da ratificação que o Estado brasileiro se vincula em âmbito internacional, assumindo, formalmente, compromisso perante a sociedade internacional. Trata-se de consentimento expresso e definitivo, confirmando a assinatura da primeira fase.

– A ratificação é ato administrativo de natureza *sui generis* classificado como: unilateral, externo, expresso, político, circunstancial, irretroativo (*ex nunc*), irretratável, sem prazo pré-definido e, em regra, discricionário.

– A ratificação e as diferentes vigências: a vigência internacional do tratado é o termo inicial em que o documento começa a vigorar internacionalmente, quando produz seus efeitos; a vigência interna acontece após a promulgação e publicação, ou seja, na quarta e última fase. **Restam, porém, serem sublinhadas as ressalvas quanto às convenções sobre direitos humanos, que, de acordo com a doutrina moderna, não precisariam da última etapa (promulgação e publicação).**

– A adesão: assemelha-se à ratificação, ela tem a mesma natureza e tem como fim vincular o Estado a um tratado. Todavia, o seu momento é diferente, podendo o Brasil aderir a uma convenção mesmo não tendo participado da primeira fase de negociações. Se negociou, então pode ratificar. Se não negociou e, mesmo assim, tem interesse no tratado, então poderá aderir (*ex post-facto*).

4 – Promulgação e publicação

– É uma fase interna passível de todas as críticas, a começar pela constatação de que não possui previsão constitucional e nem convencional, sendo ainda orientada pela supra-referida jurisprudência do Supremo.

– É um momento complementar que visa a atender aos princípios da legalidade e da publicidade, semelhante ao que ocorre com o processo constitucional legislativo das leis ordinárias. É perfectibilizado por meio de Decreto do Presidente, que dá executoriedade ao ato internacional; é o nascedouro da vigência interna.

– Essa quarta etapa é criticada, especialmente em relação ao processo de incorporação dos tratados sobre direitos humanos, para os quais bastariam as três primeiros fases para que emanassem seus efeitos em âmbitos interno e externo, ou seja, a partir da ratificação o Brasil não só está obrigado perante a sociedade internacional, mas também já deve aplicar a norma de direitos humanos em nível nacional: a edição do referido decreto presidencial, materializando internamente o texto convencional, não se faz necessária (MAZZUOLI, 2008). Tal posicionamento segue a linha de que os tratados internacionais sobre direitos humanos têm aplicabilidade imediata após a ratificação, não necessitando de promulgação e publicação (PIOVESAN, 1997).

ATENÇÃO

Registro perante o Secretariado da ONU: superadas as 4 fases acima expostas, o tratado já pode ser considerado como celebrado, torna-se vinculativo, interna e internacionalmente, para o Brasil. A processualística findou-se. No entanto, conforme art. 102 da Carta da ONU, todos os tratados e acordos internacionais concluídos por qualquer membro da organização deverão, dentro do mais breve prazo possível, ser registrados e publicados pelo Secretariado das Nações Unidas. O registro perante o Secretariado, dentre outras funções, tem a utilidade de tornar público o pactuado, permitindo o conhecimento, por parte de toda a sociedade internacional, sobre eventual convenção celebrada, evitando o desenvolvimento de relações secretas. Importante é a leitura do art. 102: "1. Todo tratado e todo acordo internacional, concluídos por qualquer Membro das Nações Unidas depois da entrada em vigor da presente Carta, deverão, dentro do mais breve prazo possível, ser registrados e publicados pelo Secretariado. 2. Nenhuma parte em qualquer tratado ou acordo internacional que não tenha sido registrado de conformidade com as disposições do parágrafo 1º deste Artigo poderá invocar tal tratado ou acordo perante qualquer órgão das Nações Unidas".

2.5.4. O ato de denúncia

Se para se vincular a um documento internacional pode ser utilizada a adesão ou a ratificação, para se afastar, desobrigar-se, faz-se uso da **denúncia**. Este *ato é de competência do Presidente da República, é unilateral e dele não participa o Poder Legislativo*. Por meio da denúncia, é informado e tornado público que, a partir de uma determinada data, o tratado não mais vigorará internamente.

O instrumento utilizado para se desvincular de norma internacional é materializado por meio de **ato unilateral do Executivo**, sem o crivo do Parlamento; é praxe.

Esse procedimento, entretanto, gera muitas críticas, porque o processo de incorporação precisa da participação dos dois Poderes (Executivo e Legislativo), levando anos, muitas vezes, para ser concluído, sendo que a denúncia resulta da unilateralidade presidencial. Se da leitura conjunta dos art. 49, inc. I, e art. 84, inc. VIII, da CF, direciona--se para a necessidade de participação do Executivo e do Legislativo para internalizar ato internacional, a desvinculação deste deve trilhar igual caminho, ainda que o ato de denúncia não esteja expressamente previsto na Constituição.

Há doutrina robusta que baliza essa posição pela *inviabilidade do ato denuncial unisubjetivo*, é o caso de Pontes de Miranda, que assevera que aprovar "tratado, convenção ou acordo, permitindo que o Poder Executivo o denuncie, sem consulta, nem aprovação, é subversivo dos princípios constitucionais" (PONTES DE MIRANDA, 1967, p. 109).

POSIÇÃO DO STF

A denúncia da Convenção 158 da OIT. A denúncia unilateral foi utilizada para a desobrigação do Brasil quanto à Convenção 158 da OIT (relativo ao término da relação de trabalho por iniciativa do empregador). O Brasil ratificou esse tratado multilateral em 04 de janeiro de 1995, após aprovação, pelo Congresso, por meio do Decreto Legislativo nº 68. A promulgação se deu em 10 de abril de 1996, com o Decreto 1.855. Mas a eficácia da norma em território brasileiro foi curta, pois, já em 20 de novembro de 1996, ela foi denunciada mediante Decreto do Presidente da República, à época, Senhor Fernando Henrique Cardoso. Logo após sua ratificação, a constitucionalidade da Convenção 158 foi questionada, perante o STF, por meio da Ação Direta de Inconstitucionalidade 1.480 (antes mesmo da análise meritória por parte do Supremo, ocorreu o arquivamento da Ação 1.480). Embora extinta a ADI 1.480, ainda tramita a de nº 1.625, de 16/06/1997. Nesta ação, em trâmite, discute-se a impossibilidade de denúncia sem a participação do Legislativo. Em 2009, o Ministro Joaquim Barbosa exarou manifestação contrária à denúncia unilateral. A Ação não teve ainda seu julgamento concluído, mas já tem três manifestações pela inconstitucionalidade (Maurício Correa, Carlos Britto e Joaquim Barbosa) e uma pela constitucionalidade (Nelson Jobim) (Informativo 549 do STF).

POSIÇÃO DO TST

Segue interessante decisão do TST, processo nº 1430-79.2014.5.17.0007: "AGRAVO DE INSTRUMENTO. RECURSO DE REVISTA INTERPOSTO SOB A ÉGIDE DAS LEIS Nº 13.015/2014 E 13.105/2015 – DESCABIMENTO. REINTEGRAÇÃO. DISPENSA ARBITRÁRIA. CONVENÇÃO 158/OIT. IMPOSSIBILIDADE. Ainda que se pudesse acreditar na eficácia da Convenção nº 158 da OIT, esta foi denunciada pelo Governo Brasileiro, via Decreto nº 2.100, de 20.12.1996. Ocorre que a norma jamais surtiu eficácia, no ordenamento pátrio. No Diário Oficial da União de 11.4.1996, publicou-se o Decreto nº 1.855, de 10.4.1996, que determinava a execução da Convenção nº 158 da Organização Internacional do Trabalho - OIT 'tão inteiramente como nela se contém'. O ato administrativo não selava a controvérsia em torno da eficácia da aludida convenção. A Constituição Federal, de maneira indiscutível (arts. 7º, I, e 10, I, do ADCT), estabelece a via pela qual há de se estabelecer a proteção contra a despedida arbitrária ou sem justa causa, assim como os mecanismos de reparação respectivos. A Lei Complementar, ao contrário do que, de forma simplista, possa ser pretendido, não se equipara às demais emanações legislativas. A Lei não contém palavras inúteis e assim não se pode pretender em relação à Constituição Federal. Porque a Lei não traz termos inúteis e porque não se pode ignorar diretriz traçada pela Constituição Federal, resta óbvio que a inobservância da forma exigível conduzirá à ineficácia qualquer preceito pertinente à matéria reservada. Se a proteção contra o despedimento arbitrário ou sem justa causa é matéria limitada à Lei Complementar, somente a Lei Complementar gerará obrigações legítimas. Como rudimentar exigência de soberania, não se pode admitir que norma inscrita em tratado internacional prevaleça sobre a Constituição Federal. Agravo de instrumento conhecido e Desprovido".

2.5.5. Denúncia dos tratados de Direitos Humanos

A denúncia de um tratado é modalidade de extinção do documento, consistindo em ato unilateral do Estado – mais especificamente, do Chefe de Estado, mediante Decreto – que manifesta a vontade de não mais se obrigar a uma norma internacional. Frise-se: não há a participação do Congresso Nacional no ato de denúncia, o que se critica veementemente, conforme acima ressaltado.

Desvincular-se, unilateralmente, de uma convenção comum sem a participação parlamentar já é criticável, ainda mais problemática e vulnerável a refutações é a denúncia quanto aos tratados de direitos humanos.

Quando incorporadas ao ordenamento nacional, as convenções protetivas das pessoas insuflam o compartimento de direitos presentes. Seria o ato unilateral denuncial potente a ponto de afastar ou extirpar tais conquistas? É entendimento moderno em crescimento o de que os tratados que versam sobre direitos humanos não sejam suscetíveis à denúncia.

Tal impossibilidade resta evidente quando as convenções são aprovadas com os requisitos das emendas constitucionais, conforme § 3º do art. 5º da CF. Os direitos enunciados ficam resguardados pela cláusula pétrea "direitos e garantias individuais", prevista no art. 60, § 4º, inc. IV, da Carta Magna.

Não se pode aceitar que a denúncia possa desfazer documento escrito celebrado com a participação de dois Poderes de Estado (Executivo e Legislativo). **Ademais – respeitada a opinião sobre a**

possibilidade de recepção com fulcro somente no § 2º do art. 5º – as obrigações estatais e os direitos da pessoa vislumbrados nos documentos incorporados a nível, formal e materialmente, constitucional são inafastáveis: "(...) se tais direitos internacionais passaram a compor o quadro constitucional, não só no campo material, mas também formal, não há como admitir que um ato isolado e solitário do Poder Executivo subtraia tais direitos do patrimônio popular – ainda que a possibilidade de denúncia esteja prevista nos próprios tratados de direitos humanos ratificados, como já apontado. É como se o Estado houvesse renunciado a essa prerrogativa de denúncia, em virtude da 'constitucionalização formal' do tratado no âmbito jurídico interno" (PIOVESAN, 2006, p. 425).

A denúncia de tratado de direitos humanos equivalente às emendas constitucionais pode gerar a responsabilização do Presidente da República pela prática de crime de responsabilidade, pois, de acordo com o § 3º do art. 5º da CF, uma vez aprovados os tratados de direitos humanos, em cada Casa do Congresso Nacional, em dois turnos, por três quintos dos votos dos respectivos membros, serão eles equivalentes às emendas constitucionais. Passando a ser equivalentes às emendas constitucionais, isto significa que não poderão esses tratados ser denunciados.

2.5.6. A posição dos tratados internacionais de Direitos Humanos no Brasil

Devido à complexidade do tema e levando em conta a natureza da obra, dissertaremos sobre a aplicação dos tratados com base na jurisprudência do STF.

O posicionamento do Supremo Tribunal Federal, desde os anos 70 (RE 80.004, de 1977), sempre foi o de aceitar a paridade hierárquica entre todos os tratados internacionais (de direitos humanos ou não) e a legislação ordinária. Sendo assim, como um tratado restaria no mesmo nível valorativo de uma lei, qualquer conflito entre ambos poderia ser solucionado pelos critérios da especialidade e da cronologia.

Ocorre que, hoje, para responder à pergunta sobre a aplicação e sobre a posição dos tratados no ordenamento jurídico brasileiro, conforme o STF, deve ser feita distinção entre tratados comuns ou tradicionais (que não versam sobre direitos humanos) e tratados sobre direitos humanos.

Quanto aos comuns, a posição do Supremo ainda é a mesma desde 1977, ou seja, eles têm o mesmo valor de uma lei ordinária. Aplica-se, portanto, em caso de conflito, os critérios acima citados. Este é o entendimento atual quanto aos tratados não consagradores de artigos protetores da pessoa humana. Para os monistas, o STF estaria consagrando, em relação às convenções tradicionais, o monismo moderado (tratado=lei).

A inovação, ainda que tímida, diz respeito à aplicação dos tratados sobre direitos humanos.

Tudo começou com a discussão sobre a possibilidade ou não de prisão civil de depositário infiel no Brasil.

POSIÇÃO DO STF

O assunto já encontra, por sinal, consagração na Súmula Vinculante 25 do STF: "É ilícita a prisão civil de depositário infiel, qualquer que seja a modalidade do depósito". Veja que a Súmula do Supremo não permite a prisão civil de depositário infiel de qualquer modalidade, independentemente de ser contratual ou judicial. Pertinente citar, ainda, a Súmula 419 do STJ, com a seguinte redação: "Descabe a prisão civil do depositário judicial infiel".

O primeiro precedente do Supremo que fomentou a edição do entendimento sumular vinculante 25 foi o RE 466.343, de 2005 (com decisão publicada em 12/12/2008), o que caracterizou um passo importante no caminhar do STF para se tornar uma Corte efetivamente humanizada e democrática, na linha do Estado Democrático de Direito de 1988.

ATENÇÃO

O princípio de interpretação da norma mais favorável à vítima (pro homine) influenciou o Acórdão acima mencionado, haja vista que o Tribunal escolheu para aplicação a norma mais favorável à pessoa, norma esta que foi objeto de um processo de revalorização frente às demais fontes do Direito interno.

No RE 466.343, que teve como Relator o Ministro Cezar Peluso, foi negado provimento e foi acatada a tese da supralegalidade. A prisão civil do depositário infiel foi considerada **incompatível com o Pacto de San José da Costa Rica, o qual, com essa nossa jurisprudência, passa a ter o caráter supralegal (acima da legislação ordinária e abaixo da CF). O documento supralegal precisa ser compatível**

com a CF, tanto que é objeto de controle abstrato de constitucionalidade, afinal, conforme já exarado pelo Pretório Excelso, o exercício do *treaty-making power* pelo Estado brasileiro "está sujeito à observância das limitações jurídicas emergentes do texto constitucional. Os tratados celebrados pelo Brasil estão subordinados à autoridade normativa da Constituição da República" (MI 772, Rel. Min. Celso de Mello, Pleno – STF, J. 24/10/2007).

Com a realocação valorativa na pirâmide normativa brasileira, o Direito Internacional dos Direitos Humanos passa a exigir uma dupla compatibilidade vertical das normas infraconstitucionais, já que estas devem ser compatíveis com a Constituição (controle de constitucionalidade) e com as convenções sobre direitos do homem (controle de convencionalidade).

A supralegalidade das normas humanitárias espraiou-se pelas Cortes nacionais.

POSIÇÃO DO STJ

"A Convenção Americana sobre Direitos Humanos, em seu art. 7º, § 7º, vedou a prisão civil do depositário infiel, ressalvada a hipótese do devedor de alimentos. Contudo, a jurisprudência pátria sempre admitiu a constitucionalidade do art. 5º, LXVII, da CF/1988, o qual prevê expressamente a prisão do depositário infiel. Isso em razão de o referido tratado internacional ter ingressado em nosso ordenamento jurídico na qualidade de norma infraconstitucional, porquanto, com a promulgação da Constituição de 1988, inadmissível seu recebimento com força de emenda constitucional. A edição da EC n. 45/2004 acresceu ao art. 5º da CF/1988 o § 3º, estabelecendo novo panorama nos acordos internacionais relativos a direitos humanos em território nacional. A CF/1988, de índole pós-positivista e fundamento de todo o ordenamento jurídico, expressa, como vontade popular, que a República Federativa do Brasil (...). O Pretório Excelso, realizando interpretação sistemática dos direitos humanos fundamentais, promoveu considerável mudança acerca do tema em foco, assegurando os valores supremos do texto magno. O órgão pleno da Excelsa Corte, por ocasião do histórico julgamento do RE 466.343-SP, Relator Min. Cezar Peluso, reconheceu que os tratados de direitos humanos têm hierarquia superior à lei ordinária, ostentando status normativo supralegal, o que significa que toda lei antagônica às normas emanadas de tratados internacionais sobre direitos humanos é destituída de validade, máxime em face do efeito paralisante dos referidos tratados em relação às normas infralegais autorizadoras da custódia do depositário infiel. Dessa forma, no plano material, as regras provindas da Convenção Americana de Direitos Humanos, em relação às normas internas, são ampliativas do exercício do direito fundamental à liberdade, razão pela qual paralisam a eficácia normativa da regra interna em sentido contrário, haja vista que não se trata aqui de revogação, mas de invalidade. Precedentes citados do STF (...)" (REsp 914.253-SP, Rel. Min. Luiz Fux, STJ, J. 02/12/2009).

É imprescindível ressaltar que a teoria da supralegalidade, vitoriosa no Pretório Excelso, é condizente com o recente texto do § 3º do art. 5º da CF.

Dessa feita, um tratado de direitos humanos poderá ser aprovado pelo Congresso com os requisitos das emendas constitucionais, ingressando em nosso ordenamento, material e formalmente, com força de norma constitucional, assim não o sendo apenas descerá um nível da pirâmide, ao patamar de fonte supralegal.

Resta, destarte, desenhar a resposta ao seguinte questionamento: quais andares podem ser habitados pela norma internacional sobre direitos dos homens?

Para melhor compreensão elaboramos o seguinte esquema:

SUPRACONSTITUCIONAL	– O tratado sobre direitos humanos estaria acima da Constituição. Tese ainda não consagrada no Brasil. Apenas levantada pontualmente por alguns doutrinadores, como o Emérito Professor Celso D. Albuquerque Mello. Há quem tente sustentar que, com arrimo no § 4º do art. 5º da CF, haveria abertura para a supraconstitucionalidade (GOMES; MAZZUOLI, 2010, pp. 80 *et seq*).
CONSTITUCIONAL	– Antes mesmo do atual § 3º do art. 5º da CF (equivalente às emendas), *já se defendia a possibilidade de recepção dos tratados de direitos humanos com valor material de norma constitucional* (MAZZUOLI, 2007), *só que com base na cláusula material ou de abertura do § 2º do mesmo art. 5º*. Esse foi também o voto (vencido) do Ministro Celso de Mello do STF, durante o julgamento do RE 466.343. Agora, com o mencionado § 3º, as convenções de direitos humanos podem ter, material e formalmente, valor de norma constitucional.
SUPRALEGAL	– Se não equivalentes às emendas constitucionais, as convenções de direitos do homem são supralegais, acima da lei e abaixo da CF. Esse é o valor mínimo que podem possuir. Essa foi a tese vencedora norteada pelo voto do Ministro Gilmar Mendes, do STF, quando do julgamento do RE 466.343.
LEGAL	– Na atualidade, somente os tratados tradicionais ou comuns podem *habitar esse andar térreo do prédio normativo brasileiro*, o que configura a paridade hierárquica há décadas já aplicada pelo STF.

Em relação aos tratados de direitos humanos incorporados antes da inclusão do § 3º do art. 5º da CF, o que ocorreu em 2004, também não pairam dúvidas em galgá-los, no mínimo, ao caráter supralegal. Agora, nada impede, conforme vem se entendendo de forma majoritária, que o Congresso os reaprecie e os eleve à categoria de equivalentes às emendas constitucionais (PEDRAS, 2010, p. 22).

POSIÇÃO DO STF

O Supremo, ao decidir sobre os direitos das pessoas portadoras de necessidades especiais, lançou olhares sobre o importante e recente § 3º acima escrito e reverenciou a Convenção com status constitucional. Vejamos o julgado de 2013: "A ordem constitucional brasileira, inaugurada em 1988, trouxe desde seus escritos originais a preocupação com a proteção das pessoas portadoras de necessidades especiais, construindo políticas e diretrizes de inserção nas diversas áreas sociais e econômicas da comunidade (trabalho privado, serviço público, previdência e assistência social). Estabeleceu, assim, nos arts. 227, § 2º, e 244, a necessidade de se conferir amplo acesso e plena capacidade de locomoção às pessoas com deficiência, no que concerne tanto aos logradouros públicos, quanto aos veículos de transporte coletivo, determinando ao legislador ordinário a edição de diplomas que estabeleçam as formas de construção e modificação desses espaços e desses meios de transporte. Na mesma linha afirmativa, há poucos anos, incorporou-se ao ordenamento constitucional a Convenção Internacional sobre os Direitos das Pessoas com Deficiência, primeiro tratado internacional aprovado pelo rito legislativo previsto no art. 5º, § 3º, da CF, o qual foi internalizado por meio do Decreto presidencial 6.949/2009. O art. 9º da convenção veio justamente reforçar o arcabouço de proteção do direito de acessibilidade das pessoas com deficiência" (ADI 903, Rel. Min. Dias Toffoli, STF, J. 22/05/2013).

Como fechamento do item atual, extraímos do exposto supra que se as convenções sobre direitos do homem possuem, no mínimo, valor supralegal (caso não aprovadas pelo Congresso com os requisitos das emendas), cabe, então, gizar que a legislação ordinária brasileira, além da tradicional compatibilidade constitucional (controle de constitucionalidade), deve também guardar compatibilidade convencional (controle de convencionalidade). Vislumbramos, consequentemente, o fenômeno da dupla compatibilidade vertical.

2.5.7. Controle jurisdicional da convencionalidade

Pesquisados os assuntos mais relevantes do Direito dos Tratados e, no término do item, tendo sido trabalhado o *status* do Direito Internacional dos Direitos Humanos no Brasil, de acordo com o STF, resta, então, tecer considerações sobre temática de recente surgimento, o **controle jurisdicional da convencionalidade** (MAZZUOLI, 2009).

Tentar-se-á compreender o assunto partindo-se da premissa de que os tratados de direitos humanos podem ter valor constitucional (equivalentes às emendas, conforme § 3º do art. 5º da CF) ou supralegal (de acordo com recente posição do Supremo).

Se a intenção é delinear sobre controle, isso induz à ideia de que há normas superiores e normas inferiores. Independentemente do caráter da convenção sobre direitos humanos (se supralegal ou se equivalente às emendas), fato é que a legislação infraconstitucional interna não pode prevalecer sobre os ditames internacionais convencionais humanistas. Logo se percebe que, atualmente, as leis devem ostentar dupla compatibilidade vertical, atendendo ao texto da CF (controle de constitucionalidade) e ao texto das convenções de direitos humanos (controle de convencionalidade).

Os tratados de direitos humanos com *status* supralegal – que foram incorporados antes da EC 45 de 2004 ou que, embora posteriores, não foram aprovados com os requisitos das emendas – caracterizam-se por veicularem normas que estão acima da legislação ordinária e abaixo da CF; é a situação do já referido Pacto de San José da Costa Rica ou Convenção Americana sobre Direitos Humanos. Logo, as leis internas do Brasil que contrariem o disciplinado em tratado supralegal podem ser consideradas ilegais.

Tal ilegalidade é passível de manifestação concreta por qualquer magistrado no trâmite de um processo, independentemente de provocação. Não é juridicamente possível, nesses casos, o recurso à Ação Direta de Inconstitucionalidade, Ação Declaratória de Constitucionalidade e Arguição de Descumprimento de Preceito Fundamental, pela simples razão de não se tratar de afronta a preceito constitucional, mas sim supralegal.

De outra banda, se uma lei contrariar tratado de direitos humanos inserido no ordenamento interno pelo regime do § 3º do art. 5º, ou seja, material e formalmente constitucional, há uma situação de inconstitucionalidade. E essa mácula pode ser combatida por meio de dois caminhos, quais sejam: o sistema difuso, em que o juiz reconhece a inconstitucionalidade no desenrolar de processo, independentemente de provocação; e o sistema concentrado, dentro do qual o STF conhece da inconstitucionalidade por provocação, conforme arts. 102 e 103 da CF, mediante julgamento nas Ações Direta, Declaratória e de Arguição de Descumprimento.

Posição do STJ

"1. A violação direta de convenção internacional supralegal deve ser alegada em recurso extraordinário interposto na origem e com agravo à Corte Suprema pendente. 2. Interpretações de Cortes internacionais a respeito de disposições convencionais de natureza supralegal devem ser submetidas à Corte competente para analisar a matéria. Ainda que se considere possível a apreciação da violação da norma federal infraconstitucional à luz das convenções internacionais por este Tribunal, na espécie, não se verifica a incompatibilidade entre os entendimentos jurisprudenciais internacionais e nacionais acerca do momento preciso de oitiva das comunidades indígenas. 3. As disposições legais e convencionais invocadas não definem o momento preciso em que deve ocorrer a consulta prévia, embora exijam serem anteriores à execução do empreendimento e ainda por ocasião do planejamento. Hipótese em que se condicionou a continuidade do planejamento à efetiva participação dos povos tradicionais afetados no licenciamento ..." (Resp 1704452, Min. Rel. Og Fernandes, STJ, J. 10/03/2020).

3. TÓPICO-SÍNTESE

TÓPICO-SÍNTESE: Direito Constitucional Internacional e Tratados Internacionais sobre Direitos Humanos	
Direito Constitucional Internacional	– Brota da interação da Constituição Federal com o Direito Internacional. As normas constitucionais que atinem às relações exteriores da República Federativa do Brasil, as que dizem respeito aos direitos fundamentais (em sentido *lato*), as relacionadas à incorporação dos tratados e seus *status* e, inclusive, os princípios fundamentais e bens da União materializam o *Direito Constitucional Internacional.*
Tratados internacionais sobre direitos humanos	– Os tratados internacionais sobre direitos humanos realmente merecem atenção especial, porque são diferenciados, podendo ser classificados como tema imprescindível do Direito Constitucional Internacional. Essa peculiaridade se deve, dentre outras razões, ao fato de o STF ter assegurado recentemente *status*, no mínimo, *supralegal* dentro da nova pirâmide normativa brasileira.
A Convenção de Viena sobre Direito dos Tratados de 1969	– O Direito dos Tratados encontra aconchego, especialmente, na Convenção de Viena sobre Direito dos Tratados, de 26 de maio de 1969, que entrou em vigor, em âmbito internacional, em 27 de janeiro de 1980. O depósito da ratificação brasileira ocorreu no dia 25 de setembro de 2009 junto ao Secretário-Geral da ONU. A promulgação presidencial aconteceu em 14 de dezembro de 2009, por meio do Decreto 7.030.

Processo de celebração dos tratados	– Cada Estado soberano estabelece suas normas internas para a celebração dos tratados internacionais. É assunto reservado à competência estatal, contudo, com a incorporação da Convenção de Viena de 1969 pelo Brasil e com a tendência de padronização – até mesmo como forma de harmonizar a vivência internacional – as normas internacionais têm cada vez mais capacidade de influência na processualística de celebração.
O STF e o processo de celebração na CF	– "(...) A recepção de acordos celebrados pelo Brasil no âmbito do MERCOSUL está sujeita à mesma disciplina constitucional que rege o processo de incorporação, à ordem positiva interna brasileira, dos tratados ou convenções internacionais em geral. (...) PROCEDIMENTO CONSTITUCIONAL DE INCORPORAÇÃO DE CONVENÇÕES INTERNACIONAIS EM GERAL E DE TRATADOS DE INTEGRAÇÃO (MERCOSUL). – A recepção dos tratados internacionais em geral e dos acordos celebrados pelo Brasil no âmbito do MERCOSUL depende, para efeito de sua ulterior execução no plano interno, de uma sucessão causal e ordenada de atos revestidos de caráter político-jurídico, assim definidos: (a) aprovação, pelo Congresso Nacional, mediante decreto legislativo, de tais convenções; (b) ratificação desses atos internacionais, pelo Chefe de Estado, mediante depósito do respectivo instrumento; (c) promulgação de tais acordos ou tratados, pelo Presidente da República, mediante decreto, em ordem a viabilizar a produção dos seguintes efeitos básicos, essenciais à sua vigência doméstica: (1) publicação oficial do texto do tratado e (2) executoriedade do ato de direito internacional público, que passa, então – e somente então – a vincular e a obrigar no plano do direito positivo interno. Precedentes". O SISTEMA CONSTITUCIONAL BRASILEIRO NÃO CONSAGRA O PRINCÍPIO DO EFEITO DIRETO E NEM O POSTULADO DA APLICABILIDADE IMEDIATA DOS TRATADOS OU CONVENÇÕES INTERNACIONAIS (...)" (CR 8279 AgRg/AT, Min. Rel. Celso de Mello, STF, J. 17/06/1998).
As quatro fases solenes	– Há quatro fases solenes que devem ser respeitadas para a recepção de tratados internacionais. Começa com as negociações preliminares e assinatura, quando então o documento, num segundo momento, será submetido, internamente, ao Congresso Nacional para referendo. Em caso de aprovação, juízo positivo do Parlamento, numa terceira fase, manifesta-se o Chefe de Estado, que poderá ratificar o documento, e, se assim proceder, numa quarta e última etapa, mediante Decreto, o Presidente da República promulgará e publicará o tratado.

Denúncia dos tratados de direitos humanos	– A denúncia de um tratado é modalidade de extinção do documento, consistindo em ato unilateral do Estado – mais especificamente, do Chefe de Estado, mediante Decreto – que manifesta a vontade de não mais se obrigar a uma norma internacional. Frise-se: não há a participação do Congresso Nacional no ato de denúncia, o que se critica veementemente. *É entendimento moderno em crescimento o de que os tratados que versam sobre direitos humanos não sejam suscetíveis à denúncia.*
A posição dos tratados internacionais de direitos humanos no Brasil	– Se não equivalentes às emendas constitucionais, as convenções de direitos do homem são supralegais, acima da lei e abaixo da CF. Este é o valor mínimo que podem possuir.
Controle jurisdicional da convencionalidade	– Independentemente do caráter da convenção sobre direitos humanos (se supralegal ou se equivalente às EC), fato é que a legislação infraconstitucional interna não pode prevalecer sobre os ditames internacionais convencionais humanistas. Logo se percebe que, atualmente, as leis devem ostentar dupla compatibilidade vertical, atendendo ao texto da CF (controle de constitucionalidade) e ao texto das convenções de direitos humanos (controle de convencionalidade).

Capítulo

5

DIREITO INTERNACIONAL DOS DIREITOS HUMANOS

Leia a Lei

- *Carta das Nações Unidas, de 1945; e Declaração Universal dos Direitos Humanos, de 1948.*

O processo de *reconstrução dos direitos humanos* no período posterior à Segunda Guerra Mundial (1945) fomentou uma nova mentalidade, o que resultou na emergência do **Direito Internacional dos Direitos Humanos**, bem como, influiu, fortemente, no Direito Constitucional do ocidente, que *vestiu* roupagem mais aberta a princípios e a valores, com pesada ênfase para a *dignidade humana*. Com o término do Grande Conflito, com a criação da ONU em 1945 e com a adoção da Declaração Universal em 1948 começa a ser delineado o sistema normativo internacional de proteção dos direitos humanos.

1. DA PAZ DE VESTEFÁLIA AO TÉRMINO DA SEGUNDA GUERRA

A Paz de Vestefália foi celebrada em 1648 (GROSS, 1948) com o objetivo de findar a violenta e duradoura **Guerra dos Trinta Anos**, que envolvia facções religiosas. Assim sucedeu com a celebração do Tratado de Paz de Vestefália.

Com a celebração do Tratado westfaliano uma nova sistemática é instaurada, uma nova lógica emerge como modeladora da sociedade então consolidada.

Após a assinatura do documento, em 1648, é imprescindível destacar que: a ordem internacional da cristandade, dominada pela Igreja, dá lugar à ordem do Estado-nação, dotado de território e titular de soberania; consolida-se o Estado soberano que até hoje se conhece; consolida-se o Direito Internacional; antes de 1648, o poder, em todas as suas compreensões, estava centrado nas mãos da Igreja, após, com a Paz, ele passa a ser exercido pelo monarca.

Como se vê, estava-se frente a uma nova ordem internacional. Essa moldura sociointernacional é composta por **quatro elementos**: soberania, territorialidade, autonomia e legalidade. Com o desenvolvimento de tais conceitos, outros tantos institutos acabam por ser acatados, a título de exemplo, pode ser citado o princípio da não intervenção.

ATENÇÃO

Impende destacar que, após 1648, uma distinção antes não existente passa a ser feita. A vis directiva se aparta da vis coativa. A primeira é atribuída à Igreja, porque cabe a ela se utilizar de elementos psicológicos e argumentativos para "salvar" as pessoas, não lhe sendo mais autorizado se valer da coação para converter os fiéis. Enquanto que a vis coativa passa a ser centralizada dentro das competências do Estado, somente ele pode se utilizar da força, de forma soberana, dentro de seu território, onde, autonomamente, garante a ordem e a legalidade.

Não só o Estado soberano é consolidado com o *Modelo de Vestefália* (KRASNER, 1997, p. 651), mas também a sociedade internacional. Esse modelo de sociedade estruturada somente no Estado – tanto que a lógica *westfaliana* é representada pela figura do **Estado pelo Estado** – perdurou de 1648 até 1945, quando do término da Segunda Guerra Mundial (em 1945).

Constata-se que, logo após o cessar da Grande Guerra, há outros desenrolares históricos que foram decisivos para o rompimento ou, no mínimo, para a remodelação da lógica então em vigor (do Estado pelo Estado), que cedeu espaço à lógica **do Estado pelo indivíduo.**

Novas fontes do Direito Internacional surgem e novos sujeitos aparecem, caracterizando um novo cenário. No pós-1945, os países se mostram incapazes de atender a direitos básicos e parecem estar inabilitados para frear a *ferocidade* dos mercados liberais.

Com isso, o conceito *westfaliano*, clássico e fechado, de soberania é também revisto. Os Estados demandam auxílio externo e precisam, paradoxalmente, fomentar a integração, dando causa à formação de blocos regionais (MACHADO; DEL´OLMO, 2011).

ATENÇÃO

Ex parte principis X Ex parte populi. *Após 1945, instaura-se uma nova mentalidade, e um "marco importante foi a substituição da perspectiva* ex parte principis *(marcada por aqueles que detêm o poder, querendo conservá-lo a qualquer custo) pela perspectiva ex parte populi (evidenciada por aqueles que se encontram submetidos ao poder)" (GUERRA, 2006, p. 99).*

1.1. Redefinição do conceito de soberania

O conceito tradicional de soberania, em que o Estado era *todo poderoso*, não admitindo limites ou intromissões em suas ações, modificou-se. Esse conceito *comporta hoje uma interpretação relativizada, em que a ingerência, por meio das organizações internacionais* (v.g.: ONU e OEA), *encontra guarida nos próprios tratados e no fato de as nações não mais possuírem meios e recursos para sanarem problemas de alta gravidade e complexidade, tais como violação dos direitos humanos, catástrofes ambientais, miséria continental e conflitos bélicos.*

Sobre a temática, calha trazer à baila o art. 2º, § 7º, da Carta da Organização das Nações Unidas (ONU), cujo conteúdo apregoa que nenhum dispositivo desta autoriza a organização a intervir em assuntos que dependam essencialmente da jurisdição de qualquer Estado, isto é, que sejam de seu domínio reservado (TRINDADE, 2002, p. 416). Eis o princípio da não intervenção em assuntos internos, que orienta a relação da ONU com seus membros. Tal normativa sepulta o conceito clássico de soberania, haja vista que possibilita a intervenção extranacional em determinados assuntos, desde que em caráter excepcional.

De tudo, infere-se que o art. 2º, § 7º, da Carta, preceitua que um órgão das Nações Unidas não intervirá no que diz respeito a assuntos que dependam essencialmente da jurisdição interna. Conclui-se, assim, que, se não há essa dependência, pode haver ingerência em questões sobre, *v.g.*, direitos humanos e proteção aos refugiados. E quem define se o assunto é de interesse interno ou de interesse internacional são os próprios órgãos da ONU.

ATENÇÃO

Na União Europeia (UE) surge um conceito ainda mais avançado, uma forma de flexibilizar ainda mais a compreensão de soberania. O princípio da não intervenção acima exposto, previsto na Carta da ONU, é posto pela UE de forma mais nítida, definida e acentuada. No âmbito do bloco europeu, os Estados aceitam delegar competências às instituições europeias, e passam a respeitar as decisões emanadas de instituições **supranacionais** *(MACHADO; DEL'OLMO, 2011).*

1.2. Sociedade internacional pós-1945

A nova compreensão que se tentou dar ao conceito de soberania e as benesses da mudança de paradigma, especialmente para os indivíduos (*lógica do Estado pelos indivíduos*), não podem camuflar as falhas e incompletudes ainda presentes na sociedade internacional, mesmo após 1945. Talvez sejam algumas de suas características as barreiras que dificultam sua maior evolução em certos pontos. *A sociedade atual é tida como universal, paritária, aberta e descentralizada* (MELLO, 2000, p. 48).

Mesmo com a expansão do Direito Internacional e a releitura de institutos, como a soberania, a fragilidade dos vínculos existentes entre os Estados leva *à ideia de que ainda estamos frente a uma sociedade internacional frágil*, haja vista que impera, infortunadamente, a divergência entre os sujeitos do Direito Internacional; há que se aferir que vigora um "vínculo de suportabilidade" (MAZZUOLI, 2012, pp. 47-52) *justificador das constantes tensões entre os Estados.*

O *vínculo da suportabilidade* é linha tênue que ainda conduz as relações. Sua fragilidade é comprovada pelas intermináveis controvérsias que, muitas vezes, resultam em guerras.

1.3. A expansão do Direito Internacional

O Direito Internacional ou Direito das Gentes assume, gradativamente, roupagem compatível com a conjuntura que se formou após 1945. A globalização é um dos fatores determinantes para essa nova postura.

O *Direito das Gentes foi alargado*, percebendo-se *o aumento de temas e objetos de estudo.* Há uma complementação dos assuntos clássicos pelos temas da agenda global, merecendo destaque o Direito Internacional do Meio Ambiente, do Desenvolvimento Sustentável e o Direito Internacional dos Direitos Humanos. Além da expansão do objeto, há também uma maior normatividade, com o surgimento de novas fontes. Ademais, *o rol de sujeitos é revisto, ou seja, a personalidade internacional é ampliada, novos entes ganham capacidade para atuarem ativa e passivamente em âmbito internacional, e.g.*, como os indivíduos.

1.4. Direito Internacional da atualidade

Não se sabe se o Direito Internacional depende da História ou se essa depende daquele. Mas é cediço que um oferece embasamento ao outro, numa natural relação de complementação.

A única certeza é que sempre haverá um Direito Internacional novo, da atualidade, em constante processo de pós-modernização, com novos percalços a serem enfrentados.

Os novos desafios passam pela pacificação de conflitos internos de cunho racial ou religioso e pela constante preocupação com os direitos humanos e o meio ambiente. Desse contexto é que se consolida um novo ramo do Direito Público, chamado Direito Internacional dos Direitos Humanos (*International Human Rights Law*).

2. DIREITO INTERNACIONAL DOS DIREITOS HUMANOS (DIDH)

Muitos aspectos relacionados ao Direito Internacional dos Direitos Humanos (DIDH) já foram estudados no capítulo atinente à Teoria Geral dos Direitos Humanos, v.g., definições, características dos direitos e gerações. Ademais, os próximos capítulos sobre sistema global e sistemas regionais são a essência desta disciplina, porque eles corporificam as normas internacionais de proteção aos homens.

Caberá, aqui, retomar o que for mais pertinente e redefinir aspectos pontuais.

O DIDH é um novo ramo, com princípios próprios, autonomia e especificidade e, atualmente, no Brasil, pode apresentar hierarquia constitucional, conforme o recente § 3º do art. 5º da CF, sem descurar do fato de possuírem, no mínimo, valor supralegal. O DIDH nasce com a mentalidade de que todo indivíduo é titular de direitos e merece atenção, independentemente da nacionalidade ou qualquer outra condição.

E mais, a complementaridade e comunicabilidade entre os diferentes sistemas (interno e internacional; global e regionais) deve-se ao DIDH, que se consolidou no período pós-guerra. Entretanto, é necessário reconhecer que o seu surgimento deve-se também a outros precedentes históricos importantes, os quais tiveram papel decisivo para a redefinição do conceito de soberania, expansão do Direito Internacional e consolidação de uma nova lógica internacional, em que se exalta o indivíduo, como novo sujeito do Direito Internacional.

2.1. Gênese do DIDH

Desde o fim da Segunda Guerra Mundial (1945), em consequência das atrocidades cometidas nesse período, a proteção aos direitos humanos constitui um dos mais importantes temas do Direito Internacional da atualidade.

No esforço de "reconstrução dos direitos humanos do Pós-Guerra, há, de um lado, a emergência do Direito Internacional dos Direitos Humanos (...). Vale dizer, no âmbito do Direito Internacional, começa a ser delineado o sistema normativo internacional de proteção dos direitos humanos. É como se se projetasse a vertente de um constitucionalismo global, vocacionado a proteger direitos fundamentais e a limitar o poder do Estado, mediante a criação de um aparato internacional de proteção de direitos" (PIOVESAN, 2006, p. 11).

O DIDH é a fonte dos sistemas internacionais e tem como seu primeiro antecedente histórico a Paz de Vestefália de 1648, aqui já delineada. Contudo, outros precedentes mais concretos foram também decisivos, quais sejam: *o Direito Internacional Humanitário, a criação da Liga das Nações e a criação da Organização Internacional do Trabalho (OIT)*. Esses três marcos, em conjunto, contribuíram para difundir a ideia de que a tutela dos direitos humanos é também questão de interesse extra-fronteiras e não apenas interno dos Estados.

2.1.1. Direito Internacional Humanitário

O **Direito Internacional Humanitário, Direito das Guerras** ou **dos Conflitos Armados**, surgido no século XIX, tem como objetivo proteger a pessoa durante os conflitos armados. O DIDH, inclusive, foi fortemente influenciado pelo Direito dos Conflitos Armados.

O "direito internacional humanitário regulamenta as situações de conflito armado, com o intuito de proteger ao máximo os envolvidos – direta (militares) ou indiretamente (civis e outros) – no conflito, minimizando os seus danos. Também é conhecido pelo nome de direito dos conflitos armados. A peculiaridade do direito humanitário é que ele não proíbe a guerra ou o atentado contra a vida e a saúde dos que estão no campo de batalha, mas sim cria regras para que isso ocorra de uma maneira menos brutal" (OLIVEIRA; LAZARI, 2019, p. 159).

A base desse ramo do Direito Internacional Público, o das Guerras, está nas quatro Convenções de Genebra de 1949 e nos seus Protocolos Adicionais de 1977. As quatro Convenções de Genebra de 1949 são: Convenção de Genebra para proteção dos feridos e doentes das Forças Armadas em campanha; Convenção de Genebra que protege os feridos, doentes e náufragos das Forças Armadas no mar; Convenção de Genebra que protege os prisioneiros de guerra; e Convenção de Genebra que protege a população civil.

O Direito Humanitário, em sentido amplo, ainda pode ser classificado em: Direito de Genebra (Convenções de Genebra de 1949 e Protocolos Adicionais), Direito de Haia (Convenções de Haia de 1899) e Regras de Nova Iorque (atuação da ONU na defesa dos direitos humanos em tempo de guerra, conforme Resolução 2444).

O mais conhecido e importante defensor do Direito Humanitário é o *Movimento da Cruz Vermelha.* Este é formado por 186 Sociedades Nacionais da Cruz Vermelha e do Crescente Vermelho, pelo Comitê Internacional da Cruz Vermelha e pela Federação Internacional das Sociedades da Cruz Vermelha. Os princípios do movimento são: humanidade, imparcialidade, neutralidade, independência, voluntariado, unidade e universalidade.

As missões do Movimento Internacional da Cruz Vermelha e do Crescente Vermelho são: prevenir e amenizar o sofrimento humano em todas as circunstâncias; proteger a vida e a saúde e fazer respeitar a pessoa humana, em particular, em tempos de conflito armado e em outras situações de urgência; trabalhar na prevenção de doenças e na promoção da saúde e do bem-estar social; e encorajar a ajuda voluntária e a disponibilidade dos membros do Movimento, além do sentimento universal de solidariedade com todos os que têm necessidade dessa assistência.

ATENÇÃO

Um dos mecanismos mais importantes para o respeito ao Direito Humanitário é o da ***assistência humanitária****. Impende destacar que* ***assistência humanitária*** *mostrava-se muito difícil, pois dependia da anuência dos Estados quando os necessitados estavam* *localizados em seus territórios. A soberania situava-se acima da proteção dos necessitados. Em razão dessa dificuldade, a ONU criou a Comissão Independente sobre as Questões Humanitárias Internacionais, instituída em 1983. Atualmente, para o Direito Internacional (Carta da ONU, art. 2º, IV), a ajuda humanitária não viola o princípio da não intervenção. Ademais, o socorro às vítimas é hoje corolário do direito à saúde. A ingerência humanitária não afronta a soberania e pauta-se no princípio da atuação subsidiária. Esse entendimento encontra aconchego nas normas da ONU.* ***Corredores humanitários:*** *são os que viabilizam o acesso às vítimas; são locais (terrestres ou aéreos) onde há a cessação das hostilidades durante um conflito, para fins de atendimento às vítimas.*

POSIÇÃO DO CONSELHO DE SEGURANÇA DA ONU

De acordo com a Resolução 2467, de 2019, o Conselho de Segurança reiterou sua demanda de cessação completa de todos os atos de violência sexual em situações de conflitos armados e conclamou todas as partes a implementarem medidas preventivas, investigativas e corretivas, garantindo a culpabilidade dos responsáveis por esses atos. Ademais, reconheceu que, embora em números desproporcionais, homens e meninos também são alvos de atos de violência sexual em conflitos e conclamou os Estados a fortalecerem políticas que ofereçam respostas adequadas aos sobreviventes do sexo masculino.

2.1.2. Liga das Nações

As barbáries da Primeira Grande Guerra (1914-1918) geraram um sentimento de necessidade de pacificação. Dessa forma, celebrou-se o **Tratado de *Versailles***, em 28 de junho de 1919, procurando-se assegurar a paz com a Alemanha derrotada. Em anexo a esse documento foi aprovado o **Pacto da Sociedade das Nações ou Liga das Nações**.

A Liga era uma organização internacional constituída por uma Assembleia e por um Conselho Executivo, que pretendia ser um fórum aberto a todos os Estados para solução das controvérsias. Embora a entidade já se preocupasse com temas como minorias étnicas, seu principal objetivo era assegurar a paz, intenção não concretizada face à eclosão da Segunda Guerra em 1939 (finalizada em 1945).

As Nações Unidas (ONU) foram criadas em substituição à Sociedade das Nações ou Liga das Nações.

2.1.3. Organização Internacional do Trabalho (OIT)

A Organização Internacional do Trabalho (OIT) é um dos pontos centrais do *Direito Internacional do Trabalho.* Esta disciplina tem amplo campo de abordagem, atinente, principalmente, à proteção dos direitos humanos de segunda dimensão (econômicos, sociais e culturais).

Embora a doutrina fixe como nascedouro do Direito Internacional dos Direitos Humanos o período posterior a 1945, fato é que antes já havia convenções destinadas a assegurar um mínimo existencial social internacional. A Organização Internacional do Trabalho (OIT), por exemplo, funciona desde 1919.

A OIT foi criada em 1919 pelo Tratado de *Versailles*, ou Tratado de Paz, resultado da Conferência da Paz. Esse documento entrou em vigor em 10 de janeiro de 1920. A disciplina da organização constava, mais especificamente, na Parte XIII do Tratado (MACHADO, 2012, p. 236).

A OIT pertencia ao sistema da Liga das Nações, ambas, como acima exposto, criadas pelo Tratado de *Versailles* de 1919. Ocorre que a Sociedade das Nações falhou em seu mais importante desiderato: a manutenção da paz. Esse fato ocasionou sua substituição pela atual Organização das Nações Unidas. A ONU foi criada em 1945 pela Carta de São Francisco e perdura até os dias de hoje. Alguns meses após a instituição das Nações Unidas, no ano de 1946, a OIT, por meio de acordo específico, passou a compor o sistema dessa organização na condição de organismo especializado (MACHADO, 2012, p. 237).

Conforme o art. 1º da Constituição da OIT: "É criada uma Organização permanente encarregada de trabalhar para a realização do programa exposto no preâmbulo da presente Constituição e na Declaração relativa aos fins e objetivos da Organização Internacional do Trabalho, adotada em Filadélfia a 10 de Maio de 1944 e cujo texto se encontra em anexo a presente Constituição".

A organização está sediada, desde a sua fundação, em Genebra, na Suíça. Ela é uma **organização internacional, multilateral, intergovernamental, especial, permanente** e com **personalidade jurídica própria**, ostentando capacidade para atuar em âmbito internacional; podendo, para tanto, manter relações com Estados e outras organizações. É sujeito do Direito Internacional e possui quadro funcional próprio, estrutura permanente e sistema para edição, aplicação, interpretação e fiscalização das normas internacionais trabalhistas (MACHADO, 2012, p. 237).

ATENÇÃO

A produção normativa da OIT é representada pelas convenções, recomendações e resoluções. É importante notar que a atividade normativa, em sentido amplo, incluiria a própria Constituição e as Declarações complementares da OIT. ***As convenções da OIT*** *são tratados celebrados que assumem papel de suma importância internamente. Mais que compromissos internacionais, são fontes que complementam e enriquecem o quadro fundamental de direitos de segunda dimensão; as normas internacionais são uma complementação aos direitos sociais-trabalhistas já existentes.*

3. TÓPICO-SÍNTESE

TÓPICO-SÍNTESE: Direito Internacional dos Direitos Humanos	
DIDH	– O processo de reconstrução dos direitos humanos no período posterior à Segunda Guerra Mundial (1945) fomentou uma nova mentalidade, o que resultou na emergência do Direito Internacional dos Direitos Humanos. Com o término do Grande Conflito, com a criação da ONU em 1945 e com a adoção da Declaração Universal em 1948 começa a ser delineado o sistema normativo internacional de proteção dos direitos humanos.
Paz de Vestefália	– A Paz de Vestefália foi celebrada em 1648 com o objetivo de findar a violenta e duradoura Guerra dos Trinta Anos, que envolvia facções religiosas e caracterizava-se como um conflito, nitidamente, de cunho político-religioso. Assim sucedeu com a celebração do Tratado de Paz de Vestefália.
Expansão do Direito Internacional	– O Direito Internacional assume, gradativamente, roupagem compatível com a conjuntura que se formou após 1945. A globalização é um dos fatores determinantes para essa nova postura. O Direito das Gentes foi alargado, percebendo-se o aumento de temas e objetos de estudo.
Direito Internacional da atualidade	– Os novos desafios passam pela pacificação de conflitos internos de cunho racial ou religioso e pela constante preocupação de proteção aos direitos humanos e ao meio ambiente. Desse contexto é que se consolida um novo ramo do Direito Público, chamado Direito Internacional dos Direitos Humanos.
DIDH	– O DIDH é um novo ramo, com princípios próprios, autonomia e especificidade e, atualmente, no Brasil, apresenta hierarquia constitucional. O DIDH nasce com a mentalidade de que todo indivíduo é titular de direitos e merece proteção, independentemente da nacionalidade ou qualquer outra condição.

Gênese do DIDH	– O DIDH é a fonte dos sistemas internacionais de proteção aos direitos e tem como seu primeiro antecedente histórico a Paz de Vestefália de 1648. Contudo, outros precedentes mais concretos foram decisivos, quais sejam: o Direito Internacional Humanitário, a criação da Liga das Nações e a criação da Organização Internacional do Trabalho (OIT).

Capítulo

6

SISTEMA GLOBAL DE PROTEÇÃO

Leia a Lei

- *Carta das Nações Unidas, de 1945; Declaração Universal dos Direitos Humanos, de 1948; Pacto Internacional sobre Direitos Civis e Políticos, de 1966; e Pacto Internacional sobre Direitos Econômicos, Sociais e Culturais, de 1966.*

O tema sobre os sistemas já foi estudado em capítulo anterior. Cabe apenas, por ora, relembrar certos aspectos. Levando em conta o sistema internacional, só que sob um critério territorial ou de alcance e abrangência das normas internacionais, é possível adotar a classificação de **sistema global** e de **sistemas regionais (ou continentais)**.

Como já expressado, é sabido que o processo de expansão do Direito Internacional dos Direitos Humanos se desenvolveu em diferentes planos, em diferentes terrenos. Um de alcance global e universal (sistema global) e outros de alcance regional ou continental (sistemas regionais).

O sistema global ou universal é gerenciado pela Organização das Nações Unidas, a ONU, e é composto por imenso número de convenções, ora *gerais* (protegendo todas as pessoas indistintamente), ora *especiais*, protegendo determinado grupo de indivíduos (processo de especificação dos sujeitos).

1. TEORIA GERAL DAS ORGANIZAÇÕES INTERNACIONAIS (OI)

As OI conquistaram o posto de sujeitos do Direito Internacional (DI) mais recentemente, se comparadas aos Estados. Surgiram, efetivamente, no século XIX, mas ganharam notoriedade no século XX. Elas não dispõem de todas as competências atribuídas aos Estados soberanos, haja vista que suas atividades e suas estruturas estão assentadas nos tratados constitutivos, que podem ser conhecidos como "Cartas" (ex.: Carta da ONU) ou "Constituições" (ex.: Constituição da OIT).

Fala-se em uma **Teoria Geral das Organizações Internacionais**, o que condiz com suas importâncias e autonomias, pois são *produtoras e consumidoras* de normas internacionais, e atualmente são imprescindíveis para o trato multilateral dos temas globais, especialmente a proteção aos direitos humanos.

A sua personalidade jurídica internacional (são sujeitos do Direito Internacional) é classificada como derivada, possuindo campo de atuação, em regra, não tão amplo e genérico quanto o dos entes estatais. Contudo, se a OI for de atuação global e geral (como a ONU), sua influenciabilidade pode ser de alcance vasto, o que a permite ombrear com muitos países, e até se sobrevaler em relação aos mesmos.

Embora tenha sido reconhecida inicialmente por meio da jurisprudência (parecer no *Caso Bernadotte*, emitido pela Corte Internacional de Justiça, em 1949), atualmente a personalidade internacional de tais entes vem expressa em seus documentos constitutivos, o que lhes garante capacidade para atuar como sujeito nas mais diversas relações e para gozar de direitos e se vincular a deveres.

ATENÇÃO

Analisando-se as Cartas fundadoras (tratados constitutivos) das organizações internacionais, como a da OIT ou a da ONU, percebe-se que seus textos assemelham-se às Constituições dos Estados soberanos, com estruturas e princípios próprios. Veja-se o Acordo que criou a Organização Mundial do Comércio (OMC), que, expressamente, dispõe sobre os imprescindíveis princípios da não discriminação e da transparência. Trata-se da existência de um verdadeiro constitucionalismo internacional capitaneado pelos documentos multilaterais constitutivos das organizações internacionais.

As OI são sujeitos do DI, constituídas mediante tratados internacionais, regidas por normas de Direito das Gentes, com personalidade jurídica própria e caráter de permanência. Elas têm capacidade jurídica autônoma para atuação, expressando suas vontades (distintas das de seus membros) por meio dos órgãos que compõem seu quadro.

Dessa forma, as OI podem ser conceituadas como: entidades compostas por Estados, instituídas mediante tratados institutivos multilaterais, com aparelho institucional próprio e permanente, com personalidade jurídica própria (independente das de seus membros) e com o objetivo de tratar de assuntos de interesse comum por meio da cooperação multilateral.

Normalmente, o financiamento das organizações se dá com base no princípio da cotização, isto é, são estabelecidas cotas para pagamentos pelos Estados-membros, de acordo com a capacidade econômica de cada um. Há uma natural variação dos valores, conformada à pujança financeira dos países. É importante, por isso, que se estabeleça um limite máximo para contribuição por parte de um membro, sob pena de o predomínio financeiro de um se tornar domínio político sobre os demais no seio de uma organização internacional. A Carta da ONU prevê mecanismo de limitação dessa natureza.

Acerca do princípio da cotização, citamos as sempre sábias palavras do Professor Francisco Rezek, que assim explica: "Em regra, as cotizações estatais não são paritárias. Antes, correspondem à capacidade contributiva de cada Estado-membro, levada em conta sua pujança econômica" (REZEK, 2008, p. 257).

2. ORGANIZAÇÃO DAS NAÇÕES UNIDAS (ONU)

A Organização das Nações Unidas (ou, simplesmente, Nações Unidas) é a mais importante organização internacional da atualidade, atuando em vários campos de interesse da humanidade, desde proteção ao meio ambiente, aos direitos humanos e direito ao desenvolvimento até a manutenção da paz. Suas competências são amplas e flexíveis (TRINDADE, 2003, p. 20), o que permite constante atualização e amoldamento a novas funções.

A ONU é classificada como uma OI de atuação geral e de âmbito global. Ela foi criada pela Carta da ONU ou Carta de São Francisco, de 1945, a qual é um documento fundamental para a Teoria Geral das Organizações Internacionais, para o Direito Internacional e para o Direito Internacional dos Direitos Humanos. De acordo com Cançado Trindade, é consenso generalizado que a Carta das Nações Unidas "não é um tratado como qualquer outra convenção multilateral nem tampouco uma 'constituição'; é um tratado *sui generis*, a ser interpretado como tal, que dá origem a uma complexa entidade internacional (...)" (TRINDADE, 2003, p. 27).

> **_ATENÇÃO_**
>
> *A Carta das Nações Unidas, com 111 artigos, foi assinada em São Francisco, aos 26 de junho de 1945, após o término da Conferência das Nações Unidas sobre Organização Internacional, entrando em vigor aos 24 de outubro daquele mesmo ano. O Estatuto da Corte Internacional de Justiça, com 70 artigos, faz parte integrante da Carta.*

A *ONU é uma organização internacional (OI) com personalidade jurídica internacional e com ampla capacidade de atuação, sediada em Nova York, sendo um dos mais importantes sujeitos do DI, responsável pelo fomento do trato multilateral de temas internacionais.* Ela é integrada por Estados soberanos, contando com mais de 190 países-membros, sendo que, desse total, 51 formam a galeria dos integrantes fundadores, dentre eles, o Brasil.

As Nações Unidas foram criadas em substituição à Sociedade das Nações ou Liga das Nações. Esta última foi uma organização internacional idealizada em 28 de abril de 1919, em *Versailles*, que se originou da ânsia dos países vencedores da Primeira Guerra Mundial. O Tratado de *Versailles* foi assinado em 28 de junho de 1919 e, em sua primeira parte, estabelecia a Sociedade das Nações, encarregada, principalmente, pela manutenção da paz, devendo, assim, impedir a Segunda Guerra Mundial. Como se vê, falhou em seu desiderato e, em 1945, cedeu espaço à atual ONU (GROTIUS, 2005).

2.1. Propósitos e princípios

Os propósitos e os princípios da ONU estão preceituados nos primeiros artigos da sua Carta e demonstram quão ampla e fundamental é a sua atuação. Ademais, da leitura dos dois dispositivos iniciais (exigem leitura e interpretação em conjunto) infere-se que os propósitos (art. 1º) somente serão legítimos e possuidores de compatibilidade convencional se as ações perpetradas estiverem calcadas nos princípios (art. 2º). Resta claro que os fins não justificam os meios.

Com base nessa *condicionante normativa*, pode-se concluir que não se justifica a atitude de um determinado Estado que, com o fim de manter a paz (art. 1º, 1), usa da força sem autorização, afrontando a integridade territorial de outro Estado (art. 2º, 4).

ART. 1º DA CARTA DA ONU	ART. 2º DA CARTA DA ONU
Propósitos	**Princípios**
1. Manter a paz e a segurança internacionais e, para esse fim: tomar, coletivamente, medidas efetivas para evitar ameaças à paz, e reprimir os atos de agressão ou outra qualquer ruptura da paz, além de chegar, por meios pacíficos e de conformidade com os princípios da justiça e do direito internacional, a um ajuste ou solução das controvérsias ou situações que possam levar a uma perturbação da paz; 2. Desenvolver relações amistosas entre as nações, baseadas no respeito ao princípio de igualdade de direitos e de autodeterminação dos povos, e tomar outras medidas apropriadas ao fortalecimento da paz universal; 3. Conseguir uma cooperação internacional para resolver os problemas internacionais de caráter econômico, social, cultural ou humanitário, e para promover e estimular o respeito aos direitos humanos e às liberdades fundamentais para todos, sem distinção de raça, sexo, língua ou religião; 4. Ser um centro destinado a harmonizar a ação das nações para a consecução desses objetivos comuns.	1. A Organização é baseada no princípio da igualdade de todos os seus Membros. 2. Todos os Membros, a fim de assegurarem para todos em geral os direitos e vantagens resultantes de sua qualidade de Membros, deverão cumprir de boa-fé as obrigações por eles assumidas de acordo com a presente Carta. 3. Todos os Membros deverão resolver suas controvérsias internacionais por meios pacíficos, de modo que não sejam ameaçadas a paz, a segurança e a justiça internacionais. 4. Todos os Membros deverão evitar em suas relações internacionais a ameaça ou o uso da força contra a integridade territorial ou a dependência política de qualquer Estado, ou qualquer outra ação incompatível com os Propósitos das Nações Unidas. 5. Todos os Membros darão às Nações toda assistência em qualquer ação a que elas recorrerem de acordo com a presente Carta e se absterão de dar auxílio ao Estado contra o qual as Nações Unidas agirem de modo preventivo ou coercitivo. 6. A Organização fará com que os Estados que não são Membros das Nações Unidas ajam de acordo com esses Princípios em tudo quanto for necessário à manutenção da paz e da segurança internacionais. 7. Nenhum dispositivo da presente Carta autorizará as Nações Unidas a intervirem em assuntos que dependam essencialmente da jurisdição de qualquer Estado ou obrigará os Membros a submeterem tais assuntos a uma solução, nos termos da presente Carta; este princípio, porém, não prejudicará a aplicação das medidas coercitivas constantes do Capítulo VII.

2.2. Estados-membros e observadores

Somente Estados podem ser membros de pleno direito da ONU, o que lhes garante a possibilidade de participar dos processos de tomada de decisões, *i.e.*, podem debater e votar; atuando, dessa forma, diretamente nos rumos definidos pela organização. Contudo, não se trata de direito absoluto e incondicionado.

São considerados membros originários os Estados que, tendo participado na Conferência das Nações Unidas sobre a Organização Internacional, realizada em São Francisco, ou, tendo assinado, previamente, a Declaração das Nações Unidas, de 01 de janeiro de 1942, assinaram a Carta da ONU e a ratificaram, conforme seu art. 110.

> **ATENÇÃO**
>
> *Conforme art. 4º da Carta da ONU, a admissão de novos membros "fica aberta a todos os outros Estados amantes da paz que aceitarem as obrigações contidas na presente Carta e que, a juízo da Organização, estiverem aptos e dispostos a cumprir tais obrigações". O processo de ingresso será efetuado "por decisão da Assembleia Geral, mediante recomendação do Conselho de Segurança". Em contrapartida, há a possibilidade de expulsão, na esteira do art. 6º da Carta: "O membro das Nações Unidas que houver violado persistentemente os princípios contidos na presente Carta poderá ser expulso (...) pela Assembleia Geral mediante recomendação do Conselho de Segurança".*

Comungando-se com os Estados-membros, estão os observadores. Ao membro observador é assegurado apenas o direito à voz, ou seja, à manifestação de opinião na Assembleia, mas não ao voto. Dentro do rol de observadores há uma maior flexibilidade qualitativa, pois podem ser, além de Estados não membros, organizações não governamentais. São exemplos de integrantes observadores a Santa Sé e o Comitê Internacional da Cruz Vermelha.

2.3. Órgãos principais

Toda organização internacional deve ter uma estrutura orgânica permanente. A ONU não foge a isso. Entretanto, em razão da densificação de seus desideratos, o quadro orgânico das Nações Unidas é poroso e complexo, integrado por órgãos principais e outras entidades subsidiárias.

A Carta da ONU estabelece quem são os órgãos principais, de acordo com seu art.7º:

ÓRGÃOS PRINCIPAIS:	OBSERVAÇÃO:
ASSEMBLEIA-GERAL (AG)	Podem ser instituídos órgãos subsidiários aos órgãos principais, desde que seja demonstrada a necessidade de sua criação para o exercício das funções destes.
CONSELHO DE SEGURANÇA (CS)	
CONSELHO ECONÔMICO E SOCIAL (CES)	
CONSELHO DE TUTELA	
CORTE INTERNACIONAL DE JUSTIÇA (CIJ)	
SECRETARIADO	

2.3.1. Assembleia-Geral (AG)

As suas ações versam sobre, praticamente, todos os assuntos atribuídos às Nações Unidas, mas suas resoluções não têm efeito vinculante, a não ser para os próprios órgãos da ONU.

A Assembleia será constituída por todos os membros das Nações Unidas, sendo que cada um não deverá ter mais de cinco representantes (art. 9º da Carta).

Conforme art. 10 da Carta, a AG poderá "discutir quaisquer questões ou assuntos que estiverem dentro das finalidades" da Carta, ou ainda que se relacionarem com "as atribuições e funções de qualquer dos órgãos nela previstos e, com exceção do estipulado no Artigo 12, poderá fazer recomendações aos Membros das Nações Unidas ou ao Conselho de Segurança (...)". Ela pode, também, "discutir quaisquer questões relativas à manutenção da paz e da segurança internacionais, que a ela forem submetidas por qualquer Membro das Nações Unidas, ou pelo Conselho de Segurança, ou por um Estado que não seja Membro (...)" (art. 11 da Carta).

Não se mostra possível enumerar e elencar todas as suas atribuições. Nota-se, todavia, que ela cede espaço ao Conselho de Segurança quando este está em exercício de suas funções, ou seja, a Assembleia, embora podendo exarar atos sobre quase todos os temas incutidos nos fins das Nações Unidas, não deve adentrar em assuntos atinentes às funções do Conselho, quando este assim esteja agindo.

Cada membro da Assembleia terá direito a um voto. As decisões sobre questões importantes serão tomadas por maioria de 2/3 dos membros presentes e votantes; já os demais assuntos serão decididos por maioria simples dos membros presentes e que votam.

Conforme art. 18, são consideras questões importantes: "recomendações relativas à manutenção da paz e da segurança internacionais; à eleição dos Membros não permanentes do Conselho de Segurança; à eleição dos Membros do Conselho Econômico e Social; à eleição dos Membros do Conselho de Tutela, de acordo como parágrafo 1 (c) do Artigo 86; à admissão de novos Membros das Nações Unidas; à suspensão dos direitos e privilégios de Membros; à expulsão dos Membros; questões referentes ao funcionamento do sistema de tutela e questões orçamentárias".

A Assembleia reunir-se-á em "sessões anuais regulares e em sessões especiais exigidas pelas circunstâncias". Estas últimas poderão ser convocadas pelo Secretário-Geral, a pedido do Conselho de Segurança ou da maioria dos Estados-membros (art. 20). Cada sessão terá um presidente eleito pelo próprio órgão.

2.3.2. Conselho de Segurança (CS)

É o **órgão da ONU com poder vinculante**. Ele possui uma competência definida, mas que vem sendo, gradativamente, ampliada em razão de sua maior atuação em temas relacionados aos direitos humanos.

O CS é composto por 15 Estados-membros, cada país podendo ter um representante. Desse total, 5 são Estados-membros permanentes, ou seja, não possuem mandato temporário, permanecendo como tal por período indeterminado. São permanentes: China, França, Rússia, Reino Unido e Estados Unidos da América. Há outros 10 Estados-membros não-permanentes que exercem mandato de dois anos.

Os 5 permanentes diferem-se dos 10 não-permanentes por dois relevantes motivos. O primeiro já foi ressaltado: os permanentes não possuem mandato temporário, mas sim, aparentemente, *ad aeternum*. O segundo diz respeito à sistemática de votações, pois, embora todos os 15 membros possuam direito a voto, somente os 5 permanentes têm, também, direito ao voto negativo ou o fadado direito a veto, que lhes concede capacidade de interferência desmedida na ordem internacional.

A presidência do Conselho de Segurança (CS) é rotativa, obedecendo à ordem alfabética (conforme o inglês) do nome dos países que fazem parte do Conselho. Cada Presidente fica no cargo durante um mês. Cabe ressaltar que os não-permanentes, eleitos pela Assembleia-Geral por períodos de dois anos, não podem ter mandatos consecutivos.

Além da composição estatal, o CS também possui uma estrutura orgânica auxiliar, importante para a consecução de seus fins, integrada principalmente por: Comitê do Conselho de Segurança de Especialistas; Comitê do Conselho de Segurança de Admissão de Novos Membros; e Tribunais Internacionais *ad hoc* (*e.g.*: Tribunal Internacional para Julgar as Pessoas Responsáveis por Violações Graves ao Direito Internacional Humanitário Cometidas no Território da ex-Iugoslávia desde 1991 e Tribunal Penal Internacional para a antiga Iugoslávia). Quanto a este último ponto, o leitor pode pesquisar neste Livro o item específico que trata sobre o Tribunal Penal Internacional, o TPI, criado pelo Tratado de Roma de 1998.

A principal responsabilidade do Conselho de Segurança é a manutenção da paz e da segurança internacionais (art. 24 da Carta da ONU), agindo o órgão como representante dos Estados no trato do assunto. Sua manifestação é a expressão de vontade de todos os membros das Nações Unidas, por essa razão que suas decisões devem ser acatadas. Sobre este último ponto, recomenda-se a leitura do art. 25 da Carta da ONU: "Os membros das Nações Unidas concordam em aceitar e aplicar as decisões do Conselho de Segurança, de acordo com a presente Carta".

O CS é um órgão político fundamental para o sistema de soluções pacíficas de controvérsias internacionais, especialmente, para as soluções de natureza política. Em razão de poder emitir resoluções de cumprimento obrigatório e levando em conta sua atribuição principal (manutenção da paz), cabe, fundamentalmente, a ele zelar pelo cumprimento do art. 33 da Carta, que dispõe sobre o dever dos Estados – envolvidos numa controvérsia que possa vir a constituir uma ameaça à paz – de procurarem, antes de tudo, "chegar a uma solução por negociação, inquérito, mediação, conciliação, arbitragem, via judicial, recurso a organizações ou acordos regionais, ou qualquer outro meio pacífico à sua escolha". Pode, para tanto, o CS "investigar sobre qualquer controvérsia ou situação suscetível de provocar atritos entre as

Nações ou de dar origem a uma controvérsia" (art. 34 da Carta) e fazer recomendações sobre procedimentos e métodos para saná-la dos desentendimentos (art. 36).

Deve ele, todavia, respeitar as competências jurisdicionais da Corte Internacional de Justiça, porque as controvérsias de caráter jurídico são, em regra, submetidas a este Tribunal, de acordo com o seu Estatuto anexo ao documento de São Francisco.

Se recomendações e medidas provisórias não forem eficazes para manter a paz, o CS poderá, gradativamente, optar por sanções mais drásticas, ainda não incluído o uso da força.

Desse modo, como medida sempre excepcional, pode-se aplicar a força, desde que expressamente autorizada mediante resolução do Conselho de Segurança. Além do exercício do direito à legítima defesa (art. 51 da Carta da ONU), é possível se recorrer à força, em conformidade com as normas internacionais, desde que a ação perpetrada por um Estado esteja resguardada por resolução expressa nesse sentido. Reiterando, para maior esclarecimento, além da legítima defesa, pode se "levar a efeito, por meio de forças aéreas, navais ou terrestres, a ação que julgar necessária para manter ou restabelecer a paz (...). Tal ação poderá compreender demonstrações, bloqueios e outras operações, por parte das forças aéreas, navais ou terrestres" dos Estados-membros da ONU (art. 42 da Carta).

> **ATENÇÃO**
>
> *É importante ressaltar que, atualmente, existe um processo constante de ampliação dos poderes do CS, não por causa de eventual reforma à Carta, mas sim devido à imprecisão da expressão "paz e segurança internacionais", o que apenas confirma o abrangente poder discricionário do Conselho. Ademais, o órgão não tem a obrigação de motivar suas decisões, o que demonstra a difícil tarefa de controlar a legalidade de seus atos.*

Em suas votações e procedimentos, o Conselho (além de recomendar) tem o poder de tomar decisões (resoluções) que os Estados-membros são obrigados a acatar, por força da própria Carta de São Francisco.

Cada um dos 15 membros do CS tem direito a um voto. As decisões sobre questões de procedimentos são tomadas pelo voto afirmativo de pelo menos 9 dos 15 membros. Já as decisões sobre questões de fundo exigem também 9 votos, só que, neste caso, incluem-se os votos afirmativos de todos os 5 membros permanentes (art. 27 da Carta). Esta regra é conhecida como *unanimidade das grandes potências.*

Como antes expressado, somente os 5 membros permanentes podem exarar voto negativo ou poder de veto. Este instrumento configurador de uma negativa absoluta – a nosso ver, violador do princípio da igualdade entre os Estados consagrado no próprio art. 2º da Carta – impossibilita o processo de discussão, sendo inicial e impeditivo em relação a uma ação futura a ser proposta. Trata-se de uma prerrogativa abusivamente recorrida pelas potências permanentes, pois, mesmo que uma resolução atinja o *quorum* mínimo para aprovação (9 votos afirmativos), basta um veto para não ser acatada.

2.3.3. Corte Internacional de Justiça (CIJ)

Ela é o **Judiciário da ONU**, regulada pela Carta da ONU de 1945 e por seu Estatuto de 1920. E é uma das mais importantes Cortes Internacionais da atualidade, sediada em Haia e com competência para julgar controvérsias envolvendo somente Estados que aceitaram sua jurisdição. Ela substituiu a Corte Permanente de Justiça Internacional (pertencia à extinta Liga das Nações).

Todos os Estados-membros da ONU são, *ipso facto*, partes do Estatuto da CIJ. No entanto, mesmo que um Estado não seja membro das Nações Unidas, pode tornar-se parte da CIJ em condições que são determinadas pela Assembleia-Geral, mediante recomendação do Conselho de Segurança.

O art. 2º do Estatuto estipula que a Corte será composta por juízes independentes, os quais serão "eleitos sem atenção à sua nacionalidade, dentre pessoas que gozem de alta consideração moral e possuam as condições exigidas em seus respectivos países para o desempenho das mais altas funções judiciárias ou que sejam jurisconsultos de reconhecida competência em direito internacional". A sua composição totaliza 15 juízes, não "podendo figurar entre eles dois nacionais do mesmo Estado" (art. 3º). As suas eleições dar-se-ão "pela Assembleia-Geral e pelo Conselho de Segurança de uma lista de pessoas apresentadas pelos grupos nacionais da Corte Permanente de Arbitragem" (art. 4º). Seus mandatos serão de 9 anos, com possibilidade de reeleição (art. 13).

A CIJ exerce competência consultiva (ou opinativa) e contenciosa (ou litigiosa).

Conforme art. 96 da Carta da ONU, a Assembleia-Geral (AG) e o Conselho de Segurança (CS) poderão "solicitar parecer consultivo da Corte Internacional de Justiça, sobre qualquer questão de ordem jurídica". Já outros órgãos "das Nações Unidas e entidades especializadas, que forem em qualquer época devidamente autorizados" pela AG, também poderão acionar a Corte, porém, somente sobre questões jurídicas surgidas dentro da esfera de suas atividades.

O seu Estatuto, no art. 65, estabelece que as questões sobre as quais for pedido o parecer consultivo "serão a ela submetidas por meio de petição escrita, que deverá conter uma exposição do assunto sobre o qual é solicitado o parecer e será acompanhada de todos os documentos".

Além da competência consultiva narrada, há, ainda, a competência contenciosa ou litigiosa (aqui se fala em processo que poderá redundar em sentença definitiva). Nessa esfera, somente Estados podem ser partes, i.e., somente estes entes poderão compor o polo ativo e passivo de um processo em trâmite na CIJ. Conforme art. 36 do Estatuto, essa competência "abrange todas as questões que as partes lhe submetam, bem como todos os assuntos especialmente previstos na Carta das Nações Unidas ou em tratados e convenções em vigor". Gize-se que a Corte julga todos os temas relacionados ao Direito Internacional.

ATENÇÃO

No último capítulo do presente Livro há um tópico que trata especificamente sobre uma das mais importantes decisões da CIJ nos últimos anos, relevante para o estudo dos Direitos Humanos. Refere-se ao processo que envolveu Itália e Alemanha, com sentença de fevereiro de 2012, sobre imunidade de jurisdição dos Estados e sua relação com as normas humanitárias.

A Corte funcionará em sessão plenária, sendo o *quorum* de 9 juízes suficiente para a sua constituição. Os trabalhos serão desenvolvidos em suas línguas oficiais, quais sejam: o francês e o inglês.

Na linha do preceituado no art. 55 do Estatuto, todas "as questões serão decididas por maioria dos juízes presentes", em caso de empate da votação, "o Presidente ou o juiz que funcionar em seu lugar decidirá com o seu voto".

O processo constará de duas fases: uma escrita e outra oral (art. 43 do Estatuto).

Como finalização do processo, prolata-se uma sentença internacional, que deverá expor as razões em que se fundamentou a CIJ para tal decisão. Trata-se de *decisum* obrigatório para as partes litigantes, sendo definitiva e inapelável. É possível apenas um pedido de esclarecimento, por qualquer das partes, sobre o sentido e o alcance da decisão, ou ainda, um pedido de revisão, em decorrência do descobrimento de algum fato suscetível de exercer influência decisiva, o qual, na ocasião de ser proferida a sentença, era desconhecido. O prazo para o pedido de revisão é de 6 meses a partir do descobrimento do fato novo, não podendo ultrapassar dez anos da data da sentença.

ATENÇÃO

Está-se aqui frente a uma sentença internacional de internalização obrigatória pelo Estado aceitante da jurisdição da CIJ. Em caso de seu descumprimento, o Estado lesado poderá recorrer ao Conselho de Segurança que poderá, se julgar necessário, fazer recomendações ou decidir sobre outras medidas a serem tomadas.

2.3.4. Outros órgãos principais

Além dos órgãos acima citados, há outros classificados como principais. São eles:

Conselho Econômico e Social (CES)	– A cooperação econômica e social está disciplinada no Capítulo IX da Carta da ONU. – O Conselho Econômico e Social será composto por 54 membros das Nações Unidas, eleitos pela Assembleia-Geral, podendo cada membro ter um único representante. – Conforme Carta de São Francisco, o CES poderá: fazer ou iniciar estudos e relatórios a respeito de assuntos internacionais de caráter econômico, social, cultural, educacional, de saúde e conexos; e fazer recomendações a respeito dos assuntos acima citados à Assembleia-Geral, aos membros das Nações Unidas e às organizações especializadas interessadas. – Cada membro do Conselho Econômico e Social terá direito a um voto, sendo as decisões tomadas por maioria dos membros presentes e votantes.
Conselho de Tutela	– Estabelece a Carta de São Francisco, em seu Capítulo XII, o Regime Internacional de Tutela, regido pela Assembleia-Geral e pelo Conselho de Tutela. Contudo, este último órgão foi desativado em 1997, três anos após a independência da última colônia, Palau.

Secretariado	– Órgão de natureza administrativa que possui como principal servidor o Secretário-Geral das Nações Unidas, funcionário máximo da ONU, seu principal representante. Hoje, o Secretário-Geral é o sul-coreano Ban Ki-Moon que, em 2012, iniciou seu segundo mandato de 5 anos.
Secretariado	O Secretário-Geral, que cumpre mandato de 5 anos (com possibilidade de recondução), atuará em todas as reuniões da AG, do CS, do CES e do Conselho de Tutela e desempenhará outras funções que lhe forem atribuídas por estes órgãos, devendo elaborar relatório anual à Assembleia-Geral sobre os trabalhos da ONU (art. 98 da Carta). Ele ainda pode chamar a atenção do Conselho de Segurança para qualquer assunto que, em sua opinião, possa ameaçar a manutenção da paz e da segurança internacionais (art. 99).

ATENÇÃO

Além dos órgãos principais acima estudados, a ONU possui um sistema próprio, o Sistema das Nações Unidas (também conhecido como Família das Nações Unidas), responsável pelo trato específico, direcionado e técnico de determinados assuntos. Tal sistema é constituído por agências ou organismos especializados, que, exemplificativamente, são: Organização Internacional do Trabalho (OIT); Organização da Aviação Civil Internacional (OACI); Organização para a Alimentação e a Agricultura; Organização das Nações Unidas para a Educação, a Ciência e a Cultura (UNESCO); Fundo Monetário Internacional (FMI); Organização Mundial de Saúde (OMS); e Organização Mundial do Turismo (OMT).

3. SISTEMA GLOBAL DE PROTEÇÃO

A ONU é a instituição principal do sistema global ou universal de promoção dos direitos humanos, sendo a responsável pela organização, manutenção, gerenciamento e fiscalização do sistema. Para operacionalizar tais atribuições, a ONU possui um quadro amplo de organismos (além dos órgãos principais acima estudados e do sistema ou família das Nações) e uma diversidade de fontes.

3.1. Mecanismos convencionais e extraconvencionais

Para a vigilância, supervisão, monitoramento e fiscalização do cumprimento dos instrumentos normativos que ainda serão estudados, foram criados mecanismos *extraconvencionais* e *convencionais*.

A **proteção extraconvencional** diferencia-se dos demais mecanismos das Nações Unidas, exatamente porque se fundamenta na

Carta da ONU (1945) e na Declaração Universal dos Direitos Humanos (1948). Nesse caso, não há recurso a acordos específicos, na verdade, busca-se extrair a salvaguarda aos direitos humanos da interpretação ampla dos objetivos da ONU, e do dever de cooperação dos Estados para alcançar tais desideratos. É uma obrigação geral de todos os membros, pelo mero fato de integrarem as Nações Unidas.

Contudo, tal dever de proteção extraconvencional não se mostrou o suficiente para garantir uma efetiva tutela aos direitos previstos no sistema global, sendo assim, mostrou-se necessária a celebração de acordos com o fim de disciplinar, minuciosamente, mecanismos mais concretos.

Eis que dessa necessidade surgem os mecanismos **convencionais de proteção.** Estes se distinguem dos procedimentos extraconvencionais, já que obrigam os Estados contratantes, enquanto os extraconvencionais buscam vincular os membros da organização sem o recurso às convenções específicas.

3.2. Principais organismos do sistema global

Além dos órgãos principais, como Assembleia-Geral e Conselho de Segurança, há outros organismos especificamente criados para a promoção e proteção dos direitos humanos.

A **Comissão de Direitos Humanos da ONU** foi criada em 1946, por ação do Conselho Econômico e Social, e era composta de 53 Estados, com mandato de três anos, tendo como função geral promover e proteger os direitos humanos, em âmbito mundial. A Comissão não tinha poder suficiente para tomar decisões mais eficazes referentes às denúncias de violações aos direitos, sendo taxada de seletiva e excessivamente politizada em relação às medidas a serem adotadas contra Estados violadores, o que levou à sua substituição pelo novo Conselho de Direitos Humanos.

O **Conselho de Direitos Humanos da ONU,** fundamental para o sistema global, é sucessor da Comissão acima citada. Ele está sediado em Genebra e sua principal finalidade é aconselhar a Assembleia Geral sobre situações em que os direitos humanos são violados. Em 15 de março de 2006, a ONU aprovou sua criação, sendo, atualmente, formado por mais de 45 países (inclusive o Brasil).

O Conselho foi criado pela Resolução 60/251, aprovada pela Assembleia-Geral no dia 15 de março de 2006. A criação do novo Conselho pretende alçar a temática dos direitos humanos ao mesmo *status* que as questões da segurança e do desenvolvimento, debatidas no âmbito do Conselho de Segurança e do Conselho Econômico e Social.

Há, também, vários **Comitês de Direitos Humanos.** Eles são considerados mecanismos *convencionais* de proteção dos direitos humanos, isto porque são criados por meio de convenções internacionais. São compostos por especialistas em matéria de direitos humanos, independentes e autônomos. As suas funções ficarão mais bem explicadas quando da análise das convenções nos itens seguintes.

Podem ser mencionados como *Comitês do sistema global*: Comitê de Direitos Humanos para monitorar a implementação do Pacto Internacional dos Direitos Civis e Políticos; Comitê de Direitos Humanos para monitorar a implementação do Pacto Internacional dos Direitos Sociais, Econômicos e Culturais; Comitê para monitorar a implementação da Convenção Internacional sobre a Eliminação de todas as formas de Discriminação Racial; Comitê para monitorar a implementação da Convenção contra a Tortura e Outros Tratamentos Cruéis, Desumanos ou Degradantes; Comitê para monitorar a implementação da Convenção Internacional sobre os Direitos da Criança; e Comitê para monitorar a implementação da Convenção Internacional sobre a Eliminação de Todas as Formas de Discriminação contra a Mulher.

3.3. Carta Internacional dos Direitos Humanos

A **Carta Internacional dos Direitos Humanos** ou Declaração Internacional de Direitos (*International Bill of Rights*) é constituída por três documentos, os mais importantes do sistema global, de alcance generalizado, ou seja, integram o sistema homogêneo ou geral do sistema global da ONU (vide capítulo sobre os sistemas).

Analisar a Carta internacional coincide com a análise de **três grandes instrumentos internacionais** de salvaguarda aos direitos humanos em escala global: a Declaração Universal dos Direitos Humanos, de 1948; o Pacto Internacional sobre Direitos Civis e Políticos, de 1966; e o Pacto Internacional sobre Direitos Econômicos, Sociais e Culturais, de 1966. O processo "universal dos direitos humanos teve início com a Declaração Universal dos Direitos Humanos de 1948, (...)

afirmando serem os direitos humanos (...) *universais, indivisíveis, interdependentes, inter-relacionados e dotados de unidade* (....)" (GUERRA, 2006, p. 207. Grifos nossos), e se consolidou com os dois Pactos de Nova York, de 1966 (dois tratados internacionais em sentido técnico).

Os três documentos citados são "o tripé de sustentação da nova mentalidade emergente, consubstanciada no fortalecimento e na consolidação do Direito Internacional dos Direitos Humanos, evidenciado na adoção e aplicação destes três instrumentos internacionais de proteção" (GUERRA, 2006, p. 208).

3.4. Declaração Universal dos Direitos Humanos de 1948

A Declaração Universal de 1948 foi adotada por meio da Resolução 217-A/III da Assembleia-Geral das Nações Unidas. À época eram **58** os Estados-membros da ONU, sendo que **56** foram os Estados votantes para a aprovação da Declaração; desses 56, **48** emitiram votos favoráveis e **8** se abstiveram (União Soviética, Bielorússia, Checoslováquia, Polônia, Arábia Saudita, Ucrânia, África do Sul e Iugoslávia); não tendo ocorrido voto contrário.

3.4.1. Principais características

Esse documento está fundamentado em dogmas *jusnaturalistas*, pois se baseia no princípio da dignidade da pessoa humana, centrando o homem como base de sua normativa.

A Declaração prevê direitos de primeira e segunda gerações, ou seja, *é bipartite*. Não há relação hierárquica entre as gerações (ou dimensões), as quais guardam paridade valorativa e, na verdade, complementam-se, enriquecem-se (vide capítulo sobre dignidade humana).

Não só direitos da pessoa humana estão previstos, há também a conformação de deveres, conforme seu art. 29: "1. Toda pessoa tem deveres para com a comunidade, em que o livre e pleno desenvolvimento de sua personalidade é possível. 2. No exercício de seus direitos e liberdades, toda pessoa estará sujeita apenas às limitações determinadas pela lei, exclusivamente com o fim de assegurar o devido reconhecimento e respeito dos direitos e liberdades de outrem e de satisfazer às justas exigências da moral, da ordem pública e do bem-estar de uma sociedade democrática. 3. Esses direitos e liberdades não podem, em hipótese alguma, ser exercidos contrariamente aos propósitos e princípios das Nações Unidas".

> **ATENÇÃO**
>
> *Sob o aspecto formal, a Declaração é uma mera resolução. Não é um tratado em sentido técnico. Teoricamente, possuiria cunho apenas moral, não carregando imperatividade, nem vinculando os Estados. Ocorre que deve ser respeitada mesmo não sendo uma convenção ou tratado em sentido técnico, haja vista que tem força jurídica, pelos seguintes motivos: primeiro, porque decorre da Carta da ONU (de 1945) e, se os países que ingressaram nas Nações Unidas, ratificaram sua Carta, que é tratado, então, por derradeiro, acataram a Declaração Universal; segundo, porque a Declaração pode ser considerada uma fonte jus cogens; e, por fim, porque ela ainda pode ser considerada costume internacional, conforme já ressaltado pela jurisprudência internacional.*

3.4.2. Universalismo x relativismo cultural

Devido ao fato de a ONU ter adotado o **universalismo** – e não a tese do relativismo cultural – para elaborar a **Declaração UNIVERSAL**, tem-se que os direitos humanos são universais, bastando a condição de ser pessoa para usufruí-los, não se permitindo discriminações, afinal: "(...) não existem distinções entre os homens, seja pela segmentação da pele, formato dos olhos, altura, pelos ou por quaisquer outras características físicas, visto que todos se qualificam como espécie humana. Não há diferenças biológicas entre os seres humanos. Na essência são todos iguais. (...)" (HC 82424, Rel. Min. Moreira Alves, STF, J. 16/09/2003).

> **ATENÇÃO**
>
> *Um dos desafios dos direitos humanos é a tensão entre universalistas e relativistas. Para os universalistas, "os direitos humanos decorrem da dignidade humana, na condição de valor intrínseco à condição humana. Defende-se, nessa perspectiva, o mínimo ético irredutível (...). Para os relativistas, a noção de direitos está estritamente relacionada ao sistema político, econômico, cultural, social e moral vigente em determinada sociedade" (PIOVESAN, 2006, p. 16).*

Para os universalistas, os direitos humanos, dentre as várias características, são *indivisíveis, universais, interdependentes e inter-relacionados*, conforme ratificado pela *Declaração de Viena e Programa de Ação*, de junho de 1993.

Antes de retomar as pontuações sobre a Declaração de 1948, abriremos, agora, pequeno parêntese apenas para exaltar o ponto central, a nosso ver, da Declaração de Viena.

Em Viena, quando da Conferência Internacional de Direitos Humanos, que resultou na aludida Declaração de 1993, foi definitivamente legitimada a noção de indivisibilidade dos direitos humanos (direitos de 1ª e 2ª gerações), sem descurar dos direitos de solidariedade (paz e desenvolvimento).

O grande debate em Viena ficou adstrito à questão da diversidade que tornaria os princípios de direitos humanos não aplicáveis ou relativos, segundo os diferentes padrões culturais e religiosos. Eis o embate entre universalistas e relativistas. Podemos afirmar que os vitoriosos foram os universalistas, tanto que o primeiro artigo da Declaração de Viena afirma que "a natureza universal de tais direitos não admite dúvidas".

Pincelados poucos itens sobre a Declaração de Viena, direciona-se à Declaração de 1948.

Sendo assim, em seus considerandos, a Declaração Universal de 1948 reconhece que a dignidade inerente a todos os "membros da família humana e de seus direitos é o fundamento da liberdade, da justiça e da paz no mundo". Ainda, sob um viés histórico, destaca que o "desprezo e o desrespeito pelos direitos humanos resultaram em atos bárbaros que ultrajaram a consciência da humanidade".

O documento de 1948, em seu limiar, admite que "o advento de um mundo em que os homens gozem de liberdade de palavra, de crença e da liberdade de viverem a salvo do temor e da necessidade foi proclamado como a mais alta aspiração da sociedade". Além disso, arrebata que os direitos devem ser protegidos pelo Estado de Direito.

3.4.3. Direitos previstos

O art. 3º assegura o mais básico dos direitos, o de viver. Nesse artigo, o direito à vida não se resume ao estar respirando, devendo se concretizar como direito de viver bem, com qualidade, em harmonia, com segurança e esperança. A vida não é um direito abstrato, mas concreto e imanente, possuindo desdobramentos. O estado de vivência demanda outros direitos que o complementam, o da educação qualificada e o de possuir gestores públicos honestos.

O direito à vida dá azo a um interminável rol de outros tantos direitos que dele se originam e a ele se complementam, formando um *espaço interminável de garantias*.

POSIÇÃO DO STF

O direito à vida, e seu começo, foi objeto de manifestação do STF, quando da análise sobre a constitucionalidade da lei de biossegurança, in verbis: *"(...) As 'células-tronco embrionárias' são células contidas num agrupamento de outras, encontradiças em cada embrião humano de até 14 dias (outros cientistas reduzem esse tempo para a fase de blastocisto, ocorrente em torno de 5 dias depois da fecundação de um óvulo feminino por um espermatozóide masculino). Embriões a que se chega por efeito de manipulação humana em ambiente extracorpóreo, porquanto produzidos laboratorialmente ou 'in vitro', e não espontaneamente ou 'in vida'. (...). II – LEGITIMIDADE DAS PESQUISAS COM CÉLULAS-TRONCO EMBRIONÁRIAS PARA FINS TERAPÊUTICOS E O CONSTITUCIONALISMO FRATERNAL. A pesquisa científica com células-tronco embrionárias, autorizada pela Lei n° 11.105/2005, objetiva o enfrentamento e cura de patologias e traumatismos que severamente limitam, atormentam, infelicitam, desesperam e não raras vezes degradam a vida de expressivo contingente populacional (ilustrativamente, atrofias espinhais progressivas, distrofias musculares, a esclerose múltipla e a lateral amiotrófica, as neuropatias e as doenças do neurônio motor). A escolha feita pela Lei de Biossegurança não significou um desprezo ou desapreço pelo embrião 'in vitro', porém uma mais firme disposição para encurtar caminhos que possam levar à superação do infortúnio alheio. Isto no âmbito de um ordenamento constitucional que desde o seu preâmbulo qualifica 'a liberdade, a segurança, o bem-estar, o desenvolvimento, a igualdade e a justiça' como valores supremos de uma sociedade mais que tudo 'fraterna'. (...). III – A PROTEÇÃO CONSTITUCIONAL DO DIREITO À VIDA E OS DIREITOS INFRACONSTITUCIONAIS DO EMBRIÃO PRÉ-IMPLANTO. O Magno Texto Federal não dispõe sobre o início da vida humana ou o preciso instante em que ela começa. Não faz de todo e qualquer estádio da vida humana um autonomizado bem jurídico, mas da vida que já é própria de uma concreta pessoa, porque nativiva (teoria 'natalista', em contraposição às teorias 'concepcionista' ou da 'personalidade condicional'). E quando se reporta a 'direitos da pessoa humana' e até dos 'direitos e garantias individuais' como cláusula pétrea está falando de direitos e garantias do indivíduo-pessoa, que se faz destinatário dos direitos fundamentais 'à vida, à liberdade, à igualdade, à segurança e à propriedade', entre outros direitos e garantias igualmente distinguidos com o timbre da fundamentalidade (como direito à saúde e ao planejamento familiar). Mutismo constitucional hermeneuticamente significante de transpasse de poder normativo para a legislação ordinária. A potencialidade de algo para se tornar pessoa humana já é meritória o bastante para acobertá-la, infraconstitucionalmente, contra tentativas levianas ou frívolas de obstar sua natural continuidade fisiológica. Mas as três realidades não se confundem: o embrião é o embrião, o feto é o feto e a pessoa humana é a pessoa humana. Donde não existir pessoa humana embrionária, mas embrião de pessoa humana. O embrião referido na Lei de Biossegurança ('in vitro' apenas) não é uma vida a caminho de outra vida virginalmente nova, porquanto lhe faltam possibilidades de ganhar as primeiras terminações nervosas, sem as quais o ser humano não tem factibilidade como projeto de vida autônoma e irrepetível. O Direito infraconstitucional protege por modo variado cada etapa do desenvolvimento biológico do ser humano. Os momentos da vida humana anteriores ao nascimento devem ser objeto de proteção pelo direito comum. O embrião pré-implanto é um bem a ser protegido, mas não uma pessoa no sentido biográfico a que se refere a Constituição. IV – AS PESQUISAS COM CÉLULAS-TRONCO NÃO CARACTERIZAM ABORTO. MATÉRIA ESTRANHA À PRESENTE AÇÃO DIRETA DE*

> *INCONSTITUCIONALIDADE. (...). V – OS DIREITOS FUNDAMENTAIS À AUTONOMIA DA VONTADE, AO PLANEJAMENTO FAMILIAR E À MATERNIDADE. (...). VI – DIREITO À SAÚDE COMO COROLÁRIO DO DIREITO FUNDAMENTAL À VIDA DIGNA. (...). VII – O DIREITO CONSTITUCIONAL À LIBERDADE DE EXPRESSÃO CIENTÍFICA E A LEI DE BIOSSEGURANÇA COMO DENSIFICAÇÃO DESSA LIBERDADE. (...). VIII – SUFICIÊNCIA DAS CAUTELAS E RESTRIÇÕES IMPOSTAS PELA LEI DE BIOSSEGURANÇA NA CONDUÇÃO DAS PESQUISAS COM CÉLULAS-TRONCO EMBRIONÁRIAS. (...). IX – IMPROCEDÊNCIA DA AÇÃO. Afasta-se o uso da técnica de 'interpretação conforme' para a feitura de sentença de caráter aditivo que tencione conferir à Lei de Biossegurança exuberância regratória, ou restrições tendentes a inviabilizar as pesquisas com células-tronco embrionárias. Inexistência dos pressupostos para a aplicação da técnica da 'interpretação conforme a Constituição', porquanto a norma impugnada não padece de polissemia ou de plurissignificatidade. Ação direta de inconstitucionalidade julgada totalmente improcedente" (ADI 3510, Min. Rel. Carlos Ayres Britto, STF, J. 29/05/2008).*

Conforme art. 25 da Declaração: "1. Toda pessoa tem direito a um padrão de vida capaz de assegurar a si e a sua família saúde e bem-estar, inclusive alimentação, vestuário, habitação, cuidados médicos e os serviços sociais indispensáveis, e direito à segurança em caso de desemprego, doença, invalidez, viuvez, velhice ou outros casos de perda dos meios de subsistência fora de seu controle. 2. A maternidade e a infância têm direito a cuidados e assistência especiais. Todas as crianças nascidas dentro ou fora do matrimônio gozarão da mesma proteção social".

O documento *declara direitos de primeira (civis e políticos) e de segunda (econômicos, sociais e culturais) dimensões.* Assim, quanto aos de 2ª geração, toda pessoa: tem direito ao trabalho, à livre escolha de emprego, a condições justas e favoráveis de trabalho e à proteção contra o desemprego; tem direito a organizar sindicatos e neles ingressar para proteção de seus interesses; tem direito a repouso e lazer, inclusive, à limitação razoável das horas de trabalho e férias periódicas remuneradas; tem direito a um padrão de vida capaz de assegurar a si e à sua família saúde e bem-estar, inclusive alimentação, vestuário, habitação, cuidados médicos e os serviços sociais indispensáveis; e direito à segurança em caso de desemprego, doença, invalidez, viuvez, velhice ou outros casos de perda dos meios de subsistência fora de seu controle; a maternidade e a infância têm direito a cuidados e assistência especiais; tem direito à instrução, e os pais têm prioridade de direito na escolha do gênero de instrução que será ministrado a seus filhos.

3.5. Pacto Internacional sobre Direitos Civis e Políticos de 1966

Entrou em vigor em 23 de março de 1976. É um documento com auto aplicabilidade. Esse Pacto ora *trata de obrigações negativas do Estado (ninguém será submetido à tortura), ora positivas (determinam que o Estado tome medidas para efetivar os direitos).*

3.5.1. Principais características

O presente *tratado internacional* incorporou vários dispositivos à Declaração Universal e *expandiu o repertório de direitos civis e políticos*, de primeira geração, já presentes na Declaração de 1948. O Pacto *ocupa posição supralegal em nosso ordenamento.*

POSIÇÃO DO STF

Este Pacto possui caráter supralegal, conforme expressamente julgado pelo Supremo Tribunal Federal: "1. A matéria em julgamento neste habeas corpus *envolve a temática da (in) admissibilidade da prisão civil do depositário infiel no ordenamento jurídico brasileiro no período posterior ao ingresso do Pacto de São José da Costa Rica no direito nacional. 2. Há o caráter especial do Pacto Internacional dos Direitos Civis Políticos (art. 11) e da Convenção Americana sobre Direitos Humanos – Pacto de San José da Costa Rica (art. 7°, 7), ratificados, sem reserva, pelo Brasil, no ano de 1992. A esses diplomas internacionais sobre direitos humanos é reservado o lugar específico no ordenamento jurídico, estando abaixo da Constituição, porém acima da legislação interna. O status normativo supralegal dos tratados internacionais de direitos humanos subscritos pelo Brasil, torna inaplicável a legislação infraconstitucional com ele conflitante, seja ela anterior ou posterior ao ato de ratificação. (...)" (HC 95967, Rel. Min. Ellen Gracie, STF, J. 11/11/2008).*

3.5.2. Direitos previstos

Estabelece o art. 6º que o "direito à vida é inerente à pessoa humana. Este direito deverá ser protegido pelas Leis. Ninguém poderá ser arbitrariamente privado de sua vida". Assim, os Estados-membros devem comprometer-se a: "1. garantir que toda pessoa, cujos direitos e liberdades reconhecidos no presente Pacto hajam sido violados, possa dispor de um recurso efetivo, mesmo que a violência tenha sido perpetrada por pessoas que agiam no exercício de funções oficiais; 2. garantir que toda pessoa que interpuser tal recurso terá seu direito determinado pela competente autoridade judicial, administrativa ou legislativa ou por qualquer outra autoridade competente prevista no ordenamento jurídico do Estado em questão e a desenvolver as possibilidades de recurso judicial (...)".

O art. 9º preceitua que: "Toda pessoa tem direito à liberdade e à segurança pessoais".

3.5.3. Mecanismos de proteção

Quanto aos mecanismos de proteção do documento de 1966, é importante lembrar que foi criado um órgão específico para a sua fiscalização, trata-se do *Comitê de Direitos Humanos*, órgão *com atuação imparcial e de natureza política*, composto por 18 membros.

A atuação dos membros do Comitê se dará de forma independente e separada dos Estados. A existência deste tem relação com os mecanismos de controle. *É ele quem solicita relatórios, aprecia-os e os devolve aos Estados-membros com observações, podendo enviá-los à ONU, mais especificamente ao Conselho Econômico e Social.* Como se vê, ele tem uma função de assessoramento e de supervisão.

Há dois mecanismos estabelecidos pelo Pacto.

O primeiro é o **sistema de relatórios** (*reports*), que assim vem disciplinado no seu art. 40: "1. Os estados partes no presente Pacto comprometem-se a submeter relatórios sobre as medidas por eles adotadas para tornar efetivos os direitos reconhecidos (...) e sobre o progresso alcançado (...)".

O segundo mecanismo é o de conciliação ou de consultas mútuas: "Art. 41 – 1. De acordo com o presente artigo, todo o Estado-Signatário no presente Pacto poderá declarar em qualquer momento que reconhece a competência do Comitê para receber e analisar as comunicações em que um Estado alegue que outro Estado-Signatário não cumpre as obrigações que lhe impõe este Pacto. As comunicações efetuadas em virtude do presente artigo só poderão ser admitidas e analisadas se apresentadas por um Estado-Signatário que tenha feito uma declaração na qual reconheça, no que se refere a si próprio, a competência do Comitê. O Comitê não admitirá qualquer comunicação relativa a um Estado-Signatário que não tenha feito essa declaração".

Há, ainda, **o terceiro e mais eficiente mecanismo, o de petições individuais**. Esse mecanismo não foi criado pelo Pacto, mas sim acrescentado, posteriormente, por um Protocolo Facultativo, o *Protocolo Facultativo referente ao Pacto Internacional sobre os Direitos Civis e Políticos*. Trata-se de uma função investigativa, quase judicial, do

Comitê. Se assim o desejarem os Estados-membros (o Protocolo exige aceitação expressa), os indivíduos poderão peticionar/denunciar sobre violações dos direitos previstos no Pacto.

Para ser utilizado o terceiro mecanismo, o Estado deve ratificar o Pacto e o Protocolo Facultativo.

A petição, para ser apreciada pelo Comitê, precisará atender a alguns requisitos, consagrados pelo art. 5º do Protocolo Facultativo, quais sejam: "O Comitê examina as comunicações recebidas em virtude do presente Protocolo, tendo em conta todas as informações escritas que lhe são submetidas pelo particular e pelo Estado Parte interessado. O Comitê não examinará nenhuma comunicação de um particular sem se assegurar de que: a. A mesma questão não está a ser examinada por outra instância internacional de inquérito ou de decisão; b. O particular esgotou todos os recursos internos disponíveis. Esta regra não se aplica se os processos de recurso excederem prazos razoáveis".

O Comitê não admitirá as comunicações apresentadas que sejam anônimas ou cuja apresentação considere constituir um abuso de direito ou que sejam incompatíveis com as disposições do Pacto.

Em caso de admissão da petição, o Estado terá o prazo de 6 meses para fazer observações, feitas estas, a vítima pode acrescentar dados à sua manifestação. Sendo assim, em sessão fechada, o Comitê decide e comunica sua conclusão. Esta pode determinar que o Estado repare os danos. Contudo, a decisão do Comitê não tem força jurídica, não vincula, pois ele não é um tribunal, não é obrigatória; desse modo, as consequências são no plano político (*power of embarassment*).

Há ainda que se destacar um *segundo Protocolo Facultativo no âmbito do Pacto de 1966*, o qual proíbe que seja instituída a pena de morte a qualquer pessoa que esteja sob jurisdição de um Estado-parte. Ele entrou em vigor em 1991, asseverando que reserva alguma pode ser feita ao presente protocolo, salvo quando se trate de pena de morte em tempo de guerra declarada.

3.6. Pacto Internacional sobre Direitos Econômicos, Sociais e Culturais de 1966

Este é o segundo Pacto a ser estudado, conhecido como Pacto de Nova York; o primeiro já foi apresentado no item anterior.

3.6.1. Principais características

O documento trata de direitos de segunda geração, tendo entrado em vigor em 03 de janeiro de 1976. Esse Pacto almeja reafirmar os direitos econômicos, sociais e culturais estatuídos na Declaração Universal, pois agora constante de um tratado internacional. Tal documento também almeja estabelecer responsabilidades para os Estados-partes, na forma de um sistema de *international accountability*.

Diferentemente do tratado anterior, com aplicação imediata, o presente tem aplicação mediata, progressiva, exigindo investimentos técnicos e financeiros por parte dos Estados. Conforme enunciado em seu art. 2º: "Cada estado parte no presente Pacto compromete-se a adotar medidas, tanto por esforço próprio como pela assistência e cooperação internacionais, principalmente nos planos econômico e técnico, até o máximo de seus recursos disponíveis, que visem a assegurar, progressivamente, por todos os meios apropriados, o pleno exercício dos direitos reconhecidos no presente Pacto, incluindo, em particular, a adoção de medidas legislativas".

3.6.2. Direitos previstos

Há inúmeros direitos previstos, merecendo destaque: o direito de toda pessoa de gozar de condições de trabalho justas e favoráveis; um salário equitativo e uma remuneração igual por um trabalho de igual valor, sem qualquer distinção; condições de trabalho seguras e higiênicas; igual oportunidade para todos de serem promovidos, em seu trabalho, à categoria superior que lhes corresponda, sem outras considerações que as de tempo, de trabalho e de capacidade; descanso, lazer, limitação razoável das horas de trabalho e férias periódicas remuneradas; direito de toda pessoa de fundar com outros sindicatos; direito dos sindicatos de formar federações ou confederações nacionais; direito de greve; direito de toda pessoa à previdência social, inclusive ao seguro social; proteção especial às mães por um período de tempo razoável antes e depois do parto; medidas especiais de proteção e assistência em prol de todas as crianças e adolescentes; direito de toda pessoa a um nível de vida adequado para si próprio e para sua família; direito fundamental de toda pessoa de estar protegida contra a fome; direito de toda pessoa de desfrutar o mais elevado nível de saúde física e mental; direito de toda pessoa à educação; e direito de participar da vida cultural, desfrutar o progresso científico e suas aplicações e beneficiar-se da proteção dos interesses morais e materiais decorrentes de toda a produção científica, literária ou artística.

3.6.3. Mecanismos de proteção

Diferentemente do Pacto de Direitos Civis, o Social *prevê uma única forma de monitoramento, que é a de relatórios periódicos*. Sua deficiência protetora é tão cristalina que sequer constou, originariamente, em seu corpo, algum órgão responsável pela análise desses documentos. *Coube ao Conselho Econômico e Social da ONU a função de criar (só em 1985) um Comitê responsável pela fiscalização do Pacto em estudo.* Hoje – embora sem previsão convencional originária – há o *Comitê sobre Direitos Econômicos, Sociais e Culturais*, com atribuição de examinar relatórios, bem como de formular conclusões.

Ao enviar seus relatórios, os Estados-partes devem fornecer informações sobre as medidas judiciais, administrativas e legislativas implementadas ou a serem adotadas. Fora esse sistema de *prestação de contas* por parte dos Estados-membros ao Comitê, não há previsão convencional expressa de outra ferramenta como *interstate communications* ou até petições individuais. Eis o que torna esse Pacto de Nova York falho e deficitário quanto ao aparato normativo de proteção.

Levando em conta esse quadro, em 10 de dezembro de 2008, a Assembleia-Geral da ONU, durante a celebração do 60º aniversário da assinatura da Declaração Universal, aprovou o *Protocolo Facultativo ao Pacto sobre Direitos Econômicos, Sociais e Culturais.* Trata-se de instrumento adicional que tem como principal desiderato a instituição de mecanismo de denúncias individuais aos Estados pelas violações aos direitos da pessoa enunciados no Pacto social. A atribuição de receber e examinar as comunicações é do Comitê de Direitos Econômicos, Sociais e Culturais, o que dá nova roupagem ao órgão, que, antes, meramente burocrático, agora pode desempenhar papel mais concreto na fiscalização dos direitos sociais.

O Protocolo Facultativo, para ter aplicabilidade, deve ser expressamente acatado pelo Estado-parte. Ele permite a implementação de um sistema de queixas e de investigação em caso de violações aos direitos econômicos, sociais e culturais.

O Protocolo, conforme seus próprios *considerandos*, reafirma a "universalidade, indivisibilidade, interdependência e inter-relação de todos os direitos humanos e liberdades fundamentais", e isso acontece em razão da *força* que se dá ao Comitê, o qual poderá receber comunicações particulares, conforme art. 2º do Protocolo: "Comunicações podem ser submetidas por ou no interesse de indivíduos ou grupos de indivíduos, sob a jurisdição de um Estado Parte, reivindicando serem vítimas de uma violação por aquele Estado Parte de qualquer um dos direitos econômicos, sociais e culturais arrolados no Pacto. Quando a comunicação é submetida no interesse de indivíduos ou grupos de indivíduos, isso deve ser feito com o consentimento deles, a não ser que o autor possa justificar agir no interesse deles sem tal consentimento".

Também sob a condição de prévia aceitação expressa pelos países partes, conforme o art. 10 do Protocolo, qualquer Estado signatário do Protocolo poderá declarar que reconhece a competência do Comitê para "receber e considerar comunicações em que um Estado Parte alega que outro Estado Parte não está cumprindo com suas obrigações previstas neste Pacto".

Os *novos mecanismos emergem como importantes medidas tendentes a garantir o respeito aos direitos constantes, implícita ou expressamente*, no Pacto Internacional sobre Direitos Econômicos, Sociais e Culturais. *Expressos* estão, vale retomar: o direito à igualdade em geral e a não discriminação no gozo dos direitos (art. 2.2); o direito à igualdade entre homens e mulheres (art. 3); o direito ao trabalho (art. 6); o direito a condições de trabalho equitativas e satisfatórias (art. 7); o direito a fundar e a se associar a sindicatos (art. 8); o direito à greve (art. 8.1.d); o direito à seguridade social e ao seguro social (art. 9); o direito à proteção e à assistência familiar (art. 10); o direito a um nível de vida adequado (art. 11); o direito à alimentação adequada (art. 11); o direito ao vestuário (art.11); o direito à moradia (art.11); o direito ao mais alto nível possível de saúde física e mental (art. 12); o direito à educação (art. 13); o direito ao ensino primário obrigatório e gratuito (art. 14); e o direito à cultura e a gozar dos benefícios do progresso científico (art. 15).

3.7. Demais convenções do sistema global

Além dos três documentos básicos do sistema global, que formam a Carta Internacional, há tantos outros que, de forma especial, compõem o sistema global.

3.7.1. Convenção sobre os Direitos da Criança de 1989

Eis um tratado internacional integrante do sistema global da ONU e do sistema heterogêneo (processo de especificação do sujeito), vigente desde 1990, *consagrador da doutrina da proteção integral e do princípio da prioridade absoluta*, acolhendo a *concepção do desenvolvimento integral da criança* (MACHADO, 2012, p. 769).

Conforme art. 1º da Convenção, é considerada criança: "todo ser humano com menos de dezoito anos de idade, a não ser que, em conformidade com a lei aplicável à criança, a maioridade seja alcançada antes".

A Convenção, em seus *considerandos*, reconhece que a criança, para o pleno e harmonioso desenvolvimento de sua personalidade, deve crescer no seio da família, em um ambiente de felicidade, amor e compreensão, dogmas esses já exaltados em documentos citados alhures.

Quanto à sua aplicabilidade, a Convenção preceitua, conforme art. 2º, que os Estados-membros "respeitarão os direitos enunciados na presente Convenção e assegurarão sua aplicação a cada criança sujeita à sua jurisdição, sem distinção alguma, independentemente de raça, cor, sexo, idioma, crença, opinião política ou de outra índole, (...) ou qualquer outra condição da criança (...)".

Todas as ações relativas às crianças, levadas a efeito por autoridades administrativas ou órgãos legislativos, devem considerar, primordialmente, o interesse maior da criança (art. 3º).

A Convenção *prevê direitos civis e políticos, econômicos, sociais e culturais, bem como outros direitos humanos e conceitos novos*. Segue rol genérico dos direitos preceituados na Convenção de 1989:

- **O direito da criança à vida**, à máxima sobrevivência e ao desenvolvimento – art. 6º.
- **O direito da criança ao registro após seu nascimento, a um nome, a uma nacionalidade** e, na medida do possível, "de conhecer seus pais e ser cuidada por eles" – art. 7º.
- **O direito da criança de preservar sua identidade, inclusive a nacionalidade, o nome e as relações familiares** – art. 8º.
- **O direito da criança de não ser separada dos pais contra a vontade dos mesmos**, exceto quando "tal separação é necessária ao interesse maior da criança" – art. 9º, 1.
- **O dever dos Estados de facilitar a reunificação familiar**, permitindo que viagem para os seus territórios ou para fora dos mesmos – art. 10º.

- **O dever de combater a transferência ilícita de crianças para o exterior e a retenção ilícita** das mesmas no exterior – art. 11.
- **O dever de respeitar os pontos de vista da criança e o direito da criança** "de ser ouvida em qualquer procedimento judicial ou administrativo que lhe diga respeito" – art. 12.
- **O direito da criança à liberdade de expressão** – art. 13.
- **O direito da criança à liberdade de pensamento, de consciência e de crença** – art. 14.
- **O direito da criança à liberdade de associação e à liberdade de reunião pacífica** – art. 15.
- **O direito da criança à proteção da lei contra interferência arbitrária e ilícita** em sua privacidade, família, lar ou correspondência e o direito de não estar sujeita a "atentados ilícitos" à sua honra e reputação – art. 16.
- **O direito da criança de** ter "acesso às informações e dados de diversas fontes nacionais e internacionais, especialmente os voltados à promoção de seu bem-estar social, espiritual e moral e saúde física e mental" – art. 17.
- **O reconhecimento do princípio de que ambos os pais têm responsabilidades comuns e primordiais na educação e desenvolvimento da criança** e de que "os interesses superiores da criança constituirão sua preocupação básica" – art. 18, 1.
- **O direito da criança de proteção contra todas as formas de violência e abuso** – art. 19.
- **O direito da criança de proteção especial e assistência** quando privada da sua família – art. 20.
- Sempre que a adoção for reconhecida ou permitida, os Estados-partes "atentarão para o fato de que a consideração primordial seja o interesse maior da criança" – art. 21.
- **Os direitos das crianças refugiadas** – art. 22.
- **Os direitos da criança portadora de deficiências físicas ou mentais** – art. 23.
- **O direito da criança de gozar do melhor padrão possível de saúde** e serviços médicos – art. 24.
- **O direito da criança internada** a "exame periódico de avaliação do tratamento ao qual está sendo submetida e de todos os demais aspectos relativos à sua internação" – art. 25.
- **O direito da criança de usufruir da previdência social**, inclusive do seguro social – art. 26.
- **O direito da criança a um nível de vida adequado** – art. 27.
- **O direito da criança à educação** – art. 28 – e aos objetivos da referida educação – art. 29.
- **O direito das crianças pertencentes às minorias étnicas, religiosas ou linguísticas,** bem como o direito das crianças de origem indígena, de ter sua própria cultura, professar e praticar sua própria religião e utilizar seu próprio idioma – art. 30.

- **O direito da criança ao descanso e ao lazer** – art. 31.
- **O direito da criança à proteção contra a exploração econômica e o trabalho perigoso** – art. 32.
- **O direito da criança à proteção contra o uso ilícito de drogas e substâncias psicotrópicas** – art. 33.
- **O direito da criança à proteção** "contra todas as formas de exploração e abuso sexual" – art. 34.
- **A prevenção de sequestro, venda ou tráfico de crianças** – art. 35.
- **O direito da criança à proteção contra todas as demais formas de exploração** que sejam prejudiciais a qualquer aspecto do seu bem-estar – art. 36.
- **O direito de proteção contra imposição de tortura e de outros tratamentos ou penas cruéis, desumanas ou degradantes**, inclusive pena de morte – art. 37, a.
- **O direito da criança de não ser privada da sua liberdade** de forma arbitrária ou ilegal – art. 37, b.
- **O direito da criança de ser tratada com humanidade** quando privada da sua liberdade – art. 37, c.
- **O direito da criança às proteções legais relativas à privação da sua liberdade** – art. 37, d.
- **O direito da criança**, em casos de conflito armado, de que **sejam respeitadas as normas do Direito Internacional Humanitário** aplicáveis – art. 38, 1.
- **O direito da criança a medidas apropriadas para estimular a recuperação física e psicológica e a reintegração social** no caso de qualquer forma de abandono, exploração e abuso – art. 39.
- **Princípios da justiça juvenil** – art. 40.

Os Estados assumem papel proativo para a concretização de tais direitos, conforme art. 4º: "Os Estados Partes adotarão todas as medidas administrativas, legislativas e de outra índole com vistas à implementação dos direitos reconhecidos na presente Convenção. Com relação aos direitos econômicos, sociais e culturais, os Estados Partes adotarão essas medidas utilizando ao máximo os recursos disponíveis e, quando necessário, dentro de um quadro de cooperação internacional".

Para monitorar o respeito à Convenção, foi criado o *Comitê para os Direitos da Criança,* composto por 10 especialistas, com mandato de 4 anos. Esse órgão, criado em 1991, tem a função de analisar os progressos realizados pelos Estados, por meio da análise de relatórios, com funcionamento semelhante ao dos Pactos de 1966 (MACHADO, 2012, p. 770).

ATENÇÃO

Há três Protocolos Facultativos à Convenção, um sobre venda de crianças, prostituição e pornografia infantil, outro sobre o envolvimento de crianças em conflitos armados e um terceiro que prevê o mecanismo de denúncias particulares a serem apreciadas pelo Comitê acima citado. Os dois primeiros documentos já foram ratificados pelo Brasil em 2004 e ambos aplicam o sistema de relatórios. O terceiro Protocolo Facultativo, após anos de pressões feitas por ONGs internacionais, foi disponibilizado para apresentação de assinaturas, em fevereiro de 2012, no Palácio das Nações Unidas dentro da 19ª sessão do Conselho dos Direitos Humanos. Inicialmente, registraram-se mais de 20 assinaturas de países, dentre elas a do Brasil. Sua principal inovação é o estabelecimento do mecanismo de petições individuais.

POSIÇÃO DO STJ

Há vários documentos globais e regionais para a proteção das crianças. Além da Convenção da ONU que acabamos de estudar, há, por exemplo, a Convenção de Haia sobre aspectos civis do sequestro internacional de crianças, cujas manifestações jurisprudenciais são inúmeras. Eis um julgado do STJ sobre o assunto, in verbis: "DIREITO INTERNACIONAL PRIVADO. CONVENÇÃO DA HAIA SOBRE ASPECTOS CIVIS DO SEQUESTRO INTERNACIONAL DE CRIANÇAS. O pedido de retorno imediato de criança retida ilicitamente por sua genitora no Brasil pode ser indeferido, mesmo que transcorrido menos de um ano entre a retenção indevida e o início do processo perante a autoridade judicial ou administrativa (art. 12 da Convenção de Haia), na hipótese em que o menor – com idade e maturidade suficientes para compreender a controvérsia – estiver adaptado ao novo meio e manifestar seu desejo de não regressar ao domicílio paterno no estrangeiro. De fato, a autoridade central deve ordenar o retorno imediato da criança quando é acionada no período de menos de um ano entre a data da transferência ou da retenção indevidas e a data do início do processo perante a autoridade judicial ou administrativa do Estado contratante onde a criança se encontrar, nos termos do art. 12 da Convenção de Haia. Contudo, em situações excepcionalíssimas, nos termos da Convenção de Haia e no propósito de se preservar o superior interesse do menor, a autoridade central poderá negar o pedido de retorno imediato ao país de origem, como na hipótese de a criança já se encontrar integrada ao novo meio em que vive e manifestar o desejo de não regressar para o domicílio estrangeiro do genitor. Em tal cenário, deve-se priorizar o conteúdo da valiosa regra posta no art. 13 da referida Convenção, segundo a qual 'A autoridade judicial ou administrativa pode também recusar-se a ordenar o retorno da criança se verificar que essa se opõe a ele e que a criança atingiu já idade e grau de maturidade tais que seja apropriado levar em consideração as suas opiniões sobre o assunto' (...)". (Informativo 565, do STJ).

3.7.2. Outros documentos

Considerando que não há condições de se analisar detidamente todos os documentos do sistema global, em relação aos quais se recomenda a leitura, optamos por arrolar os principais, sem esquecer os anteriormente trabalhados:

- Convenção para a Prevenção e Repressão do Crime de Genocídio, de 1948.
- Convenção Internacional sobre a Eliminação de todas as Formas de Discriminação Racial, de 1965.
- Convenção contra a Tortura e Outros Tratamentos ou Penas Cruéis, Desumanos ou Degradantes, de 1984.
- Convenção sobre a Eliminação de Todas as Formas de Discriminação contra Mulheres, 1979.
- Declaração sobre a Eliminação de Todas as Formas de Intolerância e Discriminação Fundadas na Religião ou nas Convicções, de 1981.
- Princípios Básicos Relativos ao Tratamento de Reclusos, de 1990.
- Conjunto de Princípios para a Proteção de Todas as Pessoas Sujeitas a alguma Forma de Detenção ou Prisão, de 1988.
- Regras das Nações Unidas para a Proteção dos Jovens Privados de Liberdade, de 1990.
- Princípios de Ética Médica aplicáveis à Atuação do Pessoal de Saúde, especialmente os Médicos, na Proteção de Pessoas Presas ou Detidas contra a Tortura e Outras Penas ou Tratamentos Cruéis, Desumanos ou Degradantes, de 1982.
- Código de Conduta para os Funcionários Responsáveis pela Aplicação da Lei, de 1979.
- Regras Mínimas das Nações Unidas para a Elaboração de Medidas não Privativas de Liberdade (Regras de Tóquio), de 1990.
- Diretrizes das Nações Unidas para a Prevenção da Delinquência Juvenil (Diretrizes de Riad), de 1990.
- Regras Mínimas das Nações Unidas para a Administração da Justiça de Menores (Regras de Pequim), de 1985.
- Declaração dos Princípios Básicos de Justiça relativos às Vítimas da Criminalidade e de Abuso de Poder, de 1985.
- Declaração sobre a Proteção de Todas as Pessoas contra os Desaparecimentos Forçados, de 1992.
- Declaração sobre os Direitos e as Responsabilidades dos Indivíduos, Grupos e Órgãos da Sociedade de Promover e Proteger os Direitos Humanos e as Liberdades Individuais Universalmente Reconhecidos ("Declaração sobre os Defensores dos Direitos Humanos"), de 1998.

4. TÓPICO-SÍNTESE

TÓPICO-SÍNTESE: Sistema Global de Proteção	
Organizações internacionais (OI)	– As OI são sujeitos do DI, constituídas mediante tratados internacionais, regidas por normas de Direito das Gentes, com personalidade jurídica própria e caráter de permanência. Elas têm capacidade jurídica autônoma para atuação, expressando suas vontades (distintas das de seus membros) por meio dos órgãos que compõem seu quadro.

ONU	– A ONU é classificada como uma OI de atuação geral e de âmbito global. Ela foi criada pela Carta da ONU ou Carta de São Francisco, de 1945, a qual é um documento fundamental para a Teoria Geral das Organizações Internacionais, para o Direito Internacional e para o Direito Internacional dos Direitos Humanos.
Órgãos principais	– Toda organização internacional deve ter uma estrutura orgânica permanente. A ONU não foge a isso. Entretanto, em razão da densificação de seus desideratos, o quadro orgânico das Nações Unidas é poroso e complexo, integrado por órgãos principais e outras entidades subsidiárias. A Carta da ONU estabelece seus órgãos principais no art. 7º.
Sistema global de proteção	– A ONU é a instituição principal do sistema global ou universal de promoção e proteção dos direitos humanos, sendo a responsável pela organização, manutenção, gerenciamento e fiscalização do sistema. Para operacionalizar tais atribuições, a ONU possui um quadro amplo de órgãos e uma diversidade de fontes.
Mecanismos convencionais e extraconvencionais	– Para a vigilância, supervisão, monitoramento e fiscalização do cumprimento dos instrumentos normativos, foram criados mecanismos extraconvencionais e convencionais.
Organismos do sistema global	– Comissão de Direitos Humanos da ONU (substituída pelo novo Conselho de Direitos Humanos). Há, também, os Comitês: Comitê de Direitos Humanos para monitorar a implementação do Pacto Internacional sobre Direitos Civis e Políticos; Comitê de Direitos Humanos para monitorar a implementação do Pacto Internacional sobre Direitos Sociais, Econômicos e Culturais; e Comitê para monitorar a implementação da Convenção Internacional sobre a Eliminação de todas as formas de Discriminação Racial.
Carta Internacional	– Carta Internacional dos Direitos Humanos: Declaração Universal dos Direitos Humanos, de 1948; Pacto Internacional sobre Direitos Civis e Políticos, de 1966; e Pacto Internacional sobre Direitos Econômicos, Sociais e Culturais, de 1966.
Declaração Universal	– A Declaração Universal de 1948 foi instituída pela Resolução 217-A/III da Assembleia-Geral das Nações Unidas. Tal documento está fundamentado em dogmas jusnaturalistas, pois se baseia no princípio da dignidade da pessoa humana, centrando o homem como base de sua normativa. Ela prevê direitos de 1ª e 2ª gerações, ou seja, é bipartite.
Pacto Internacional sobre Direitos Civis e Políticos de 1966	– Entrou em vigor em 23 de março de 1976. É um documento com auto aplicabilidade. Esse Pacto ora trata de obrigações negativas do Estado (ninguém será submetido à tortura), ora positivas (determinam que o Estado tome medidas para efetivar os direitos).

Pacto Internacional sobre Direitos Econômicos, Sociais e Culturais de 1966	– Este é o segundo Pacto a ser estudado, conhecido como Pacto de Nova York. Trata de direitos de segunda geração, tendo entrado em vigor em 03 de janeiro de 1976. Ele almeja reafirmar os direitos econômicos, sociais e culturais estatuídos na Declaração Universal, pois agora constante de um tratado internacional.
Convenção sobre os Direitos da Criança de 1989	– Tratado internacional integrante do sistema global da ONU e do sistema heterogêneo de proteção à criança, vigente desde 1990, consagrador da doutrina da proteção integral e do princípio da prioridade absoluta.
Outros documentos	– Ex.: Convenção para a Prevenção e Repressão do Crime de Genocídio, de 1948; Convenção Internacional sobre a Eliminação de todas as Formas de Discriminação Racial, de 1965; Convenção contra a Tortura e Outros Tratamentos ou Penas Cruéis, Desumanos ou Degradantes, de 1984; e Convenção sobre a Eliminação de Todas as Formas de Discriminação contra Mulheres, de 1979.

Capítulo

7

SISTEMAS REGIONAIS DE PROTEÇÃO

Leia a Lei

- *Convenção Europeia para a Proteção dos Direitos Humanos e das Liberdades Fundamentais, de 1950; Convenção Americana sobre Direitos Humanos, de 1969; e Carta Africana sobre Direitos Humanos e dos Povos, de 1981.*

Superado o estudo sobre sistema da ONU, adentra-se, agora, nos sistemas regionais, mais especificamente: *no europeu, no americano e no africano*.

ATENÇÃO

Perceba-se que há o sistema global, complementado pelos sistemas regionais (europeu, americano e africano). Resta um questionamento: e quanto a Ásia-Pacífico? Pois bem, de acordo com o entendimento amplamente majoritário, a Ásia não possui sistema continental formalmente estruturado, como os demais. Contudo, não se pode afirmar que lá não existam mecanismos de proteção ou que os direitos humanos estejam "largados ao vento", haja vista que há ONG´s que atuam assiduamente pela maior proteção às liberdades fundamentais, e que há décadas pleiteiam a formação de mecanismos regionais. As ONG´s asiáticas têm insistido na necessidade de criação de um mecanismo regional. Este, por sinal, foi um dos pontos focados tanto na Declaração de Banguecoques, de 1993, como, cinco anos depois, na Declaração apresentada na conferência Vienna Plus Five Global NGO Forum on Human Rights, realizada em Ottawa, no Canadá, em junho de 1998. Fato é que as dissonâncias econômicas, sociais e culturais são os principais entraves ao desenvolvimento de um sistema continental; nessa região há diferentes perspectivas quanto ao que se entende por "direitos humanos". Uma das alternativas para sanar este grave déficit é o desenvolvimento do assunto dentro do campo de atuação dos blocos regionais atuantes no continente (MACHADO; DEL´OLMO, 2011), o que vem sendo concretizado pela Associação das Nações do Sudeste Asiático (ASEAN). Em 2009, por exemplo, foi criada a Comissão intergovernamental de Direitos Humanos da ASEAN, que tem por finalidade promover uma maior conscientização para a realização dos direitos na região.

1. SISTEMAS CONTINENTAIS

Os **sistemas regionais ou continentais** cumprem papel de suma imprescindibilidade para a tutela dos direitos, haja vista que atuam de forma regionalizada, amoldando-se com mais facilidade às necessidades humanas locais e, consequentemente, demonstrando mais eficiência quanto à prevenção e repressão das violações estatais.

Outro ponto positivo, é que cada uma das regiões possui sua respectiva organização internacional (sujeito do Direito Internacional), que, tal como a ONU, só que com mais proximidade dos problemas, promove, fiscaliza e protege as liberdades previstas nas normas-fontes regionais do Direito Internacional dos Direitos Humanos.

Ademais, em comparação com o sistema global de proteção, é plenamente perceptível, conforme adiante será demonstrado, que os sistemas continentais já estão *justicializados*, de forma que possuem Cortes de direitos humanos, i.e., tribunais em sentido técnico, compostos por magistrados imparciais, e que têm competência para julgar (sentenças internacionais) casos sobre violações a direitos perpetradas pelos Estados integrantes do respectivo sistema.

ATENÇÃO

As Cortes regionais de direitos humanos apenas confirmam o constante processo de justicialização dos direitos humanos na ordem internacional, processo este que foi fortemente influenciado pelo Tribunal de Nuremberg e tantas outras Corte ad hoc *(PIOVESAN, 2006, p. 33).*

De outro lado, os mecanismos da ONU, como antes trabalhados, são marcados pela atuação expressiva de Comitês, órgãos administrativos de natureza política, os quais não se equiparam às Cortes regionais ora citadas.

ATENÇÃO

A informação acima não pode induzir, todavia, à falsa ideia de que não haja Tribunal no âmbito da ONU. Há sim, e o principal exemplo é a Corte Internacional de Justiça (CIJ), de Haia; sem esquecer os Tribunais ad hoc, criados por resolução do Conselho de Segurança, para julgar crimes internacionais. Todavia, estas são Cortes com finalidades próprias que não se assemelham aos Tribunais de direitos humanos dos sistemas regionais. Tanto que, a CIJ da ONU, embora podendo analisar matéria sobre direitos humanos, apenas julga casos que, em ambos os polos, envolvam Estados. Para maiores informações, remete-se o leitor ao capítulo específico sobre ONU.

A partir da adoção da Convenção Europeia sobre Direitos Humanos, em 1950, iniciou-se uma tendência inevitável de se elaborarem normas regionais para a salvaguarda de direitos. Esse caminhar evolutivo foi confirmado com a adoção da **Convenção Americana sobre Direitos Humanos, de 1969**. E, mais recentemente, a regionalização chegou ao continente africano, com a **Carta Africana sobre Direitos Humanos e dos Povos, adotada em 1981**. Em complemento a tais tratados, outros tantos documentos foram elaborados, em um nítido esforço de se proteger não apenas os direitos de primeira dimensão (civis e políticos), mas também os de segunda dimensão (econômicos, sociais e culturais).

2. SISTEMA EUROPEU

O sistema global surgiu no período pós-guerra, com a criação da ONU por meio da Carta de São Francisco de 1945 e com a adoção da Declaração Universal dos Direitos Humanos, em 1948. Logo em seguida, também influenciado pelos horrores da Segunda Guerra Mundial, foi criado o sistema continental europeu, o primeiro dos regionais a surgir (TRINDADE, 2003, pp. 119-120).

O europeu é o mais desenvolvido, com alto de grau de maturidade humanista, servindo de base e modelo para os demais. Se comparado com os outros sistemas regionais (o americano e o africano), foi ele que alcançou o maior grau de evolução até o presente momento, em razão de ter sido o primeiro a ser efetivamente instalado, a partir da aprovação da Convenção Europeia sobre Direitos Humanos, em 1950.

E ele é mais consolidado não só pelo pioneirismo, mas também porque o sistema europeu vem se aperfeiçoando com mais constância e profundidade que os outros sistemas (MIRANDA, 2009, pp. 286-287).

ATENÇÃO

Foram os Protocolos de números 8, 9 e 11 os maiores responsáveis pelo aperfeiçoamento institucional do sistema regional europeu. A necessidade de aperfeiçoamento foi motivada pelo aumento do número de casos submetidos tanto à Comissão quanto à Corte Europeia de Direitos Humanos.

2.1. A Convenção Europeia para a Proteção dos Direitos Humanos e das Liberdades Fundamentais

O tratado regente do sistema europeu é a convenção supracitada, tecnicamente denominada como **Convenção Europeia para a Proteção dos Direitos Humanos e das Liberdades Fundamentais**, concluída em Roma, aos 04 de novembro de 1950. Ela entrou em vigor internacional em 03 de setembro de 1953, quando dez Estados europeus a ratificaram, de acordo com o preceituado no § 2º do seu art. 59.

O aludido documento é composto por três partes, quais sejam:

Título I (arts. 2º a 18)	Título II (arts. 19 a 51)	Título III (arts. 52 a 59)
Aqui são elencados os direitos e liberdades fundamentais, essencialmente civis e políticos. Exemplos de direitos: à vida, à proibição da tortura, à liberdade, à segurança, a um processo equitativo, à vida privada e familiar, à liberdade de pensamento, de consciência e de religião.	Nesta parte o tratado regulamenta a estrutura e funcionamento da Corte Europeia de Direitos Humanos, v.g., o número de juízes, duração do mandato, questões sobre admissibilidade e arquivamento de petições, sobre as sentenças, sua fundamentação e força vinculante e competência consultiva.	Neste Título constam disposições diversas, como as requisições do Secretário-Geral do Conselho da Europa, poderes do Comitê de Ministros, reservas à Convenção e denúncia.

Quanto à *principiologia* adotada pela Convenção Europeia na hermenêutica (SHEERAN, 2013) dos direitos consagrados em seu texto, merecem destaque os seguintes princípios: da interpretação teleológica do tratado; da interpretação efetiva; da interpretação dinâmica e evolutiva; e da proporcionalidade.

2.1.1. Direitos na Convenção de 1950

Cabe aos Estados-membros "garantir a todos nos limites de suas jurisdições os direitos e liberdades definidos na Seção I da Convenção" (art. 1). Isso significa, *inter alia*, que eles também terão que oferecer a todos cujos direitos e liberdades garantidos pela Convenção foram violados "recurso eficiente perante autoridade nacional não obstante a violação ter sido cometida por pessoa agindo na qualidade de agente oficial" (art. 13).

Direitos reconhecidos na Convenção de 1950:

- O direito à vida – art. 2º;
- A proibição de tortura, punição ou tratamento desumano ou degradante – art. 3º;
- A proibição de escravidão, servidão e trabalho forçado ou compulsório – art. 4º;
- O direito à liberdade e segurança – art. 5º;
- O direito a um julgamento justo – art. 6º;
- A proibição de leis ex post facto – art. 7º;
- O direito de respeitar a própria vida privada e familiar – art. 8º;
- O direito à liberdade de pensamento, consciência e religião – art. 9º;
- O direito à liberdade de expressão – art. 10;
- O direito à liberdade de se reunir em assembleia e de associação – art. 11;
- O direito de casar e formar uma família – art. 12;
- O direito a recurso eficiente – art. 13;
- A proibição de discriminação – art. 14.

A **Convenção Europeia possui Protocolos** complementares. O **Protocolo de nº 1** foi adotado em 1952 e entrou em vigor em 18 de maio de 1954, prevendo os seguintes direitos: direito de usufruir os próprios bens de forma pacífica (art. 1); direito à educação e o direito dos pais de garantir essa educação e ensinamentos de acordo com suas próprias convicções religiosas e filosóficas (art. 2); e a realização de eleições livres a intervalos razoáveis em votação secreta (art. 3).

O **Protocolo de nº 4** de 1963 entrou em vigor em 02 de maio de 1968. Este documento acrescentou os seguintes direitos: direito de não ser privado da própria liberdade apenas pela incapacidade de cumprir uma obrigação contratual (art. 1); direito à liberdade de ir e vir e de residência; o direito a deixar qualquer país, inclusive o próprio (art. 2); direito de não ser expulso do país da própria nacionalidade e o direito de não ter a entrada no Estado de origem recusada (art. 3); e proibição de expulsão coletiva de estrangeiros (art. 4).

Já o **Protocolo nº 12** da Convenção prevê uma proibição geral de discriminação que é independente dos outros direitos e liberdades garantidos. De acordo com seu art. 1º: "o gozo de qualquer direito estabelecido por lei será garantido sem discriminação em qualquer base como sexo, raça, cor, idioma, religião, opinião política ou outra, origem nacional ou social, associação com minoria nacional, condição de bens, nascimento ou outra condição". E mais, "ninguém será discriminado por autoridade pública em qualquer base como aquelas mencionadas no parágrafo 1".

ATENÇÃO

Há outros Protocolos importantes. O Protocolo opcional nº 16 dispõe em seu art. 1º: "1. As mais altas instâncias de uma Alta Parte Contratante, conforme especificado no artigo 10, podem solicitar ao Tribunal que emita pareceres consultivos sobre questões de princípio relativas à interpretação ou aplicação dos direitos e liberdades definidos na Convenção ou nos seus protocolos. 2. O órgão jurisdicional requerente pode solicitar um parecer consultivo apenas no contexto de um processo pendente perante ele. 3. O órgão jurisdicional requerente deve fundamentar o seu pedido e fornecer a base jurídica e fatual pertinente relativa ao caso pendente". O presente documento entrou em vigor em 01 de agosto de 2018. De acordo com o seu art. 8º, inova-se profundamente em relação ao mecanismo consultivo já previsto pelos arts. 47 a 49 da Convenção Europeia, em que permite que órgãos jurisdicionais de cúpula solicitem pareceres à Corte Europeia dos Direitos Humanos sobre questões de princípio relacionadas à interpretação e à aplicação dos direitos e liberdades previstos no texto convencional e nos protocolos adicionais. A competência atribuída à Grande Câmara, com base no Protocolo, é de natureza híbrida: consultiva, porque o ato com o qual o procedimento é concluído não tem caráter vinculante; e prejudicial, porque necessariamente relacionado a um procedimento judiciário pendente no tribunal superior nacional que formulou a demanda.

ATENÇÃO

Alguns artigos da Convenção possibilitam a imposição de restrições sobre o exercício de direitos em determinadas circunstâncias. São as situações disciplinas pelos artigos: 8º (o direito de respeitar a vida particular e familiar da pessoa), 9º (o direito à liberdade de pensamento, consciência e religião), 10 (o direito à liberdade de expressão) e 11 (o direito de se reunir de forma pacífica e à liberdade de associação).

2.1.2. Mecanismos de proteção

Como já analisamos nos documentos do sistema global, a maioria das convenções da ONU reconhecem direitos, **estabelecem mecanismos de proteção** e indicam qual organismo irá operacionalizar tais mecanismos. Para melhor elucidação, podemos citar novamente como exemplo o importante Pacto Internacional sobre Direitos Civis e Políticos, de 1966, da ONU. Este tratado possui três mecanismos: relatórios, conciliação (ou de consultas mútuas) e de petições individuais (acrescentado por Protocolo Facultativo). Sendo que, para fiscalizar o cumprimento do Pacto, bem como para operacionalizar os mecanismos de proteção, ficou encarregado o Comitê de Direitos Humanos.

Essa lógica, embora não seja de aplicação absoluta, pode ser utilizada para o estudo dos demais documentos internacionais, e, com as devidas adaptações, pode também auxiliar no entendimento dos sistemas regionais.

Dentre os mecanismos citados **(relatórios, conciliação e petições individuais), o de petições individuais ou queixas particulares é o mais eficiente.** Dessa forma, *quanto mais voz for dada aos indivíduos, mais eficiente e com mais credibilidade será visto determinado sistema* de salvaguarda. O grau de acessibilidade aos particulares é um excelente termômetro para mensurar o desenvolvimento dos sistemas. Sendo que, quanto a este ponto, o europeu, mais uma vez, adianta-se em relação aos demais, haja vista que possibilita o acesso amplo e direto a uma Corte, ou seja, a um Tribunal Internacional de Direitos Humanos.

Partindo-se das premissas acima traçadas, começa-se o estudo dos mecanismos europeus de proteção, vislumbrando, como antes dito, os mecanismos previstos e os órgãos envolvidos no monitoramento dos direitos da Convenção Europeia. Embora a lógica de análise das convenções da ONU seja útil, é indeclinável registrar que os sistemas continentais têm algumas peculiaridades que devem ser observadas, a começar pela presença de Cortes de Direitos Humanos.

Para o monitoramento dos direitos consagrados na Convenção Europeia, originariamente, estavam previstos três mecanismos: um **semi-judicial**, a *Comissão Europeia de Direitos Humanos*; um **judicial**, a *Corte Europeia de Direitos Humanos*; e um **diplomático**, o *Comitê de Ministros* (do Conselho da Europa).

> ***ATENÇÃO***
>
> *O Conselho da Europa é uma organização internacional, com personalidade jurídica própria, que foi criada em 05 de maio de 1949. É a mais antiga instituição europeia em funcionamento. Não é um órgão do bloco União Europeia, embora suas atividades abarquem 47 Estados da Europa, inclusive os 28 integrantes da União Europeia. Seus principais objetivos são a defesa dos direitos humanos no continente europeu, o desenvolvimento democrático e a estabilidade político-social no continente. No âmbito do Conselho da Europa, encontra-se a Convenção Europeia sobre Direitos Humanos, ora em estudo. A sede do Conselho é em Estrasburgo, na França.*

Pois bem, à **Comissão Europeia de Direitos Humanos** cabia analisar as queixas ou comunicações interestatais, bem como as denúncias particulares dos indivíduos. Havia outras funções também exercidas pela Comissão, como decidir sobre a admissibilidade das petições, propor soluções amigáveis, ordenar medidas preliminares de proteção e enviar os casos à Corte Europeia.

Já à **Corte Europeia de Direitos Humanos**, por sua vez, competia julgar os casos de violação de direitos humanos submetidos pela Comissão antes citada.

Além desses dois órgãos, atuava no sistema regional europeu o **Comitê de Ministros** do Conselho da Europa, órgão essencialmente político encarregado pela supervisão que se limitava às atividades da Comissão e da Corte.

Contudo, por meio do **Protocolo nº 11** (em vigor desde 1º de novembro de 1998), o sistema europeu sofreu profundas alterações, o que resultou numa reformulação por completo dos mecanismos previstos na Convenção Europeia de 1950. A principal alteração diz respeito à substituição da Comissão e da Corte, acima referidos, *por uma nova Corte, permanente e única*, com número de juízes igual ao dos Estados-partes e com competência para realizar os juízos de admissibilidade e de mérito dos casos que lhe forem submetidos, sem depender hoje de órgão distinto (papel antes desempenhado pela extinta Comissão) responsável pela admissibilidade das petições.

ATENÇÃO

A nova Corte Europeia de Direitos Humanos, instituída com caráter permanente a partir de 1998, pelo Protocolo nº 11, encampa em um só órgão as funções de admissibilidade e de mérito dos casos a ela submetidos por Estados, particulares, ONG's ou grupos de pessoas.

ATENÇÃO

A Corte Europeia possui duas competências: uma consultiva e outra contenciosa.

Atualmente, facultam-se aos indivíduos, às organizações não governamentais e aos grupos de indivíduos o direito de petição direta à Corte Europeia em caso de violação, por qualquer Estado-parte, dos direitos reconhecidos na Convenção ou nos seus Protocolos. Disso decorre o dever das nações de não criarem entraves ao exercício efetivo desse direito. Eis o que se denomina de garantia do *jus standi* ante a Corte Europeia.

Além de permitir a vítimas, seus familiares ou representantes legais participarem do processo em todas as suas etapas (*locus standi*), nota-se que o sistema regional europeu também permite o ingresso direto e inicial dos indivíduos à Corte Europeia (*jus standi*) para fins de se instaurar um processo.

2.2. Outros documentos

Além da Convenção de 1950 estudada, pode também ser citada como documento importante do sistema regional europeu a **Convenção Europeia para a Prevenção da Tortura e Punição ou Tratamento Desumano ou Degradante.** Esta convenção foi adotada em 1987, e entrou em vigor em 1º de fevereiro de 1989.

Há também o **Pacto Geral para a Proteção de Minorias Nacionais.** O Pacto adotado pelo Comitê de Ministros do Conselho da Europa em 1995 entrou em vigor em 1º de fevereiro de 1998.

E, quanto aos direitos de segunda dimensão, merece realce a **Carta Social Europeia, de 1961,** feita em Turim, que entrou em vigor em 26 de fevereiro de 1965. A Carta foi revisada em 1996. Tal versão entrou em vigor apenas em 1º de julho de 1999.

3. SISTEMA AMERICANO

O **sistema regional americano ou interamericano** é gerenciado pela **Organização dos Estados Americanos**, a **OEA**.

Em razão de sua importância para o nosso Livro, ele será tratado em capítulo separado, logo após o atual, no qual serão analisados os principais direitos, os documentos e os mecanismos de proteção em âmbito interamericano.

Cabem, todavia, algumas considerações para situar a temática, cuja abordagem terá um tom de comparação com o sistema europeu.

O documento mais importante para o sistema da OEA é a **Convenção Americana sobre Direitos Humanos, de 1969**, também conhecida como Pacto de San José da Costa Rica (MACHADO, 2010). Trata-se de instrumento da maior importância dentro do sistema interamericano de direitos humanos, tendo entrado em vigor no ano de 1978. Apenas Estados-membros da OEA podem aderir ao tratado.

ATENÇÃO

Ombreando-se em importância com o Pacto de San José está a Carta de Bogotá, de 1948, que criou a Organização dos Estados Americanos, a OEA.

Os direitos assegurados na Convenção Americana são essencialmente os de 1ª e 2ª gerações, àqueles relativos à garantia da liberdade, à vida, ao devido processo legal, o direito a um julgamento justo, o direito à compensação em caso de erro judiciário, o direito à privacidade, o direito à liberdade de consciência e religião, o direito de participar do governo, o direito à igualdade, entre outros.

O Pacto de San José especifica os direitos civis e políticos (de primeira geração) e apenas menciona superficialmente os direitos sociais (segunda geração) em seu art. 26. Em razão da precariedade quanto à tutela destes últimos, a OEA adotou o Protocolo Adicional à Convenção Americana, denominado Protocolo de San Salvador, de 1988, concernente aos direitos econômicos, sociais e culturais.

Como quase todo tratado sobre direito humanos, a Convenção Americana possui mecanismos de monitoramento e proteção. Nessa linha, abre-se espaço para registrar que não basta a um documento apenas declarar direitos, imprescindível é também assegurar, prever mecanismos processuais e operacionais no sentido de zelar pela preservação das garantias humanas. Claro que há vicissitudes se compararmos diferentes tratados, pois alguns ostentam mecanismos falhos, adotando, por exemplo, somente o sistema de relatórios; já outros criam órgãos próprios, e aplicam mecanismos dos mais variados, como o de consultas mútuas e o de petições individuais, este último o mais eficiente na atualidade.

Ciente da necessidade de se desenvolver um aparato regional eficiente de proteção aos direitos humanos, a OEA entendeu por adotar no Pacto de San José, dentre outros, o sistema de petições individuais.

O mecanismo de denúncias particulares da OEA envolve dois órgãos: um de natureza administrativa, político, sediado em Washington; e outro de natureza jurisdicional, uma verdadeira corte internacional que prolata sentenças internacionais, sediada em San José. O primeiro é a **Comissão Interamericana de Direitos Humanos** e o segundo é a **Corte Interamericana de Direito Humanos.**

À **Comissão** cabe admitir as petições individuais, fazendo um juízo de admissibilidade. Tem legitimidade para apresentar denúncias contra Estados-membros da OEA quanto à violação de direitos humanos qualquer pessoa ou grupo de pessoas, ou entidade não governamental legalmente reconhecida em um ou mais Estados-membros da OEA (art. 44). As queixas devem atender aos requisitos previstos no art. 46 da Convenção.

À **Corte** cabe julgar os pedidos admitidos pela Comissão e não solucionados em âmbito administrativo. Sendo que somente os Estados-membros da OEA e a própria Comissão têm direito de submeter um caso diretamente ao Tribunal.

Em relação a esta última informação, há disparidade se a compararmos com o sistema europeu.

Em âmbito europeu, a Convenção Europeia possibilita o acesso direto, autônomo e inicial dos particulares à Corte Europeia (*jus standi*). Todavia, em âmbito interamericano, não há que se falar em possibilidade de postulação direta à Corte Interamericana de Direitos Humanos, antes, há que se peticionar à Comissão Interamericana que realizará juízo de admissibilidade, para, então, encaminhar à Corte. Apenas a própria Comissão e os Estados-membros podem dar início a uma demanda perante a Corte.

Evidencia-se que a tendência moderna é de se oportunizar o *jus standi* aos particulares, exatamente aos moldes europeus. Aspira-se por tal inovação em âmbito americano, afinal, são indubitáveis as benesses de se permitir que os indivíduos, de forma autônoma e direta, sem intermediações ou restrições, sequer de objeções pessoais ou processuais, possam ter capacidade processual plena para instauração de processos junto a tribunais internacionais.

Até se chegar a esse nível de maturidade humanista – porque na OEA o *jus standi* ainda não foi implementado – há que se contentar com o atual *locus standi* em solo interamericano.

E quanto ao *locus standi*? O *locus standi* consiste na possibilidade de representação direta da vítima, de seus familiares ou de representantes legais em todas as fases do procedimento ante a Corte, mas apenas depois que a Comissão Interamericana já peticionou à Corte, ou seja, que a Comissão já tiver feito juízo de admissibilidade e remetido a demanda ao Tribunal (não se confunde com o *jus standi*).

Pois bem, o *locus standi* (ou *locus standi in judicio*), no sistema interamericano, é possível. Mas há que se reconhecer que não é um direito previsto na Convenção Americana de 1969, mas sim garantido no *Regulamento* da Corte Interamericana.

Ao longo de sua história, a Corte já possuiu cinco regulamentos (1980, 1991, 1996, 2000 e 2003), estando hoje em vigor o Regulamento de 2009. Sobre o *locus standi*, vide seu art. 25: "Participação das supostas vítimas ou seus representantes 1. Depois de notificado o escrito de submissão do caso, conforme o artigo 39 deste Regulamento, as supostas vítimas ou seus representantes poderão apresentar de forma autônoma o seu escrito de petições, argumentos e provas e continuarão atuando dessa forma durante todo o processo. 2. Se existir pluralidade de supostas vítimas ou representantes, deverá ser designado um interveniente comum, que será o único autorizado para a apresentação de petições, argumentos e provas no curso do processo, incluindo nas audiências públicas. Se não houver acordo na designação de um interveniente comum em um caso, a Corte ou sua Presidência poderá, se o considerar pertinente, outorgar um prazo às partes para a designação de um máximo de três representantes que atuem como intervenientes comuns. Nessa última circunstância, os prazos para a contestação do Estado demandado, assim como os prazos de participação nas audiências públicas do Estado demandado, das supostas vítimas ou de seus representantes e, dependendo do caso, do Estado demandante, serão determinados pela Presidência. 3. No caso de eventual discordância entre as supostas vítimas no que tange ao inciso anterior, a Corte decidirá sobre o pertinente".

ATENÇÃO

No ano de 2018 a Corte Interamericana de Direitos Humanos proibiu novos presos no presídio brasileiro conhecido como "Bangu" (Instituto Penal Plácido de Sá Carvalho). Essa foi a determinação da Corte Interamericana de Direitos Humanos ao julgar denúncia feita pela Defensoria Pública contra as más condições daquele estabelecimento penal. A determinação também é expressa ao "requerer ao Estado que adote imediatamente todas as medidas que sejam necessárias para proteger eficazmente a vida e a integridade pessoal de todas as pessoas privadas de liberdade no Instituto Penal Plácido de Sá Carvalho, bem como de qualquer pessoa que se encontre nesse estabelecimento, inclusive os agentes penitenciários, os funcionários e os visitantes". Ao Estado também foi fixado prazo de seis meses, a contar da decisão, para computar em dobro cada dia de privação de liberdade cumprido em Bangu. A decisão ainda proíbe a transferência de presos por determinação administrativa. Segundo a Corte, os presos que forem transferidos por ordem judicial para outras unidades, também deverão ter os dias da pena cumprido em Bangu contados em dobro. A determinação ainda proíbe o Estado de impedir "o acesso amplo e irrestrito" da Defensoria Pública ao Instituto Penal, com o "exclusivo propósito de acompanhar e documentar, de maneira fidedigna, a implementação das presentes medidas".

4. SISTEMA AFRICANO

O **sistema continental africano** é o mais recente. Está fundamentado na **Carta Africana de Direitos Humanos e dos Povos (ou Carta de Banjul)** de **1981**, que entrou em vigor em 1986.

Conforme Piovesan, se "o sistema regional europeu apresenta-se como o mais amadurecido e consolidado dos sistemas regionais, estando o sistema interamericano em posição intermediária, o sistema regional africano é o mais recente e incipiente, em pleno processo de consolidação e construção" (PIOVESAN, 2006, p. 119).

4.1. A Carta Africana de Direitos Humanos e dos Povos

A **Carta de Banjul ou Carta Africana de Direitos Humanos e dos Povos**, de 1981, e em vigor desde 21 de outubro de 1986, marcou um novo período de conscientização e de mentalidade quanto à proteção dos direitos humanos no continente africano, cuja população é tão sedenta por proteção aos direitos básicos. Em muitos países do continente, o que se entende por *mínimo existencial* pode ser considerado condição luxuosa face à degradação do ser humano.

Mas a Carta emerge como alento, como esperança, como um novo mundo a ser desenhado. Ela foi elaborada no âmbito da organização da Unidade Africana (hoje chamada de União Africana).

A Carta de Banjul foi muito influenciada por documentos internacionais de proteção, como a Declaração Universal de Direitos Humanos e as convenções regionais (europeia e americana) sobre direitos humanos. No entanto, ela reflete uma concepção bem específica e *africanazida* do que venha a ser direito.

Em seu corpo constam direitos de primeira, segunda e terceira gerações, quanto a esta última geração, de acordo com parcela da doutrina, ela se justifica pela referência aos *direitos dos povos* (ÖSTREICH, 1990, p. 08). Conforme Piovesan, os direitos protegidos na Carta são "direitos civis, políticos, econômicos, sociais, culturais, ambientais e direitos dos povos" (PIOVESAN, 2006, p. 273).

Por fim, informa-se que a Carta é constituída: de preâmbulo; de direitos e deveres, das medidas de salvaguarda; e das disposições gerais.

4.1.1. Direitos na Carta de Banjul

Os Estados-membros "reconhecem os direitos, deveres e liberdades consolidados e se comprometem a adotar medidas legislativas e outras para lhes dar efeito" (art. 1º).

A Carta reconhece os seguintes direitos:

- O direito de estar livre de discriminação com base no gozo dos direitos e liberdades garantidos na Carta – art. 2º;
- O direito de igualdade perante a lei e à proteção da lei em igualdade de condições – art. 3º;
- O direito ao respeito pela vida e integridade pessoal – art. 4º;
- O direito ao respeito pela dignidade inerente como ser humano, inclusive de estar livre da escravidão, do tráfico escravo, tortura, punição e tratamento cruel, desumano ou degradante – art. 5º;
- O direito à liberdade e à segurança da pessoa; de estar livre de prisão ou detenção arbitrária – art. 6º;
- O direito de ter a própria causa ouvida e "o direito a recurso perante os órgãos nacionais competentes contra atos de violação" dos direitos humanos da pessoa; o direito de inocência presumida até que seja provado culpado por tribunal competente; o direito à defesa; e o direito de ser julgado num prazo razoável de tempo por um tribunal imparcial; estar livre de leis *ex post facto* – art. 7º;
- A liberdade de consciência, profissão e prática de religião – art. 8º;
- O direito de receber informações e o direito de expressar e divulgar as próprias opiniões "dentro da lei" – art. 9º;
- O direito à livre associação (art. 10) e o direito de reunir–se em assembleia livremente – art. 11;
- O direito à liberdade de locomoção e de residência nos limites de um Estado; o direito de deixar qualquer país inclusive o país de origem e de voltar ao próprio país, o direito a asilo em caso de perseguição; proibição de expulsões em massa – art. 12;
- O direito de participar livremente do governo do próprio país, seja diretamente ou através de representantes livremente escolhidos; o direito de igualdade de acesso a serviços públicos no próprio país e de acesso a bens e serviços públicos – art. 13;
- O direito à propriedade – art. 14;
- O direito ao trabalho e o direito a pagamento igual por trabalho igual – art. 15;
- O direito de gozar o melhor estado possível de saúde física e mental – art. 16;
- O direito à educação e de participar livremente da vida cultural do próprio país – art. 17;
- O direito da família, dos idosos e dos deficientes a medidas especiais de proteção – art. 18.
- Os direitos dos povos:
- O direito dos povos à igualdade – art. 19;

- O direito à existência de todos os povos, inclusive o direito à autodeterminação; o direito de todos os povos a ajuda na sua luta de libertação do domínio estrangeiro, "seja ele político, econômico ou cultural" – art. 20;
- O direito de todos os povos de livremente dispor de suas riquezas e recursos naturais – art. 21;
- O direito de todos os povos a seu próprio desenvolvimento econômico, social e cultural – art. 22;
- O direito de todos os povos à paz e segurança nacionais e internacionais – art. 23;
- O direito de todos os povos "a um ambiente satisfatório geral favorável ao próprio desenvolvimento" – art. 24.

ATENÇÃO

O art. 27, 1, da Carta versa sobre deveres individuais para com determinados grupos ao preceituar que "todo indivíduo terá deveres para com a própria família e a sociedade, o Estado e outras comunidades reconhecidas legalmente e a comunidade internacional". E o art. 28 refere-se: "todo indivíduo terá o dever de respeitar e considerar seus próximos sem discriminação e de manter relações com o objetivo de promover, proteger e reforçar a tolerância e o respeito mútuos". Finalmente, o art. 29 elenca vários outros deveres individuais específicos.

4.1.2. Mecanismos de proteção

Os mecanismos da Carta de Banjul assemelham-se aos implementados pelo sistema interamericano.

Há dois órgãos principais: a **Comissão** e a **Corte**.

Cabe à **Comissão Africana de Direitos Humanos e dos Povos** "promover os direitos humanos e dos povos e garantir sua proteção na África" (art. 30). A Comissão é composta por onze membros, que exercem um mandato de seis anos cada um. Conforme a Carta de Banjul, a Comissão exerce diversificadas funções de órgão de supervisão.

No ano de 1998, o Protocolo à Carta para o Estabelecimento de um Tribunal Africano de Direitos Humanos foi adotado. Ele entrou em vigor em janeiro de 2004, com o depósito do 15º instrumento de ratificação, conforme art. 34. O documento deixa claro (art. 2º) que o trabalho da Corte deverá servir de *complemento* ao mandato da Comissão Africana.

Conforme art. 11 do Protocolo Adicional à Carta de Banjul, a Corte Africana deverá ser composta por onze juízes. E, conforme preceituado pelos arts. 3º e 4º do Protocolo, a Corte possui, na análise de denúncias e casos de violação aos direitos humanos na África, competência contenciosa e competência consultiva.

No sistema regional africano há a possibilidade de apresentação de demandas à Corte. Conforme o citado Protocolo, estão legitimados para tanto: a própria Comissão Africana; o Estado signatário do Protocolo que tenha apresentado o caso à Corte; o Estado signatário do Protocolo que tenha sido apontado como polo passivo na demanda; o Estado signatário do Protocolo cujo cidadão tenha sido vítima de violação; e as organizações internacionais africanas como detentores desta faculdade. A Corte pode estabelecer, se entender conveniente e necessário para uma melhor resolução do caso, a participação de ONG´s, na qualidade de observadoras, em suas sessões.

E quanto aos particulares? Aqui o sistema regional africano se aproxima do europeu, embora não com o mesmo grau de desenvolvimento. Os indivíduos podem levar suas demandas até a Corte. Entretanto, esta faculdade não lhes é concedida em sentido pleno, mas somente na medida em que os Estados dos quais sejam nacionais declarem, de maneira expressa, que aceitam a submissão de demandas individuais à Corte Africana. Tal declaração pode se dar no momento da ratificação do Protocolo ou posteriormente. Ademais, essa declaração também pode abarcar as ONG´s que possuam assento na Comissão.

Embora com a previsão de acesso dos indivíduos, é preciso reconhecer que a Corte do sistema africano ainda está em processo de institucionalização.

> **ATENÇÃO**
>
> *Em 23 de novembro de 2018, a República da Gâmbia fez a Declaração estipulada pelo nº 6 do art. 34 do Protocolo com vista a permitir que ONG´s e pessoas singulares possam ter acesso direto ao Tribunal Africano. A Gâmbia, que ratificou o Protocolo que cria o Tribunal em Junho de 1999, tornou-se assim o nono país a permitir que ONG´s e pessoas singulares possam ter acesso direto à Corte.*

4.2. Outros documentos

Além da Carta citada anteriormente, merece ser ressaltada, do sistema regional africano, a **Carta Africana sobre os Direitos e Bem-Estar da Criança.** Este documento foi adotado em 1990 e entrou em vigor em 29 de novembro de 1999. A Carta apresenta uma longa lista de direitos da criança; estabelecendo, para tanto, um Comitê Africano sobre Direitos e Bem-Estar da Criança.

5. TÓPICO-SÍNTESE

TÓPICO-SÍNTESE: Sistemas Regionais de Proteção	
Sistemas regionais	– Os sistemas regionais ou continentais cumprem papel de suma imprescindibilidade para a tutela dos direitos, haja vista que atuam de forma regionalizada, amoldando-se com mais facilidade às necessidades humanas locais e, consequentemente, demonstrando mais eficiência quanto à prevenção e repressão das violações estatais.
Sistema europeu	– O tratado regente do sistema europeu é a Convenção Europeia para a Proteção dos Direitos Humanos e das Liberdades Fundamentais, concluída em Roma, aos 04 de novembro de 1950.
Sistema americano	– O documento mais importante para o sistema da OEA é a Convenção Americana sobre Direitos Humanos, de 1969, também conhecida como Pacto de San José da Costa Rica.
Sistema africano	– O sistema continental africano é o mais recente. Está fundamentado na Carta Africana de Direitos Humanos (ou Carta de Banjul) de 1981, que entrou em vigor em 1986.

Capítulo 8

SISTEMA REGIONAL AMERICANO

Leia a Lei

- *Carta de Bogotá, de 1948; e Convenção Americana sobre Direitos Humanos, de 1969.*

O **sistema continental americano ou interamericano** é o mais relevante dos regionais para nós, obviamente, por nele estar inserido o Brasil. A República Federativa do Brasil, reconheça-se, já foi condenada por violações aos direitos humanos nessa esfera.

Esse sistema é de responsabilidade da **Organização dos Estados Americanos**, a OEA, e tem como principal documento para o respeito aos direitos, além da Carta que criou a OEA (de 1948), a **Convenção Americana sobre Direitos Humanos** (ou Pacto de San José), de 1969, promulgada no Brasil pelo Decreto nº 678, de 06 de novembro de 1992.

1. ORGANIZAÇÃO DOS ESTADOS AMERICANOS (OEA)

Trata-se de uma importante organização internacional (OI) de atuação regional, mas com notoriedade global, face o seu pioneirismo em várias áreas. Além disso, sua membresia arrola importantes potências mundiais, como os Estados Unidos da América. Ela exerce relevante papel para a proteção interamericana aos direitos humanos.

1.1. A Carta de Bogotá e os Estados-membros

A OEA foi a primeira organização internacional com abrangência regional a ser criada. Foi fundada em 1948 com a assinatura, em

Bogotá, Colômbia, da Carta da OEA, que entrou em vigor em dezembro de 1951. Posteriormente, o documento sofreu importantes alterações em seu texto, do que são os principais exemplos: pelo Protocolo de Buenos Aires (assinado em 1967 e com vigência em fevereiro de 1970); pelo Protocolo de Cartagena das Índias (assinado em 1985 e com vigência em 1988); pelo Protocolo de Manágua (assinado em 1993 e com vigência em janeiro de 1996); e, por fim, mais recente, pelo Protocolo de Washington (assinado em 1992 e com vigência em setembro de 1997).

A organização tem **personalidade jurídica internacional, com capacidade de atuação ampla** e ações disseminadas nos mais diversos campos da sociedade das Américas. É um dos mais atuantes e representativos sujeitos do Direito Internacional, ainda que com competência adstrita aos Estados americanos. Ela goza, para tanto, de todos os direitos inerentes a esta condição, como o de convenção (celebrar tratados) e o de legação (manter relações diplomáticas). Seus representantes gozam, também, de imunidades como garantia de uma atuação independente.

Ela é formada por 35 Estados independentes das Américas, e constitui o principal fórum governamental político, jurídico e social do Hemisfério. Além dos membros permanentes e de direito, a OEA concedeu o estatuto de observador permanente a outros 67 países e à União Europeia.

Caso emblemático quanto à membresia é o de Cuba. É cediço que o *país da família Castro* sofre com o malfadado bloqueio econômico, comercial e financeiro imposto pelos Estados Unidos, *El bloqueio*. O bloqueio começou em 1962. A despeito desse *grotesco* modo de atuação norte-americano, em 2009 foi dado importante passo para o eventual ingresso de Cuba à OEA. Com a intermediação do governo brasileiro, os Ministros das Relações Exteriores se manifestaram pela revogação da decisão que impedia o ingresso do país nos quadros da organização (Resolução AG/RES.2438 – XXXIX-0/09). Nesta oportunidade, declarou-se que a participação da República de Cuba na OEA será o resultado de um processo de diálogo iniciado de acordo com a solicitação do governo cubano.

Caso postule a entrada no sistema da OEA, demonstre ser um país independente e seja aceito, Cuba terá os mesmos direitos de participação e os mesmos deveres que os outros Estados, em decorrência do princípio da igualdade que pauta o funcionamento e a tomada de decisões.

Um dos deveres elementares dos Estados-membros é o indelével respeito à paz mundial, que também comporta dimensão regional, tanto que o art. 22 da Carta dispõe que os Estados americanos "se comprometem, em suas relações internacionais, a não recorrer ao uso da força, salvo em caso de legítima defesa, em conformidade com os tratados vigentes (...)".

Como o conflito armado é ilícito internacional, não acatado pelas normas internacionais, a OEA, por meio de sua Carta, prima pela solução pacífica das controvérsias internacionais, na esteira de seu art. 25.

1.2. Natureza, propósitos e princípios

No art. 1º da Carta de Bogotá é definida a natureza jurídica da organização. Conforme esse dispositivo, os Estados americanos consagram, na Carta, "a organização internacional que vêm desenvolvendo para conseguir uma ordem de paz e de justiça, para promover sua solidariedade, intensificar sua colaboração e defender sua soberania, sua integridade territorial e sua independência". Ainda no mesmo preceito, fica determinado que, dentro do sistema das Nações Unidas, a OEA constitui um organismo regional.

Os propósitos da OEA vêm dispostos no art. 2º: "Para realizar os princípios em que se baseia e para cumprir com suas obrigações regionais, de acordo com a Carta das Nações Unidas, a Organização dos Estados Americanos estabelece como propósitos essenciais os seguintes: a) Garantir a paz e a segurança continentais; b) Promover e consolidar a democracia representativa, respeitado o princípio da não intervenção; c) Prevenir as possíveis causas de dificuldades e assegurar a solução pacífica das controvérsias que surjam entre seus membros; d) Organizar a ação solidária destes em caso de agressão; e) Procurar a solução dos problemas políticos, jurídicos e econômicos que surgirem entre os Estados membros; f) Promover, por meio da ação cooperativa, seu desenvolvimento econômico, social e cultural; g) Erradicar a pobreza crítica, que constitui um obstáculo ao pleno desenvolvimento democrático dos povos do Hemisfério; e h) Alcançar uma efetiva limitação de armamentos convencionais que permita dedicar a maior soma de recursos ao desenvolvimento econômico-social dos Estados membros".

Já os princípios da OI regional estão preceituados no art. 3º do mesmo documento: "Os Estados americanos reafirmam os seguintes princípios: a) O direito internacional é a norma de conduta dos Estados em suas relações recíprocas; b) A ordem internacional é constituída essencialmente pelo respeito à personalidade, soberania e independência dos Estados e pelo cumprimento fiel das obrigações emanadas dos tratados e de outras fontes do direito internacional; c) A boa-fé deve reger as relações dos Estados entre si; d) A solidariedade dos Estados americanos e os altos fins a que ela visa requerem a organização política dos mesmos, com base no exercício efetivo da democracia representativa; e) Todo Estado tem o direito de escolher, sem ingerências externas, seu sistema político, econômico e social, bem como de organizar-se da maneira que mais lhe convenha, e tem o dever de não intervir nos assuntos de outro Estado. Sujeitos ao acima disposto, os Estados americanos cooperarão amplamente entre si, independentemente da natureza de seus sistemas políticos, econômicos e sociais; f) A eliminação da pobreza crítica é parte essencial da promoção e consolidação da democracia representativa e constitui responsabilidade comum e compartilhada dos Estados americanos; g) Os Estados americanos condenam a guerra de agressão: a vitória não dá direitos; h) A agressão a um Estado americano constitui uma agressão a todos os demais Estados americanos; i) As controvérsias de caráter internacional, que surgirem entre dois ou mais Estados americanos, deverão ser resolvidas por meio de processos pacíficos; j) A justiça e a segurança sociais são bases de uma paz duradoura; k) A cooperação econômica é essencial para o bem-estar e para a prosperidade comuns dos povos do Continente; l) Os Estados americanos proclamam os direitos fundamentais da pessoa humana, sem fazer distinção de raça, nacionalidade, credo ou sexo; m) A unidade espiritual do Continente baseia-se no respeito à personalidade cultural dos países americanos e exige a sua estreita colaboração para as altas finalidades da cultura humana; n) A educação dos povos deve orientar-se para a justiça, a liberdade e a paz".

Para concretizar seus desideratos não bastava à OEA possuir um extenso rol de membros, mas era preciso estruturar a organização com quadro orgânico permanente e condizente com os anseios americanos, e assim o fez.

1.3. Estrutura

A estrutura da OEA é composta pelos seguintes órgãos:

- **Assembleia-Geral** – órgão supremo, composto por todos os Estados-membros, os quais têm direito de representação e de voto. As votações são tomadas por maioria absoluta ou por 2/3. Manifesta-se mediante resoluções e declarações.
- **Reunião de Consulta dos Ministros das Relações Exteriores** – trata-se de órgão convocado em casos excepcionais, em assuntos urgentes, que guardam certa complexidade. Tem natureza consultiva. Qualquer Estado-membro pode solicitar sua convocação.
- **Conselhos** – são os Conselhos Permanente e Interamericano de Desenvolvimento Integral, os quais se subordinam diretamente à Assembleia.
- **Comissão Jurídica Interamericana** – órgão consultivo da OEA em assuntos jurídicos. Composta por 11 juristas nacionais, com mandato de 4 anos, sediada no Rio de Janeiro.
- **Comissão Interamericana de Direitos Humanos** – órgão encarregado da promoção, fiscalização e proteção dos direitos humanos em âmbito interamericano. Ao lado da Corte Interamericana de Direitos Humanos, desempenha papel fundamental no sistema de petições individuais, pois, como instância administrativa e política, faz juízo de admissibilidade das denúncias sobre violação aos direitos humanos, encaminhadas por um indivíduo, grupo de indivíduos ou organização não governamental. A Comissão é regulamentada pela Convenção Americana sobre Direitos Humanos, de 1969.
- **Secretaria-Geral** – classifica-se como órgão central e permanente, sediado em Washington. Chefiada pelo Secretário-Geral, que exerce mandato de 5 anos, sendo-lhe permitida uma recondução.
- **Conferências especializadas** – conforme art. 122 da Carta, são reuniões intergovernamentais "destinadas a tratar de assuntos técnicos especiais ou a desenvolver aspectos específicos da cooperação interamericana e são realizadas quando o determine a Assembleia-Geral ou a Reunião de Consulta dos

Ministros das Relações Exteriores", isso, por sua própria iniciativa ou a pedido de algum dos Conselhos ou Organismos Especializados.

- **Organismos especializados** – semelhantemente à ONU, a OEA também possui seu sistema, o interamericano, constituído por organismos especializados, com ampla autonomia técnica. Na linha do preceituado pelo art. 124 da Carta de Bogotá, caracterizam-se como: "organismos intergovernamentais estabelecidos por acordos multilaterais, que tenham determinadas funções em matérias técnicas de interesse comum para os Estados americanos". Exemplos: Organização Panamericana de Saúde; Instituto Interamericano da Criança; e Comissão Interamericana da Mulher.

2. SISTEMA INTERAMERICANO

O sistema americano é considerado pela doutrina como de desenvolvimento intermediário, abaixo do europeu e acima do africano.

Seu principal documento é a **Convenção Americana sobre Direitos Humanos de 1969,** que é seguida por Protocolos (GOMES; MAZZUOLI, 2008, p. 14).

2.1. Convenção Americana sobre Direitos Humanos

A Convenção Americana sobre Direitos Humanos, de 1969, também denominada usualmente de **Pacto de San José** da Costa Rica, por ter sido adotada nesta cidade, entrou em vigor em 18 de julho de 1978.

Conforme Decreto brasileiro nº 678, de 06 de novembro de 1992, art. 1º, a Convenção Americana celebrada em 22 de novembro de 1969, apensa por cópia ao Decreto, "deverá ser cumprida tão inteiramente como nela se contém". O art. 2º do mesmo dispositivo dispõe que ao "depositar a carta de adesão a esse ato internacional, em 25 de setembro de 1992, o Governo brasileiro fez a seguinte declaração interpretativa: 'O Governo do Brasil entende que os arts. 43 e 48, alínea d, não incluem o direito automático de visitas e inspeções *in loco* da Comissão Interamericana de Direitos Humanos, as quais dependerão da anuência expressa do Estado". Por fim, o art. 3º preceitua que o

Decreto entra em vigor na data de sua publicação, o que ocorreu aos 09 de novembro de 1992, no Diário Oficial da União.

2.1.1. Visão geral e estrutural do texto da Convenção Americana

Como tantos outros tratados internacionais, a Convenção Americana começa com o preâmbulo, importante dispositivo que expressa o pensamento e as intenções dos redatores do texto, bem como expõe os objetivos e princípios gerais importantes para a sua interpretação.

Do preâmbulo extrai-se que os Estados americanos signatários acordaram para elaborar a presente Convenção, com arrimo em seus propósitos de "consolidar neste Continente, dentro do quadro das instituições democráticas, um regime de liberdade pessoal e de justiça social, fundado no respeito dos direitos humanos essenciais". Para tanto, reconhecem que os direitos essenciais da pessoa "não derivam do fato de ser ela nacional de determinado Estado, mas sim do fato de ter como fundamento os atributos da pessoa humana, razão por que justificam uma proteção internacional".

Consideraram também os Estados que esses princípios foram consagrados em outros documentos, quais sejam: na Carta da Organização dos Estados Americanos (de Bogotá); na Declaração Americana dos Direitos e Deveres do Homem; na Declaração Universal dos Direitos Humanos; e em outros instrumentos internacionais, de âmbito mundial e regional. Foi levada em conta, da mesma maneira, a Terceira Conferência Interamericana Extraordinária (Buenos Aires, 1967), que aprovou a incorporação à própria Carta da Organização de normas mais amplas sobre os direitos econômicos, sociais e educacionais e que resolveu que uma Convenção Interamericana de direitos humanos determinasse a estrutura, competência e processo dos órgãos encarregados dessa matéria.

Superada a parte preambular, o Pacto de San José, em sua Parte I, disciplina os "Deveres dos Estados e Direitos Protegidos". Inicialmente, nos arts. 1º e 2º, enumera deveres de suma importância para a proteção aos direitos tutelados, tais como: "Os Estados-partes nesta Convenção comprometem-se a respeitar os direitos e liberdades nela reconhecidos e a garantir seu livre e pleno exercício a toda pessoa que esteja sujeita à sua jurisdição, sem discriminação alguma (...)". Para tanto, entende-se como pessoa "todo ser humano". Os Estados ainda assumem o compromisso de, se o exercício dos direitos e liberdades mencionados ainda não estiver garantido por disposições nacionais, então deverão ser adotadas medidas de várias naturezas para que se tornem efetivos tais direitos e liberdades.

POSIÇÃO DO STF

"...1. Norma estadual que institui Código de Proteção aos Animais sem dispor sobre hipóteses de exclusão de crime amoldam-se à competência concorrente dos Estados para legislar sobre florestas, caça, pesca, fauna, conservação da natureza, defesa do solo e dos recursos naturais, proteção do meio ambiente e controle da poluição (art. 24, VI, da CRFB). 2. A prática e os rituais relacionados ao sacrifício animal são patrimônio cultural imaterial e constituem os modos de criar, fazer e viver de diversas comunidades religiosas, particularmente das que vivenciam a liberdade religiosa a partir de práticas não institucionais. 3. A dimensão comunitária da liberdade religiosa é digna de proteção constitucional e não atenta contra o princípio da laicidade .... Tese fixada: 'É constitucional a lei de proteção animal que, a fim de resguardar a liberdade religiosa, permite o sacrifício ritual de animais em cultos de religiões de matriz africana' ..." (RE 494601, Min. Rel. Marco Aurélio, STF, J. 28/03/2019).

POSIÇÃO DO STJ

"Inicialmente, deve ser afastada qualquer alegação de que a discussão envolvendo a entidade familiar e o seu animal de estimação é menor, ou se trata de mera futilidade a ocupar o tempo desta Corte. Ao contrário, é cada vez mais recorrente no mundo da pós-modernidade e envolve questão bastante delicada, examinada tanto pelo ângulo da afetividade em relação ao animal, como também pela necessidade de sua preservação como mandamento constitucional (art. 225, § 1º, inciso VII)... O Código Civil, ao definir a natureza jurídica dos animais, tipificou-os como coisas e, por conseguinte, objetos de propriedade, não lhes atribuindo a qualidade de pessoas ... No entanto, os animais de companhia possuem valor subjetivo único e peculiar, aflorando sentimentos bastante íntimos em seus donos, totalmente diversos de qualquer outro tipo de propriedade privada. Dessarte, o regramento jurídico dos bens não se vem mostrando suficiente para resolver, de forma satisfatória, a disputa familiar envolvendo os pets, visto que não se trata de simples discussão atinente à posse e à propriedade ... a guarda propriamente dita - inerente ao poder familiar - instituto, por essência, de direito de família, não pode ser simples e fielmente subvertida para definir o direito dos consortes, por meio do enquadramento de seus animais de estimação, notadamente porque é um munus exercido no interesse tanto dos pais quanto do filho ... animais de companhia são seres que, inevitavelmente, possuem natureza especial e, como ser senciente - dotados de sensibilidade, sentindo as mesmas dores e necessidades biopsicológicas dos animais racionais -, também devem ter o seu bem-estar considerado ... o Tribunal de origem reconheceu que a cadela fora adquirida na constância da união estável e que estaria demonstrada a relação de afeto entre o recorrente e o animal de estimação, reconhecendo o seu direito de visitas ao animal, o que deve ser mantido" (Resp 1713167, Min. Rel. Marco Aurélio, STF, J. 20/11/2018).

A Convenção *trata de direitos civis e políticos (1ª dimensão) e de direitos econômicos, sociais e culturais (2ª dimensão). Só que apenas* os primeiros estão expressos minuciosamente, já os segundos são apenas referidos pelo art. 26, o que levou à adoção de outro documento, um Protocolo, que ainda será estudado.

O **Capítulo II**, preceitua sobre os "Direitos Civis e Políticos", e do art. 3º ao 25 elenca-se extenso rol de situações protetoras das pessoas. Tal rol será retomado no próximo tópico.

No **Capítulo III**, há artigo sobre os "Direitos Econômicos, Sociais e Culturais". Merece já transcrição esta importante fonte: "**Artigo 26 – Desenvolvimento progressivo.** Os Estados-partes comprometem-se a **adotar as providências, tanto no âmbito interno, como mediante cooperação internacional, especialmente econômica e técnica, a fim de conseguir progressivamente a plena efetividade dos direitos que decorrem das normas econômicas, sociais e sobre educação, ciência e cultura**, constantes da Carta da Organização dos Estados Americanos, reformada pelo Protocolo de Buenos Aires, na medida dos recursos disponíveis, por via legislativa ou por outros meios apropriados" (Grifos nossos).

Prosseguindo, o **Capítulo IV** traz à baila a "Suspensão de garantias, interpretação e aplicação". São dispositivos que merecem uma interpretação restritiva, pois limitadores de direitos. O art. 27 expõe que em "caso de guerra, de perigo público, ou de outra emergência que ameace a independência ou segurança do Estado-parte, este poderá adotar as disposições que, na medida e pelo tempo estritamente limitados às exigências da situação, suspendam as obrigações contraídas em virtude desta Convenção, desde que tais disposições não sejam incompatíveis com as demais obrigações que lhe impõe o Direito Internacional e não encerrem discriminação alguma fundada em motivos de raça, cor, sexo, idioma, religião ou origem social". Contudo, a possibilidade de suspender, sempre temporária e excepcionalmente, garantias não pode ser aplicada aos seguintes direitos: direito ao reconhecimento da personalidade jurídica; direito à vida; direito à integridade pessoal; proibição da escravidão e da servidão; princípio da legalidade e da retroatividade; liberdade de consciência e religião; proteção da família; direito ao nome; direitos da criança; direito à nacionalidade; e direitos políticos; e nem as garantias indispensáveis para a salvaguarda de tais direitos.

ATENÇÃO

Todo Estado-parte que fizer uso do direito de suspensão deverá comunicar imediatamente aos outros Estados-partes da Convenção, por intermédio do Secretário Geral da OEA.

O art. 29, que já foi utilizado em outra parte do presente Livro, quando estudado sobre o princípio ***pro homine*** (ou da interpretação mais favorável à vítima) traz uma norma estruturante e princípio elementar de interpretação de todo o Direito Internacional dos Direitos Humanos. Ele exalta que nenhuma disposição da Convenção pode ser interpretada no sentido de permitir a qualquer dos Estados, grupo ou indivíduo, suprimir o gozo e o exercício dos direitos e liberdades reconhecidos ou limitá-los em maior medida do que a nela prevista. Da mesma forma, é ilícito interpretar de forma a limitar o gozo e exercício de qualquer direito ou liberdade que possam ser reconhecidos em virtude de leis nacionais de qualquer dos Estados-partes ou em virtude de outras convenções em que seja parte um dos Estados. Da mesma maneira, não se mostra possível excluir outros direitos e garantias que são inerentes ao ser humano ou que decorrem da forma democrática representativa de govern*o e* excluir ou limitar o efeito que possam produzir a Declaração Americana dos Direitos e Deveres do Homem e outros atos internacionais da mesma natureza.

A Convenção Americana possui uma cláusula de abertura, em seu art. 31, que permite a inclusão de outros direitos e liberdades.

O **Capítulo V** versa sobre os "Deveres das Pessoas", estabelecendo, no art. 32, uma indiscutível correlação entre deveres e direitos: "1. Toda pessoa tem deveres para com a família, a comunidade e a humanidade. 2. Os direitos de cada pessoa são limitados pelos direitos dos demais, pela segurança de todos e pelas justas exigências do bem comum, em uma sociedade democrática".

A **Parte II** do documento regulamenta os imprescindíveis "Meios de Proteção", os quais serão pesquisados nos tópicos que se seguem, em razão de sua essencialidade para o respeito em âmbito regional dos direitos.

A **Parte III** exalta as "Disposições Gerais e Transitórias", que tratam sobre assinatura, ratificação, reserva, emenda, protocolo e denúncia. O art. 74 dispõe que a Convenção Americana está "aberta à assinatura e à ratificação de todos os Estados-membros da Organização dos Estados Americanos". O art. 75 cede espaço para reservas, mas ressalva que elas somente poderão ser apresentas em "conformidade com as disposições da Convenção de Viena sobre o Direito dos Tratados, assinada em 23 de maio de 1969".

O art. 78 possibilita a denúncia do tratado, estabelecendo que os Estados poderão denunciar depois de expirado o prazo de cinco anos, a partir da data em vigor. Contudo, cabe aqui o registro do que se trabalhou no capítulo específico sobre os tratados dos direitos humanos, em que se defendeu a não possibilidade de denúncia das convenções sobre direitos das pessoas.

> **ATENÇÃO**
>
> *Atentar para uma recente convenção da OEA, a "Convenção interamericana sobre a proteção dos direitos humanos dos idosos" (Acordado pelo Conselho Permanente na sessão realizada em 9 de junho de 2015).*

2.1.2. Direitos na Convenção Americana

Em relação aos **direitos civis** e **políticos** garantidos pela Convenção, há:

- O direito à personalidade jurídica – art. 3º;
- O direito à vida, inclusive regulamentação cuidadosa da pena de morte de uma perspectiva abolicionista – art. 4º;
- O direito a tratamento humano, inclusive livre de tortura e tratamento cruel, desumano e degradante– art. 5º;
- Proibição da escravidão, servidão, trabalhos forçados e compulsórios – art. 6º;
- O direito à liberdade e segurança pessoais, inclusive liberdade em relação à prisão ou detenção arbitrária – art. 7º;
- O direito a um julgamento justo – art. 8º;
- O direito de estar livre de leis ex post facto – art. 9º;
- O direito à indenização na hipótese de decisão judicial injusta – art. 10;
- O direito à privacidade – art. 11;
- O direito à liberdade de consciência e religião – art. 12;
- O direito à liberdade de pensamento e expressão – art. 13;
- O direito de resposta em caso de divulgação de afirmações incorretas e ofensivas – art. 14;
- O direito de se reunir de forma pacífica – art. 15;
- O direito de liberdade de associação – art. 16;

- O direito de casar-se livremente e de formar uma família – art. 17;
- O direito a um nome – art. 18;
- Os direitos da criança – art. 19;
- O direito à nacionalidade – art. 20;
- O direito de propriedade – art. 21;
- O direito de liberdade de locomoção e de residência – art. 22;
- O direito de participar do governo – art. 23;
- O direito de igualdade perante a lei e proteção igual da lei – art. 24;
- O direito à proteção judicial – art. 25.

Além de reconhecer esses direitos civis e políticos, o Pacto de San José contém, como referido alhures, o **artigo sobre direitos de segunda dimensão**: "Artigo 26 – Desenvolvimento progressivo. Os Estados-partes comprometem-se a adotar as providências, tanto no âmbito interno, como mediante cooperação internacional, especialmente econômica e técnica, a fim de conseguir progressivamente a plena efetividade dos direitos que decorrem das normas econômicas, sociais e sobre educação, ciência e cultura, constantes da Carta da Organização dos Estados Americanos, reformada pelo Protocolo de Buenos Aires, na medida dos recursos disponíveis, por via legislativa ou por outros meios apropriados".

Em atendimento ao art. 26 supra, foi adotado o **Protocolo Adicional à Convenção na Área de Direitos Econômicos, Sociais e Culturais**. Com a entrada em vigor deste documento, os direitos de segunda dimensão receberam uma definição legal com maior densidade jurídica, embora a "plena observância" deles deva ainda ser atingida "progressivamente" (art. 1 do Protocolo).

2.1.3. Mecanismos de proteção

Para a operacionalização dos mecanismos, a Convenção Americana de 1969, em seu art. 33, designa dois órgãos competentes, que atuam conjuntamente para "conhecer de assuntos relacionados com o cumprimento dos compromissos assumidos pelos Estados-partes", quais sejam: a **Comissão Interamericana de Direitos Humanos** e a **Corte Interamericana de Direitos Humanos**.

A Comissão é um órgão de natureza administrativa, política, sediada em Washington. Já a Corte é de natureza jurisdicional, uma verdadeira Corte internacional que prolata sentenças internacionais, sediada em San José.

2.1.3.1. Comissão Interamericana

Além da Convenção Americana, para a regulamentação da estrutura e das funções da Comissão há o seu *Regulamento*, aprovado durante o 137° período ordinário de sessões, realizado de 28 de outubro a 13 de novembro de 2009 (modificado em 02 de setembro de 2011 e em seu 147º período de sessões, celebrado de 08 a 22 de março de 2013).

2.1.3.1.1 Apresentação inicial

A **Comissão Interamericana de Direitos Humanos** originou-se da Resolução VIII da V Reunião de Consulta dos Ministros de Relações Exteriores (em Santiago, no ano de 1959). Em 1960, foi aprovado pelo Conselho da OEA o Estatuto da Comissão. Em 1965, com as modificações ocorridas em seu Estatuto, a Comissão se transformou em órgão de fiscalização da situação dos direitos humanos nos Estados-membros da OEA. No entanto, ela só se tornou o principal órgão da organização após a adoção do Protocolo de Buenos Aires em 1967, que emendou a Carta da OEA.

Com a adoção da Convenção Americana sobre Direitos Humanos, em 1969, a Comissão passou a ser dotada de novas atribuições. Isto significa que a partir do Pacto de San José ela passou a ser tanto o principal órgão da OEA quanto órgão do Pacto. Dessa forma, todos os Estados da OEA têm o dever de proteger e promover os direitos humanos, seja por meio do disposto na Carta da OEA, na Declaração Americana dos Direitos e Deveres do Homem, seja pela Convenção Americana sobre Direitos Humanos.

A Comissão habita dois sistemas: o sistema da OEA e o sistema da Convenção Americana de 1969. Este último é que será focado a partir de agora.

2.1.3.1.2 Natureza e composição

Conforme art. 34 da Convenção Americana de 1969, a Comissão será composta por sete membros, pessoas de alta autoridade moral e de reconhecido saber em matéria de direitos humanos, que serão eleitos para um mandato de quatro anos, permitida uma só reeleição. Quanto à representatividade, a Comissão representa todos os Estados-membros da OEA.

Os integrantes do órgão (art. 36 da Convenção) serão eleitos a título pessoal, pela Assembleia-Geral da OEA, a partir de uma lista de candidatos propostos pelos governos dos Estados-membros. Cada um dos referidos governos pode propor até três candidatos, nacionais do Estado que os propuser ou de qualquer outro país da OEA.

O art. 1º do Regulamento da Comissão complementa a Convenção Americana, vale então a sua reprodução *ipsis litteris:* "1. A Comissão Interamericana de Direitos Humanos é um órgão autônomo da Organização dos Estados Americanos que tem como função principal promover a observância e a defesa dos direitos humanos e servir como órgão consultivo da Organização em tal matéria. 2. A Comissão representa todos os Estados membros que compõem a Organização. 3. A Comissão compõe-se de sete membros, eleitos a título pessoal pela Assembleia Geral da Organização, que deverão ser pessoas de alta autoridade moral e de reconhecido saber em matéria de direitos humanos".

Não se pode esquecer que a gestão interna administrativa da Comissão se perfectibiliza por meio da atuação de uma Diretoria, cuja composição inclui um Presidente, um Primeiro Vice-Presidente e um Segundo Vice-Presidente, que terão as funções estabelecidas no Regulamento.

Juntamente com a Diretoria há uma Secretaria Executiva, que, de acordo com o Regulamento (art. 11), estará composta por um(a) Secretário(a) Executivo(a) e pelo menos um(a) Secretário(a) Executivo(a) Adjunto(a) e pelo pessoal profissional, técnico e administrativo necessário para o desempenho de suas atividades.

2.1.3.1.3 Discussão, votação, quorum *e idiomas*

De acordo com o art. 16 do Regulamento, que trata sobre o quorum para as sessões, para constituir *quorum* será necessária a presença da *maioria absoluta* dos membros da Comissão.

Nessa tessitura, obedecido ao *quorum* mínimo (de maioria absoluta) exigido para sua constituição, a sessão se inicia, seguem-se os debates e discussões e demais atos procedimentais, para que, ao final, seja tomada uma decisão.

Há também *quorum* a ser respeitado pela Comissão para tomada de decisões, a depender da matéria.

Durante as sessões alguns assuntos podem exigir um *quorum especial,* que é o da maioria absoluta (repita-se: aqui a maioria absoluta é requisito para decidir). Dessa forma, este *quorum* atinente à *maioria absoluta* é imprescindível para se deliberar sobre os seguintes assuntos:

Eleição dos membros da Diretoria da Comissão
Interpretação do Regulamento
Aprovação de relatório sobre a situação dos direitos humanos em determinado Estado (este merece destaque)
Quando essa maioria estiver prevista na Convenção Americana, no Estatuto ou no Regulamento

Caso a manifestação da Comissão não se trate dos temas acima arrolados, os demais assuntos, para serem objetos de decisões, demandam apenas a o *quorum* da maioria dos membros presentes.

Por fim, é aconselhável se realçar que os *idiomas oficiais* da Comissão são o espanhol, o francês, o inglês e o português. Já os *idiomas de trabalho* são os que a Comissão determinar, conforme os falados por seus membros.

2.1.3.1.4 Das principais funções

Quanto às funções da Comissão, há que se ter atenção.

O art. 41 da Convenção Americana especifica que a função principal é a de promover a observância e a defesa dos direitos humanos, tendo as seguintes atribuições: a) estimular a consciência dos direitos humanos nos povos da América; b) formular recomendações aos governos dos Estados-membros, quando considerar conveniente, no sentido de que adotem medidas progressivas em prol dos direitos humanos; c) preparar estudos ou relatórios que considerar convenientes para o desempenho de suas funções; d) solicitar aos governos dos Estados-membros que lhe proporcionem informações sobre as medidas que adotarem em matéria de direitos humanos; e) atender às consultas que, por meio da Secretaria-Geral da OEA, lhe formularem os Estados-membros sobre questões relacionadas com os direitos humanos e, dentro de suas possibilidades, prestar-lhes o assessoramento que lhes solicitarem; f) atuar com respeito às petições e outras comunicações, no exercício de sua autoridade; e g) apresentar um relatório anual à Assembleia-Geral da OEA.

Além do mecanismo de petições individuais ou queixas particulares, do qual participa decisivamente a Comissão, e é o mais importante do sistema interamericano (por isso que será estudado de forma específica), a Convenção Americana também prevê a submissão de cópias de relatórios à Comissão, conforme art. 42.

De acordo com o art. 42, os Estados-partes devem submeter à Comissão cópia dos relatórios e estudos que, em seus respectivos campos, submetem anualmente às Comissões Executivas do Conselho Interamericano Econômico e Social e do Conselho Interamericano de Educação, Ciência e Cultura, *a fim de que aquela zele para que se promovam os direitos decorrentes das normas econômicas, sociais e sobre educação, ciência e cultura.* O art. 43 não deixa dúvidas quanto ao dever de informar dos Estados, que se obrigam "a proporcionar à Comissão as informações que esta lhes solicitar sobre a maneira pela qual seu direito interno assegura a aplicação efetiva de quaisquer disposições desta Convenção".

> **ATENÇÃO**
>
> *O Estado, ao se tornar parte do Pacto de San José, aceita automática e obrigatoriamente a competência da Comissão para examinar essas comunicações, não sendo necessário elaborar qualquer declaração expressa e específica para tal fim.*

Não restam dúvidas de que uma das mais relevantes atribuições da Comissão ocorre durante o trâmite, na esfera administrativa, das queixas particulares sobre violações a direitos humanos previstos na Convenção Americana. Oportunidade em que a Comissão faz juízo de admissibilidade das petições e atua de forma a sanar as questões antes de levar à Corte. E seu papel no sistema regional americano assume contornos valiosos, pois os particulares não têm direito de acesso direto e autônomo à Corte Interamericana, mas somente à Comissão.

2.1.3.1.5 Medidas cautelares pela Comissão Interamericana

Quanto à possibilidade de adoção de medidas cautelares por parte da Comissão, mostra-se útil, conveniente e mais esclarecedor efetuarmos a citação, letra por letra, do art. 25 do Regulamento da Comissão, haja vista sua riqueza de informações.

Citam-se os arts. 23, 24 e 25 do Regulamento da Comissão, de leitura obrigatória: "Artigo 23. Apresentação de petições Qualquer pessoa ou grupo de pessoas, ou entidade não-governamental legalmente reconhecida em um ou mais Estados membros da Organização pode apresentar à Comissão petições em seu próprio nome ou no de terceiras pessoas, sobre supostas violações dos direitos humanos reconhecidos, conforme o caso, na Declaração Americana dos Direitos e Deveres do Homem, na Convenção Americana sobre Direitos Humanos 'Pacto de San José da Costa Rica', no Protocolo Adicional à Convenção Americana sobre Direitos Humanos em Matéria de Direitos Econômicos, Sociais e Culturais 'Protocolo de San Salvador', no Protocolo à Convenção Americana sobre Direitos Humanos Referente à Abolição da Pena de Morte, na Convenção Interamericana para Prevenir e Punir a Tortura, na Convenção Interamericana sobre o Desaparecimento Forçado de Pessoas, e na Convenção Interamericana para Prevenir, Punir e Erradicar a Violência contra a Mulher, em conformidade com as respectivas disposições e com as do Estatuto da Comissão e do presente Regulamento. O peticionário poderá designar, na própria petição ou em outro instrumento por escrito, um advogado ou outra pessoa para representá-lo perante a Comissão. Artigo 24. Tramitação *motu próprio*. A Comissão poderá, *motu proprio*, iniciar a tramitação de uma petição que reúna, a seu juízo, os requisitos para tal fim. Artigo 25. Medidas cautelares 1. Com fundamento nos artigos 106 da Carta da Organização dos Estados Americanos, 41.b da Convenção Americana sobre Direitos Humanos, 18.b do Estatuto da Comissão e XIII da Convenção Interamericana sobre o Desaparecimento Forçado de Pessoas, a Comissão poderá, por iniciativa própria ou a pedido de parte, solicitar que um Estado adote medidas cautelares. Essas medidas, tenham elas ou não conexão com uma petição ou caso, deverão estar relacionadas a situações de gravidade e urgência que apresentem risco de dano irreparável às pessoas ou ao objeto de uma petição ou caso pendente nos órgãos do Sistema Interamericano. 2. Nas tomadas de decisão a que se refere o parágrafo 1, a Comissão considerará que: a. 'gravidade da situação' significa o sério impacto que uma ação ou omissão pode ter sobre um direito protegido ou sobre o efeito eventual de uma decisão pendente em um caso ou petição nos órgãos do Sistema Interamericano; b. a 'urgência da situação' é determinada pelas informações que indicam que o risco ou a ameaça são iminentes e podem materializar-se, requerendo dessa maneira ação preventiva ou tutelar; e c. 'dano irreparável' significa os efeitos sobre direitos que, por sua natureza, não são suscetíveis de reparação, restauração ou indenização adequada. 3. As medidas cautelares poderão proteger pessoas ou grupos de pessoas, sempre que o beneficiário ou os beneficiários puderem ser identificados ou forem identificáveis por sua localização geográfica ou seu pertencimento ou vínculo a um grupo, povo, comunidade ou organização. 4. Os pedidos de medidas cautelares dirigidos à Comissão deverão conter, entre outros elementos: a. os dados das pessoas propostas como beneficiárias ou informações que permitam identificá-las; b. uma descrição detalhada e cronológica dos fatos que sustentam a solicitação e quaisquer outras informações disponíveis; e c. a descrição das medidas de proteção solicitadas. 5. Antes de decidir sobre a solicitação de medidas cautelares, a Comissão exigirá do Estado envolvido informações relevantes, salvo nos casos em que a iminência do dano potencial não admita demora. Nestas circunstâncias, a Comissão revisará a decisão adotada o quanto antes possível ou, o mais tardar, no período de sessões seguinte, levando em consideração as informações fornecidas pelas partes. 6. Ao considerar o pedido, a Comissão levará em conta seu contexto e os seguintes elementos: a. se a situação foi denunciada às autoridades pertinentes ou se há motivos para isso não poder ser feito; b. a identificação individual dos beneficiários propostos das medidas cautelares ou a determinação do grupo a que pertencem ou estão vinculados; e c. a expressa conformidade dos potenciais beneficiários, quando a solicitação for apresentada por terceiros, salvo em situações em que se justifique a ausência de consentimento. 7. As decisões de concessão, ampliação, modificação e suspensão de medidas cautelares serão emitidas através de resoluções fundamentadas que incluirão, entre outros, os seguintes elementos: (...) 10. A Comissão poderá tomar as medidas de acompanhamento apropriadas, como requerer às partes interessadas informações relevantes sobre qualquer assunto relacionado com a concessão, observância e vigência das medidas cautelares. Essas medidas poderão incluir, quando pertinente, cronogramas de implementação, audiências, reuniões de trabalho e visitas de acompanhamento e revisão. (...) 12. A Comissão poderá apresentar um pedido de medidas provisórias à Corte Interamericana de acordo com as condições estabelecidas no artigo 76 deste Regulamento. Se no assunto já tiverem sido outorgadas medidas cautelares, estas manterão sua vigência até a Corte notificar as partes sua resolução sobre o pedido. (...)".

2.1.3.2. Corte Interamericana

Além da Convenção Americana, a Corte também é disciplinada pelo seu *Regulamento*, aprovado no LXXXV período ordinário de sessões, celebrado de 16 a 28 de novembro de 2009.

2.1.3.2.1. Apresentação inicial

Até janeiro de 2010, dos 35 Estados-membros da OEA, 25 haviam ratificado a Convenção Americana, e, dentre estes, 22 reconheceram a competência contenciosa da Corte, inclusive o Brasil. Até dezembro de 2009, a Corte já havia proferido mais de 140 sentenças internacionais.

O Decreto nº 4.463, de 08 de novembro de 2002, do Presidente da República, promulgou a *Declaração de Reconhecimento da Competência Obrigatória da Corte Interamericana de Direitos Humanos*.

O art. 1º do Decreto dispõe que é "reconhecida como obrigatória (...) a competência da Corte Interamericana de Direitos Humanos em todos os casos relativos à interpretação ou aplicação da Convenção Americana (...) para fatos posteriores a 10 de dezembro de 1998".

A aceitação do Brasil da jurisdição da Corte se deu em 1998, por meio do atendimento à sua **cláusula facultativa de jurisdição obrigatória**. Sem reconhecimento expresso por parte do Estado, não poderia o Tribunal exercer suas funções em território nacional.

2.1.3.2.2. Natureza e composição

A Corte, que é um Tribunal, compõe-se de sete juízes, nacionais dos Estados-membros da OEA, eleitos a título pessoal dentre juristas da mais alta autoridade moral, de reconhecida competência em matéria de direitos humanos, que reúnam as condições requeridas para o exercício das mais elevadas funções judiciais do Estado que os propuser como candidatos. Não deve haver dois juízes da mesma nacionalidade.

Os juízes da Corte, com mandato de seis anos (permitida uma recondução), serão eleitos, em votação secreta e pelo voto da maioria absoluta dos Estados-partes na Convenção, na Assembleia-Geral, a partir de uma lista de candidatos propostos pelos mesmos Estados.

Para melhor gestão interna administrativa, bem como para condução dos julgamentos, o Regulamento da Corte, em seu art. 3º, disciplina sobre a Presidência e a Vice-presidência do Tribunal. A Presidência e a Vice-presidência são eleitas pela Corte por um período de dois anos no exercício de suas funções, podendo ser reeleitas, sendo que o mandato começa no primeiro dia do ano correspondente.

Além dos juízes da presidência, há, como auxiliar administrativo, um Secretário, que deverá possuir os conhecimentos jurídicos requeridos para o cargo, conhecer os idiomas de trabalho da Corte e ter a experiência necessária para o exercício de suas funções. Ele será eleito por um período de cinco anos e poderá ser reeleito, tudo conforme o Regulamento da Corte.

Há também um Secretário Adjunto (art. 8º do Regulamento). O Secretário Adjunto será designado conforme previsto no Estatuto, mediante proposta do Secretário da Corte. Ele assistirá o Secretário no exercício de suas funções e suprirá suas ausências temporárias.

2.1.3.2.3. Sessões, quorum, *decisões e idiomas*

A Corte Interamericana realizará as sessões ordinárias que sejam necessárias para o pleno exercício de suas funções, nas datas que ela fixar em sua sessão ordinária imediatamente anterior. Cabe à Presidência, em consulta com os demais Juízes da Corte, alterar as datas desses períodos quando assim exijam circunstâncias excepcionais.

Além das sessões ordinárias, há as extraordinárias, na linha do preceituado pelo art. 12 do Regulamento da Corte. As sessões extraordinárias serão convocadas pela Presidência, por iniciativa própria ou a pedido da maioria dos Juízes.

O art. 14 do Regulamento versa sobre o *quorum*. O *quorum* para as deliberações da Corte é de cinco Juízes.

Já o art. 15 do mesmo Regulamento preceitua que a Corte celebrará audiências quando estimar pertinente. Estas serão públicas, salvo quando o Tribunal considerar oportuno que sejam privadas. A Corte deliberará em privado e suas deliberações permanecerão secretas.

Quanto às decisões e às votações, o Regulamento alinha que a Presidência submeterá os assuntos à votação, item por item. O voto de cada Juiz será afirmativo ou negativo, não sendo admitidas abstenções. Sendo que, as decisões da Corte serão adotadas pela *maioria dos Juízes presentes* no momento da votação. Mas em caso de empate, o voto da Presidência decidirá.

Por derradeiro, o art. 22 do Regulamento cita como idiomas oficiais da Corte o espanhol, o inglês, o português e o francês (os mesmos da OEA). Já os idiomas de trabalho serão os que a Corte adote anualmente. Contudo, para um caso determinado, também se poderá adotar como idioma de trabalho o do Estado demandado ou, dependendo do caso, o do Estado demandante, sempre que seja oficial.

2.1.3.2.4. Das competências da Corte

No ponto atual do nosso estudo, resta, de forma inaugural, sublinhar que a Corte Interamericana exerce – dentro do campo de atuação de sua jurisdição, que é internacional e subsidiária: **competência consultiva** e **competência contenciosa.**

A competência contenciosa será novamente estudada logo em seguida, quando da análise do mecanismo de petições particulares. Todavia, alguns pontos já serão lançados.

É cediço que a prolação de sentença internacional é o ápice de um processo judicial, que tramita perante o Tribunal.

Importa trazer à baila a informação de que as sentenças devem possuir como conteúdo (art. 65 do Regulamento): "a. o nome de quem presidir a Corte e dos demais Juízes que a proferiram, do Secretário e do Secretário Adjunto; b. a identificação dos intervenientes no processo e seus representantes; c. uma relação dos atos do procedimento; d. a determinação dos fatos; **e. as conclusões da Comissão, das vítimas ou seus representantes, do Estado demandado e, se for o caso, do Estado demandante; f. os fundamentos de direito; g. a decisão sobre o caso; h. o pronunciamento sobre as reparações e as custas, se procede**; i. o resultado da votação; j. a indicação sobre qual é a versão autêntica da sentença" (Grifei).

Ademais, todo Juiz que houver participado no exame de um caso tem direito a acrescer à sentença seu voto concordante ou dissidente, que deverá, sempre, ser fundamentado.

A sentença pode ter diferentes objetos de cumprimento, ou seja, pode produzir diferentes efeitos, sempre tendentes a reprimir a prática de violação aos direitos humanos, bem como prevenir futuros desrespeitos às liberdades fundamentais.

Sem dúvidas, a sentença de reparações e custas assume papel de destaque no cenário humanístico que a OEA pretende desenhar, positivamente, para o continente americano (art. 66 do Regulamento). Destarte, quando na sentença sobre o mérito do caso não se houver decidido especificamente sobre reparações e custas, a Corte mesmo assim determinará a oportunidade para sua posterior decisão e indicará o procedimento.

De acordo com o art. 67 do Regulamento, a Corte irá notificar a sentença, pela Secretaria, à Comissão, às vítimas ou supostas vítimas ou a seus representantes, ao Estado demandado e, se for o caso, ao Estado demandante.

Não só de procedimentos litigiosos vive o Tribunal humanista da OEA, pois também acopla em seu corpo normativo a competência para emitir pareceres.

Eis, agora, os comentários sobre a competência **consultiva**.

Qualquer Estado-membro da OEA (parte ou não na Convenção Americana) pode solicitar parecer da Corte relativamente *à interpretação (sempre dinâmica)* da Convenção Americana ou de outro tratado americano de proteção dos direitos humanos, podendo, ainda, solicitar opinião sobre a compatibilidade da legislação doméstica em face dos instrumentos internacionais (**controle de convencionalidade das leis**).

Nas solicitações de parecer consultivo deverão ser formulados os pedidos com precisão, especificando-se as perguntas em relação às quais se pretende obter a opinião do Tribunal.

De acordo com o Regulamento, as solicitações podem ser provocadas por um Estado-membro ou pela Comissão, sendo que, adicionalmente, tais pedidos deverão indicar as disposições cuja interpretação é solicitada e as considerações que dão origem à consulta.

Quanto ao objeto do pedido, a solicitação pode versar sobre outros tratados que não a Convenção Americana, o que obriga ao postulante a identificar o documento e suas respectivas partes, formular as perguntas específicas em relação às quais é solicitado o parecer da Corte e incluir as considerações que dão origem à consulta. Veja-se que o princípio da especialidade do pedido norteia essa fase inicial.

Um dispositivo de suma importância para sedimentar a Corte Interamericana como última instância na interpretação das normas sobre direitos humanos no continente americano, é o art. 72 do Regulamento, inspirado, por obviedade, na Convenção Americana.

Uma das atividades mais exaltadas pela doutrina é a possibilidade de controle de convencionalidade, em que o Tribunal analisa a compatibilidade vertical entre as leis internas nacionais e as convenções de proteção aos homens.

Nesse mesmo raciocínio, o art. 72 referido preceitua que a "solicitação de parecer consultivo (...) deverá indicar: a. **as disposições de direito interno, bem como as da Convenção ou de outros tratados concernentes à proteção dos direitos humanos que são objeto da consulta**; b. as perguntas específicas sobre as quais se pretende obter o parecer da Corte; c. o nome e endereço do Agente do solicitante. 2. O pedido será acompanhado de cópia das disposições internas a que se refere a consulta" (Grifei).

2.1.3.2.5. Medidas provisórias pela Corte Interamericana

O Tribunal sobre direitos humanos do sistema da OEA tem poder de cautela, podendo, dessa forma, exarar medidas de natureza cautelas, denominadas "medidas provisórias".

A literalidade do art. 27 do Regulamento, por ser a consolidação dos entendimentos da Corte e por decorrer da Convenção Americana, muito nos tem a mostrar. Por essa razão, segue letra por letra: "1. Em qualquer fase do processo, sempre que se tratar de casos de extrema gravidade e urgência e quando for necessário para evitar danos irreparáveis às pessoas, a Corte, ex officio, poderá ordenar as medidas provisórias que considerar pertinentes, nos termos do artigo 63.2 da Convenção. 2. Tratando-se de assuntos ainda não submetidos à sua consideração, a Corte poderá atuar por solicitação da Comissão. 3. **Nos casos contenciosos que se encontrem em conhecimento da Corte, as vítimas ou as supostas**

vítimas, ou seus representantes, poderão apresentar diretamente àquela uma petição de medidas provisórias, as quais deverão ter relação com o objeto do caso. 4. A solicitação pode ser apresentada à Presidência, a qualquer um dos Juízes ou à Secretaria, por qualquer meio de comunicação. De qualquer forma, quem houver recebido a solicitação deverá levá-la de imediato ao conhecimento da Presidência. 5. A Corte ou, se esta não estiver reunida, a Presidência poderá requerer ao Estado, à Comissão ou aos representantes dos beneficiários, quando considerar possível e indispensável, a apresentação de informação sobre um pedido de medidas provisórias antes de resolver sobre a medida solicitada. 6. Se a Corte não estiver reunida, a Presidência, em consulta com a Comissão Permanente e, se for possível, com os demais Juízes, requererá do Estado interessado que tome as providências urgentes necessárias a fim de assegurar a eficácia das medidas provisórias que a Corte venha a adotar depois, em seu próximo período de sessões. 7. A supervisão das medidas urgentes ou provisórias ordenadas realizar-se-á mediante a apresentação de relatórios estatais e das observações correspondentes aos referidos relatórios por parte dos beneficiários de tais medidas ou seus representantes. A Comissão deverá apresentar observações ao relatório do Estado e às observações dos beneficiários das medidas ou de seus representantes. 8. Nas circunstâncias que estimar pertinentes, a Corte poderá requerer a outras fontes de informação dados relevantes sobre o assunto, que permitam apreciar a gravidade e a urgência da situação e a eficácia das medidas. Para os mesmos efeitos, poderá também requerer as perícias e relatórios que considerar oportunos. 9. A Corte ou, se esta não estiver reunida, a Presidência poderá convocar a Comissão, os beneficiários das medidas ou seus representantes e o Estado a uma audiência pública ou privada sobre as medidas provisórias. 10. A Corte incluirá em seu relatório anual à Assembleia Geral uma relação das medidas provisórias que tenha ordenado durante o período do relatório e, quando tais medidas não tenham sido devidamente executadas, formulará as recomendações que considere pertinentes" (Grifamos).

2.1.3.3. Requisitos e processamento das petições individuais

O mecanismo de petições individuais deve ser cada vez mais ampliado, de forma que, futuramente, os particulares tenham acesso direto, autônomo e inicial (*jus standi*) à Corte Interamericana, o que já ocorre no continente europeu, mas ainda não desaguou no continente americano.

No âmbito da OEA, como será exposto, os particulares necessitam protocolar suas petições na Comissão Interamericana, para, se for o caso, passar-se a um processo judicial junto à Corte.

Quanto mais consolidado o mecanismo de petições individuais maior será o nível de desenvolvimento humanista de determinada região. Essa consciência ainda precisa ser mais disseminada e espraiada pelos Estados-membros da OEA.

Partindo-se dessa perspectiva crítica e de certa forma esperançosa, para que num futuro, não muito distante, tenha-se o acesso direto, autônomo e inicial ao Tribunal, vamos ao estudo do processamento das denúncias particulares.

De acordo com o art. 44 da Convenção Americana, são **legitimados** para apresentar petições quanto à violação de direitos no sistema interamericano: qualquer pessoa ou grupo de pessoas, ou entidade não governamental legalmente reconhecida em um ou mais Estados-membros da OEA. Tais queixas serão apresentadas à Comissão e as denúncias narradas deverão ser contra um dos Estados-partes.

> ***ATENÇÃO***
>
> *Apenas lembramos que o art. 45 ainda possibilita que um Estado-parte denuncie outro Estado-parte da Convenção Americana em relação à violação de direitos nela previstos, desde que ambos tenham reconhecido expressamente esta possibilidade.*

É importante citar o art. 23 do Regulamento da Comissão, que torna mais denso e completo a informação dos legitimados antes mencionada. Conforme art. 23, acerca da apresentação de petições: "Apresentação de petições Qualquer pessoa ou grupo de pessoas, ou entidade não-governamental legalmente reconhecida em um ou mais Estados membros da Organização pode apresentar à Comissão petições em seu próprio nome ou no de terceiras pessoas, sobre supostas violações dos direitos humanos reconhecidos, conforme o caso, na Declaração Americana dos Direitos e Deveres do Homem, na Convenção Americana sobre Direitos Humanos 'Pacto de San José da Costa Rica', no Protocolo Adicional à Convenção Americana sobre Direitos Humanos em Matéria de Direitos Econômicos, Sociais e Culturais 'Protocolo de San Salvador', no Protocolo à Convenção Americana sobre Direitos Humanos Referente à Abolição da Pena de Morte, na Convenção Interamericana para Prevenir e Punir a Tortura, na Convenção Interamericana sobre o Desaparecimento

Forçado de Pessoas, e na Convenção Interamericana para Prevenir, Punir e Erradicar a Violência contra a Mulher, em conformidade com as respectivas disposições e com as do Estatuto da Comissão e do presente Regulamento. O peticionário poderá designar, na própria petição ou em outro instrumento por escrito, um advogado ou outra pessoa para representá-lo perante a Comissão".

Ademais, não se pode esquecer que a própria Comissão pode atuar por vontade própria, ou seja, *motu próprio*. Ela poderá, *motu proprio*, iniciar a tramitação de uma petição que reúna, a seu juízo, os requisitos para tal fim.

Em relação ao encaminhamento de petições dos indivíduos à Comissão, a Convenção Americana exige **requisitos que devem ser atendidos no petitório**. O art. 46 preceitua que, para que uma petição ou comunicação (conforme arts. 44 e 45 acima citados) seja admitida pela Comissão (juízo de admissibilidade), será necessário:

A) **Esgotamento dos recursos da jurisdição interna:** que hajam sido interpostos e esgotados os recursos da jurisdição interna, de acordo com os princípios de Direito Internacional geralmente reconhecidos.

B) **Dentro do prazo de 6 meses:** que seja apresentada dentro do prazo de seis meses, a partir da data em que o presumido prejudicado em seus direitos *tenha sido notificado da decisão definitiva*.

C) **Inexistência de litispendência internacional**: que a matéria da petição ou comunicação não esteja pendente de outro processo de solução internacional.

D) **Qualificação das partes e outros requisitos formais**: que, no caso do art. 44 (*qualquer pessoa ou grupo de pessoas, ou entidade não governamental*), a petição contenha *o nome, a nacionalidade, a profissão, o domicílio e a assinatura da pessoa ou pessoas ou do representante legal da entidade que submeter a petição*.

> **ATENÇÃO**
>
> *Como se pode perceber, não há necessidade de a petição estar assinada por advogado. E mais, o art. 37 do Regulamento da Corte oportuniza um Defensor interamericano: "Em casos de supostas vítimas sem representação legal devidamente credenciada, o Tribunal poderá designar um Defensor Interamericano de ofício que as represente durante a tramitação do caso".*

As letras **A (esgotamento dos recursos da jurisdição interna) e B (dentro do prazo de 6 meses)** supramencionadas **não serão exigidas** nas seguintes situações, desde que demonstradas na petição:

1) **Desrespeito ao devido processo legal:** não existir, na legislação interna do Estado de que se tratar, o devido processo legal para a proteção do direito ou direitos que se alegue tenham sido violados.

2) **Não acesso aos recursos:** não se houver permitido ao presumido prejudicado em seus direitos o acesso aos recursos da jurisdição interna, ou houver sido ele impedido de esgotá-los.

3) **Violação à razoável duração do processo**: houver demora injustificada na decisão sobre os mencionados recursos.

O juízo de admissibilidade da Comissão será negativo nas hipóteses de: não preenchimento dos requisitos do art. 46; não expuser fatos que caracterizem violação dos direitos garantidos pela Convenção; pela exposição do próprio peticionário ou do Estado, for manifestamente infundada a petição ou comunicação ou for evidente sua total improcedência; ou for substancialmente reprodução de petição ou comunicação anterior, já examinada pela Comissão ou por outro organismo internacional.

ATENÇÃO

Em casos de gravidade e urgência, e toda vez que resulte necessário, de acordo com as informações disponíveis, a Comissão poderá, por iniciativa própria (ex oficio) ou mediante provocação de peticionante, solicitar aos Estados a adoção de medidas cautelares para evitar danos irreparáveis, podendo, inclusive, solicitar tais medidas provisórias à Corte. A possibilidade de emissão de medidas cautelares, tanto pela Comissão quanto pela Corte, já foi exposta neste trabalho.

O trâmite administrativo perante a Comissão, após a entrega da petição, segue o seguinte caminho:

- A Comissão solicitará informações ao governo do Estado ao qual pertença a autoridade apontada como responsável pela violação. As referidas informações devem ser enviadas dentro de um prazo razoável fixado pela Comissão.
- Recebidas as informações ou transcorrido o prazo sem que sejam enviadas, a Comissão verificará se existem ou subsistem os motivos da petição ou comunicação. No caso de não existirem ou não subsistirem, mandará arquivar.

- A Comissão poderá também declarar a inadmissibilidade ou a improcedência da petição ou comunicação, com base em informação ou prova superveniente.
- Na hipótese de não arquivo, a Comissão poderá tomar medidas para obter informações pertinentes ao caso.
- A Comissão tenta a solução amistosa, colocando-se à disposição das partes interessadas para tanto.
- Não sendo situação de solução amigável, a Comissão redigirá um relatório que será encaminhado ao peticionário e aos Estados-partes, e, posteriormente, transmitido para sua publicação, ao Secretário-Geral da OEA.
- Caso não haja uma solução amigável, a Comissão também redigirá um relatório, no qual exporá os fatos e suas conclusões. Nesta oportunidade a Comissão poderá emitir recomendações ao Estado, as quais deverão ser cumpridas dentro do prazo de 3 meses.
- De acordo com o art. 45 do Regulamento da Comissão Interamericana, se a Comissão considerar que o Estado não cumpriu as recomendações, submeterá o caso à Corte Interamericana, salvo decisão fundamentada na maioria absoluta dos membros da Comissão.

Se "anteriormente, cabia à Comissão Interamericana, a partir de uma avaliação discricionária (...) submeter à apreciação da Corte (...), com o novo Regulamento, o encaminhamento à Corte se faz de forma direta e automática. O sistema ganha maior tônica de 'juridicidade'" (PIOVESAN, 2006, p. 97). A doutrina da Professora Piovesan, uma das maiores especialistas em sistema interamericano, pode ser confirmada pela leitura do art. 45 do Regulamento da Comissão: "1. Se o Estado de que se trate houver aceito a jurisdição da Corte Interamericana em conformidade com o artigo 62 da Convenção Americana, e se a Comissão considerar que este não deu cumprimento às recomendações contidas no relatório aprovado de acordo com o artigo 50 do citado instrumento, a Comissão submeterá o caso à Corte, salvo por decisão fundamentada da maioria absoluta dos seus membros".

De todo o trâmite na esfera administrativa da Comissão, se não foi sanado o problema, sem solução amigável e sem atendimento a eventuais recomendações feitas pela Comissão, a questão transforma-se em um processo judicial, com a remessa à Corte Interamericana de Direitos Humanos.

Nunca é demais relembrar que somente os Estados-partes e a Comissão têm direito de submeter um caso diretamente à decisão da Corte, sendo que, para que a Corte possa conhecer qualquer caso, é necessário que sejam esgotados os processos previstos nos artigos 48 a 50, trabalhados acima.

ATENÇÃO

Da mesma forma que a Comissão, em casos de extrema gravidade e urgência, e quando se fizer necessário evitar danos irreparáveis às pessoas, a Corte, nos assuntos de que estiver conhecendo, poderá tomar as medidas provisórias (cautelares) que considerar pertinentes. Se tratar de assuntos que ainda não estiverem submetidos ao seu conhecimento, poderá atuar a pedido da Comissão.

Internamente, o processo judicial na Corte, pode ser sintetizado da seguinte forma:

- Comissão Interamericana submete o caso.
- O Presidente da Corte faz um exame preliminar da demanda.
- O Secretário do Tribunal irá notificar o Presidente, os demais juízes, as vítimas e o Estado. Este terá o prazo de 4 meses para apresentar contestação.
- Realiza-se audiência.
- Prolata-se uma decisão definitiva e inapelável.

Conforme art. 63 da Convenção, quando decidir o Tribunal que houve violação de um direito ou liberdade protegidos, a Corte "determinará que se assegure ao prejudicado o gozo do seu direito ou liberdade violados. Determinará também, se isso for procedente, que sejam reparadas as consequências da medida ou situação que haja configurado a violação desses direitos, bem como o pagamento de indenização justa à parte lesada".

2.1.3.4. Sentenças internacionais da Corte

A Corte prolata sentenças internacionais definitivas e inapeláveis, com força jurídica vinculante e obrigatória, cabendo ao Estado condenado cumprir de imediato, e, no caso brasileiro, sem necessidade de homologação pelo STJ, pois não se confundem com sentenças estrangeiras. Se for fixada compensação à vítima, a decisão valerá como título executivo, assim, caso não cumprida voluntariamente (*sponte sua*), poderá ser executada (no Brasil, é competência da Justiça Federal) em conformidade com os procedimentos internos relativos à execução de sentenças contra o Estado.

O art. 68 do Pacto de San José confirma a informação lançada supra, de que os Estados-partes na Convenção comprometem-se a cumprir a decisão da Corte em todo caso que forem partes. Essa obrigação internacional assumida voluntariamente pelos países consiste no dever de acatar e cumprir por vontade própria (*sponte sua*) as sentenças. Isso, sob pena de, caso a decisão determine indenização compensatória, ser executada no país respectivo pelo processo interno para a execução de sentenças contra o Estado.

E foi nesse sentido que o Brasil agiu voluntariamente, ***sponte sua,*** quando de sua primeira condenação pela Corte Interamericana. Trata-se do **Caso Damião Ximenes Lopes**, fruto da demanda nº 12.237, encaminhada pela Comissão Interamericana à Corte Interamericana em 1º de outubro de 2004. A sentença foi prolatada em 04 de julho de 2006 (a primeira do sistema interamericano a julgar a violação de direitos humanos de pessoa portadora de deficiência mental). A Corte determinou a obrigação do Brasil de investigar os responsáveis pela morte da vítima e de realizar programas de capacitação para os profissionais de atendimento psiquiátrico, e o pagamento de indenização (no prazo de um ano) por danos materiais e imateriais à família da vítima, no valor total de US$ 146 mil. Por meio do Decreto n° 6.185, de 13 de agosto de 2007, o Presidente da República autorizou a Secretaria Especial dos Direitos Humanos da Presidência da República a "promover as gestões necessárias ao cumprimento da sentença da Corte Interamericana de Direitos Humanos, expedida em 4 de julho de 2006, referente ao caso Damião Ximenes Lopes, em especial a indenização pelas violações dos direitos humanos aos familiares ou a quem de direito couber, na forma do Anexo a este Decreto" (art. 1°). Conforme estabelecido no art. 1° da Lei 10.192, de 2001, os valores em dólares determinados pela sentença (num total de US$ 146 mil) foram convertidos em Real (moeda brasileira) de acordo com a taxa de câmbio oficial do Banco Central do Brasil em 05 de julho de 2007, ficando assim estabelecido o quadro das indenizações: Albertina Viana Lopes (mãe) – R$ 117.766,35; Francisco Leopoldino Lopes (pai) – R$ 28.723,50; Irene Ximenes Lopes Miranda (irmã) – R$ 105.319,50; e Cosme Ximenes Lopes (irmão) – R$ 28.723,50.

De acordo com o art. 66 da Convenção, as sentenças deverão ser fundamentadas. O art. 67 propugna que a decisão é definitiva e inapelável. O que não impede, dentro do prazo de noventa dias a partir da notificação da sentença, que haja *pedido de esclarecimento ou de interpretação*, em caso de divergência sobre o sentido ou alcance do *decisum*.

E, por fim, conforme já citado, não é necessário "que uma decisão da Corte Interamericana de Direitos Humanos seja internalizada por meio de homologação de sentença estrangeira ou de concessão de *exequatur* a carta rogatória. As decisões da Corte têm eficácia e aplicabilidade imediata no ordenamento interno brasileiro", de acordo com afirmações do Ministro Gilson Dipp, do Superior Tribunal de Justiça, conforme informações de Roberta Bastos (2005).

Nesse diapasão, é preciso diferenciar **sentenças internacionais** (regidas pelo Direito Internacional e prolatadas por Tribunais Internacionais) de **sentenças estrangeiras** (regidas pelo Direito estrangeiro e prolatadas por Tribunais estrangeiros). Estas últimas necessitam de homologação pelo Superior Tribunal de Justiça, já as internacionais não, pois devem ser cumpridas diretamente e prescindem de juízo de delibação do STJ. Vide as seguintes fontes quanto à homologação de sentenças estrangeiras: art. 105, inc. I, i, da CF; e art. 15 da Lei de Introdução às Normas do Direito Brasileiro (LINDB).

ATENÇÃO

Não há um mecanismo específico no sistema interamericano para supervisionar o cumprimento das decisões da Corte Interamericana, e nem das manifestações da Comissão. Apenas há previsão no art. 65 da Convenção Americana, que garante um mandato genérico à Assembleia-Geral da OEA com tal finalidade. Esta é uma das principais deficiências do mecanismo de petições individuais do sistema americano, assim, acaba que a própria Corte tenta supervisionar suas próprias decisões.

2.1.3.5. Casos submetidos à Corte

E para fechar o item, seguem algumas posições da Corte Interamericana, as quais estão inseridas nos quadros com o título "Posição da Corte Interamericana".

POSIÇÃO DA CORTE INTERAMERICANA

A Corte Interamericana, em junho de 2002, condenou o Estado de Trinidad e Tobago por violações aos direitos do Pacto de San José, dentre as quais, a não observância do direito à vida, a violação do direito ao devido processo legal e, principalmente, ao princípio da duração razoável do processo. O Caso diz respeito à arbitrária condenação à pena de morte de 32 pessoas. O Código Penal do referido Estado contempla a chamada Lei de Delitos contra a Pessoa, que traz como obrigatória a pena capital para o crime de homicídio doloso e a impõe, automaticamente, sem a observância de qualquer garantia ao acusado. Dessa forma, frente à inevitabilidade da pena, não cabe ao magistrado analisar qualquer circunstância que possa evitar a sua aplicação. Mediante requerimento da Comissão, a Corte adotou medidas provisórias (cautelares) no sentido de preservar a vida e a integridade física daquelas pessoas que se encontravam detidas aguardando a execução, até que o caso pudesse ser examinado. O Estado acusado se manteve inerte e não forneceu as informações solicitadas pela Corte Interamericana. Posteriormente, em 1999, foi determinada a execução de Joey Ramiah. ***O Tribunal Interamericano, então, pela primeira vez e por unanimidade, se manifestou no sentido de declarar que uma pena de morte imposta de forma obrigatória, genérica e arbitrária viola os ideais da Convenção Americana, por não se ater aos princípios do devido processo legal e da individualização da pena.***

POSIÇÃO DA CORTE INTERAMERICANA

No dia 13 de abril de 2004, a Comissão Interamericana submeteu à Corte denúncia contra o Estado do Chile, por violação ao direito de propriedade privada, mais precisamente, à propriedade intelectual. No Caso, a Corte levou em conta o art. 21 da Convenção Interamericana sobre Direitos Humanos e deixou claro que adota o conceito amplo de propriedade, que abrange o uso e o gozo sobre os bens, seja material ou imaterial, de forma que toda e qualquer espécie de direito pode integrar o patrimônio do ser humano. Trata-se de concepção que abrange os direitos materiais, imateriais, corpóreos ou incorpóreos. E, nesse contexto, é possível encaixar a propriedade intelectual. Para a Corte, o aspecto material de tais direitos permite ao autor de uma obra publicá-la, explorá-la e difundi-la. Já o aspecto imaterial faz nascer proteção à autoria (direitos autorais). Partindo dessa premissa, considerou-se que o uso e o gozo do direito à propriedade intelectual também são protegidos pela Convenção (art. 21). O Tribunal reconheceu que o direito de propriedade, como todos os demais, não é absoluto, mas, assentou que a própria Convenção, em seu art. 21, 2, prevê o procedimento adequado para restringi-lo, fundado em razões de utilidade pública ou interesse social, com o pagamento de justa indenização, procedimento esse, que não foi observado pelo Estado denunciado no Caso em exame. Dessa forma, por unanimidade, condenou o Estado-réu a permitir a livre publicação de livro, além do pagamento, a título de indenização, por danos morais e materiais.

POSIÇÃO DA CORTE INTERAMERICANA

Em 23 de março de 2004, a Comissão apresentou demanda perante a Corte Interamericana contra o Estado da Colômbia, solicitando a sua condenação pela violação dos arts. 4º (direito à vida), 5º (direito à integridade pessoal), em razão do desaparecimento e execução de vítimas e, também, do art. 25 da Convenção Interamericana, que prevê o direito à proteção judicial, do qual se pode extrair o direito a recursos efetivos. Para a Corte é dever do Estado signatário da Convenção promover recursos internos adequados e eficazes, como forma de se concretizar uma sociedade democrática. Firmou-se o entendimento de que esse dever se mostra intimamente vinculado ao devido processo legal, na medida em que, por meio dele, se visa assegurar o acesso à Justiça. A Corte fundamentou a sua decisão na obrigação que os Estados assumiram ao ratificar o Pacto de San José: de atender e preservar os direitos ali consignados e adequar o seu Direito interno às normas internacionais. Sendo assim, decidiu que o Estado da Colômbia não poderia simplesmente alegar lacunas no seu ordenamento jurídico interno para fundamentar as omissões em relação ao direito a recurso efetivo. Para o Tribunal, esse direito é uma garantia judicial fundamental, que não pode ser minimizada pelo Estado, vez que se trata de um dos pilares básicos da democracia.

É preciso reconhecer que a quantidade de manifestações da Corte da OEA não é pequena, o que demonstra sua importância para o continente americano, bem como para a humanidade.

Para se ter ideia de sua atuação, a Secretaria de Direitos Humanos do Brasil traduziu e agrupou a jurisprudência do Tribunal interamericano, didaticamente, por meio de uma coletânea, dividida em sete volumes, que reúne a jurisprudência da Corte, separada por temas.

O material está disposto da seguinte forma:

TEMAS:	CASOS/DECISÕES:
Direito à Vida, Anistias e Direito à Verdade	– CASO VELÁSQUEZ RODRÍGUEZ VS. HONDURAS – CASO BARRIOS ALTOS VS. PERU – CASO ALMONACID ARELLANO E OUTROS VS. CHILE – CASO LA CANTUTA VS. PERU – CASO GOMES LUND E OUTROS ("GUERRILHA DO ARAGUAIA") VS. BRASIL – CASO GELMÁN VS. URUGUAY – CASO CONTRERAS E OUTROS VS. EL SALVADOR – CASO DOS MASSACRES DE EL MOZOTE E LUGARES VIZINHOS VS. EL SALVADOR – CASO GUDIEL ÁLVAREZ E OUTROS ("DIÁRIO MILITAR") VS. GUATEMALA
Direitos dos Povos Indígenas	– CASO DA COMUNIDADE MAYAGNA (SUMO) AWAS TINGNI VS. NICARÁGUA – CASO DA COMUNIDADE INDÍGENA YAKYE AXA VS. PARAGUAI – CASO YATAMA VS. NICARÁGUA – CASO DO POVO SARAMAKA VS. SURINAME – CASO CHITAY NECH E OUTROS VS. GUATEMALA – CASO DA COMUNIDADE INDÍGENA XÁKMOK KÁSEK VS. PARAGUAI – POVO INDÍGENA KICHWA DE SARAYAKU VS. EQUADOR
Direitos Econômicos, Sociais, Culturais e Discriminação	– CASO "CINCO APOSENTADOS" VS. PERU – CASO DAS CRIANÇAS YEAN E BOSICO VS. REPÚBLICA DOMINICANA – CASO XIMENES LOPES VS. BRASIL – CASO ACEVEDO BUENDÍA E OUTROS VS. PERU – CASO GONZÁLEZ E OUTRAS ("CAMPO ALGODOEIRO") VS. MÉXICO

Direitos Econômicos, Sociais, Culturais e Discriminação	– CASO DA COMUNIDADE INDÍGENA XÁKMOK KÁSEK VS. PARAGUAI – CASO ATALA RIFFO E CRIANÇAS VS. CHILE – CASO FORNERÓN E FILHA VS. ARGENTINA – CASO FURLAN E FAMILIARES VS. ARGENTINA – CASO ARTAVIA MURILLO E OUTROS VS. COSTA RICA
Direito à Integridade Pessoal	– CASO "INSTITUTO DE REEDUCAÇÃO DO MENOR" VS. PARAGUAI – CASO XIMENES LOPES VS. BRASIL – CASO MONTERO ARANGUREN E OUTROS (Retén de Catia) VS. VENEZUELA – CASO GOIBURÚ E OUTROS VS. PARAGUAI – CASO BUENO ALVES VS. ARGENTINA – CASO VÉLEZ LOOR VS. PANAMÁ – CASO FERNÁNDEZ ORTEGA E OUTROS VS. MÉXICO – CASO VERA E OUTRA VS. EQUADOR
Direito à Liberdade Pessoal	– CASO SUÁREZ ROSERO VS. EQUADOR – CASO LÓPEZ ÁLVAREZ VS. HONDURAS – CASO DO PRESÍDIO MIGUEL CASTRO VS. PERU – CASO CHAPARRO ÁLVAREZ E LAPO ÍÑIGUEZ VS. EQUADOR – CASO BAYARRI VS. ARGENTINA – CASO BARRETO LEIVA VS. VENEZUELA
Direito à Liberdade de Expressão	– PARECER CONSULTIVO 5/85 – O REGISTRO PROFISSIONAL OBRIGATÓRIO DE JORNALISTAS – PARECER CONSULTIVO 7/86 – EXIGIBILIDADE DO DIREITO DE RETIFICAÇÃO OU RESPOSTA – CASO "A ÚLTIMA TENTAÇÃO DE CRISTO" (OLMEDO BUSTOS E OUTROS) VS. CHILE – CASO IVCHER BRONSTEIN VS. PERU – CASO RICARDO CANESE VS. PARAGUAI – CASO CLAUDE REYES E OUTROS VS. CHILE
Direito à Liberdade de Expressão	– CASO KIMEL VS. ARGENTINA – CASO TRISTÁN DONOSO VS. PANAMÁ – CASO RÍOS E OUTROS VS. VENEZUELA – CASO FONTEVECCHIA E D'AMICO VS. ARGENTINA
Migração, Refúgio e Apátridas	– PARECER CONSULTIVO 16/99 – O DIREITO À INFORMAÇÃO SOBRE A ASSISTÊNCIA CONSULAR NO MARCO DO DEVIDO PROCESSO LEGAL

Migração, Refúgio e Apátridas	– PARECER CONSULTIVO 18/03 – A CONDIÇÃO JURÍDICA E OS DIREITOS DOS MIGRANTES INDOCUMENTADOS – CASO DAS CRIANÇAS YEAN E BOSICO VS. REPÚBLICA DOMINICANA – CASO VÉLEZ LOOR VS. PANAMÁ – CASO NADEGE DORZEMA E OUTROS VS. REPÚBLICA DOMINICANA

2.1.3.6. Locus standi *e* jus standi

De todo o arcabouço estudado quanto ao sistema interamericano, já é viável, crê-se, inferir que não se adota o *jus standi* em âmbito americano. Isso já ficou expressado em capítulo anterior do Livro, bem como durante a exposição do atual.

De qualquer forma, calha resgatar as ideias sobre o assunto, o que é perfeitamente recomendável em razão de estarmos prestes a fechar os estudos sobre o mecanismo de petições individuais da OEA.

Ademais, saber distinguir com meticulosidade os institutos do *jus standi* e do *locus standi* é tarefa primária para o jurista apegado aos dogmas humanistas modernos, o que deve ser aspirado por qualquer estudante, iniciante ou não, quando do estudo da disciplina Direitos Humanos.

Como já estudado, em âmbito europeu, a Convenção Europeia possibilita o acesso direto, autônomo e inicial dos particulares à Corte Europeia (*jus standi*). Todavia, em âmbito interamericano, não há que se falar em possibilidade de postulação direta à Corte Interamericana de Direitos Humanos, antes, há que se peticionar à Comissão Interamericana que realizará juízo de admissibilidade, para, então, encaminhar à Corte. Apenas a própria Comissão e os Estados-membros podem dar início a uma demanda perante a Corte.

Evidencia-se que a tendência moderna é de se oportunizar o *jus standi* aos particulares, exatamente aos moldes europeus. Aspira-se por tal inovação em âmbito americano, afinal, são indubitáveis as benesses de se permitir que os indivíduos, de forma autônoma e direta, sem intermediações ou restrições, sequer de objeções pessoais ou processuais, possam ter capacidade processual plena para instauração de processos junto a tribunais internacionais.

Até se chegar a esse nível de maturidade humanista – porque na OEA o *jus standi* ainda não foi implementado – há que se contentar com o atual *locus standi* em solo interamericano.

E quanto ao *locus standi*? O *locus standi* consiste na possibilidade de representação direta da vítima, de seus familiares ou de representantes legais em todas as fases do procedimento ante a Corte, *mas apenas depois que a Comissão Interamericana já peticionou à Corte, ou seja, que* a Comissão já tiver feito juízo de admissibilidade e remetido a demanda ao Tribunal (não se confunde com o *jus standi*).

Pois bem, o *locus standi* (ou *locus standi in judicio*), no sistema interamericano, é possível. Mas há que se reconhecer que não é um direito previsto na Convenção Americana de 1969, mas sim garantido no *Regulamento* da Corte Interamericana.

Ao longo de sua história, a Corte já possuiu cinco regulamentos (1980, 1991, 1996, 2000 e 2003), estando hoje em vigor o Regulamento de 2009. Sobre o *locus standi*, vide já citado art. 25

2.1.3.7. Casos envolvendo o Brasil

Seguem dados sobre alguns casos contra o Brasil no sistema interamericano de direitos humanos:

Condenações

Caso Damião Ximenes Lopes. *A primeira condenação. Demanda nº 12.237, encaminhada pela Comissão Interamericana de Direitos Humanos, em 1º de outubro de 2004. O cumprimento da sentença internacional se deu voluntariamente (sponte sua), o que gerou aplausos da comunidade internacional.*

Caso Escher e outros v. Brasil*. Segunda condenação. Sentença internacional de 06 de julho de 2009. Sentença que foi objeto de pedido de interpretação.*

Caso Garibaldi v. Brasil. *Sentença de 23 de setembro de 2009. Foi a terceira condenação.*

Caso Gomes Lund e outros v. Brasil *(também conhecido como Guerrilha do Araguaia). Condenação mais recente. O Brasil foi condenado por violações de direitos humanos pela Corte Interamericana de Direitos Humanos por meio da prolação da sentença da Corte de 24 de novembro de 2010. A condenação se deu por unanimidade.*

POSIÇÃO DO STJ

Segue a absurda decisão do STF na ADPF 153, a qual conflita com a sentença da Corte Interamericana no caso Gomes Lund (posterior ao julgado do STF): "(...) LEI N. 6.683/79, A CHAMADA "LEI DE ANISTIA". ARTIGO 5º, CAPUT, III E XXXIII DA CONSTITUIÇÃO DO BRASIL; PRINCÍPIO DEMOCRÁTICO E PRINCÍPIO REPUBLICANO: NÃO VIO-

LAÇÃO. (...) CRIMES CONEXOS DEFINIDOS PELA LEI N. 6.683/79. CARÁTER BILATERAL DA ANISTIA, AMPLA E GERAL. JURISPRUDÊNCIA DO SUPREMO TRIBUNAL FEDERAL NA SUCESSÃO DAS FREQUENTES ANISTIAS CONCEDIDAS, NO BRASIL, DESDE A REPÚBLICA. INTERPRETAÇÃO DO DIREITO E LEIS-MEDIDA. CONVENÇÃO DAS NAÇÕES UNIDAS CONTRA A TORTURA E OUTROS TRATAMENTOS OU PENAS CRUÉIS, DESUMANOS OU DEGRADANTES E LEI N. 9.455, DE 7 DE ABRIL DE 1997, QUE DEFINE O CRIME DE TORTURA. ARTIGO 5º, XLIII DA CONSTITUIÇÃO DO BRASIL. INTERPRETAÇÃO E REVISÃO DA LEI DA ANISTIA. EMENDA CONSTITUCIONAL N. 26, DE 27 DE NOVEMBRO DE 1985, PODER CONSTITUINTE E "AUTO-ANISTIA". INTEGRAÇÃO DA ANISTIA DA LEI DE 1979 NA NOVA ORDEM CONSTITUCIONAL. ACESSO A DOCUMENTOS HISTÓRICOS COMO FORMA DE EXERCÍCIO DO DIREITO FUNDAMENTAL À VERDADE. 1. (...) A chamada Lei de anistia diz com uma conexão sui generis, própria ao momento histórico da transição para a democracia. Ignora, no contexto da Lei n. 6.683/79, o sentido ou os sentidos correntes, na doutrina, da chamada conexão criminal; refere o que "se procurou", segundo a inicial, vale dizer, estender a anistia criminal de natureza política aos agentes do Estado encarregados da repressão. (...) A Lei n. 6.683 é uma lei-medida, não uma regra para o futuro, dotada de abstração e generalidade. Há de ser interpretada a partir da realidade no momento em que foi conquistada. (...) A nova ordem compreende não apenas o texto da Constituição nova, mas também a norma-origem. (...) Impõe-se o desembaraço dos mecanismos que ainda dificultam o conhecimento do quanto ocorreu no Brasil durante as décadas sombrias da ditadura" (ADPF 153, Min. Rel. Eros Grau, STF, J. 29/04/2010).

POSIÇÃO DA CORTE INTERAMERICANA

Seguem partes da decisão da Corte Interamericana no caso Gomes Lund: "Esta Sentença constitui per se uma forma de reparação. 9. O Estado deve conduzir eficazmente, perante a jurisdição ordinária, a investigação penal dos fatos do presente caso (...). 10. O Estado deve realizar todos os esforços para determinar o paradeiro das vítimas desaparecidas e, se for o caso, identificar e entregar os restos mortais a seus familiares (...) 13. O Estado deve realizar um ato público de reconhecimento de responsabilidade internacional a respeito dos fatos do presente caso (...) 14. O Estado deve continuar com as ações desenvolvidas em matéria de capacitação e implementar, em um prazo razoável, um programa ou curso permanente e obrigatório sobre direitos humanos, dirigido a todos os níveis hierárquicos das Forças Armadas (...) 15. O Estado deve adotar, em um prazo razoável, as medidas que sejam necessárias para tipificar o delito de desaparecimento forçado de pessoas em conformidade com os parâmetros interamericanos (...). Enquanto cumpre com esta medida, o Estado deve adotar todas aquelas ações que garantam o efetivo julgamento, e se for o caso, a punição em relação aos fatos constitutivos de desaparecimento forçado através dos mecanismos existentes no direito interno. 16. O Estado deve continuar desenvolvendo as iniciativas de busca, sistematização e publicação de toda a informação sobre a Guerrilha do Araguaia, assim como da informação relativa a violações de direitos humanos ocorridas durante o regime militar (...) 17. O Estado deve pagar as quantias fixadas nos parágrafos 304, 311 e 318 da presente Sentença, a título de indenização por dano material, por dano imaterial e por restituição de custas e gastos (...) 21. A Corte supervisará o cumprimento integral desta Sentença, no exercício de suas atribuições e em cumprimento de seus deveres, em conformidade ao estabelecido na Convenção Americana sobre Direi-

tos Humanos (...). Dentro do prazo de um ano, a partir de sua notificação, o Estado deverá apresentar ao Tribunal um informe sobre as medidas adotadas para o seu cumprimento" (Sentença da Corte de 24 de novembro de 2010).

ATENÇÃO

Sobre o assunto, merece destaque posição recente e abalizada da doutrina: "O Brasil tem a obrigação de cumprir a decisão da Corte Interamericana de Direitos Humanos de 24 de novembro de 2010, proferida no 'Caso Araguaia'. O nosso País foi declarado responsável pelo desaparecimento de dezenas de pessoas e, agora, por força da sentença da Corte citada tem o dever de investigar e, se for o caso, processar os responsáveis pelos referidos delitos contra a humanidade, não tendo nenhum valor jurídico a Lei de Anistia brasileira (embora validada pelo STF em abril de 2010)" (GOMES; MAZZUOLI, 2011, p. 72).

POSIÇÃO DA CORTE INTERAMERICANA

A Corte Interamericana no Caso POVO INDÍGENA XUCURU E SEUS MEMBROS v. BRASIL emitiu sentença em 05 de fevereiro de 2018. De acordo com o resumo oficinal emitido pelo próprio Tribunal: "Em 5 de fevereiro de 2018, a Corte Interamericana de Direitos Humanos proferiu Sentença mediante a qual declarou o Estado brasileiro internacionalmente responsável pela violação do direito à garantia judicial de prazo razoável, previsto no artigo 8.1 da Convenção Americana sobre Direitos Humanos, bem como pela violação dos direitos de proteção judicial e à propriedade coletiva, previstos nos artigos 25 e 21 da Convenção Americana, em detrimento do Povo Indígena Xucuru e seus membros. Além disso, a Corte considerou que o Estado não é responsável pela violação do dever de adotar disposições de direito interno, previsto no artigo 2º da Convenção Americana, nem pela violação do direito à integridade pessoal, previsto no artigo 5.1 da mesma Convenção. Por fim, o Tribunal ordenou ao Estado a adoção de diversas medidas de reparação".

Casos arquivados

Há casos que foram arquivados. Merece ser citado o Caso Nogueira de Carvalho e outro v. Brasil. Entendeu a Corte que, em virtude do limitado suporte fático de que dispõe o Tribunal, não ficou demonstrado que o Estado tenha violado os direitos às Garantias Judiciais e à Proteção Judicial consagrados nos arts. 8º e 25 da Convenção Americana sobre Direitos Humanos, conforme razões expostas nos parágrafos 74 a 81 da sentença.

Acordos

O Brasil celebrou, no ano de 2003, o primeiro acordo de solução amistosa com vítima de violação de direitos humanos. Trata-se de petição apresentada pela Comissão Pastoral da Terra perante a Comissão Interamericana, em face da República Federativa do Brasil, no ano de 1994. Pode-se afirmar que o Caso José Pereira foi um marco para a defesa dos direitos humanos no Brasil, haja vista que, pela primeira vez, o Estado brasileiro assumiu, perante o sistema interamericano, ser responsável por atos praticados por particulares. O fato se reporta ao ano de 1989, e se relaciona com a tentativa de fuga, de José Pereira, na época com 17 anos, da Fazenda Espírito Santo, no Estado do Pará, oportunidade em que foi gravemente ferido, sofrendo lesões permanentes na mão e no olho direito. Segundo foi apurado, a vítima fora atraída por falsas promessas de trabalho, mas quando chegou ao local, restou por trabalhar forçadamente, sem liberdade para sair e sob condições totalmente desumanas e ilegais. Conforme os argumentos expostos na petição inicial, tal realidade se evidenciava como mais um exemplo da inércia do Estado brasileiro, já que não se conduziu de forma adequada em relação às denúncias recebidas sobre tais práticas, comuns na região. Alegaram, ainda, o grande desinteresse das autoridades locais nas investigações e na punição dos responsáveis pela exploração de trabalhadores. No mês de setembro de 2003, as partes celebraram um acordo de solução amistosa, o primeiro desta natureza celebrado pelo Brasil no sistema regional americano. Nesse acordo, o Estado brasileiro reconheceu, efetivamente, a sua responsabilidade internacional pelo desrespeito aos direitos humanos. O Brasil se comprometeu com a investigação dos fatos, julgamento e punição dos responsáveis e em arcar com as medidas indenizatórias e de reparação das vítimas. A Comissão Interamericana homologou o acordo em outubro do mesmo ano e supervisionou o seu cumprimento.

Medidas Provisórias

O caso da Prisão Urso Branco pode ser considerado um marco na história do Brasil diante do sistema interamericano, haja vista que traz em seu bojo, as primeiras medidas provisionais (de urgência) adotadas contra o Estado brasileiro. Em junho de 2002, a Comissão Interamericana apresentou à Corte uma solicitação de medidas provisórias em relação à República Federativa do Brasil, a respeito dos internos da Casa de Detenção José Mario Alves, também conhecida como "Prisão Urso Branco", localizada em Porto Velho (Rondônia). O principal objetivo das medidas era o de evitar mais mortes, e, para tanto, a Corte Interamericana determinou ao Estado brasileiro a adoção de medidas para a proteção da vida e integridade física de todos os internos, dentre as quais, o confisco de armas em poder dos presos. Por fim, determinou que o Brasil ajustasse as condições de suas prisões às normas internacionais.

2.2. Demais documentos

A Convenção Americana habita em terreno de fértil produção normativa. O sistema interamericano possui outras fontes regionais representativas do Direito Internacional dos Direitos Humanos.

Vejamos um em especial, o *Protocolo de San Salvador*, de 1988.

2.2.1. Protocolo Adicional à Convenção Americana sobre Direitos Humanos em matéria de Direitos Econômicos, Sociais e Culturais

Eis o *Protocolo Adicional à Convenção Americana sobre Direitos Humanos em matéria de Direitos Econômicos, Sociais e Culturais* ou *Protocolo de San Salvador*, de 1988, consagrador dos direitos de segunda dimensão.

O Protocolo de San Salvador, em seu preâmbulo, exalta: "Considerando a estreita relação que existe entre a vigência dos direitos econômicos, sociais e culturais e a dos direitos civis e políticos, porquanto as diferentes categorias de direito constituem um todo indissolúvel que encontra sua base no reconhecimento da dignidade da pessoa humana, pelo qual exigem uma tutela e promoção permanente, com o objetivo de conseguir sua vigência plena, sem que jamais possa justificar-se a violação de uns a pretexto da realização de outros; (...) Levando em conta que, embora os direitos econômicos, sociais e culturais fundamentais tenham sido reconhecidos em instrumentos internacionais anteriores, tanto de âmbito universal como regional, é muito importante que esses direitos sejam reafirmados, desenvolvidos, aperfeiçoados e protegidos, a fim de consolidar na América, com base no respeito pleno dos direitos da pessoa, o regime democrático representativo de governo, bem como o direito de seus povos ao desenvolvimento, à livre determinação e a dispor livremente de suas riquezas e recursos naturais; (...)".

Os Estados-partes comprometem-se a adotar as medidas necessárias a fim de conseguirem a plena efetividade dos direitos sociais. Contudo, o seu art. 1º, como muitos documentos com a mesma finalidade, peca ao não dar aplicabilidade imediata aos direitos, mas sim apenas progressiva, condicionando as ações estatais aos recursos disponíveis e ao grau de desenvolvimento do país.

Aos Estados também estão endereçados os arts. 2º, 3º e 4º. Dessa forma, se o exercício dos direitos estabelecidos no Protocolo "ainda não estiver garantido por disposições legislativas ou de outra natureza, os Estados partes comprometem-se a adotar, de acordo com suas normas constitucionais e com as disposições deste Protocolo, as medidas legislativas ou de outra natureza" que se mostrarem necessárias para o respeito efetivo do rol de direitos consagrados. Ademais, cabe aos países-membros assegurar o exercício dos direitos "sem discriminação alguma por motivo de raça, cor, sexo, idioma, religião, opiniões políticas ou de qualquer outra natureza, origem nacional ou social, posição econômica, nascimento ou qualquer outra condição social". E, por derradeiro, não se poderá "restringir ou limitar qualquer dos direitos reconhecidos ou vigentes num Estado em virtude de sua legislação interna ou de convenções internacionais, sob pretexto de que este Protocolo não os reconhece ou os reconhece em menor grau", sendo que os Estados-membros somente poderão adotar restrições e limitações ao gozo e exercício dos direitos "mediante leis promulgadas com o objetivo de preservar o bem-estar geral dentro de uma sociedade democrática, na medida em que não contrariem o propósito e razão dos mesmos".

O *Protocolo de San Salvador consagra, expressamente, os seguintes direitos*: direito ao trabalho (art. 6º); condições justas, equitativas e satisfatórias de trabalho (art. 7º); direitos sindicais (art. 8º); direito à previdência social (art. 9º); direito à saúde (art. 10); direito a um meio ambiente sadio (art. 11); direito à alimentação (art. 12); direito à educação (art. 13); direito aos benefícios da cultura (art. 14); direito à constituição e proteção da família (art. 15); direito da criança (art. 16); proteção de pessoas idosas (art. 17); e proteção de deficientes (art. 18).

Na esteira dos documentos já estudados, o Protocolo Adicional define meios de salvaguarda.

O mais comum e menos coercitivo é o **sistema de relatórios**. Conforme art. 19, os Estados comprometem-se a apresentar "relatórios periódicos sobre as medidas progressivas que tiverem adotado para assegurar o devido respeito aos direitos". Todos os relatórios serão apresentados ao Secretário-Geral da OEA, que os transmitirá ao *Conselho Interamericano Econômico e Social e ao Conselho Interamericano de Educação, Ciência e Cultura*, a fim de que os examinem. Cópias dos relatórios serão remetidas também à Comissão Interamericana de Direitos Humanos.

A Comissão Interamericana também exerce papel fundamental para o cumprimento dos preceitos do Protocolo de San Salvador. Ela poderá formular as observações e recomendações que considerar pertinentes sobre a situação dos direitos econômicos, sociais e culturais estabelecidos no Protocolo em todos ou em alguns dos Estados-partes.

Além dos relatórios, sabiamente, optou-se pelo **sistema de petições individuais** como um recurso a ser acionado em caso de violação dos direitos econômicos, sociais e culturais. Em caso de descumprimento por ação imputável diretamente a um Estado-parte do Protocolo, isso poderá ensejar, mediante participação da Comissão Interamericana de Direitos Humanos e, quando cabível, da Corte Interamericana de Direitos Humanos, a aplicação do sistema de petições individuais regulado pelos arts. 44 a 51 e 61 a 69 da Convenção Americana sobre Direitos Humanos, de 1969.

O documento de San Salvador admite reservas sobre uma ou mais disposições específicas do Protocolo no momento de aprová-lo, assiná-lo, ratificá-lo ou de aderi-lo, desde que não sejam incompatíveis com o objetivo e o fim do mesmo.

Conforme art. 21: "1. Este Protocolo fica aberto à assinatura e à ratificação ou adesão de todo Estado Parte na Convenção Americana sobre Direitos Humanos". O Brasil promulgou o Protocolo Adicional por meio do Decreto 3.321 de 1999.

2.2.2. Outros documentos

A **Convenção Interamericana para Prevenir e Punir Tortura é de** 1985, tendo entrado em vigor em 28 de fevereiro de 1987.

Já a **Convenção Interamericana sobre Desaparecimento Forçado de Pessoas** foi adotada pela Assembleia-Geral da OEA em 1994 e entrou em vigor em 28 de março de 1996.

A **Convenção Interamericana sobre Prevenção, Punição e Erradicação de Violência contra Mulheres,** também denominada "Convenção de Belém do Pará", foi adotada em 1994 pela Assembleia-Geral da OEA e celebrada em 05 de março de 1995.

E, por fim, resta mencionar a **Declaração Americana dos Direitos e Deveres do Homem**, aprovada na 9ª Conferência Internacional Americana, Bogotá, em 1948.

3. TÓPICO-SÍNTESE

TÓPICO-SÍNTESE: Sistema Regional Americano	
OEA	– A OEA foi a primeira organização internacional com abrangência regional a ser criada, sendo fundada em 1948 com a assinatura, em Bogotá, Colômbia, da Carta da OEA, que entrou em vigor em dezembro de 1951.
Convenção Americana	– A Convenção Americana sobre Direitos Humanos, de 1969, também denominada usualmente de Pacto de San José, da Costa Rica, por ter sido adotada nessa cidade, entrou em vigor em 18 de julho de 1978.
Mecanismos de proteção	– Para a operacionalização dos mecanismos de proteção, a Convenção Americana de 1969, em seu art. 33, designa dois órgãos competentes, que atuam conjuntamente, para "conhecer de assuntos relacionados com o cumprimento dos compromissos assumidos pelos Estados-partes", quais sejam: a Comissão Interamericana de Direitos Humanos e a Corte Interamericana de Direitos Humanos.
Sentenças internacionais	– A Corte prolata sentenças internacionais definitivas e inapeláveis, com força jurídica vinculante e obrigatória, cabendo ao Estado condenado cumprir de imediato, e, no caso brasileiro, sem necessidade de homologação pelo STJ, pois não se confundem com sentenças estrangeiras. E se for fixada compensação à vítima, a decisão valerá como título executivo, assim, caso não cumprida voluntariamente (sponte sua), poderá ser executada (no Brasil, é competência da Justiça Federal) em conformidade com os procedimentos internos relativos à execução de sentenças contra o Estado.
Condenações do Brasil	– Caso Damião Ximenes Lopes; Caso Escher e outros v. Brasil; Caso Garibaldi v. Brasil; e Caso Gomes Lund e outros v. Brasil.

Capítulo

9

RESPONSABILIDADE INTERNACIONAL

Leia a Lei

- *Proposta de artigos sobre Responsabilidade de Estados por Atos Internacionalmente Ilícitos da ONU, de 2001; Proposta de artigos sobre Responsabilidade Internacional das Organizações Internacionais da ONU, de 2005; Estatuto da Corte Internacional de Justiça, de 1920; e Convenção das Nações Unidas sobre Imunidade dos Estados e sua Propriedade, de 2004.*

A responsabilidade internacional pode ser classificada como mecanismo *clássico* para se conservar a legalidade internacional. Hoje, todavia, já há outros recursos para tal desiderato, como as *sanções coletivas* e as denúncias dos particulares.

ATENÇÃO

Por ser oportuno, encaixa-se aqui uma breve reflexão sobre as sanções coletivas. Sanção é toda medida tomada como reação ao não cumprimento anterior de obrigação internacional. Nessa conjectura, existem dois tipos de sanções: as coercitivas e as punitivas. As sanções coercitivas são medidas de imposição de penalidades para que o Estado cumpra obrigação violada. De outra banda, as sanções tidas como punitivas designam medidas de punição a Estados por seus comportamentos passados. O gênero sanção é subdividido em sanções em sentido estrito (sanções coletivas) e contramedidas (sanções unilaterais). As sanções coletivas estão enumeradas no art. 41 da Carta da ONU, elas podem ser de várias espécies, tais como: a ruptura das relações econômicas e comerciais entre Estados; interrupção das comunicações por vias aérea, terrestre e marítima; a proibição de venda de determinados produtos ao país violador; além de outros.

1. RESPONSABILIDADE INTERNACIONAL

Adentra-se em matéria de suma importância para o Direito Internacional e para os Direitos Humanos, sem contar para outros campos, como o do Direito Constitucional e do Direito Administrativo.

Como já citado na introdução do Livro, a *interdisciplinaridade* é etiqueta marcante dos *Direitos Humanos*. Por essa razão, a **responsabilidade internacional** não é somente relevante para o Direito Internacional, como instrumento garantidor da *legalidade internacional* (MACHADO, 2006, pp. 565-566), mas também se apresenta como mecanismo tendente a assegurar o respeito às normas protetoras da pessoa humana.

Antes de se expor mais sobre o tema, é importante fixar como premissa que, para que se apliquem sanções a um Estado ou a uma organização internacional (OI) em razão de conduta que viole as normas internacionais, é imprescindível que se reconheça, antes de tudo, sua *personalidade jurídica internacional*. A "atribuição a um ente de responsabilidade por ações ilegítimas (...) é estritamente conectada com a questão da personalidade jurídica deste ente" (ACQUAVIVA, 2007, pp. 615-616).

> **ATENÇÃO**
>
> *É plenamente perceptível que o presente estudo não versa sobre instituto com viés penal ou criminal, o que já foi tratado quando do examinado acerca do Tribunal Penal Internacional (responsabilidade penal internacional dos indivíduos). No atual tópico, o objeto-mor é a* **responsabilidade de caráter moral, patrimonial** *e* **civil**, *que incide sobre os* **atos omissivos** *e* **comissivos** *dos Estados e das organizações internacionais.*

1.1. A situação atual da responsabilidade e os projetos da ONU

A responsabilização internacional dos **Estados** é instituto *consuetudinário*, tendo em vista que é regulada, em regra, pelo costume internacional, o que é passível de críticas, especialmente, no tocante à inefetividade dessa opção face o constante descumprimento das normas do Direito das Gentes pelos Estados. Quanto às **OI**, a temática *é vista partindo dos seus tratados constitutivos*, o que também não se mostra o bastante, pois nem sempre os documentos institutivos tratam de forma expressa sobre o assunto.

Com o fim de superar esses obstáculos, a Assembleia-Geral da ONU adotou dois projetos (*drafts*) sobre o assunto, de caráter doutrinário. Tais documentos, até o momento, não têm força vinculativa. Os dois foram elaborados pela Comissão de Direito Internacional (DI).

Em 2001, a Comissão de DI aprovou uma proposta de artigos sobre *Responsabilidade de Estados por Atos Internacionalmente Ilícitos*. E, no relatório da 57ª sessão da Comissão, de 2005, foram aprovados os artigos sobre *Responsabilidade Internacional das Organizações Internacionais.*

1.2. Atos suscetíveis de responsabilidade e classificação

A responsabilidade internacional pode se originar de uma ação ou de uma omissão. Classifica-se como **comissional** quando se origina de uma ação, uma conduta positiva; já se adjetiva como **omissional**, quando emana de uma omissão, um não fazer que acarrete a violação à norma internacional.

O instituto também pode ser classificado em **convencional** ou **delituoso**. Na primeira situação, a conduta violadora atentou contra uma norma escrita, ou seja, tratado ou convenção. Já na segunda hipótese, há violação de costume internacional, fonte não escrita vinculativa. *Dentro dessa conjuntura, pode ocorrer afronta a fontes gerais imperativas, presentes em convenções ou costumes, as jus cogens* (normalmente sobre direitos humanos)***, que têm como principal exemplo o arcabouço protetor da pessoa, o*** Direito Internacional dos Direitos Humanos.

A responsabilidade ainda pode ser classificada em **direta (ou principal)** e **indireta (ou subsidiária)**. A primeira atine aos atos praticados pelos órgãos do Estado de qualquer natureza ou nível. As condutas dos integrantes dos três Poderes – Legislativo, Executivo e Judiciário (ACCIOLY; NASCIMENTO E SILVA; CASELLA, 2008, p. 130 *et seq*) – podem acarretar responsabilização externa.

ATENÇÃO

Aqui cabe lembrar que mesmo os atos dos funcionários praticados de forma **ultra vires**, *ou seja, que são perpetrados em desacordo com as funções ou com excesso de poderes, podem também dar azo à responsabilidade internacional do Estado.*

Já a **indireta** ou **subsidiária**, ocorre quando o Estado responde pelo ilícito praticado por dependência sua, como nas situações de mandato e protetorado, bem como nos modelos federativos (atos dos Estados federados, do Distrito Federal e dos Municípios). Fábio Bezerra ainda destaca a possibilidade, excepcional, de responsabilização do Estado por atos de particulares (2014).

E, por fim, como adiante será estudado, a responsabilidade pode se originar de um **ato ilícito** ou **lítico**. A regra é a de que a conduta contrária às normas internacionais – isto é, a ilícita – seja o elemento básico para a configuração do instituto. Todavia, hoje já se percebe que, em algumas atividades, o risco que as circunda permite que, desde que expressamente previstas em tratados, haja possibilidade de responsabilização também por ato lícito.

1.3. Elementos configuradores

Tradicionalmente, são *elencados* como elementos para configuração de responsabilidade: a **conduta ilícita,** a **imputabilidade** e o **dano** (CAMPOS, 2006).

ATO ILÍCITO	– É a base para a responsabilização de um Estado e de uma OI. Ele ocorre quando da prática de uma conduta que afronta ou viola norma de caráter cogente.
IMPUTABILIDADE	– Materializa-se pela ligação entre a ação ou omissão e o resultado presenciado. Ela corresponde à indicação de a quem se deve atribuir a responsabilidade; é o nexo entre a conduta e o dano.
DANO OU PREJUÍZO	– Pode ser material ou imaterial. Ele resulta do ato praticado, o qual gera, perante os demais, a obrigação de reparação. Tanto em Direito Civil quanto em Direito Internacional adotam-se contornos essencialmente patrimoniais.

O instituto parte de uma premissa basilar, já calcada, inclusive, na sua natureza privada e prevista no Direito interno, que é: quem violar preceito internacional causador de dano a outrem estará, em regra, obrigado a reparar. Trata-se, como se vê, de instrumento de caráter moral, patrimonial, não-penal (mas sim civil) e não-repressivo (ainda que tenha finalidade reparatória).

A obrigação de reparar os danos causados por condutas contrárias ao Direito é princípio geralmente aceito no estudo da responsabilidade, interna e internacional; há, nesse sentido, uma aceitação da proibição de não lesar ninguém (*neminem laedere*).

1.4. Teorias sobre a responsabilidade

É importante ressaltar que o instituto em análise é vislumbrado, doutrinariamente, sob a perspectiva de três teorias, quais sejam: a **subjetivista**, a **objetivista** e a **mista**.

A **subjetivista** ou **teoria da culpa**, desenvolvida por *Hugo Grotius*, sustenta que deve haver uma conduta dolosa ou culposa por parte de um Estado ou de uma OI, ou seja, apura-se a conduta, a intenção do agente causador do dano.

Já a **objetivista** ou **teoria do risco**, delineada por *Triepel* e *Anzioltti*, não leva em consideração se a atitude foi dolosa ou culposa, não apura a conduta, mas sim apenas se há nexo entre uma ação ou omissão e o prejuízo causado.

Ainda há a corrente **mista**, desenvolvida por *Strupp*, que pouca aceitação teve. Esta mesclou preceitos das duas primeiras, sendo que, em caso de omissão, deveria ser aplicada a teoria subjetivista e, em caso de comissão, aplicar-se-ia a objetivista.

Importa frisar as duas primeiras.

Em âmbito internacional, as duas primeiras correntes (subjetiva e objetiva) são aplicadas pela jurisprudência dos tribunais internacionais. O que vem definindo a incidência, casuisticamente, de uma ou de outra é a natureza da atividade desenvolvida pelo Estado ou pela OI. A teoria objetivista ou do risco vem sendo aplicada em atividades de risco e em casos de violação aos direitos humanos. Exemplos de atividades de risco são: exploração cósmica, pesquisas envolvendo energia nuclear, atividades relacionadas à exploração do petróleo e outras ligadas ao meio ambiente.

ATENÇÃO

Relacionado ao tema, atentar para o Decreto nº 5.806, de 2006, que promulgou a "Convenção Relativa ao Registro de Objetos Lançados no Espaço Cósmico, adotada pela Assembleia-Geral das Nações Unidas em 12 de novembro de 1974".

A teoria da culpa ainda é aplicada e adotada pela jurisprudência internacional. No entanto, a objetivista vem ganhando cada vez mais terreno e sua consagração vem se tornando uma constante em convenções especificamente reguladoras de atividades de risco.

ATENÇÃO

Anteriormente, classificou-se a responsabilidade internacional. E o último critério adotado foi o da divisão entre atos ilícitos e lícitos, ambos ocasionadores de responsabilidade. Acentuou-se que a ilicitude é a regra, embora, excepcionalmente, a licitude possa ser aceita como geradora de responsabilização. E é o que acontece exatamente nas atividades de risco, quando se aplica a teoria objetivista. A corrente objetivista demonstra mais benefícios quanto à efetividade do instituto em comparação com a subjetivista.

1.5. Proteção diplomática e esgotamento dos recursos internos

A *proteção diplomática* tem como objeto a proteção de um particular – indivíduo ou empresa – que, no exterior, tenha sido vítima de um procedimento estatal arbitrário. Nessa situação o particular, vítima de um ilícito praticado por Estado estrangeiro, solicita proteção ao seu país de origem para que este *lhe tome as dores*, fazendo, assim, da reclamação uma verdadeira demanda entre Estados.

O princípio da proteção diplomática se materializa por meio do *endosso*. Este se configura quando um Estado assume a reclamação de um nacional seu lesado e busca a responsabilização internacional de outro Estado. Com a concessão do endosso, o país assume a posição de *dominus litis* em uma eventual demanda, v.g., perante a Corte Internacional de Justiça (que só julga litígios envolvendo entes estatais). Logo, a sentença, em caso de concessão de proteção diplomática, será endereçada ao ente estatal, pois é ele quem está atuando, faticamente, no processo internacional.

A concessão de proteção diplomática não é um direito, mas sim exercício de soberania do Estado concedente, um ato discricionário. Pode, inclusive, ser concedida de ofício. Não recebem esse tipo de proteção os apátridas e os indivíduos com dupla nacionalidade quando pretendem demandar contra o Estado de uma delas.

É pertinente sublinhar que com o endosso não significa que haverá necessariamente instância judiciária ou arbitral, pois a solução pode se dar pelas negociações diretas ou outros meios pacíficos para solução das controvérsias.

Para a concessão do endosso há alguns requisitos básicos que merecem destaque.

O *primeiro* é a *nacionalidade do particular*: tanto para pessoas físicas como para pessoas jurídicas, empresas (em regra, a lei do foro de sua constituição). Nessa linha, a nacionalidade deve ser contínua, de modo que o particular tenha sido nacional do Estado reclamante no momento em que sofreu o dano e que, sem quebra de continuidade, permaneça na condição de nacional desse mesmo Estado quando da reclamação. Da mesma forma que contínua, deve ela também ser efetiva, tanto a nacionalidade originária (brasileiro nato) quanto a nacionalidade derivada (brasileiro naturalizado), não podendo esta última ser concedida unilateral e excepcionalmente pelo Estado apenas para justificar determinada proteção diplomática.

E há a segunda condição, de suma importância, considerada para aplicação do instituto da responsabilidade internacional (não é tida apenas como uma condição para a concessão do endosso). Trata-se do *esgotamento dos recursos internos*. Dessa feita, antes de ocorrer outorga do endosso, o Estado verificará se seu nacional esgotou previamente todos os recursos internos acessíveis.

E, por derradeiro, resta registrar que no caso das organizações internacionais também há instituto que almeja tutelar os funcionários da entidade, em situações semelhantes às acima citadas. Aqui se fala em *proteção funcional*, que guarda as mesmas características da *proteção diplomática* que acabamos de estudar.

1.6. Excludentes

A despeito de demandar elementos configuradores, é indeclinável reconhecer que há hipóteses de exclusão (ou até abrandamento) da tipificação responsabilizadora.

O projeto de convenção sobre responsabilidade internacional das OI, da Comissão de Direito Internacional da ONU, dedica capítulo único às circunstâncias que afastam a ilicitude da conduta, quais sejam: o consentimento do ofendido; a autodefesa; as contramedidas; a força maior (*force majeur*); o estado de perigo extremo; e o estado de necessidade. São as mesmas hipóteses consagradas no projeto atinente à responsabilidade dos Estados.

2. IMPOSSIBILIDADE DE EXCLUSÃO FRENTE À VIOLAÇÃO DE NORMAS PEREMPTÓRIAS

Devido ao conteúdo axiológico das fontes *jus cogens*, as normas imperativas do Direito Internacional, particularmente as destinadas à tutela das pessoas, recebem, naturalmente, uma proteção mais rígida, de forma que a ilicitude determinada por sua violação não possa ser afastada pelas circunstâncias excludentes acima elencadas.

Conforme art. 23 do projeto da ONU sobre responsabilidade internacional das OI, nada exclui a ilicitude de qualquer ato de organização internacional que esteja em desconformidade com uma obrigação originada de uma norma *peremptória* de Direito Internacional geral. As fontes sobre os direitos humanos, por exemplo, se violadas, são suscetíveis de responsabilização, não havendo espaço para alegações tendentes a excluí-la.

3. TÓPICO-SÍNTESE

TÓPICO-SÍNTESE: Responsabilidade Internacional	
A situação atual da responsabilidade e os projetos da ONU	– A responsabilização internacional dos Estados é instituto consuetudinário, tendo em vista que é regulada, em regra, pelo costume internacional. Em 2001, a Comissão de DI aprovou uma proposta de artigos sobre Responsabilidade de Estados por Atos Internacionalmente Ilícitos. E, no relatório da 57ª sessão da Comissão, de 2005, foram aprovados os artigos sobre Responsabilidade Internacional das Organizações Internacionais.
Atos suscetíveis de responsabilidade e classificação	– A responsabilidade internacional pode se originar de uma ação ou de uma omissão. O instituto também pode ser classificado em convencional ou delituoso. A responsabilidade ainda pode ser classificada em direta (ou principal) e indireta (ou subsidiária). E, por fim, a responsabilidade pode se originar de um ato ilícito ou lícito.
Elementos configuradores	– Tradicionalmente, são elencados como elementos para configuração de responsabilidade: a conduta ilícita, a imputabilidade e o dano.
Teorias sobre a responsabilidade	– É importante ressaltar que o instituto em análise é vislumbrado, doutrinariamente, sob a perspectiva de três teorias, quais sejam: a subjetivista, a objetivista e a mista.
Proteção diplomática e esgotamento dos recursos internos	– A proteção diplomática tem como objeto a proteção de um particular – indivíduo ou empresa – que, no exterior, tenha sido vítima de um procedimento estatal arbitrário. O princípio da proteção diplomática se materializa por meio do endosso. A concessão de proteção diplomática não é um direito, mas sim exercício de soberania do Estado concedente, um ato discricionário. Para a concessão do endosso há alguns requisitos básicos: nacionalidade do particular e esgotamento dos recursos internos.
Excludentes	– O projeto de convenção sobre responsabilidade internacional das OI, da Comissão de Direito Internacional da ONU, dedica capítulo único às circunstâncias que afastam a ilicitude da conduta, quais sejam: o consentimento do ofendido; a autodefesa; as contramedidas; a força maior (*force majeur*); o estado de perigo extremo; e o estado de necessidade.
Impossibilidade de exclusão frente à violação de normas peremptórias	– Devido ao conteúdo axiológico das fontes *jus cogens*, as normas imperativas do Direito Internacional, particularmente as destinadas à tutela das pessoas, recebem, naturalmente, uma proteção mais rígida, de forma que a ilicitude determinada por sua violação não possa ser afastada pelas circunstâncias excludentes acima elencadas.

Capítulo

10

IMUNIDADE DOS ESTADOS E NORMAS SOBRE DIREITOS HUMANOS

Leia a Lei

- *Proposta de artigos sobre Responsabilidade de Estados por Atos Internacionalmente Ilícitos da ONU, de 2001; Proposta de artigos sobre Responsabilidade Internacional das Organizações Internacionais da ONU, de 2005; Estatuto da Corte Internacional de Justiça, de 1920; e Convenção das Nações Unidas sobre Imunidade dos Estados e sua Propriedade, de 2004.*

A relação entre imunidade estatal e proteção aos direitos humanos é, historicamente, marcada por dissabores. E a sentença sobre o assunto, da Corte Internacional de Justiça da ONU, de fevereiro de 2012, acresce mais um *tempero* indigesto a esta *receita*.

1. JURISDIÇÃO E IMUNIDADE

A jurisdição pode ser conceituada como a "função do Estado, destinada à solução imperativa de conflitos e exercida mediante a atuação da vontade do direito em casos concretos" (DINAMARCO, 2004, p. 309), impondo-se sobre todos os sujeitos e incidindo sobre todas as coisas ou bens dentro de seus limites territoriais, desde que provocada, distribuindo-se conforme as regras de competência. Nessa conjuntura, *a imunidade emerge como exceção, diga-se também como concepção negativa dessa jurisdição.*

As imunidades "permitem que as pessoas imunes (ONU, Estados estrangeiros e agentes diplomáticos) valham-se da Justiça brasileira quando quiserem, propondo demandas, mas não sejam suscetíveis de serem demandadas aqui contra sua vontade (...)" (DINAMARCO, 2004, p. 313).

Não só os agentes diplomáticos e consulares gozam de privilégios e imunidades, conforme Convenções de Viena, de 1961 e de 1963, respectivamente, mas sim também os Estados estrangeiros: *fala-se na existência de privilégios concedidos às pessoas jurídicas de direito público externo.* Tanto quanto os seus agentes enviados ao exterior, o próprio ente estatal precisa de meios de proteção para bem conduzir seus interesses e para que possa exercer sua soberania de forma completa.

POSIÇÃO DO STJ

"Na origem, trata-se de recurso em habeas corpus impetrado por agente diplomático por meio do qual se insurge contra a medida cautelar fixada em seu desfavor, que lhe proibiu de se ausentar do país sem autorização judicial. Sobre o tema, convém salientar que a imunidade dos integrantes de corpo diplomático dos Estados estrangeiros é pela via da imunidade de jurisdição cognitiva, isto é, imunidade ao processo de conhecimento, ou pela imunidade à jurisdição executiva, referente ao cumprimento da pena. Ambas as imunidades derivam, ordinariamente, do básico princípio 'comitas gentium', consagrado pela prática consuetudinária internacional e assentado em premissas teóricas e em concepções políticas que, fundadas na essencial igualdade entre as soberanias estatais, legitima o reconhecimento de 'par in parem non habet imperium vel judicium', conforme entende a doutrina do Direito Internacional Público. Na hipótese em exame, o Estado estrangeiro renunciou à imunidade de jurisdição, mas reservou-se a imunidade de execução, ou seja, o impetrante pode ser processado no Brasil e eventualmente condenado, mas a execução da pena se dará apenas no país de origem. Nesse contexto, o relevante fundamento esposado na fixação da cautelar no sentido de se assegurar a aplicação da lei penal carece de razoabilidade, porquanto ao Brasil não é cabível a execução de eventual pena. Ademais, embora tenha sido apontado o interesse na proteção à instrução criminal, o impedimento do acusado à saída do país em nada afeta a colheita de provas, cabendo ressaltar, ainda, que eventual intento de não comparecer a atos do processo é reserva de autodefesa a ele plenamente possível (nova redação do art. 475 do CPP). Falta à cautelar fixada, assim, adequação aos riscos que se pretendia com ela evitar, de modo que é de se reputar indevida a proibição do impetrante ausentar-se do país sem autorização judicial" (Informativo 618 do STJ).

2. IMUNIDADE DOS ESTADOS

Contudo, a imunidade dos Estados não pode ser sinônimo de impunidade e permissiva de abusos por parte de uma nação em relação à outra, muito menos quando perpetrados contra os seres humanos, em total afronta ao Direito Internacional dos Direitos Humanos. Além disso, a imunidade atinente aos Estados vem sofrendo um constante processo de flexibilização, pois o rol de possibilidades de processamento do ente alienígena perante a justiça interna vem aumentando.

Garante-se a imunidade aos Estados por meio do Direito Internacional (DI) *costumeiro*, ao menos em relação ao processo de conhecimento. Ou seja, a regulação da temática se dá pelo costume internacional, haja vista que, em regra, não são aplicadas a Convenção de Viena sobre Relações Diplomáticas de 1961 e a Convenção de Viena sobre Relações Consulares de 1963 diretamente ao Estado. Esses dois documentos são relevantes para o tema em estudo quando da fase do processo de execução, momento em que os bens das embaixadas e dos consulados são insusceptíveis de medidas constritivas.

ATENÇÃO

Convenção das Nações Unidas sobre Imunidade dos Estados e sua Propriedade. Esta Convenção foi adotada pela Assembleia-Geral da ONU, no ano de 2004, tendo sido aberta para assinatura durante o período de 17 de janeiro de 2005 a 17 de janeiro de 2007. Inicialmente assinada por 28 Estados.

O principal questionamento é sobre a extensão de aludido privilégio: quais atos são abarcados, até que ponto afasta o exercício jurisdicional do Estado anfitrião? Deve-se analisar a sua extensão e seu alcance como saída para se entender a sua aplicabilidade.

2.1. Da teoria absolutista à relativista

Partindo de um **prisma absolutista**, os Estados não podem ser responsabilizados perante os órgãos da jurisdição de outro Estado pelos atos que praticam no território deste, independentemente da natureza da conduta. Quando condicionada como absoluta, a imunidade acarreta a "exclusão de qualquer intervenção de juiz ou autoridade administrativa de um Estado, em qualquer controvérsia que diga respeito ao Estado estrangeiro, diretamente, bem como em relação às emanações deste" (ACCIOLY; NASCIMENTO E SILVA; CASELLA, p. 338). Já bem mais recente, em esfera jurisprudencial, a imunidade absoluta ganhou espaço com a decisão proferida pela Suprema Corte dos Estados Unidos da América, em 1812, sobre o caso da *Escuna Exchange*, dentro da qual o Chief Justice Marshall favoreceu a tese do caráter absoluto.

Trata-se de um posicionamento clássico e demasiadamente amplo, não condizente com tendências modernas do Direito Internacional (ou Direito das Gentes).

Majoritária é a corrente doutrinária que opta pela **imunidade de jurisdição relativa** do Estado.

A transposição da teoria absoluta para a relativa no Brasil ocorreu na paradigmática decisão no caso Genny de Oliveira contra República Federal da Alemanha, Apelação Cível 9696 do STF, conforme cita Jaeger (2008, p. 04).

Prepondera o entendimento de que a imunidade é relativa, assim verificam-se os posicionamentos de vários autores, como Guido Fernando Silva Soares (2001, p. 260) e Ian Brownlie (1997, pp. 344-345).

Como meio de viabilizar a tese relativista, conciliando-a com o exercício da soberania estatal, a doutrina elaborou uma classificação dos **atos** em **de império** e **de gestão:**

ATOS DE IMPÉRIO *(JURE IMPERII)*	ATOS DE GESTÃO *(JURE GESTIONI)*
– São os atos praticados no exercício da função estatal, no exercício da soberania, com conotação política, aos quais se aplica a imunidade. Eles não autorizam a responsabilização do Estado estrangeiro perante o Judiciário de outro Estado. São exemplos de atos de império: os legislativos; os concernentes à atividade diplomática; os relativos às forças armadas; da administração interna dos Estados; e empréstimos públicos contraídos no estrangeiro.	– São atos de natureza privada, em que o Estado assemelha-se ao particular. Não há que se aplicar a imunidade, podendo ser proposta ação contra o ente de direito público externo. Exemplos são os contratos mercantis, de empreitada e de trabalho.

2.2. A teoria relativista adotada pelo Brasil

A tese da imunidade relativa está mais coadunada com o novo papel dos Estados que, desde finda a Segunda Guerra Mundial, desenvolvem atividades cada vez mais *privatistas*, com índole empresarial. O lado lucrativo almejado pelos países, pós-1945, mostrou-se até mesmo como requisito para a manutenção das contas públicas.

POSIÇÃO DO STJ

O Superior Tribunal de Justiça, sintetizando o entendimento predominante na jurisprudência nacional sobre os privilégios dos Estados estrangeiros, decidiu que a questão relativa "à imunidade de jurisdição, atualmente, não é vista de forma absoluta, sendo excepcionada, principalmente, nas hipóteses em que o objeto litigioso tenha como fundo relações de natureza meramente civil, comercial ou trabalhista". Contudo, no mesmo acórdão, registrou que "em se tratando de atos praticados numa ofensiva militar em período de guerra, a imunidade acta jure imperii*" não comporta exceção. Assim, concluiu que não havia como "submeter a República Federal da Alemanha à jurisdição nacional para responder a ação de indenização por danos morais e materiais por ter afundado barco pesqueiro no litoral de Cabo Frio durante a Segunda Guerra" (RO 72, Rel. Min. João Otávio de Noronha, STJ, J. 18/08/2009).*

A esclarecedora decisão do STJ acima transcrita sintetiza a corrente relativista atual e, ao mesmo tempo, toca em ponto de preocupante sensibilidade para os direitos humanos, o qual será abordado no próximo item.

POSIÇÃO DO TST E STF

Antes de dar continuidade aos estudos, faz-se pequena pausa para apenas citar posicionamento recente dos Tribunais. Embora não seja objeto de estudo do presente tópico, muito menos do Livro, mesmo assim optamos por citar julgados contemporâneos sobre a imunidade de jurisdição das organizações internacionais. Tal opção mostra-se relevante, em razão da própria importância do tema para concursos. A imunidade de jurisdição das organizações internacionais tem recebido tratamento diferente da imunidade dos Estados. Nessa linha, é importante ressaltar que a Comissão de Jurisprudência e de Precedentes Normativos do TST, em fevereiro de 2012, publicou a edição da Orientação Jurisprudencial (OJ) 416 da Seção de Dissídios Individuais-I, firmando o entendimento no sentido de garantir a imunidade absoluta às organizações internacionais: "IMUNIDADE DE JURISDIÇÃO. ORGANIZAÇÃO OU ORGANISMO INTERNACIONAL. As organizações ou organismos internacionais gozam de imunidade absoluta de jurisdição quando amparados por norma internacional incorporada ao ordenamento jurídico brasileiro, não se lhes aplicando a regra do Direito Consuetudinário relativa à natureza dos atos praticados. Excepcionalmente, prevalecerá a jurisdição brasileira na hipótese de renúncia expressa à cláusula de imunidade jurisdicional". A OJ 416 foi divulgada no Diário eletrônico da Justiça do Trabalho em 14/02/2012. Posteriormente, outros acórdãos do TST foram divulgados, confirmando a Orientação Jurisprudencial citada. O STF confirmou o entendimento do TST, tanto que em 2013 deu provimento a dois Recursos Extraordinários (607.211 e 578.543) para reconhecer a imunidade de jurisdição e de execução da Organização das Nações Unidas e do Programa das Nações Unidas para o Desenvolvimento.

2.3. Extensão da imunidade e violação aos Direitos Humanos

Prepondera a teoria da imunidade de jurisdição relativa dos Estados, a qual parte da premissa de que os atos podem ser de império ou de gestão. Quanto aos primeiros, há que se reconhecer que são praticados no exercício da soberania, e que, embora se desenrolem dentro do território de outro Estado, não pode haver responsabilização, pois nesta situação incide a imunidade. Já em relação aos atos de gestão, de natureza privada, como a celebração de contratos de trabalho ou contratos comerciais – hipótese em que o Estado assemelha-se ao particular e nenhuma conotação carrega com exercício de sua soberania –, há que se afastar a imunidade, sendo possível, dessa maneira, a instauração de processo contra Estado estrangeiro na justiça nacional.

Da imunidade absoluta, insuscetível de exceções, progrediu-se à relativa, e sua extensão e alcance foram reduzidos, em razão de as nações após a Segunda Guerra terem começado a desempenhar funções empresariais como condição para a própria *sobrevivência* do setor público. A globalização teve forte influência na inserção desses novos papéis. A imunidade de jurisdição dos Estados estrangeiros tem sofrido constantes processos revisionais, ora perpetrados pela doutrina ora pela jurisprudência, resultando, inclusive, em várias tentativas de se regular o tema normativamente.

Brotam, hoje, questionamentos se a imunidade persistiria perante a justiça interna se estivesse frente a atos de império violadores de normas *jus cogens* (*vide* Convenção de Viena sobre Direito dos Tratados de 1969, arts. 53 e 64), que são imperativas, *supremas* e de obediência vinculativa, não havendo escusas por sua violação. Os principais exemplos são as fontes do Direito Internacional dos Direitos Humanos, i.e., normas destinadas a proteger o ser humano, como a Declaração Universal dos Direitos Humanos e tantos outros documentos.

É possível ser mantida a imunidade de um Estado estrangeiro quando pratica ato de império, no exercício de sua soberania, mesmo que viole uma norma de direitos humanos?

Entendemos que se está frente a mais uma exceção à imunidade de jurisdição: além dos atos de gestão, os de império, se violadores de normas de direitos humanos, também deveriam afastar o privilégio estatal e permitir responsabilização perante tribunal nacional. Esse entendimento vem crescendo e encontrando fácil aconchego na tendência moderna de flexibilização do escudo clássico que mantém a imunidade estatal. A dignidade da pessoa humana é um dos princípios fundamentais da República Federativa do Brasil, conforme art. 1º, inc. III, da CF. Inclusive, no seu art. 4º, inc. II, estipula-se a prevalência dos direitos humanos. Essa tendência das Cartas constitucionais de priorizar a proteção aos homens constata-se em inúmeros países, reproduzindo o *novo* mundo que vem, progressivamente, consolidando-se (embora com alguns percalços) após a Segunda Guerra Mundial.

O Direito Internacional dos Direitos Humanos é uma das disciplinas mais influenciadas por essa situação e a que mais influencia os demais ramos do Direito. *Dessa forma, quando há a prática de ato de império violador de fonte jus cogens, especialmente sobre direitos do homem, materializa-se conflito entre a soberania e a dignidade da pessoa e entre imunidade e proteção aos direitos humanos.* Devem preponderar a dignidade e a proteção, como consequências lógicas da nova roupagem dada à sociedade internacional, marcada pela flexibilização da soberania e pela exaltação dos direitos. "A existência de um sistema de regras que os Estados não podem violar significa que, quando um Estado age violando tal regra, o ato não é reconhecido como soberano. Quando o ato de um Estado não é mais reconhecido como soberano, o Estado não tem mais direito a invocar a defesa da imunidade soberana. Portanto, ao reconhecer um grupo de normas imperativas, os Estados estão implicitamente consentindo em renunciar à imunidade quando eles violarem uma destas normas" (BELSKY; MERVA; ROTH-ARRIAZA, 1989, p. 394).

Todavia, em decisão histórica, de suma importância para o Direito Internacional e lamentável para os Direitos Humanos, a Corte Internacional de Justiça da ONU, em Haia, no mês de fevereiro de 2012, exarou entendimento de que a imunidade dos Estados persiste mesmo que o ato viole os direitos humanos, ou seja, não acatou a posição acima, filiou-se a uma concepção clássica e manteve a imunidade de Estado frente à justiça interna quando da prática de atos de soberania, ainda que em afronta às normas humanitárias.

POSIÇÃO DO STF

Em 2017 o STF, em voto do Ministro Edson Fachin, ventilou como de repercussão geral o tema "Alcance da imunidade de jurisdição de Estado estrangeiro em relação a ato de império ofensivo ao direito internacional da pessoa humana". Em seu voto, o Ministro destacou: "Trata-se de agravo cujo objeto é decisão que inadmitiu o recurso extraordinário interposto em face de acórdão da Quarta Turma do Superior Tribunal de Justiça, cuja ementa reproduz-se a seguir: AGRAVO REGIMENTAL NO RECURSO ORDINÁRIO - AÇÃO DE INDENIZAÇÃO - BARCO DE PESCA BRASILEIRO AFUNDADO NA COSTA BRASILEIRA, EM PERÍODO DE GUERRA, POR NAVIO ALEMÃO - ESTADO ESTRANGEIRO - IMUNIDADE ABSOLUTA - DECISÃO DO RELATOR NEGANDO SEGUIMENTO AO RECURSO ORDINÁRIO. IRRESIGNAÇÃO DOS AGRAVANTES. 1. A relativização da imunidade da jurisdição conta com o assentimento desta Corte Superior; mas, tão-somente, quando envolve relações natureza civil, comercial ou trabalhista, restando prevalente a imunidade ao se tratar de ato de império, como no presente caso. 2. A jurisprudência do STJ caminha no sentido de que não é possível a responsabilização da República Federal da Alemanha por ato de guerra, tendo em vista tratar-se de manifestação de ato de império. Precedentes: AgRg no RO 110/RJ, Rel. Ministra MARIA ISABEL GALLOTTI, DJe 24/09/2012); RO 72/RJ, Rel. Ministro JOÃO OTÁVIO DE NORONHA, DJe 08/09/2009); RO 66/RJ, Rel. Ministro FERNANDO GONÇALVES, DJe 19/05/2008). 3. Agravo regimental desprovido. Embargos declaratórios desprovidos. Na origem, versa-se sobre ação de ressarcimento de danos materiais e morais de autoria de netos ou de viúvas de netos de DEOCLECIANO PEREIRA DA COSTA em face da República Federal da Alemanha. Busca-se reparação à morte do indivíduo indigitado em decorrência de ataque a barco pesqueiro Changri-lá por submarino nazista U-199, por sua vez comandado por HANS WERNER KRAUS, no mar territorial brasileiro, nas proximidades da Costa de Cabo Frio, em julho de 1943, durante a II Guerra Mundial. (...) No Brasil, a matéria é regida pelo Direito costumeiro, tendo em vista que o país ainda não se vinculou à Convenção das Nações Unidas sobre a Imunidade de Jurisdição dos Estados e de suas Propriedades de 2004, ou a tratado congênere. (...) Sendo assim, a compreensão jurisprudencial do STF se consolidou no sentido da inaplicabilidade da imunidade de jurisdição relativa a atos de gestão na fase ou processo de conhecimento, ao passo que a imunidade executória remanesce absoluta em todos os atos do Estado soberano em território estrangeiro, à luz da Convenção de Viena sobre as Relações Diplomáticas (Dec. 56.435/1965). (...) Postas essas considerações, parece evidente a índole constitucional da matéria a que se propõe repercussão geral, porquanto envolve questões basilares do Estado de Direito brasileiro em relação à sociedade internacional, nos termos apontados pelo próprio Requerente. Do ponto de vista jurídico, a repercussão geral da matéria justifica-se pela coerência jurisprudencial do STF acerca das hipóteses de mitigação da exclusividade jurisdicional no território brasileiro, a partir da divisão dos atos estatais de império e de gestão. (...) Ante o exposto, manifesto-me pela existência de repercussão geral da questão constitucional aqui exposta e submeto-a à apreciação dos demais Ministros integrantes desta Corte, nos termos dos arts. 322, parágrafo único, e 324 do RISTF".

2.4. Decisão da Corte de Haia de 03 de fevereiro de 2012

Tratava-se de processo envolvendo Alemanha e Itália e que tinha a Grécia como interveniente. A decisão foi prolatada em 03 de fevereiro de 2012 e lida no Palácio da Paz em Haia, referente ao caso sobre *Imunidade de Jurisdição dos Estados*, favorável ao Estado alemão.

O imbróglio jurídico começou em 2004, quando a Corte Suprema de Cassação da Itália decidiu que a Justiça italiana ostentava competência para julgar pedido de indenização de *Luigi Ferrini* (Caso *Ferrini*) contra a Alemanha. O processo teve início no ano de 1998 em Arezzo.

O pedido do Senhor Ferrini era no sentido de obter indenização por danos materiais e morais em razão de ter sido capturado pelo Exército alemão em agosto de 1944, durante a Segunda Guerra Mundial, e submetido a trabalhos forçados no seu país então sob controle das forças de Hitler.

Tanto o Tribunal de Arezzo como a Corte de Apelação de Florença negaram o seu pedido, fundamentando-se favoravelmente à aplicação da imunidade de jurisdição. Contudo, quando na Corte Suprema de Cassação, o caso se reverteu. A Corte Constitucional da Itália, em última instância, condenou o Estado alemão pela prática de crimes cometidos pelos nazistas, permitindo, inclusive, o arresto e a penhora de bens da Alemanha situados em território italiano. O Tribunal seguiu a corrente inovadora acima exposta, exaltando a proteção aos direitos humanos e a priorizando frente à imunidade de jurisdição, mesmo que relativos a atos de império, o que fez surgir outros processos com o mesmo desiderato.

Frente a isso, o governo alemão recorreu à Corte Internacional de Justiça contra a Itália em processo que se iniciou em 2008 e que tinha decisão aguardada há anos pela comunidade acadêmica.

A Corte Internacional de Justiça (CIJ), sediada em Haia, órgão da ONU, sentenciou favoravelmente à Alemanha, em fevereiro de 2012, filiando-se à concepção exageradamente clássica, retrógrada. Ela apenas confirmou a teoria atual de que quanto aos atos de império há imunidade, o que impossibilita responsabilização de uma nação frente ao Judiciário de outra, mesmo que tenham gerado um dos momentos mais aterrorizantes da história da Humanidade, como foi o regime nazista, uma das criações mais nefastas do homem, legitimado, à época, pelo Direito.

ATENÇÃO

Em aludida decisão, um dos julgadores que restou vencido foi o jurista brasileiro Antônio Augusto Cançado Trindade, que, em seu voto de mais de 80 páginas, manifestou-se pela não aplicação da imunidade frente à violação de normas humanitárias. Na parte final de seus argumentos, concluiu que jus cogens *localiza-se acima da prerrogativa ou privilégio de imunidade do Estado, firmando seu posicionamento de que não há imunidade pela prática de crimes ou de violações aos direitos humanos e ao Direito Internacional Humanitário.*

3. TÓPICO-SÍNTESE

TÓPICO-SÍNTESE: Imunidade dos Estados e Normas sobre Direitos Humanos	
Jurisdição e imunidade	– A jurisdição pode ser conceituada como a "função do Estado, destinada à solução imperativa de conflitos e exercida mediante a atuação da vontade do direito em casos concretos" (DINAMARCO, 2004, p. 309). As imunidades "permitem que as pessoas imunes (ONU, Estados estrangeiros e agentes diplomáticos) valham-se da Justiça brasileira quando quiserem, propondo demandas, mas não sejam suscetíveis de serem demandadas aqui contra sua vontade (...)" (DINAMARCO, 2004, p. 313).
Imunidade dos Estados	– Garante-se a imunidade aos Estados por meio do Direito Internacional (DI) *costumeiro,* ao menos em relação ao processo de conhecimento. Ou seja, a regulação da temática se dá pelo costume internacional.
Da teoria absolutista à relativista	– Partindo de um **prisma absolutista**, os Estados não podem ser responsabilizados perante os órgãos da jurisdição de outro Estado pelos atos que praticam no território deste, independentemente da natureza da conduta. Majoritária é a corrente doutrinária que opta pela **imunidade de jurisdição relativa** do Estado. Como meio de viabilizar a tese relativista, conciliando-a com o exercício da soberania estatal, a doutrina elaborou uma classificação dos **atos** em **de império** e **de gestão.**
A teoria relativista adotada pelo Brasil	– A tese da imunidade relativa está mais coadunada com o novo papel dos Estados que, desde finda a Segunda Guerra Mundial, desenvolvem atividades cada vez mais *privatistas*, com índole empresarial.
Extensão da imunidade e violação aos direitos humanos	– Prepondera a teoria da imunidade de jurisdição relativa dos Estados, a qual parte da premissa de que os atos podem ser de império ou de gestão. Quanto aos primeiros, há que se reconhecer que são praticados no exercício da soberania, e que embora se desenrolem dentro do território de outro Estado, não pode haver
Extensão da imunidade e violação aos direitos humanos	– Prepondera a teoria da imunidade de jurisdição relativa dos Estados, a qual parte da premissa de que os atos podem ser de império ou de gestão. Quanto aos primeiros, há que se reconhecer que são praticados no exercício da soberania, e que, embora se desenrolem dentro do território de outro Estado, não pode haver responsabilização, pois nesta situação incide a imunidade. Brotam, hoje, questionamentos se a imunidade persistiria perante a justiça interna se estivesse frente a atos de império violadores de normas *jus cogens* (*vide* Convenção de Viena sobre Direito dos Tratados de 1969, arts. 53 e 64), que são imperativas, *supremas* e de obediência vinculativa, não havendo escusas por sua violação.
Decisão da Corte de Haia de 03 fevereiro de 2012	– Tratava-se de processo envolvendo Alemanha e Itália e que tinha a Grécia como interveniente. A decisão foi prolatada em 03 de fevereiro de 2012 e lida no Palácio da Paz em Haia, referente ao caso sobre *Imunidade de Jurisdição dos Estados*, favorável ao Estado alemão.

Capítulo 11

CONDIÇÃO JURÍDICA DO ESTRANGEIRO

Leia a Lei

- *Art. 1º, inc. III, art. 4º, inc. II, e art. 5º, todos da CF; Lei 13.445, de 2017; Decreto 9.199, de 2017; e Lei 9.474, de 1997.*

A migração internacional pode ser compreendida como o processo de saída de indivíduos ou grupos de indivíduos de seu Estado de origem para outro, com o fim de fixarem moradia, normalmente motivados pela busca de melhores condições de vida.

1. DESLOCAMENTO INTERNACIONAL DE PESSOAS

Hoje, há diferentes classes de pessoas que circulam por diversas jurisdições buscando melhoramento do *in statu quo ante bellum*, mas o objetivo mediato, sempre presente, é a proteção a algum direito humano. São refugiados, asilados, trabalhadores migrantes, migrantes permanentes e transitórios e migrantes regulares que se *lançam à sorte*, aventuram-se, fugindo de situações que não lhes permitem viver dignamente.

Há diferentes *tipos* de estrangeiros, a depender da necessidade de tutela, mas é inafastável trazer à baila uma concepção, ainda que simplória, do que venha a ser "estrangeiro" em sentido amplo. Pode ser entendido como *aquele que não é nacional, ou, ainda, a pessoa que, nascida em outro Estado, resida em outro país e aí conserve sua nacionalidade primária.*

É importante não confundi-lo com apátrida, pois este se refere à pessoa que não tem nacionalidade, é anacional, situação repugnada pela ONU e pelo Direito Internacional dos Direitos Humanos. Embora doutrinariamente distinguidos, comum é a salvaguarda pelo mesmo estatuto legal, como ocorre no Brasil. Antes havia o Estatuto do Estrangeiro (Lei 6.815 de 1980) e seu Decreto (Decreto 86.715 de 1981), sendo que estes foram substituídos pela atual Lei de Migração brasileira, nº 13.445, de 2017, com o seu Decreto 9.199, de 2017. Sublinhe-se que também fora revogada a Lei 818, de 1949, que regulava a aquisição, a perda e a reaquisição da nacionalidade, e a perda de direitos políticos.

POSIÇÕES DO STF

Embora o tópico seja sobre condição jurídica do estrangeiro, há algumas decisões importantes do STF sobre nacionalidade:

"Perda da nacionalidade brasileira. Brasileira naturalizada americana. Acusação de homicídio no exterior. Fuga para o Brasil. Perda de nacionalidade originária em procedimento administrativo regular. Hipótese constitucionalmente prevista. (...) A Constituição Federal, ao cuidar da perda da nacionalidade brasileira, estabelece duas hipóteses: (i) o cancelamento judicial da naturalização (art. 12, § 4º, I); e (ii) a aquisição de outra nacionalidade. Nesta última hipótese, a nacionalidade brasileira só não será perdida em duas situações que constituem exceção à regra: (i) reconhecimento de outra nacionalidade originária (art. 12, § 4º, II, a*); e (ii) ter sido a outra nacionalidade imposta pelo Estado estrangeiro como condição de permanência em seu território ou para o exercício de direitos civis (art. 12, § 4º, II,* b*). No caso sob exame, a situação da impetrante não se subsume a qualquer das exceções constitucionalmente previstas para a aquisição de outra nacionalidade, sem perda da nacionalidade brasileira" (MS 33.864, Rel. Min. Roberto Barroso, STF, j. 19/04/2016).*

"Privação de nacionalidade obtida mediante fraude e apatria Não ignoro ser a nacionalidade direito fundamental de primeira geração, pelo qual se estabelece o vínculo instaurador de direitos e deveres entre o indivíduo e determinado Estado, enfatizando, com isso, a identidade da pessoa humana no cenário internacional. Tampouco desconheço os esforços no sentido de conferir maior efetividade a esse direito, constante da Declaração Universal dos Direitos do Homem, a qual estabelece em seu art. 15: '1. Toda pessoa tem direito a uma nacionalidade. 2. Ninguém será arbitrariamente privado de sua nacionalidade, nem do direito de mudar de nacionalidade'. A adesão brasileira à Convenção sobre o Estatuto dos Apátridas, celebrada em 28-7-1951 no âmbito das Nações Unidas, com o depósito do instrumento de ratificação brasileiro em 30-4-1996, evidencia a importância que o Brasil passou a conferir à matéria. Buscando dotar esse documento de maior eficácia e com o objetivo de reduzir os casos de indivíduos sem nacionalidade, foi celebrada pelas Nações Unidas, em 30-8-1961, a 'Convenção para a Redução dos Casos de Apatridia' (Convention on the Reduction of Statelessness)*, cujo texto foi aprovado pelo Congresso Nacional brasileiro em 4-10-2007 (Decreto Legislativo 274, publicado no Diário Oficial da União de 5-10-2007),*

sendo esse instrumento de adesão apresentado às Nações Unidas em 25-10-2007 (...). Nesse documento, os Estados contratantes se comprometem a não privar uma pessoa de sua nacionalidade se essa privação vier a convertê-la em apátrida (art. 8º, § 1º). Inobstante essa regra geral, o acordo internacional referido prevê a possibilidade de uma pessoa ser privada da nacionalidade de Estado contratante 'nos casos em que a nacionalidade tenha sido obtida por declaração falsa ou fraude' (art. 8º, § 2º, b*). Além dessa exceção, o tratado ainda admite a reserva do direito do Estado contratante de privar o indivíduo de sua nacionalidade se, em condições incompatíveis com o dever de lealdade ao Estado contratante, a pessoa 'tiver se conduzido de maneira gravemente prejudicial aos interesses vitais do Estado' (art. 8º, § 3º,* a*, inc. II), estando condicionada essa reserva à existência prévia, na legislação nacional, desse motivo. Pelo art. 12, § 4º,* b*, da Constituição Federal, quando do depósito da adesão do Brasil a essa convenção internacional, anotou-se reserva do direito mencionado. Quanto ao direito de privar o indivíduo da nacionalidade obtida por declaração falsa ou fraude, não se fez essa exigência. Tem-se, assim, o manifesto reconhecimento da comunidade internacional sobre o direito dos Estados de assentar a invalidade de nacionalidade obtida por declaração falsa ou fraude, ainda que disso decorra uma situação de apatria (RMS 27.840, Rel. Min. Marco Aurélio, STF, j. 07/02/2013).*

"Quase nacionalidade do súdito português A norma inscrita no art. 12, § 1º, da Constituição da República — que contempla, em seu texto, hipótese excepcional de quase-nacionalidade — não opera de modo imediato, seja quanto ao seu conteúdo eficacial, seja no que se refere a todas as consequências jurídicas que dela derivam, pois, para incidir, além de supor o pronunciamento aquiescente do Estado brasileiro, fundado em sua própria soberania, depende, ainda, de requerimento do súdito português interessado, a quem se impõe, para tal efeito, a obrigação de preencher os requisitos estipulados pela Convenção sobre Igualdade de Direitos e Deveres entre brasileiros e portugueses" (Ext 890, Rel. Min. Celso de Mello, STF, j. 05/08/2004).

2. DA CONDIÇÃO JURÍDICA

Tais normas, comungadas com a Constituição Federal de 1988, corporificam um conjunto de direitos e de deveres, que é conhecido como *condição jurídica do estrangeiro (atualmente se fala em condição jurídica do migrante)*. A garantia dessa *condição* é um mínimo que deve ser angariado. Isso confirma a tese atual de que o estrangeiro é *sujeito de direitos* mesmo em outro Estado, não mais podendo ser concebido como objeto, outrora definido pelos romanos. Mas essa evolução protetiva, por mais espantoso que aparente, ainda é lenta em algumas nações, haja vista que a matéria, por enquanto, concentra-se no domínio reservado dos Estados, os quais possuem liberdade para a definição de suas políticas de migração.

A Lei atual de 2017 fixa direitos básicos aos migrantes, em seu art. 4º. Ao migrante é garantida no território nacional, em condição de igualdade com os nacionais, a inviolabilidade do direito à vida, à liberdade, à igualdade, à segurança e à propriedade. Tais direitos devem sofrer uma leitura conforme o texto constitucional, independentemente da situação migratória, e não excluem outros decorrentes de tratados ratificados pelo Brasil. Além desses, num rol exemplificativo *amplíssimo*, a norma ainda assegura:

- *direitos e liberdades civis, sociais, culturais e econômicos;*
- *direito à liberdade de circulação em território nacional;*
- *direito à reunião familiar do migrante com seu cônjuge ou companheiro e seus filhos, familiares e dependentes;*
- *medidas de proteção a vítimas e testemunhas de crimes e de violações de direitos;*
- *direito de transferir recursos decorrentes de sua renda e economias pessoais a outro país, observada a legislação aplicável;*
- *direito de reunião para fins pacíficos;*
- *direito de associação, inclusive sindical, para fins lícitos;*
- *acesso a serviços públicos de saúde e de assistência social e à previdência social, nos termos da lei, sem discriminação em razão da nacionalidade e da condição migratória;*
- *amplo acesso à justiça e à assistência jurídica integral gratuita aos que comprovarem insuficiência de recursos;*
- *direito à educação pública, vedada a discriminação em razão da nacionalidade e da condição migratória;*
- *garantia de cumprimento de obrigações legais e contratuais trabalhistas e de aplicação das normas de proteção ao trabalhador, sem discriminação em razão da nacionalidade e da condição migratória;*
- *isenção das taxas de que trata esta Lei, mediante declaração de hipossuficiência econômica, na forma de regulamento;*
- *direito de acesso à informação e garantia de confidencialidade quanto aos dados pessoais do migrante, nos termos da Lei nº 12.527, de 18 de novembro de 2011;*
- *direito a abertura de conta bancária;*
- *direito de sair, de permanecer e de reingressar em território nacional, mesmo enquanto pendente pedido de autorização de residência, de prorrogação de estada ou de transformação de visto em autorização de residência; e*
- *direito do imigrante de ser informado sobre as garantias que lhe são asseguradas para fins de regularização migratória.*

E quanto às terminologias, o Decreto que regulamenta a Lei de Migração considera:

- **Migrante**: pessoa que se desloque de país ou região geográfica ao território de outro país ou região geográfica, em que estão incluídos o imigrante, o emigrante e o apátrida;

- **Imigrante**: pessoa nacional de outro país ou apátrida que trabalhe ou resida e se estabeleça temporária ou definitivamente na República Federativa do Brasil;
- **Emigrante**: brasileiro que se estabeleça temporária ou definitivamente no exterior;
- **Residente fronteiriço**: pessoa nacional de país limítrofe ou apátrida que conserve a sua residência habitual em Município fronteiriço de país vizinho;
- **Visitante**: pessoa nacional de outro país ou apátrida que venha à República Federativa do Brasil para estadas de curta duração, sem pretensão de se estabelecer temporária ou definitivamente no território nacional;
- **Apátrida**: pessoa que não seja considerada como nacional por nenhum Estado, conforme a sua legislação, nos termos da Convenção sobre o Estatuto dos Apátridas, de 1954, promulgada pelo Decreto nº 4.246, de 22 de maio de 2002, ou assim reconhecida pelo Estado brasileiro;
- **Refugiado**: pessoa que tenha recebido proteção especial do Estado brasileiro, conforme previsto na Lei nº 9.474, de 22 de julho de 1997; e
- **Ano migratório**: período de doze meses, contado da data da primeira entrada do visitante no território nacional, conforme disciplinado em ato do dirigente máximo da Polícia Federal.

2.1. Proteção internacional e a livre circulação

O Direito Internacional ainda é falho quanto à proteção internacional aos estrangeiros. Não há um conjunto de normas específicas para sua disciplina, sendo utilizadas convenções pertencentes ao **sistema global** (ONU) e aos **sistemas regionais** (europeu, americano e africano).

Do **sistema global,** destacam-se: Declaração Universal dos Direitos Humanos, de 1948; Pacto Internacional sobre Direitos Civis e Políticos, de 1966; Pacto Internacional sobre Direitos Econômicos, Sociais e Culturais, de 1966; Convenção contra a Tortura e outros Tratamentos ou Penas Cruéis, Desumanas ou Degradantes, de 1984; Convenção

Internacional sobre a Eliminação de todas as Formas de Discriminação Racial, de 1965; Convenção Internacional para a Proteção dos Direitos de todos os Trabalhadores Migrantes e seus Familiares, de 1990; Resolução 40/144, de 1985, da Assembleia-Geral da ONU, que aprova a Declaração sobre os Direitos Humanos dos indivíduos que não são nacionais do país em que vivem; e Resolução 56/170, de 2001, do mesmo órgão da ONU, que define a Proteção aos Migrantes.

Dos **sistemas regionais,** podem ser destacados os seguintes documentos: Carta Europeia para a Proteção dos Direitos Humanos e das Liberdades Fundamentais, de 1950; Convenção Americana sobre Direitos Humanos, de 1969; e Convenção Africana dos Direitos Humanos e dos Povos, de 1981.

Questão importante e que desperta dissonantes posicionamentos é saber se há um direito à livre circulação internacional de pessoas, ou esse ponto pertence ao campo do exercício da soberania. Não restam dúvidas de que prepondera a última posição, pois ainda é de domínio reservado dos países disciplinar a entrada e saída de pessoas de seus territórios. Contudo, cresce a corrente que defende ser tal circulação um direito, com arrimo até na Declaração Universal e no Pacto de Direitos Civis e Políticos, que preveem o direito ao deslocamento dos seres humanos, mesmo que não em caráter absoluto (há limites, como a preservação da ordem pública).

2.2. *Standard* do estrangeiro no Brasil

Após a leitura da CF, particularmente do seu art. 5º, observa-se que, embora o Poder Constituinte originário tenha demonstrado uma *obsessão* pelo princípio da igualdade – tanto que é referido três vezes só no seu *caput* – ainda assim percebe-se que, na prática, os interesses dos nacionais e até os de ordem econômica são preservados em detrimento dos estrangeiros. Isso se dá porque predomina a tese de que a condição jurídica dos alienígenas é matéria inserta nos temas da soberania, de domínio reservado da República Federativa brasileira.

A despeito da constatação supra, no Brasil, formalmente, o estrangeiro tem o mesmo tratamento do nacional, ou seja, guardadas as exceções normativas, aplica-se o princípio da igualdade entre eles. É o que se denomina de *standard* nacional, há muito consagrado no Brasil, conforme redação do próprio *caput* do art. 5º da CF. Difere-se este do *standard* internacional, em que se implementa um conjunto mínimo de direitos conforme o Direito das Gentes. Embora o primeiro seja a opção aplicada internamente há bastante tempo, as normas internacionais e os acordos assinados não podem ser descartados.

2.3. O estrangeiro e a Constituição de 1988

Conforme art. 5º, cabeça, da CF de 1988, todos são iguais perante a lei, sem distinção de qualquer natureza, garantindo-se aos brasileiros e aos estrangeiros residentes no Brasil a inviolabilidade do direito à vida, à liberdade, à igualdade, à segurança e à propriedade (*standard* nacional). No entanto, há que se ter uma interpretação sistemática e ampliativa desse dispositivo, pois são, na verdade, destinatários da proteção constitucional: os brasileiros natos e naturalizados, os estrangeiros residentes, os estrangeiros não residentes (ex.: turistas), o apátrida e as pessoas jurídicas (como no caso da propriedade industrial), ou seja, todos que estejam sujeitos à ordem jurídica brasileira. Não se pode excluir o próprio Poder Público, que é um *destinatário diferenciado*, não no sentido de proteção, mas sim de obrigação, de dever de respeito.

A Constituição de 1988 apresenta poucos dispositivos que regulam as atividades do estrangeiro, cabendo mais à legislação infraconstitucional, especialmente à Lei de Migração, disciplinar sobre a situação em solo nacional.

Quanto ao tema extradição, a CF preceitua que: "não será concedida extradição de estrangeiro por crime político ou de opinião" (art. 5º, inc. LII). Em relação ao alistamento eleitoral, não "podem alistar-se como eleitores os estrangeiros e, durante o período do serviço militar obrigatório, os conscritos" (art. 14, § 2º). Relacionado ao exercício de cargos públicos: "os cargos, empregos e funções públicas são acessíveis aos brasileiros que preencham os requisitos estabelecidos em lei, assim como aos estrangeiros, na forma da lei" (art. 37, inc. I). Quanto ao ensino em nível superior: "É facultado às universidades admitir professores, técnicos e cientistas estrangeiros, na forma da lei" (art. 207, § 1º).

É importante lembrar que, com base na Magna Carta, compete privativamente à União legislar sobre emigração e imigração, entrada, extradição e expulsão de estrangeiros (art. 22, inc. XV). E é competência dos juízes federais processar e julgar os crimes de ingresso ou permanência irregular de estrangeiro (art. 109, inc. X).

2.4. Ingresso do estrangeiro e concessão de visto

Em regra, para ingressar em território nacional, a trabalho ou não, é imprescindível a obtenção de visto, uma espécie de cortesia, não um direito. Sua concessão, prorrogação ou transformação ficarão condicionadas aos interesses nacionais, ou seja, conveniência e oportunidade. É preciso alertar que a nova Lei de Migração alterou a matéria, normatizou muitos entendimentos doutrinários e jurisprudenciais e atualizou o estatuto (dos migrantes).

O art. 5º da Lei de Migração fixa os documentos de viagem, quais sejam: passaporte; *laissez-passer*; autorização de retorno; salvo-conduto; carteira de identidade de marítimo; carteira de matrícula consular; documento de identidade civil ou documento estrangeiro equivalente, quando admitidos em tratado; certificado de membro de tripulação de transporte aéreo; e outros que vierem a ser reconhecidos pelo Estado brasileiro em regulamento.

Em seguida, a partir do art. 6º, o visto, que normalmente consta estampado nos passaportes, é regulado. Perceba-se que o visto é documento que dá a seu titular expectativa de ingresso em território nacional. Dessa maneira, quem tenha interesse em sua concessão, para ingresso em nosso território, deverá solicitá-lo perante embaixadas, consulados-gerais, consulados, vice-consulados e, quando habilitados pelo órgão competente do Poder Executivo, por escritórios comerciais e de representação do Brasil no exterior. Do pedido pode haver cobrança de taxas e emolumentos. O visto é individual, mas na hipótese de haver mais de uma pessoa registrada no mesmo documento de viagem, o visto poderá ser concedido ao titular e aos dependentes incluídos no documento de viagem que pretendam vir ao Brasil. E o Ministério das Relações Exteriores poderá editar normas sobre a simplificação de procedimentos para concessão de visto, por reciprocidade de tratamento ou por outros motivos que julgar pertinentes, sendo que a simplificação e a dispensa recíproca de visto ou de cobrança de taxas e emolumentos consulares por seu processamento poderão ser definidas por meio de comunicação diplomática.

Mesmo sendo feito pedido, o governo brasileiro poderá não conceder o visto quanto o solicitante: não preencher os requisitos para o tipo de visto pleiteado; a quem comprovadamente ocultar condição impeditiva de concessão de visto ou de ingresso; ou a menor de 18 anos desacompanhado ou sem autorização de viagem por escrito dos responsáveis legais ou de autoridade competente.

O art. 12 da nova Lei preceitua sobre os atuais tipos de visto. São eles: de visita; temporário; diplomático; oficial; e de cortesia. O Decreto 9.199, de 2017, regulador da Lei, é muito mais completo, claro e didático quanto aos requisitos de cada visto. Seguem os principais pontos de cada tipo:

– Visto de visita:

- Poderá ser concedido ao visitante que venha ao Brasil para estada de curta duração, sem intenção de estabelecer residência, para fins de turismo, negócios, trânsito, realização de atividades artísticas ou desportivas ou em situações excepcionais, por interesse nacional;
- É vedado ao beneficiário de visto de visita exercer atividade remunerada no Brasil;
- O visto de visita emitido para atividades artísticas e desportivas incluirá, também, os técnicos em espetáculos de diversões e os demais profissionais que, em caráter auxiliar, participem da atividade do artista ou do desportista;
- O Ministério das Relações Exteriores comunicará o Ministério do Trabalho sobre os vistos de visita emitidos para realização de atividades artísticas ou desportivas, para realização de auditoria e consultoria, ou para atuação como marítimo, e informará os subsídios financeiros a serem recebidos pelo visitante;
- O beneficiário de visto de visita poderá receber pagamento do governo, de empregador brasileiro ou de entidade privada a título de diária, ajuda de custo, cachê, pró-labore ou outras despesas com a viagem, além de poder concorrer a prêmios, inclusive em dinheiro, em competições desportivas ou em concursos artísticos ou culturais;
- O visto de visita não será exigido na hipótese de escala ou conexão no território nacional, desde que o visitante não deixe a área de trânsito internacional;

- O visto de visita poderá ser transformado em autorização de residência ou em visto diplomático, oficial ou de cortesia, no território nacional;

– Visto temporário:

- O visto temporário poderá ser concedido ao imigrante que venha ao nosso país com o intuito de estabelecer residência por tempo determinado;
- E deve se enquadrar em, no mínimo, uma das seguintes hipóteses:
  - o visto temporário tenha como finalidade: pesquisa, ensino ou extensão acadêmica; tratamento de saúde; acolhida humanitária; estudo; trabalho; férias-trabalho; prática de atividade religiosa; serviço voluntário; realização de investimento; atividades com relevância econômica, social, científica, tecnológica ou cultural; reunião familiar; ou atividades artísticas ou desportivas com contrato por prazo determinado;
  - o imigrante seja beneficiário de tratado em matéria de vistos; ou
  - o atendimento de interesses da política migratória nacional;
- O visto temporário para tratamento de saúde poderá ser concedido ao imigrante e ao seu acompanhante, desde que o imigrante comprove possuir meios de subsistência suficientes;
- O visto temporário para acolhida humanitária poderá ser concedido ao apátrida ou ao nacional de qualquer país em situação de grave ou iminente instabilidade institucional, de conflito armado, de calamidade de grande proporção, de desastre ambiental ou de grave violação de direitos humanos ou de direito internacional humanitário;
- O visto temporário para estudo poderá ser concedido ao imigrante que pretenda vir ao Brasil para frequentar curso regular ou realizar estágio ou intercâmbio de estudo ou de pesquisa;
- O visto temporário para trabalho poderá ser concedido ao imigrante que venha exercer atividade laboral com ou sem vínculo empregatício no Brasil;

- O visto temporário para férias-trabalho poderá ser concedido ao imigrante maior de dezesseis anos que seja nacional de país que conceda benefício idêntico ao nacional brasileiro, em termos definidos pelo Ministério das Relações Exteriores por meio de comunicação diplomática;

- O visto temporário poderá ser concedido ao imigrante administrador, gerente, diretor ou executivo com poderes de gestão, que venha ao Brasil para representar sociedade civil ou comercial, grupo ou conglomerado econômico que realize investimento externo em empresa estabelecida aqui, com potencial para geração de empregos ou de renda para a nossa sociedade;

- O visto temporário para fins de reunião familiar será concedido ao imigrante: cônjuge ou companheiro, sem discriminação alguma, nos termos do ordenamento jurídico brasileiro; filho de brasileiro ou de imigrante beneficiário de autorização de residência; que tenha filho brasileiro; que tenha filho imigrante beneficiário de autorização de residência; ascendente até o segundo grau de brasileiro ou de imigrante beneficiário de autorização de residência; descendente até o segundo grau de brasileiro ou de imigrante beneficiário de autorização de residência; irmão de brasileiro ou de imigrante beneficiário de autorização de residência; ou que tenha brasileiro sob a sua tutela, curatela ou guarda;

- Os vistos temporários poderão ser transformados em autorização de residência ou em visto diplomático, oficial ou de cortesia, no território nacional;

– **Vistos diplomático, oficial e de cortesia**:

- Os vistos diplomático, oficial e de cortesia serão concedidos, prorrogados ou dispensados em ato do Ministro de Estado das Relações Exteriores;

- Os vistos diplomático e oficial poderão ser transformados em autorização de residência, desde que atendidos os requisitos para a obtenção da autorização de residência e importará cessação de todas as prerrogativas, os privilégios e as imunidades decorrentes do visto;

- Os vistos diplomático e oficial poderão ser concedidos a autoridades e funcionários estrangeiros que viajem ao Brasil em missão oficial de caráter transitório ou permanente e representem Estado estrangeiro ou organismo internacional reconhecido. O disposto na legislação trabalhista brasileira não se aplica aos titulares dos vistos deste ponto;
- O titular de visto diplomático ou oficial somente poderá ser remunerado por Estado estrangeiro ou organismo internacional;
- O dependente de titular de visto diplomático ou oficial poderá exercer atividade remunerada, observada a legislação trabalhista brasileira, desde que haja reciprocidade de tratamento em relação ao nacional brasileiro;
- A autorização para exercício de atividade remunerada será concedida por meio de solicitação específica, que será encaminhada por via diplomática ao Ministério das Relações Exteriores, e dependerá da aprovação do Ministério do Trabalho;
- O visto de cortesia poderá ser concedido, por exemplo, às personalidades e às autoridades estrangeiras em viagem não oficial e aos empregados particulares de beneficiário de visto diplomático, oficial ou de cortesia;
- O empregado particular ou o trabalhador doméstico titular de visto de cortesia somente poderá exercer atividade remunerada para o empregador a que esteja vinculado, sob o amparo da legislação trabalhista brasileira, nos termos estabelecidos em ato do Ministro de Estado das Relações Exteriores;

Pontuados os principais itens sobre os vistos, há outros temas correlatos com o ingresso no território nacional, que precisam ser realçados.

É obrigatório o registro do migrante. O registro consiste na identificação civil por dados biográficos e biométricos, e é obrigatório a todo imigrante detentor de visto temporário ou de autorização de residência, conforme art. 19 da Lei de Migração, de 2017.

Semelhantemente ao Estatuto do Estrangeiro revogado, a nova Lei de Migração disciplina a situação do *residente fronteiriço*. Ao residente fronteiriço poderá ser permitida a entrada em Município fronteiriço brasileiro por meio da apresentação do documento de viagem válido ou da carteira de identidade expedida por órgão oficial de identificação do país de sua nacionalidade. E para facilitar a sua livre circulação, a autorização para a realização de atos da vida civil poderá ser concedida ao residente fronteiriço, por meio de requerimento dirigido à Polícia Federal.

Em qualquer situação é possível que se impeça o ingresso em nosso território. As situações de impedimento constam do art. 171 do Decreto. Dessa forma, após entrevista individual e mediante ato fundamentado, o ingresso no Brasil poderá ser impedido à pessoa: anteriormente expulsa, enquanto os efeitos da expulsão vigorarem; nos termos definidos pelo Estatuto de Roma do Tribunal Penal Internacional, de 1998, condenada ou respondendo a processo por ato de terrorismo ou crime de genocídio, crime contra a humanidade, crime de guerra ou crime de agressão; condenada ou respondendo a processo em outro país por crime doloso passível de extradição segundo a lei brasileira; que tenha o nome incluído em lista de restrições por ordem judicial ou por compromisso assumido perante organismo internacional; e outras motivações.

Não se configurando as situações de impedimento acima, pode, se assim desejar o imigrante, pleitear a autorização de residência. O imigrante, o residente fronteiriço e o visitante, por meio de requerimento, poderão solicitar autorização de residência no território nacional. Esta autorização poderá ser concedida independentemente da situação migratória, desde que cumpridos os requisitos da modalidade pretendida. A posse ou a propriedade de bem no Brasil não conferirá o direito de obter autorização de residência no território nacional

2.5. Exercício de atividade remunerada no Brasil

Quanto ao exercício de atividade remunerada no Brasil, a própria Lei de Migração tem disciplina própria.

A primeira observação diz respeito ao visto de visita. Lembre-se que este tipo de visto poderá ser concedido ao visitante que venha ao Brasil para estada de curta duração, sem intenção de estabelecer residência, como para turismo, negócios, trânsito e atividades artísticas ou desportivas. E é vedado ao beneficiário de visto de visita exercer atividade remunerada no Brasil.

Já quanto ao titular de visto diplomático ou oficial, ele somente poderá ser remunerado por Estado estrangeiro ou organismo internacional, ressalvado o disposto em tratado que contenha cláusula específica sobre o assunto. Veja-se que a atividade remunerada tem ligação com o Estado estrangeiro. Mas já o dependente de titular de visto diplomático ou oficial poderá exercer atividade remunerada no Brasil, sob o amparo da legislação trabalhista brasileira, desde que seja nacional de país que assegure reciprocidade de tratamento ao nacional brasileiro, por comunicação diplomática.

Ademais, o empregado particular titular de visto de cortesia somente poderá exercer atividade remunerada para o titular de visto diplomático, oficial ou de cortesia ao qual esteja vinculado, sob o amparo da legislação trabalhista brasileira.

E há, também, o visto temporário. Ele poderá ser concedido ao imigrante que venha ao Brasil com o intuito de estabelecer residência por tempo determinado e que se enquadre em pelo menos uma das hipóteses legais, e uma delas é exatamente o trabalho. O visto temporário para trabalho poderá ser concedido ao imigrante que venha exercer atividade laboral, com ou sem vínculo empregatício no Brasil, desde que comprove oferta de trabalho formalizada por pessoa jurídica em atividade no Brasil, dispensada esta exigência se o imigrante comprovar titulação em curso de ensino superior ou equivalente. É reconhecida ao imigrante a quem se tenha concedido visto temporário para trabalho a possibilidade de modificação do local de exercício de sua atividade laboral.

O visto temporário para pesquisa, ensino ou extensão acadêmica poderá ser concedido ao imigrante com ou sem vínculo empregatício com a instituição de pesquisa ou de ensino brasileira, exigida, na hipótese de vínculo, a comprovação de formação superior compatível ou equivalente reconhecimento científico.

Não se pode esquecer o tradicional visto temporário para férias-trabalho, que poderá ser concedido ao imigrante maior de 16 (dezesseis) anos que seja nacional de país que conceda idêntico benefício ao nacional brasileiro, em termos definidos por comunicação diplomática.

Por fim, há o visto para realização de investimento, que poderá ser concedido ao imigrante que aporte recursos em projeto com potencial para geração de empregos ou de renda. Trata-se do *visto-investimento* ou, a nosso ver, o *visto-riqueza*, que tem como foco interesses econômicos nacionais, almeja-se atrair e facilitar a entrada de grandes investidores.

2.6. O trabalho desempenhado por estrangeiro em situação irregular

Situação que pode comportar dúvidas é acerca da posição, sob a perspectiva dos direitos sociais, dos estrangeiros irregulares no Brasil, i.e., que são empregados, exercem atividade laboral, mas que não possuem autorização de trabalho e visto. Aqui há relação laboral, subordinação e todos os elementos da relação de emprego, contudo, a condição como estrangeiro afronta a Lei de Migração, pois ao indivíduo não lhe foi outorgado o visto.

Resta saber se a autorização discricionária para ingressar e permanecer no Brasil é condição para o reconhecimento dos direitos dos arts. 6º e 7º da CF. A relação de emprego e os direitos sociais atinentes apenas podem ser reconhecidos após a concessão de autorização, mesmo com atividades desempenhadas antes deste marco? Com amparo na jurisprudência, *parece que o visto não é condição para o reconhecimento da relação de empregado*, se esta começou antes daquele.

> **_POSIÇÃO DO TST_**
>
> *O TST confirmou esse entendimento: "RECURSO DE REVISTA – CARÊNCIA DE AÇÃO – VÍNCULO EMPREGATÍCIO – ESTRANGEIRO EM SITUAÇÃO IRREGULAR. A Constituição Federal adota como fundamentos da República o valor social do trabalho e a dignidade da pessoa humana (art. 1º, III e IV), os quais demandam, para a sua concretização, a observância do direito fundamental à igualdade (art. 5º,* caput*). Tal direito, por sua vez, deve ser estendido a todos os brasileiros e estrangeiros residentes no País, sem distinção de qualquer natureza, salvo as limitações expressas na própria Carta Magna. A garantia de inviolabilidade do referido direito independe, portanto, da situação migratória do estrangeiro. Descarte, à luz dos princípios da igualdade e da dignidade da pessoa humana, e em respeito ao valor social do trabalho, a autora faz* jus *aos direitos sociais previstos no art. 7º da Constituição da República, que encontram no direito ao trabalho sua fonte de existência, e, por consequência, ao reconhecimento do vínculo de emprego" (RR – 49800-44.2003.5.04.0005, Rel. Min. Luiz Philippe Vieira de Mello Filho, 1º T – TST, P. 12/11/2010).*

POSIÇÃO DO TRT

Ler decisões, a primeira do TRT-4, no Recurso Ordinário 483200801204006, com a seguinte passagem: "VÍNCULO DE EMPREGO. VALIDADE DO CONTRATO DE TRABALHO. ESTRANGEIRO EM SITUAÇAO IRREGULAR NO PAÍS. O art. 359 da CLT impõe ao empregador a obrigação de observar, quando da contratação de empregado estrangeiro, a regularidade de sua situação no território nacional. Se assim não o faz, assume o risco da omissão. No caso dos autos, ainda que se pudesse entender que a permanência irregular do reclamante no Brasil impediria o exercício de atividade remunerada, tal como dispõe o art. 98 da Lei nº 6.815/80, não se pode admitir tenha essa circunstância o poder de retirar daquele que aliena a sua força de trabalho o direito àquilo a que faz jus, sob pena de afronta à Constituição Federal, que, além de assegurar como pilar de todo o ordenamento jurídico o respeito à dignidade da pessoa humana e estabelecer como fundamento do Estado Democrático de Direito o valor social do trabalho, na forma do art. 1º, III e IV , consagra o princípio da isonomia. (...)". A segunda decisão é do TRT de Minas Gerais, no processo 00495201400603002: "Configurado o vínculo de emprego, é irrelevante que o trabalho seja proibido, em face da legislação aplicável, desde que não se caracterize como trabalho ilícito".

Não há que se falar em impossibilidade jurídica do pedido de reconhecimento de vínculo empregatício antes da autorização para aqui trabalhar. A garantia aos direitos sociais independe da situação migratória (VALVERDE; GUTIÉRREZ; MURCIA, 2009, p. 468), pois a regra é que os estrangeiros no Brasil gozem dos mesmos direitos e tenham os mesmos deveres dos nacionais.

De acordo com o TST, devem ser levados em conta o *princípio da dignidade da pessoa humana* (art. 1°, III, da CF), o *valor social do trabalho* (art. 1°, IV, da CF) e o *direito fundamental da igualdade* (*caput* do art. 5° da CF). Dessa feita, o estrangeiro, ainda que irregular, faz jus aos direitos sociais previstos na Constituição.

2.7. Estrangeiros perseguidos: asilo e refúgio

Uma das motivações que vem se apresentando como constante e fomentadora do deslocamento forçado de pessoas são as perseguições em sentido *lato*. Os conflitos internos, as perseguições políticas, as perseguições por outras razões como nacionalidade, religião e etnia. Estas são causas que se apresentam verdadeiras desde a *polis* grega, e são motivações muito claras quando presenciamos as varreduras étnicas implementadas por muitos tiranos. O regime nazista e as políticas *sociais* dos comunistas são exemplos de modelos de gestão que motivaram perseguições e o consequente deslocamento de pessoas, famílias e até grupos maiores.

Frente a isso emergem alguns institutos humanitários que almejam proteger as pessoas vítimas de perseguições. Merecem destaque o **asilo** e o **refúgio**, *instrumentos humanitários* com objetivos afins e pontos semelhantes, mas que não podem ser, tecnicamente, encarados como sinônimos.

Tanto o **asilo** quanto o **refúgio** *têm a intenção de proteger a pessoa em razão de perseguição*, sendo que, quando concedidos, não podem ser interpretados pelos outros Estados como atos inamistosos. Como se percebe, e abaixo se demonstrará, são institutos que se complementam.

Conforme Lei de Migração, o asilo político, que constitui ato discricionário do Estado, poderá ser diplomático ou territorial e será outorgado como instrumento de proteção à pessoa. Não se concederá asilo a quem tenha cometido crime de genocídio, crime contra a humanidade, crime de guerra ou crime de agressão, nos termos do Estatuto de Roma do Tribunal Penal Internacional, de 1998. A saída do asilado do Brasil sem prévia comunicação implica renúncia ao asilo.

Quanto à possibilidade de autorização de residência, ela poderá ser concedida ao solicitante de refúgio, de asilo ou de proteção a apátrida. Eles farão jus à autorização provisória de residência até a obtenção de resposta aos seus pedidos.

A Política Nacional de Migrações, Refúgio e Apatridia terá a finalidade de coordenar e articular ações setoriais implementadas pelo Poder Executivo federal em regime de cooperação com os Estados, o Distrito Federal e os Municípios, com participação de organizações da sociedade civil, organismos internacionais e entidades privadas.

Particularmente quanto à situação do refugiado, há a Lei nº 9.474, de 22 de julho de 1997. Em seu art. 1º consta que será reconhecido como refugiado todo indivíduo que: "I - devido a fundados temores de perseguição por motivos de raça, religião, nacionalidade, grupo social ou opiniões políticas encontre-se fora de seu país de nacionalidade e não possa ou não queira acolher-se à proteção de tal país; II - não tendo nacionalidade e estando fora do país onde antes teve sua residência habitual, não possa ou não queira regressar a ele, em função das circunstâncias descritas no inciso anterior; III - devido a grave e generalizada violação de direitos humanos, é obrigado a deixar seu país de nacionalidade para buscar refúgio em outro país". Os efeitos da condição dos refugiados serão extensivos ao cônjuge, aos ascendentes e descendentes, assim como aos demais membros do grupo familiar que do refugiado dependerem economicamente, desde que se encontrem em território nacional.

Já não se beneficiarão da condição de refugiados os indivíduos que já desfrutem de proteção ou assistência por parte de organismo ou instituição das Nações Unidas, que sejam residentes no território nacional e tenham direitos e obrigações relacionados com a condição de nacional brasileiro, que tenham cometido crime contra a paz, crime de guerra, crime contra a humanidade, crime hediondo, participado de atos terroristas ou tráfico de drogas ou que sejam considerados culpados de atos contrários aos fins e princípios das Nações Unidas.

O órgão responsável pela normatização e decisão em matéria de refugiados é o Comitê Nacional para os Refugiados, o CONARE, órgão de deliberação coletiva, no âmbito do Ministério da Justiça. Quanto ao processo de refúgio, o estrangeiro deverá apresentar-se à autoridade competente e externar vontade de solicitar o reconhecimento da condição de refugiado. A autoridade notificará o solicitante para prestar declarações, ato que marcará a data de abertura dos procedimentos. A autoridade competente também informará o Alto Comissariado das Nações Unidas para Refugiados sobre a existência do processo de solicitação de refúgio. A decisão pelo reconhecimento da condição de refugiado será considerada ato declaratório e deverá estar devidamente fundamentada, sendo que, proferida a decisão, o CONARE notificará o solicitante e o Departamento de Polícia Federal, para as medidas administrativas cabíveis. Em caso de decisão negativa, esta deverá ser fundamentada na notificação ao solicitante, cabendo direito de recurso ao Ministro de Estado da Justiça, no prazo de quinze dias, contados do recebimento da notificação.

Os efeitos da condição de refugiado com a extradição e a expulsão estão disciplinados no Estatuto dos Refugiados, da seguinte forma: "Art. 33. O reconhecimento da condição de refugiado obstará o seguimento de qualquer pedido de extradição baseado nos fatos que fundamentaram a concessão de refúgio. Art. 34. A solicitação de refúgio suspenderá, até decisão definitiva, qualquer processo de extradição pendente, em fase administrativa ou judicial, baseado nos fatos que fundamentaram a concessão de refúgio. Art. 35. Para efeito do cumprimento do disposto nos arts. 33 e 34 desta Lei, a solicitação de reconhecimento como refugiado será comunicada ao órgão onde tramitar o processo de extradição. (...) Art. 36. Não será expulso do território nacional o refugiado que esteja regularmente registrado, salvo por motivos de segurança nacional ou de ordem pública. Art. 37. A expulsão de refugiado do território nacional não resultará em sua retirada para país onde sua vida, liberdade ou integridade física possam estar em risco, e apenas será efetivada quando da certeza de sua admissão em país onde não haja riscos de perseguição".

POSIÇÃO DO STF

É de suma imprescindibilidade ser feita a leitura da paradigmática decisão do STF na Ext. 1085. Segue a sua ementa ipsis litteris*: "EXTRADIÇÃO. Passiva. Refúgio ao extraditando. Fato excludente do pedido. Concessão no curso do processo, pelo Ministro da Justiça, em recurso administrativo. Ato administrativo vinculado. Questão sobre sua existência jurídica, validade e eficácia. Cognição oficial ou provocada, no julgamento da causa, a título de preliminar de mérito. Admissibilidade. Desnecessidade de ajuizamento de mandado de segurança ou outro remédio jurídico, para esse fim, Questão conhecida. Votos vencidos. Alcance do art. 102, inc. I, alínea "g", da CF. Aplicação do art. 3º do CPC. Questão sobre existência jurídica, validez e eficácia de ato administrativo que conceda refúgio ao extraditando é matéria preliminar inerente à cognição do mérito do processo de extradição e, como tal, deve ser conhecida de ofício ou mediante provocação de interessado jurídico na causa. 2. EXTRADIÇÃO. Passiva. Refúgio ao extraditando. Concessão no curso do processo, pelo Ministro da Justiça. Ato administrativo vinculado. Não correspondência entre os motivos declarados e o suporte fático da hipótese legal invocada como causa autorizadora da concessão de refúgio. Contraste, ademais, com norma legal proibitiva do reconhecimento dessa condição. Nulidade absoluta pronunciada. Ineficácia jurídica consequente. Preliminar acolhida. Votos vencidos. Inteligência dos arts. 1º, inc. I, e 3º, inc. III, da Lei nº 9.474/97, art. 1º-F do Decreto nº 50.215/61 (Estatuto dos Refugiados), art. 1º, inc. I, da Lei nº 8.072/90, art. 168, parágrafo único, do CC, e art. 5º, inc. XL, da CF. Eventual nulidade absoluta do ato administrativo que concede refúgio ao extraditando deve ser pronunciada, mediante provocação ou de ofício, no processo de extradição. 3. EXTRADIÇÃO. Passiva. Crime político. Não caracterização. Quatro homicídios qualificados, cometidos por membro de organização revolucionária clandestina. Prática sob império e normalidade institucional de Estado Democrático de direito, sem conotação de reação legítima contra atos arbitrários ou tirânicos. Carência de motivação política. Crimes comuns configurados. Preliminar rejeitada. Voto vencido. Não configura crime político, para fim de obstar o acolhimento de pedido de extradição, homicídio praticado por membro de organização revolucionária clandestina, em plena normalidade institucional de Estado Democrático de direito, sem nenhum propósito político imediato ou conotação de reação legítima a regime opressivo. 4. EXTRADIÇÃO. Passiva. Executória. Pedido fundado em sentenças definitivas condenatórias por quatro homicídios. Crimes comuns. Refúgio concedido ao extraditando. Decisão administrativa* *baseada em motivação formal de justo receio de perseguição política. Inconsistência. Sentenças proferidas em processos que respeitaram todas as garantias constitucionais do réu. Ausência absoluta de prova de risco atual de perseguição. Mera resistência à necessidade de execução das penas. Preliminar repelida. Voto vencido. Interpretação do art. 1º, inc. I, da Lei nº 9.474/97. Aplicação do item 56 do Manual do Alto Comissariado das Nações Unidas – ACNUR. Não caracteriza a hipótese legal de concessão de refúgio, consistente em fundado receio de perseguição política, o pedido de extradição para regular execução de sentenças definitivas de condenação por crimes comuns, proferidas com observância do devido processo legal, quando não há prova de nenhum fato capaz de justificar receio atual de desrespeito às garantias constitucionais do condenado. 5. EXTRADIÇÃO. Pedido. Instrução. Documentos vazados em língua estrangeira. Autenticidade não contestada. Tradução algo deficiente. Possibilidade, porém, de ampla compreensão. Defesa exercida em plenitude. Defeito irrelevante. Nulidade inexistente. Preliminar repelida. Precedentes. Inteligência do art. 80, § 1º, da Lei nº 6.815/80. Eventual deficiência na tradução dos documentos que, vazados em língua estrangeira, instruem o pedido de extradição, não o torna inepto, se não compromete a plena compreensão dos textos e o exercício do direito de defesa. 6. EXTRADIÇÃO. Passiva. Executória. Extensão da cognição do Supremo Tribunal Federal. Princípio legal da chamada contenciosidade limitada. Amplitude das questões oponíveis pela defesa. Restrição às matérias de identidade da pessoa reclamada, defeito formal da documentação apresentada e ilegalidade da extradição. Questões conexas sobre a natureza do delito, dupla tipicidade e duplo grau de punibilidade. Impossibilidade consequente de apreciação do valor das provas e de rejulgamento da causa em que se deu a condenação. Interpretação dos arts. 77, 78 e 85, § 1º, da Lei nº 6.815/80. Não constitui objeto cognoscível de defesa, no processo de extradição passiva executória, alegação de insuficiência das provas ou injustiça da sentença cuja condenação é o fundamento do pedido. 7. EXTRADIÇÃO. Julgamento. Votação. Causa que envolve questões constitucionais por natureza. Voto necessário do Ministro Presidente do Supremo Tribunal Federal. Preliminar rejeitada. Precedentes. O Ministro Presidente do Supremo Tribunal Federal tem sempre voto no julgamento dos processos de extradição. 8. EXTRADIÇÃO. Passiva. Executória. Deferimento do pedido. Execução. Entrega do extraditando ao Estado requerente. Submissão absoluta ou discricionariedade do Presidente da República quanto à eficácia do acórdão do Supremo Tribunal Federal. Não reconhecimento. Obrigação apenas de agir nos termos do Tratado celebrado com o Estado requerente. Resultado proclamado à vista de quatro votos que declaravam obrigatória a entrega do extraditando e de um voto que se limitava a exigir observância do Tratado. Quatro votos vencidos que davam pelo caráter discricionário do ato do Presidente da República. Decretada a extradição pelo Supremo Tribunal Federal, deve o Presidente da República observar os termos do Tratado celebrado com o Estado requerente, quanto à entrega do extraditando" (Ext. 1085, Rel. Min. Cezar Peluso, STF, J. 16/12/2009).*

POSIÇÃO DA CORTE INTERAMERICANA

De acordo com o parecer consultivo OC-25/18, de 30/05/2018, no caso "A INSTITUIÇÃO DO ASILO E SEU RECONHECIMENTO COMO DIREITO HUMANO NO SISTEMA INTERAMERICANO DE PROTEÇÃO", a Corte opinou no seguinte sentido: "2. O direito de buscar e receber asilo no âmbito do sistema interamericano configura-se como um direito humano de buscar e receber proteção internacional em território estrangeiro, inclusive com esta expressão a condição de refugiado, segundo os instrumentos pertinentes das Nações Unidas ou legislação nacional correspondente, e o asilo territorial, em conformidade com as diversas convenções interamericanas sobre a matéria, nos termos dos parágrafos 61 a 163. 3. O asilo diplomático não é protegido pelo Artigo 22.7 da Convenção Americana sobre Direitos Humanos ou pelo Artigo XXVII da Declaração Americana dos Direitos e Deveres do Homem, razão pela qual deve ser regido pelas convenções interestatais que o regulamentam e as disposições da legislação nacional, nos termos dos parágrafos 61 a 163. 4. O princípio da não devolução é exigível por qualquer pessoa estrangeira, incluindo aquelas que procuram proteção internacional, sobre a qual o Estado em questão esteja exercendo a autoridade ou que está sob o seu efetivo controle, independentemente de estar no território terrestre, fluvial, marítimo ou aéreo do Estado, nos termos dos parágrafos 164 a 199. 5. O princípio de não devolução não só exige que a pessoa não seja devolvida, mas também impõe obrigações positivas aos Estados, nos termos dos parágrafos 194 a 199".

2.8. Afastamento compulsório

Os principais mecanismos para afastamento compulsório de estrangeiros são a **expulsão**, a **deportação** e a **extradição**. Não se admite o afastamento de nacionais, o que se conhece como banimento (art. 5º, XLVII, da CF).

Além do banimento, há outros institutos que não são aceitos pelo Direito Internacional, como o desterro, consistente no confinamento de nacional em determinado lugar do próprio país. O último caso registrado no Brasil foi do ex-presidente Jânio Quadros, desterrado em 1968, no Estado de Mato Grosso do Sul.

A nova Lei de Migração trouxe novidades, tais como classificar as medidas de retirada compulsória somente como repatriação, deportação e expulsão, colocando a extradição em posição autônoma, como medida de cooperação. A nosso entender, a extradição tem caráter ambivalente, cooperativo e com feição de retirada compulsória.

2.8.1. Pontos importantes da Lei de Migração

O art. 178 do Decreto nº 9.199 de 2017 considera como medidas de retirada compulsória a repatriação, a deportação e a expulsão. A repatriação, a deportação e a expulsão serão feitas para o país de nacionalidade ou de procedência do migrante ou do visitante, ou para outro país que o aceite, em observância aos tratados internacionais.

Não se procederá à repatriação, à deportação ou à expulsão de nenhum indivíduo quando subsistirem razões para acreditar que a medida poderá colocar em risco sua vida, sua integridade pessoal ou sua liberdade seja ameaçada.

O beneficiário de proteção ao apátrida, refúgio ou asilo político não será repatriado, deportado ou expulso enquanto houver processo de reconhecimento de sua condição pendente no Brasil. É importante destacar que as medidas de retirada compulsória não serão feitas de forma coletiva.

2.8.2. Da repatriação

A medida de repatriação consiste em medida administrativa da devolução ao país de procedência ou de nacionalidade da pessoa em situação de impedimento de ingresso, identificada no momento da entrada no território nacional. Caberá ao Chefe da Polícia Federal estabelecer os procedimentos administrativos necessários para a repatriação, conforme os tratados ratificados pelo Brasil.

2.8.3. Da expulsão

A expulsão consiste em medida administrativa da retirada compulsória do território nacional instaurada por meio de inquérito policial de expulsão. Há consequente impedimento de reingresso, mas por prazo determinado do imigrante ou do visitante, com sentença condenatória transitada em julgado pela prática de crimes de genocídio, contra a humanidade, de guerra, de agressão, ou crime comum doloso passível de pena privativa de liberdade, consideradas a gravidade e as possibilidades de ressocialização.

Vale lembrar que a expulsão não ocorrerá quando a medida configurar extradição não admitida pela lei brasileira ou quando o expulsando tiver filho brasileiro que esteja sob a sua guarda ou dependência econômica ou socioafetiva ou tiver pessoa brasileira sob a sua tutela, tiver cônjuge ou companheiro residente no Brasil, tiver ingressado antes de completar os doze anos de idade, desde que resida, desde então, no Brasil, ou seja pessoa com mais de setenta anos que resida aqui há mais de dez anos, considerados a gravidade e o fundamento da expulsão.

Caberá a decisão ao Ministro de Estado da Justiça. Em caso de indeferimento, o expulsando poderá interpor pedido de reconsideração no prazo de dez dias, contado da data da sua notificação pessoal. Caberá também ao Ministro decidir sobre a revogação da expulsão.

O prazo de vigência da medida de impedimento vinculada aos efeitos da expulsão será proporcional ao prazo total da pena aplicada e não será superior ao dobro de seu tempo.

E, por derradeiro, insta sublinhar que a relação entre expulsão e a condição de refugiado já foi tratada pelo STJ. O Tribunal deixou assentado o seguinte: "A expulsão de estrangeiro que ostente a condição de refugiado não pode ocorrer sem a regular perda dessa condição. Inicialmente, cumpre ressaltar que a expulsão é ato discricionário de prerrogativa do Poder Executivo, constitucionalmente responsável pela política externa do país e pela adoção de atos que gerem reflexos às relações internacionais do Brasil com outros países. Não obstante, o reconhecimento da discricionariedade do ato de expulsão não corresponde à afirmação de que tal ato seria insuscetível de apreciação e revisão pelo Poder Judiciário, mas apenas quer significar que, ao analisar o ato, não poderá o Estado-Juiz substituir-se à atuação da chefia do Executivo na avaliação da conveniência, necessidade, oportunidade e utilidade da expulsão, devendo limitar-se à análise do cumprimento formal dos requisitos e à inexistência de óbices à expulsão. Nesse contexto, salienta-se que tanto a Convenção das Nações Unidas relativa ao Estatuto dos Refugiados (art. 32) quanto a Lei 9.474/1997 (art. 36) preveem que o refugiado que esteja regularmente registrado não será expulso do território nacional, salvo por motivos de segurança nacional ou de ordem pública. De fato, não cabe ao Judiciário a avaliação acerca da pertinência da caracterização da condenação do refugiado como motivo de segurança nacional ou ordem pública suficiente para justificar a expulsão. Entretanto, o conjunto de normas que tratam da matéria impõem alguns cuidados adicionais ao Executivo. O primeiro é o relativo à impossibilidade de que o refugiado seja devolvido ao local onde sua vida, liberdade ou dignidade correm riscos. Essa limitação não é só uma decorrência da referida Convenção (art. 33) e da Lei 9.474/1997 (art. 37), mas também dos mais importantes valores tutelados pela nossa Constituição, que elege a dignidade da pessoa humana como fundamento da República Federativa do Brasil (art. 1º, III) e dispõe que, em suas relações internacionais, o Brasil deverá se reger pela 'prevalência dos direitos humanos' (art. 4º, II). Outro fator a ser considerado como limitação imanente à atuação do Executivo em matéria de expulsão de refugiados é a garantia do devido processo legal, que constitui direito fundamental assegurado pelo art. 5º, LV, da CF e também encontra previsão expressa na Convenção das Nações Unidas sobre o Estatuto dos Refugiados (art. 32). A Lei 9.474/1997, em seu art. 39, III, prevê que 'implicará perda da condição de refugiado: [...] o exercício de atividades contrárias à segurança nacional ou à ordem pública'. Tem-se, assim, que deve ser reconhecido como limitação imanente ao poder discricionário conferido ao Executivo para expulsar refugiado por motivos de segurança nacional ou ordem pública a conclusão de processo administrativo em que seja declarada a perda da condição de refugiado". (Informativo 571, do STJ)

Sobre o instituto do refúgio, já foram feitas análises linhas acima. Percebe-se que além de gerar conflitos aparentes com o instituto da extradição, a condição de refugiado pode também entrar em rota colisão com outros institutos, como o da expulsão ora estudado.

POSIÇÃO DO STF

A superveniência de causa potencialmente excludente de expulsabilidade impõe o reexame do ato administrativo expulsório pela autoridade competente. Julgamento: "A atual Lei de Imigração (Lei 13.445/2017) não autoriza a expulsão do estrangeiro que comprove a existência de filho brasileiro sob sua guarda ou dependência econômica ou socioafetiva ou de pessoa brasileira sob sua tutela. Ademais, a redação da Lei de Imigração não impõe nenhuma "condicionante cronológica do nascimento dos filhos havidos no País, bastando a existência de descendente brasileiro que esteja sob a guarda ou dependência econômica ou socioafetiva do estrangeiro para impedir a expulsão". A norma busca proteger o interesse da criança. O melhor interesse do menor deve ser o vetor constitucional nessa matéria, e não o interesse da mãe ou o do pai. Assim, a existência de acordo de alimentos superveniente à edição do ato administrativo expulsório indica uma forte plausibilidade jurídica quanto à existência de vínculo de dependência econômica entre o estrangeiro e seu descendente aqui no Brasil. Portanto, o Ministro da Justiça deve proceder à revisão do ato administrativo, com base nas novas provas apresentadas pela defesa e nos termos da Lei 13.445/2017, ficando suspensos os efeitos do ato expulsório até ulterior deliberação do referido órgão do Poder Executivo" (HC 150343, Min. Rel. Roberto Barroso, STF, J. 12/02/2020).

2.8.4. Da deportação

A deportação consiste em medida decorrente de procedimento administrativo da qual resulta a retirada compulsória do indivíduo que se encontre em situação migratória irregular no território nacional. Os procedimentos observarão os princípios do contraditório, da ampla defesa e da garantia de recurso com efeito suspensivo. Tal procedimento que poderá levar à deportação será instaurado pela Polícia Federal. Caberá recurso com efeito suspensivo da decisão sobre deportação no prazo de dez dias, contado da data da notificação do deportando. Semelhantemente à expulsão, não se procederá à deportação se a medida configurar extradição não admitida pela legislação brasileira.

2.8.5. Da extradição (medida de cooperação vinculada à mobilidade)

Já a extradição consiste em medida de cooperação penal internacional de terceiro nível, ou seja, é o mais drástico, pois afeta a livre locomoção da pessoa. É medida bilateral que envolve Estados e tem por fim combater o crime. Por ser bilateral, não é possível extradição de ofício ou automática, sem solicitação. Consiste em ato pelo qual um Estado autoriza a liberação de um indivíduo que praticou um crime para ser *julgado (extradição instrutória)* ou para *cumprir pena (extradição executória)* em outro país. A extradição não é admitida para processos de natureza puramente administrativa, civil ou fiscal. Ela pode ser, ainda, classificada em ativa (em relação ao Estado que solicita) ou em passiva (em relação ao Estado solicitado).

Quais os requisitos para a extradição? A doutrina destaca três requisitos fundamentais: 1) *especialidade*: a extradição deve se dar para uma finalidade específica, ou seja, para julgamento ou cumprimento de pena em decorrência da prática de um delito; 2) *identidade* ou *dupla incriminação*: a conduta ilícita praticada pelo extraditando (ou concernido) deve ser considerada crime nos dois países envolvidos; e 3) *depende da existência de tratado* entre o país solicitante e o solicitado, ou, na falta, de *promessa de reciprocidade*.

Quais os limites da extradição (impossibilidade)? Conforme a nova Lei de Migração, a extradição não será concedida quando o indivíduo for brasileiro nato, o fato que motivar o pedido não for considerado crime no Brasil ou no Estado requerente, o Brasil for competente, segundo as suas leis, para julgar o crime imputado ao extraditando, a lei brasileira impuser ao crime pena de prisão inferior a dois anos, o extraditando estiver respondendo a processo ou já houver sido condenado ou absolvido no Brasil pelo mesmo fato em que se fundar o pedido, a punibilidade estiver extinta pela prescrição, segundo a lei brasileira ou a do Estado requerente, o fato constituir crime político ou de opinião, o extraditando tiver de responder, no Estado requerente, perante tribunal ou juízo de exceção ou o extraditando for beneficiário de refúgio.

Nessa conjuntura, é importante serem lidos os incisos LI e LII do art. 5º da CF. Em regra, brasileiro não pode ser extraditado. Não há exceção quanto ao nato. Já o brasileiro naturalizado poderá ser extraditado em duas hipóteses: *quando tiver praticado crime comum antes da naturalização ou se estiver envolvido em tráfico ilícito de entorpecentes e drogas afins.* Não pode haver extradição pela prática de crime político ou de opinião, o que será definido pelo STF durante o julgamento do pedido extradicional.

O procedimento da extradição passiva comporta três fases: 1ª) *administrativa* (Poder Executivo recebe o pedido pela via diplomática); 2ª) *judiciária* (STF examina a legalidade, conforme art. 102, I, g, da CF); 3ª) *administrativa* (entrega o indivíduo ou comunica a recusa). O sistema brasileiro organiza-se pelo modelo judicial.

O julgamento do pedido de extradição passiva pelo STF (pedido recebido pela República brasileira) é em plenário; a decisão, que analisa apenas requisitos formais, sem análise meritória, é definitiva, sem possibilidade de recurso.

Quando do trâmite do processo no Supremo, a defesa do extraditando somente pode versar sobre *a identidade da pessoa, defeito de forma dos documentos ou ilegalidade da extradição.* Na verdade, trata-se de processo sem dilação probatória, pois o Estado solicitante deve juntar toda a documentação necessária. Ademais, vigora a *contenciosidade limitada*, tanto que o STF não pode analisar mérito.

O extraditando poderá entregar-se voluntariamente ao Estado requerente, desde que o declare expressamente, esteja assistido por advogado e seja advertido de que tem direito ao processo judicial de extradição. Há a possibilidade de *rejeição sumária*, a qual ocorre quando o pedido de extradição se fundamentar apenas na promessa de reciprocidade de tratamento. Já na primeira fase do processo de extradição passiva (fase administrativa), o Executivo pode efetuar a rejeição do pedido extradicional, sem encaminhar ao Supremo.

A entrega do extraditando não será efetivada sem que o Estado requerente assuma o compromisso de não submeter o extraditando a prisão ou a processo por fato anterior ao pedido de extradição, computar o tempo de prisão que, no Brasil, tenha sido imposta por força da extradição, comutar a pena corporal, perpétua ou de morte em pena privativa de liberdade, respeitado o limite máximo de cumprimento de trinta anos, não entregar o extraditando, sem consentimento do Brasil, a outro Estado que o reclame, não considerar qualquer motivo político para agravar a pena e não submeter o extraditando a tortura ou a outros tratamentos ou penas cruéis, desumanos ou degradantes.

ATENÇÃO

A extradição no Direito brasileiro já teve muitos casos mundialmente famosos. Florisbal de Souza Del'Olmo e Elisa Del'Olmo (2011), em obra específica, citam e comentam os casos mais emblemáticos sobre extradição no Brasil, quais sejam: caso Abadia; caso Battisti; caso Biggs; caso Cacciola; caso Comendador; caso Cubanos; caso Gloria Trevi; caso Helinho; caso Jorgina; caso Medina; caso Noam Hen; caso Norambuena; caso Olga; caso Rana; caso Stangl; e caso Zacarach.

POSIÇÃO DO STF

Há julgados importantes do STF sobre extradição: Súmula 421; Ext. 766, de 2000; Ext. 897, de 2005; Ext. 864, de 2003; Ext. 855, de 2005; Ext. 688, de 1997; Ext. 643, de 1995; Ext. 524, de 1991; Ext. 1085 (Caso Cesare Battisti), de 2009; Ext. 1218, de 2013; Ext. 1125, de 2013; Ext. 1222, de 2013; Ext. 1232, de 2013; Ext. 1276, de 2014; e Ext. 1254, de 2014.

POSIÇÃO DO STF

Optamos por transcrever alguns julgamentos importantes (e atuais) da Suprema Corte sobre extradição:

"Pedido de reextradição e prejudicialidade – O anterior deferimento de extradição a outro Estado não prejudica pedido de extradição por fatos diversos, mas garante preferência ao primeiro Estado requerente na entrega do extraditando. Com base nesse entendimento, a 2ª Turma deferiu, em parte, pedido de extradição instrutória formulada pela República Italiana. (...) A Turma concluiu que o Estatuto do Estrangeiro permitiria a reextradição a outro país, desde que houvesse consentimento do Estado brasileiro ("Art. 91. Não será efetivada a entrega sem que o Estado requerente assuma o compromisso: ... IV – de não ser o extraditando entregue, sem consentimento do Brasil, a outro Estado que o reclame"). Destacou que o Decreto 5.867/2006, que promulgou o Acordo de Extradição entre os Estados Partes do Mercosul e a República da Bolívia e a República do Chile, também reafirma a possibilidade de reextradição a terceiro Estado (...). Quanto ao mérito, entendeu atendidos os requisitos da dupla tipicidade e da não ocorrência de prescrição. Por fim, afirmou que o fato de o extraditando possuir filho brasileiro não constituiria óbice ao deferimento da extradição (...)" (Informativo 740 do STF). "Prazo prescricional e suspensão condicional da pena – 1. Durante a suspensão condicional da pena, não corre prazo prescricional (CP, art. 77 c/c o art. 112). Com base nesse entendimento, a 2ª Turma afastou a alegada extinção de punibilidade do extraditando pela prescrição da pretensão punitiva estatal e deferiu a extradição. No caso, fora requerida a extradição executória de réu condenado, pela prática de crime de "fraude" mediante emissão de cheques sem provisão de fundos, a pena de três anos de prisão.

(...) A Turma concluiu que o pedido de extradição atenderia aos requisitos formais exigidos na legislação de regência. O Estado requerente teria demonstrado a competência jurisdicional para a instrução e julgamento dos crimes impostos ao extraditando, além de ter instruído seu pedido com cópia de sentença final de privação de liberdade e dos demais documentos exigidos pelo art. 80 da Lei 6.815/1980. Esclareceu que, tendo em vista o sistema de contenciosidade limitada adotado pelo Brasil, não seria possível analisar a aplicabilidade e as implicações do novo Código Penal do país requerente, que teria entrado em vigor em 2014. Mencionou que essa matéria deveria ser debatida no juízo de origem. Registrou o disposto no Verbete 421 da Súmula do STF ("Não impede a extradição a circunstância de ser o extraditando casado com brasileiro ou ter filho brasileiro"). (...) Prazo prescricional e suspensão condicional da pena – 2. (...) Por fim, determinou o imediato recolhimento do extraditando com direito a detração do tempo em que estivera preso no Brasil por força do pedido de extradição (...)" (Informativo 744 do STF).

"Prisão preventiva para fins de extradição e progressão de regime – 1. Em face da peculiaridade do caso, o Plenário, por maioria, em questão de ordem suscitada pelo Ministro Ricardo Lewandowski (relator), indeferiu pedido de revogação de prisão preventiva para fins de extradição e, de ofício, concedeu "habeas corpus" para afastar a vedação de progressão de regime ao extraditando. Determinou, em consequência, que o juízo da execução da pena verifique se o apenado preenche os requisitos do art. 112 da LEP para que possa, eventualmente, autorizar a progressão para o regime semiaberto. Ponderou, ainda, comunicar o resultado do julgado ao Ministro da Justiça e à Presidente da República, titular das relações diplomáticas do País, porque a extradição nada mais seria do que um elemento dessas relações internacionais entre os Estados. (...)" (Informativo 748 do STF).

"Extradição e requisitos para concessão de pedido de extensão. A 1ª Turma deferiu segundo pedido de extensão de extradição formulado pelo Governo da Itália em desfavor de nacional italiano investigado naquele País pela prática do crime de duplo homicídio grave, o qual não integrara o pedido originário anteriormente formulado pelo Estado requerente. (...)" (Informativo 761 do STF).

"Extradição e progressão do regime - A 2ª Turma acolheu questão de ordem suscitada pelo Ministro Gilmar Mendes (relator) no sentido de deferir a adaptação de prisão para extradição às condições do regime semiaberto. (...) A Turma, de início, afastou a alegação de prescrição da pretensão punitiva. (...) A execução da pena nesse regime reduziria sobremaneira o espaço da individualização da pena. Assim, seria necessário buscar critérios para, na medida do possível, compatibilizar a individualização da pena na execução penal com a extradição. (...) A Turma observou que o juízo da execução estaria limitado pelos termos do título e pelo comportamento superveniente do executado. Não poderia, dessa maneira, inserir o executado em regime mais gravoso do que o da condenação, ou indeferir a progressão de regime àquele que satisfizesse as condições objetivas e subjetivas. Por outro lado, o STF, na qualidade de juízo da extradição, teria condições de avaliar a prisão do ponto de vista de sua necessidade para assegurar a entrega do extraditando e, durante a execução da pena, garantir a ordem pública e a ordem econômica. Diante disso, a prisão para extradição não impediria o juízo da execução penal de deferir progressões de regime. (...) Na espécie, a manutenção da prisão para extradição em regime fechado seria desnecessária. O extraditando já cumprira mais de 11 anos de pena privativa de liberdade no Brasil e seu comportamento seria bom, conforme atestado pelo juiz da execução penal. Assim, a manutenção do extraditando em regime fechado não seria indispensável para a garantia da ordem pública.

Além disso, nada impediria que o Poder Executivo optasse pela entrega do extraditando antes de esgotado o prazo máximo de prisão. Desse modo, na hipótese dos autos, a prisão para extradição deveria ser adaptada ao regime semiaberto. (...) (Ext-893)". (Informativo 777, 2ª Turma, do STF).

"Extradição e prescrição da pretensão punitiva – Por não atendido o requisito da dupla punibilidade, a Segunda Turma indeferiu pedido de extradição formulado pelo Governo da Itália. Na espécie, o estrangeiro fora condenado pela justiça italiana por crimes de falência fraudulenta. Embora presente o requisito da dupla tipicidade, os delitos teriam sido praticados sob a vigência do Decreto-Lei 7.661/1945 (Lei de Falências). A referida norma previa o prazo prescricional de dois anos para os crimes em comento, tempo esse já transcorrido. A Turma reputou extinta a pretensão executória da pena nos termos da legislação vigente no Brasil, à época dos fatos (...) (Ext-1324)" (Informativo 780, 2ª Turma, do STF).

"Extradição e dupla tipicidade – 3 - Em conclusão de julgamento, a Segunda Turma, por maioria, indeferiu pedido de extradição instrutória, formulado pelo Governo da Suécia em desfavor de seu nacional, para o processamento de ação penal instaurada em razão da suposta prática do crime de "conduta arbitrária com menor" (Código Penal sueco, art. 7º, § 4º). (...) O Colegiado afirmou que o crime em análise teria se consumado, de acordo com a lei sueca, no momento em que o extraditando deixara a Suécia, com a sua filha, aparentemente sem o consentimento da mãe. Porém, a legislação brasileira trataria o fato de forma diferente. (...) Portanto, não se constataria, no caso, a dupla tipicidade, na medida em que o pai, no momento da viagem, teria a guarda da menor. Somente quando a criança já estava no Brasil, movera-se ação judicial perante a Corte sueca, o que levara à cassação da guarda pelo extraditando. Se crime houvesse, de acordo com o direito brasileiro, residiria na negativa de restituição da menor pelo extraditando após a perda da guarda. (...) O Colegiado ressaltou, por fim, que a ação de busca, apreensão e restituição da menor movida pela União, com base na Convenção sobre Aspectos Civis do Sequestro Internacional de Crianças – Convenção de Haia, visando ao retorno à Suécia e entrega da menor à genitora, não estaria prejudicada (...) (Ext-1354)" (Informativo 792, 2ª Turma, do STF).

"Acordo de Extradição entre os Estados Partes do Mercosul e pena remanescente – A Segunda Turma indeferiu pedido de extradição formulado em desfavor de nacional argentino, condenado em seu país à pena de seis anos de reclusão pela prática do crime de abuso sexual agravado pela conjunção carnal (...). O Colegiado afirmou que o Acordo de Extradição entre os Estados Partes do Mercosul e as Repúblicas da Bolívia e do Chile, promulgado pelo Decreto 5.867/2006, contemplaria cláusula a impedir a entrega do súdito estrangeiro para execução de sentença quando a pena ainda por cumprir no Estado requerente fosse inferior a seis meses (Artigo 2, item 2: "Se a extradição for requerida para a execução de uma sentença exige-se, ademais, que a parte da pena ainda por cumprir não seja inferior a seis meses"). No caso (...), ter-se-ia que a pena remanescente – considerado o trânsito em julgado para a acusação — resultaria, a partir de 9.10.2015, inferior a seis meses, pelo que incidiria a cláusula restritiva disposta no artigo 2, item 2, do já aludido acordo de extradição". (Ext. 1394, Rel. Min. Teori Zavascki, STF, J. 20/10/2015).

"Extradição e cumprimento de pena - Os requisitos do pedido de extradição devem ser verificados na data do julgamento, sendo impossível a análise de fatos supervenientes. Com base nesse entendimento, a Primeira Turma, por maioria, acolheu embargos de declaração, sem efeitos infringentes, para esclarecer que a entrega do extraditando somente poderá ocorrer até 6.12.2015. (...) (Ext-1375)". (Informativo 809, 1ª Turma, do STF).

POSIÇÃO DO STF

É incabível a extradição passiva pela suposta prática do delito previsto no art. 6º da Lei 13.260/201632 antes de 16-3-2016.33. Decisão: "...Diante de tais instabilidades na vida política do Estado requerente, a solução que se apresenta, num juízo de proteção das liberdades individuais, é pelo indeferimento da extradição, visto que não se pode vislumbrar com certeza a garantia de julgamento isento de acordo com as franquias constitucionais" (Ext 1578, Min. Rel. Edson Fachin, STF, J. 20/02/2020).

3. TÓPICO-SÍNTESE

TÓPICO-SÍNTESE: Condição Jurídica do Estrangeiro	
Deslocamento internacional de pessoas	– Hoje, há diferentes classes de pessoas que circulam por diversas jurisdições buscando melhoramento do *in statu quo ante bellum*, mas o objetivo mediato, sempre presente, é a proteção a algum direito humano. São refugiados, asilados, trabalhadores migrantes, migrantes permanentes e transitórios e migrantes regulares que se *lançam à sorte*, aventuram-se, fugindo de situações que não lhes permitem viver dignamente.
Condição jurídica	– As normas, comungadas com a Constituição Federal de 1988, corporificam um conjunto de direitos e de deveres, que é conhecido como *condição jurídica do estrangeiro*. A garantia dessa *condição* é um mínimo que deve ser angariado. Isso confirma a tese atual de que o estrangeiro é *sujeito de direitos* mesmo em outro Estado, não mais podendo ser concebido como objeto, outrora definido pelos romanos.
Proteção internacional e livre circulação	– O Direito Internacional ainda é falho quanto à proteção internacional aos estrangeiros. Não há um conjunto de normas específicas para sua disciplina, sendo utilizadas convenções pertencentes ao **sistema global** (ONU) e aos **sistemas regionais** (europeu, americano e africano).
***Standard* do estrangeiro no Brasil**	– Após a leitura da CF, particularmente do seu art. 5º, observa-se que, embora o Poder Constituinte originário tenha demonstrado uma *obsessão* pelo princípio da igualdade – tanto que é referido três vezes só no seu *caput* – ainda assim percebe-se que, na prática, os interesses dos nacionais e até os de ordem econômica são preservados em detrimento dos estrangeiros. A despeito dessa constatação, no Brasil, formalmente, o estrangeiro tem o mesmo tratamento do nacional, ou seja, guardada as exceções normativas, aplica-se o princípio da igualdade entre eles.

O estrangeiro e a Constituição de 1988	– Conforme art. 5º, cabeça, da CF de 1988, todos são iguais perante a lei, sem distinção de qualquer natureza, garantindo-se aos brasileiros e aos estrangeiros residentes no Brasil a inviolabilidade do direito à vida, à liberdade, à igualdade, à segurança e à propriedade (*standard* nacional). No entanto, há que se ter uma interpretação sistemática e ampliativa desse dispositivo, pois são, na verdade, destinatários da proteção constitucional: os brasileiros natos e naturalizados, os estrangeiros residentes, os estrangeiros não residentes (ex.: turistas), o apátrida e as pessoas jurídicas (como no caso da propriedade industrial), ou seja, todos que estejam sujeitos à ordem jurídica brasileira. Não se pode excluir o próprio Poder Público, que é um *destinatário diferenciado*, não no sentido de proteção, mas sim de obrigação, de dever de respeito.
Ingresso do estrangeiro e concessão de visto	– Para ingressar em território nacional, a trabalho ou não, é imprescindível a obtenção de visto, uma espécie de cortesia, não um direito.
Exercício de atividade remunerada no Brasil	– Para que um estrangeiro possa trabalhar no Brasil deve estar munido da devida autorização de trabalho.
O trabalho desempenhado por estrangeiro em situação irregular	– O TST confirmou o entendimento de que: "RECURSO DE REVISTA – CARÊNCIA DE AÇÃO – VÍNCULO EMPREGATÍCIO – ESTRANGEIRO EM SITUAÇÃO IRREGULAR. A Constituição Federal adota como fundamentos da República o valor social do trabalho e a dignidade da pessoa humana (art. 1º, III e IV), os quais demandam, para a sua concretização, a observância do direito fundamental à igualdade (art. 5º, *caput*). Tal direito, por sua vez, deve ser estendido a todos os brasileiros e estrangeiros residentes no País, sem distinção de qualquer natureza, salvo as limitações expressas na própria Carta Magna. A garantia de inviolabilidade do referido direito independe, portanto, da situação migratória do estrangeiro. Descarte, à luz dos princípios da igualdade e da dignidade da pessoa humana, e em respeito ao valor social do trabalho, a autora faz jus aos direitos sociais previstos no art. 7º da Constituição da República, que encontram no direito ao trabalho sua fonte de existência, e, por consequência, ao reconhecimento do vínculo de emprego" (RR – 49800-44.2003.5.04.0005, Rel. Min. Luiz Philippe Vieira de Mello Filho, 1ª T – TST, P. 12/11/2010).

Estrangeiros perseguidos: asilo e refúgio	– Uma das motivações que vem se apresentando como constante e fomentadora do deslocamento forçado de pessoas são as perseguições em sentido *lato*. Os conflitos internos, as perseguições políticas, as perseguições por outras razões como nacionalidade, religião e etnia são causas que se apresentam verdadeiras desde a *polis* grega, mostrando-se clara nas varreduras étnicas implementadas por tiranos. Frente a isso emergem alguns institutos humanitários que almejam proteger as pessoas vítimas de perseguições. Merecem destaque o **asilo** e o **refúgio**, *instrumentos humanitários* com objetivos afins e pontos semelhantes, mas que não podem ser, tecnicamente, encarados como sinônimos.
Afastamento compulsório	– Os mecanismos para afastamento compulsório de estrangeiros, conforme Lei de Migração, são: a repatriação, a **expulsão e** a **deportação. A extradição é tida como medida de cooperação.**

Capítulo

12

OS DIREITOS HUMANOS NO ÂMBITO DOS BLOCOS REGIONAIS: MERCOSUL E UNIÃO EUROPEIA

Leia a Lei

- *Art. 1º, art. 4º e art. 5º, todos da CF. MERCOSUL: Tratados de Montevidéu (ALALC e ALADI); Tratado de Assunção; Protocolo Adicional ao Tratado de Assunção sobre a Estrutura Institucional do MERCOSUL (ou Protocolo de Ouro Preto); Protocolo de Olivos; Declaração Sociolaboral do MERCOSUL; Acordo Multilateral de Seguridade Social do MERCOSUL; e Protocolo de Ushuaia. UNIÃO EUROPEIA: Tratado de Paris; Tratados de Roma; Ato Único Europeu; Tratado Maastricht; Tratado de Amsterdã; Tratado de Nice; Tratado de Lisboa; Carta dos Direitos Fundamentais da União Europeia; e Carta Comunitária dos Direitos Fundamentais Sociais dos Trabalhadores.*

Os direitos humanos estão, constantemente, em posição de alvo. Ora eles podem ser objetos de estudo e figurarem como centro das normativas internacionais, com o intuito de maior e melhor proteção, em atenção aos princípios da inexauribilidade e da complementaridade. Ora eles podem ser interpretados como óbice a determinados (e pretensos) desenvolvimentos. Este último cenário, por sinal, bem se amolda à situação atual que presenciamos, tanto no Brasil como no seio da comunidade internacional.

Trata-se de duas formas antagônicas de ver os direitos humanos. Numa visão eles são conquistas que devem ser ampliadas e aprimoradas. Já noutra visão eles são entraves, barreiras.

Conforme a última forma de interpretá-los, os direitos humanos acabam por emergir, para alguns, como entraves ao progresso da humanidade. Eis que surge uma situação paradoxal, pois se os direitos humanos em determinado momento histórico foram considerados importantes conquistas em razão das violações perpetradas no passado, agora eles passam a ser classificados como obstáculos.

E essa forma de pensar (os direitos como barreiras), infelizmente, vem sendo tema de chamativos debates políticos no Brasil (especialmente quanto ao assunto do combate à violência urbana) e também de debates políticos acalorados no território europeu (proteção da soberania dos países, frente à situação dos refugiados vítimas do Estado Islâmico).

Com arrimo em tudo o que foi trabalhado até o momento, ousamos afirmar, sem medo das críticas, que os direitos humanos devem ser interpretados não como barreiras, mas sim como facilitadores de um caminho moderno e humanizado que o mundo precisa percorrer. Um caminho sem volta, um caminho ampliado com solidez depois do término da Segunda Grande Guerra (1945). Pensar diferente é, no mínimo, renegar o passado de brutalidades e espoliações, como as perpetradas pelo regime nazista.

Levando isso em conta, propomos o capítulo atual, como mais uma forma de aguçar e apurar a forma de proteção aos direitos das pessoas, só que agora sob a perspectiva dos blocos regionais, mais especificamente no âmbito do Mercado Comum do Sul (MERCOSUL) e da União Europeia (UE).

Em acréscimo aos sistemas interno e internacional de salvaguarda, aliam-se os sistemas regionais (insertos, é verdade, no sistema internacional). Os blocos regionais demonstram possuir mecanismos promissores para o aperfeiçoamento dos recursos processuais e materiais para proteção aos direitos.

E por questão de transparência com o leitor, alertamos que o capítulo atual tem como norte obra específica de nossa autoria, com o título "Direito da União Europeia", da coleção Saberes Monográficos, publicada pela editora Saraiva. Trabalho este citado ao final, nas referências bibliográficas.

1. DIREITO DA INTEGRAÇÃO E DIREITO COMUNITÁRIO

Preliminarmente, é fundamental assentar que Direito da Integração difere de Direito Comunitário (ou, atualmente, Direito da União Europeia).

O primeiro, Direito da Integração, tem como objeto fundamental a integração de natureza comercial e econômica, visando ao incentivo do comércio de uma determinada região. Ele consiste em desdobramento do Direito Internacional clássico, decorrendo dos tratados entre Estados, e criando, por conseguinte, zonas econômicas privilegiadas. Na verdade, o Direito da Integração está presente na maioria dos blocos regionais, como o próprio MERCOSUL. Nesse nível, normalmente, os blocos regionais são intergovernamentais.

Já o Direito Comunitário (ou Direito da União Europeia) pode ser classificado como um Direito da Integração evoluído, aperfeiçoado. Ele teve sua origem com o bloco União Europeia; este, por sinal, é o seu principal representante.

O Direito Comunitário surgiu com os documentos que criaram a União Europeia (UE). Trata-se de uma disciplina autônoma que não está inserida no ramo do Direito Internacional Público. Nessa linha, podem ser citadas como suas principais características:

a) Estados unidos por uma comunidade;

b) As normas comunitárias possuem efeito direto e aplicabilidade imediata e têm primazia frente às ordens internas dos Estados;

c) Há um órgão central com função executiva e supranacional;

d) Possui um sistema jurisdicional bem definido;

e) Há um Tribunal de Justiça da Comunidade;

f) Não só os aspectos econômicos e comerciais são levados em consideração;

g) Parte do exercício da soberania dos Estados será delegada (compartilhada) a órgãos com poder supranacional; e

h) Os Estados-membros ainda são soberanos, embora limitados pela supranacionalidade.

Do exposto, parte-se de um pressuposto elementar: os direitos humanos recebem, normalmente, uma proteção mais efetiva em blocos regionais que já alcançaram o patamar de regidos pelo Direito Comunitário. De outro lado, os blocos regionais intergovernamentais, ainda regidos pelo Direito da Integração, encontram maiores dificuldades nesse ponto, principalmente porque depender de iniciativa e vontade política dos Estados-membros. Quanto a esta última constatação, podemos citar como exemplo o bloco latino-americano MERCOSUL.

2. FASES DO PROCESSO DE INTEGRAÇÃO

Matéria que pode ser classificada como riquíssima é a referente ao estudo sobre as fases do processo de integração. Fala-se aqui em níveis de união que variam conforme a estrutura de cada bloco regional, e oscilam de acordo com a consciência integracionista de seus países-fundadores e atuais países-membros.

Percebe-se que quanto maior for uma aproximação entre os Estados-membros, maiores também serão as chances de salvaguarda aos direitos das pessoas localizadas dentro da região. Há, nitidamente, uma estrita ligação entre proteção aos direitos humanos e o nível de união de um bloco. Ademais, a própria simetria entre os Estados-membros pode influenciar decisivamente para a conquista e a tutela de situações subjetivas favoráveis aos indivíduos.

Antes, todavia, de adentrarmos no campo das etapas do processo integracionista, estudando cada uma das fases, é importante que se faça ressalva. As fases que seguem têm apenas cunho didático, visando melhor compreensão, não possuindo rigidez prática, porque fica ao talante de cada grupo de Estados definir, criar ou mesclar as etapas que seguem.

Dessa feita, teremos melhores condições de diferenciar as duas principais organizações internacionais do presente capítulo, quais sejam: o MERCOSUL e a União Europeia. E se abre parêntese apenas para explicar este ponto. Embora parcela da doutrina eleve a UE a nível acima das demais organizações internacionais (ou seja, uma organização *sui generis*), ela – para nossos estudos – será classificada como uma organização internacional sim. Fato é que o MERCOSUL (Cone Sul) e a União Europeia são blocos regionais, com níveis de integração diferentes, ambos são organizações internacionais (com personalidade própria; são sujeitos do Direito Internacional). MERCOSUL é uma organização internacional intergovernamental (ordinária e clássica), regida pelo Direito da Integração – há doutrinadores que se referem a "Direito Comunitário do MERCOSUL". Já União Europeia é organização supranacional, regulada pelo Direito Comunitário (ou Direito da União).

Agora, retornamos especificamente às fases do processo de integração.

Os blocos regionais são criados mediante tratados internacionais que já de sua assinatura estipulam qual o nível deve ser atingido, bem como as fases que devem transcorrer. A União Europeia, por exemplo, passou antes pelo modelo de união aduaneira para atingir o mercado comum europeu e depois consolidar a atual união econômica e monetária.

Para facilitar o estudo e compreensão, elaborou-se uma regra para memorização que minorará a dificuldade no estudo das fases de um processo de integração. Com ela, será possível situar o MERCOSUL e a União Europeia com certa facilidade, podendo esclarecer suas diferenças básicas.

Trata-se da regra **ZUMUU**!

Há blocos, como o MERCOSUL, que expressamente adotam o *princípio da gradualidade*, no sentido de que devem avançar fase após fase, de forma sucessiva. Há, por outro lado, blocos que adotaram desde sua criação o modelo de um mercado comum, sem antes passarem pela união aduaneira. Existem, também, outros que estão na fase de zona de livre comércio, mas que já implantaram algumas medidas existentes na união aduaneira. Por isso o caráter didático da regra ZUMUU.

Veja que nos deparamos com cinco letras, o **Z**, o **U**, o **M**, o **U** e o **U** novamente, juntos: **ZUMUU!** Cada uma dessas letras representa uma fase no processo de integração e o nível de integração está representado pela ordem sucessória das letras (da esquerda para a direita).

A primeira fase, a primeira letra da regra ZUMUU, o Z, representa a mais amena etapa de aproximação, é a zona de livre comércio (também conhecida como área de livre comércio), já a última fase, que possui o mais elevado nível de integração, é o último U, a união política. O bloco econômico que foi criado para atingir a terceira fase do processo de integração, a letra M, que representa mercado comum, poderá passar antes pelo Z e pelo U precedentes, que é o caso do MERCOSUL. Mas é importante ressaltar que nem todos os blocos regionais avançam pela totalidade desses estágios, inclusive porque isso nem sempre corresponde aos interesses dos Estados, é comum termos blocos que *estacionam* na primeira ou na segunda, e destas não progridem, pois entendem que seus objetivos e ganhos já foram atingidos.

E mais, quando a terceira fase é atingida, o M, de mercado comum, isso não significa que as duas etapas anteriores foram extintas. Na verdade, uma fase complementa e enriquece a outra, o bloco que atingiu o nível de integração de um mercado comum e se propôs a transpassar as duas anteriores (*princípio da gradualidade*), também mantém as características destas duas precedentes, da zona de livre comércio e da união aduaneira.

Vejamos o significado de cada letra e um conceito para cada fase ou nível.

Regra do **ZUMUU**:

- **Z** (zona de livre comércio ou área de livre comércio) – são extintos os direitos alfandegários, bem como outras formas de restrição comercial, com o intuito de aumentar a circulação dos produtos decorrentes dos integrantes do bloco econômico. No entanto, é de se reconhecer que são comumente utilizadas as "listas de exceção", que elencam produtos sobre os quais não incidem as regras sobre a livre circulação de mercadorias e produtos. A maioria dos blocos na atualidade se limita a este nível, sendo que a zona de livre comércio foi o primeiro mecanismo de integração a ser utilizado.
- **U** (união aduaneira) – além de uma zona de livre comércio, a união aduaneira prevê a adoção das mesmas tarifas e da mesma política comercial para o comércio de produtos originários de fora da região que compõe o bloco econômico entre os Estados-partes. Aqui se fala em uma tarifa externa comum (TEC). O MERCOSUL hoje é uma união aduaneira, tida como incompleta, ainda não atingiu seu objetivo principal, que é o mercado comum.
- **M** (mercado comum) – engloba as duas fases anteriores e é caracterizado pela livre circulação de todos os fatores de produção: de bens, de trabalhadores, de serviços, de capitais e de concorrência. O Tratado de Assunção, de 1991, que criou o MERCOSUL, tem como fim atingir esta terceira fase, mas só foi alcançada, por enquanto, a segunda. Foi a União Europeia por meio de seus tratados comunitários que incluiu no léxico jurídico a noção de mercado comum, tanto que o mercado comum europeu está em prática, só que hoje enriquecido pela união econômica e monetária.

- **U** (união econômica e monetária) – constitui em mais um estágio da fase integracionista e tem sua origem no Tratado de Maastricht (ou da União Europeia), que criou a moeda única, no caso o euro, emitida por um banco central independente, o Banco Central Europeu. A União Europeia é uma união econômica e monetária.
- **U** (união política) – há um único governo supranacional e a instituição de uma Constituição única, podendo levar à formação de uma confederação de Estados. Não há ainda bloco econômico nesta fase.

É de se destacar que alguns doutrinadores acrescentam mais uma fase a esse processo de integração, que seria anterior ao Z, o nível menos profundo de integração: a área de preferência comercial. Nela dois ou mais Estados acordam quanto à redução de tarifas de importação para apenas alguns produtos de suas pautas comerciais, sendo que a autonomia entre os participantes é aguda. Em razão de sua pouca utilização prática e não aceitação como uma fase do processo de integração por muitos doutrinadores, não a incluímos na regra supracitada, mas fica aqui o registro.

3. MERCOSUL

O Mercado Comum do Sul (MERCOSUL) ou Cone Sul é um bloco **intergovernamental**, em que as decisões são tomadas por **consenso** e com *quorum*, em regra, da **unanimidade**, exigindo-se a presença de todos os Estados-membros.

Ele tem como objetivo principal a constituição de um mercado comum (ZU**M**UU), embora ainda esteja na segunda fase (Z**U**MUU); tido como uma união aduaneira incompleta e imperfeita.

São membros de pleno direito: **Brasil, Paraguai, Uruguai, Argentina e, mais recentemente, Venezuela** (a forma como ingressou a Venezuela ao MERCOSUL gerou muitas críticas da comunidade acadêmica). Há ainda membros **associados: Bolívia, Chile, Colômbia, Equador, Guiana, Peru e Suriname**.

Sobre a formação do bloco, precisamos elaborar um esquema que demonstre as datas e os documentos históricos mais relevantes, todos influenciadores para a criação e ampliação do Cone Sul. Vejamos:

1) Tratado de Montevidéu, de 1960 – Associação Latino-Americana de Livre Comércio (ALALC);

2) Tratado de Montevidéu, de 1980 – Associação Latino-Americana de Integração (ALADI);

3) Inauguração da Ponte Presidente Tancredo Neves, que une Argentina e Brasil, em Foz do Iguaçu, em 1985;

4) Ata para a integração Argentina-Brasil, de 1986;

5) Ata de Bueno Aires, para futura criação de um mercado comum, de 1990;

6) **Tratado de Assunção**, assinado em 26 de março de 1991, instituidor do MERCOSUL; e

7) **Protocolo de Ouro Preto**, de 1994, que institucionalizou o bloco e lhe deu personalidade jurídica internacional.

Tomando como base o Protocolo de Ouro Preto ou Protocolo Adicional ao Tratado de Assunção sobre a Estrutura Institucional do MERCOSUL, em seu art. 1º, podem ser citados como os principais órgãos do bloco mercosulista os seguintes (já com o acréscimo do Parlamento do MERCOSUL, que não consta no Protocolo de Ouro Preto):

a) Conselho do Mercado Comum: intergovernamental e com capacidade decisória, manifestando-se por meio de Decisões. Ele exerce a titularidade da personalidade jurídica internacional;

b) Grupo Mercado Comum: órgão executivo, intergovernamental e com capacidade decisória, manifesta-se mediante Resoluções;

c) Comissão de Comércio do MERCOSUL: intergovernamental e com capacidade decisória, manifesta-se mediante Diretrizes;

d) Comissão Parlamentar Conjunta (substituído pelo PARLASUL);

e) Parlamento do MERCOSUL (PARLASUL): intergovernamental e unicameral, criado em 2005 pelo Protocolo Constitutivo do Parlamento do MERCOSUL; instalado em Montevidéu, Uruguai, em 2007. Prevê-se eleições diretas;

f) Foro Consultivo Econômico-Social: representante dos setores econômicos e sociais, integrado por igual número de representantes de cada Estado. Exerce função consultiva e se manifesta mediante recomendações; e

g) Secretaria Administrativa do MERCOSUL: órgão de apoio operacional, prestando serviços ao bloco, como arquivamento e divulgação de normas e documentos.

O MERCOSUL, como se vê, possui estrutura bem definida, ainda que precária face às ambições do bloco, que é constituir um mercado comum. Para tanto, ele produz rico material normativo, que pode ser intitulado como as fontes do Direito da Integração *mercosulista*.

Tais fontes não possuem aplicabilidade imediata e nem efeito direto, em regra. Elas podem ser classificadas em fontes originárias (ex.: Tratado de Assunção e Protocolo de Ouro Preto), complementares (acordos celebrados no âmbito do Tratado de Assunção) e derivadas (Decisões, Resoluções e Diretrizes, acima citadas, e que emanam de alguns dos órgãos do MERCOSUL).

Transpassando os pontos iniciais sobre o MERCOSUL, aproveita-se para referir sobre seu sistema de solução de controvérsias, que almeja sanar as desavenças entre os países-membros do bloco. O sistema de solução de controvérsias era regulado pelo Protocolo de Brasília, de 1991, já hoje possui o elogiado Protocolo de Olivos, de 2002.

Com fulcro no Protocolo de Olivos, percebe-se que o MERCOSUL ainda está baseado na arbitragem. Por essa razão possui três níveis para solucionar as controvérsias entre os Estados, quais sejam:

1º – Negociações diretas;

2º – Arbitragem; e

3º – Tribunal Permanente de Revisão.

O Tribunal Permanente de Revisão foi criado pelo documento de Olivos e tem competência para revisar os laudos arbitrais. Ele também pode ser acessado diretamente pelos Estados, se assim expressamente aceitarem.

Por fim, é importante mencionar sobre a Tarifa Externa Comum (TEC). Ela é a principal característica da atual união aduaneira. Incide sobre os produtos originários de fora do bloco. A tarifa começou a ser aplicada a partir de 1º de janeiro de 1995, pondo fim à fase de transição do bloco, que havia começado em 1991. O MERCOSUL é uma união aduaneira incompleta, porque a TEC tem listas de exceção (rol de produtos que não sofrem sua incidência).

4. O MERCOSUL E OS DIREITOS HUMANOS

Preliminarmente, há um questionamento que precisa ser feito: há cidadania no MERCOSUL?

Pois bem, certo é que há cidadãos e que há direitos a serem assegurados aos mesmos. Contudo, é também certo que o bloco ainda não desenvolveu um instituto assemelhado ao já existente no âmbito da União Europeia, a cidadania europeia.

O bloco latino vem tentando implementar acordos que viabilizem uma futura livre circulação de pessoas e de trabalhadores, característica principal da fase mercado comum, já atingida pela UE.

Não se deve falar em cidadania sul-americana ou *mercosulista*. Ao menos, formalmente, não há um instituto definido e convencionalmente reconhecido como tal, embora, por óbvio, haja direitos reconhecidos e a dignidade da pessoa humana deva ser plenamente assegurada, norteando os atos do MERCOSUL.

Para se ter remota ideia, a cidadania europeia vem preceituada no art. 17 do Tratado de Roma e é um instituto complementar à cidadania nacional, não a substituindo, nem a derrogando: é extensível a todo nacional de qualquer dos países integrantes da União. Quanto a uma cidadania aos moldes europeus, destaca-se que o MERCOSUL ainda engatinha na construção de uma cidadania sul-americana.

O MERCOSUL almeja ser, quiçá logo, um mercado comum. Para tanto precisa ainda implementar as liberdades fundamentais (livre circulação de bens, de trabalhadores, de serviços, de capitais e de concorrência). Especificamente quanto à livre circulação de pessoas, o que é pertinente escrever é que há uma espécie de *área de livre residência com direito a trabalho*.

Como dito alhures, o MERCOSUL está na segunda fase do processo de integração, constitui-se em união aduaneira com uma tarifa externa comum (Z***U***MUU). O Tratado de Assunção tem como meta primordial a criação do mercado comum, o qual, até o presente momento, não foi implantado.

Para consolidar a união aduaneira e dar os primeiros passos para a formação do mercado comum, o bloco vem tomando medidas com o fito de começar a garantir as cinco liberdades que caracterizam a terceira fase do processo de integração (ZU***M***UU).

Dessa forma, em dezembro de 2002 foi celebrado o *Acordo sobre Residência para Nacionais dos Estados Partes do MERCOSUL*, Bolívia e Chile. Esse documento outorga o direito à residência aos cidadãos originários dos Estados-membros do MERCOSUL, da Bolívia e do Chile, sendo necessária apenas a comprovação da nacionalidade. Trata-se de uma *área de livre residência com direito a trabalho*.

O Acordo consagra o direito de ir e vir, de trabalho, de associação, de culto, de reunião familiar, bem como materializa avanços importantes nas áreas trabalhista e educacional.

Especificamente em relação aos direitos trabalhistas, há uma definição precisa de igualdade quanto à aplicação da legislação laboral interna dos Estados, além do compromisso de acordos de reciprocidade em legislação previdenciária, com o fim de assegurar direitos sociais.

Os Estados participantes do Acordo devem garantir aos originários de outro país signatário o mesmo tratamento dado aos seus nacionais. É um direito explícito à residência garantido em âmbito de Direito da Integração do MERCOSUL.

Com o reconhecimento interno da residência, *o cidadão e seus familiares passam a gozar dos mesmos direitos e liberdades civis, sociais, culturais e econômicas concedidos aos nacionais do país de recepção*, em particular: o direito ao trabalho e à livre iniciativa; o direito de petição; o direito de entrar, permanecer, transitar e sair do território das partes; o direito de associação; e a liberdade de culto.

ATENÇÃO

Não se pode confundir o direito à residência, o qual se acaba de estudar, com o direito de viagem. Este é adquirido de forma mais simples e está apartado daquele, podendo ser exercido independentemente do direito à residência. O direito de viagem também é uma forma de se tentar colocar em prática a livre circulação de pessoas e consiste na possibilidade de qualquer nacional ou residente regular, originário de um dos Estados-membros ou associados do MERCOSUL, viajar munido apenas da carteira de identidade. O deslocamento, portando apenas o documento de identidade, é possível somente nos territórios de Brasil, Uruguai, Paraguai, Argentina, Venezuela, Bolívia, Chile, Colômbia, Equador e Peru. Ambos os direitos, de residência e de viagem, são passos importantes à fortificação da integração regional na América do Sul, mas não se igualam às liberdades asseguradas no âmbito do instituto da cidadania europeia.

A despeito de tudo que foi dito, insta grifar que a possibilidade de as pessoas residirem e se deslocarem dentro dos países signatários do Acordo estudado não se confunde com a livre circulação de pessoas e trabalhadores, a qual é característica da fase mercado comum (ZU*M*UU), já sedimentada na União Europeia.

A liberdade de residir e até de trabalhar no MERCOSUL está baseada em normas do Direito Internacional clássico, as quais não têm a mesma dimensão e aplicabilidade das fontes do Direito Comunitário. No entanto, embora no âmbito do bloco do Cone Sul não tenha sido implementada a livre circulação de trabalhadores (onde não se requer tramitação migratória alguma), é lícito reconhecer que a área de livre residência, ou direito de residência, representa importante passo para o processo integracionista.

Sobre o tema dos direitos sociais ou de segunda dimensão há que se fazer consideração pontual.

A viga mestre dos direitos sociais em nível de Direito da Integração do MERCOSUL é a *liberdade de circulação de trabalhadores*, uma das facetas da livre circulação de pessoas, que até o momento é utopia. Não basta autorizar residência, tem que haver uma ampla liberdade de trânsito dos trabalhadores, como já ocorre em nível europeu. A liberdade de circulação a que se refere deve assegurar, no mínimo, os seguintes direitos: de responder a ofertas de emprego efetivamente oferecidas, em qualquer Estado-membro; de o trabalhador entrar no território dos Estados-membros do bloco e dentro deles se deslocar livremente, sem restrições, a fim de procurar emprego; de residir em qualquer dos membros, a fim de aí exercer uma atividade laboral de acordo com as regras que regulam o emprego dos trabalhadores nacionais do Estado de acolhimento; e de permanecer no território do Estado-membro no qual tenha exercido um emprego.

Conforme análise do Tratado de Assunção, infere-se que o MERCOSUL dá demasiada ênfase aos aspectos econômicos, e acaba relegando a segundo plano aspectos humanos, o que prejudica a efetiva aproximação. A título de exemplo, o Tratado não contemplava questões sociolaborais expressas, tanto que, *ao se referir à circulação dos meios produtivos, em seu art. 1º, menciona, apenas implicitamente, a livre circulação de trabalhadores.* Essa falha no texto do documento obrigou o bloco a tomar medidas, ainda que tímidas, para a proteção dos direitos sociais.

Um ano após a fundação do MERCOSUL foi criado o Sub-grupo de Trabalho para Assuntos Sociolaborais, dependente do Grupo Mercado

Comum, sendo nomeado em 1995 como SGT10. O SGT10 se organiza em uma estrutura tripartite (ministérios de trabalho, empregadores e sindicatos), funcionando de forma semelhante à Organização Internacional do Trabalho.

A partir dos acordos originários do trabalho do SGT10, o MERCOSUL foi dotando sua estrutura com outros organismos especiais com capacidade técnica para atuação no campo dos direitos sociais ou sociolaborais.

Sem previsão expressa da livre circulação de trabalhadores no Tratado de Assunção, sem implementação na prática dessa liberdade, com uma união aduaneira incompleta e sem um tratado de âmbito regional específico sobre os direitos sociais, o MERCOSUL caminha distante do modelo de um bloco integrado no aspecto social. O que há de mais concreto é a Carta Social de 1998.

ATENÇÃO

A Carta Social do MERCOSUL de 1998, firmada na cidade do Rio de Janeiro, tecnicamente conhecida como Declaração Sociolaboral do MERCOSUL, é documento consagrador dos direitos de segunda geração, prevendo os seguintes princípios: da não discriminação e da promoção da igualdade; da eliminação do trabalho forçado; da abolição do trabalho infantil e aumento progressivo da idade mínima para ingresso no mercado de trabalho; da liberdade sindical, negociação coletiva e direito de greve. Esse documento é tomado apenas como parâmetro pelos Estados, ou seja, fixa diretrizes no tocante à legislação de atividade sociolaboral dos Estados-membros do bloco, conforme seu art. 20. Eis alguns exemplos de direitos previstos na Carta Social: seguridade, liberdade sindical, greve, abolição do trabalho forçado, saúde e diálogo social.

ATENÇÃO

Além da Carta Social do MERCOSUL de 1998, é importante mencionar sobre o Acordo Multilateral de Seguridade Social do MERCOSUL. O Acordo Multilateral de Seguridade Social do MERCOSUL e seu Regulamento Administrativo, feitos em Montevidéu, em 15 de dezembro de 1997, promulgados no Brasil pelo Decreto 5.722, de março de 2006, foram celebrados pelos Estados-membros plenos do bloco regional. Seu objetivo principal, conforme preâmbulo, é estabelecer normas que regulem as relações de seguridade social entre os países integrantes do MERCOSUL.

4.1. Protocolo de Assunção sobre Compromisso com a Promoção e Proteção dos Direitos Humanos no MERCOSUL

O Protocolo de Assunção para Promoção e Proteção aos Direitos Humanos é um marco para o Direito da Integração mercosulista. O

MERCOSUL sempre teve uma feição ríspida nesse aspecto, ou seja, sempre se mostrou mais tendente e aberto ao crescimento econômico e comercial e, muitas vezes, com aversão aos assuntos humanitários. Contudo, o fenômeno da humanização do Direito Internacional, ainda que tardiamente, não poderia deixar de acalentar o coração do bloco. E assim o tem feito. Tanto que nascera o Protocolo de Assunção, que se passa a estudar.

O Presidente da República brasileiro, em 01 de julho de 2010, por meio do Decreto 7.225, promulgou o Protocolo de Assunção sobre Compromisso com a Promoção e a Proteção dos Direitos Humanos do Mercosul, assinado em Assunção, em 20 de junho de 2005. Antes do ato presidencial, aludido Protocolo havia sido aprovado pelo Congresso Nacional brasileiro por meio do Decreto Legislativo nº 592, de 27 de agosto de 2009. Sendo que o instrumento de ratificação do Brasil foi depositado junto ao Governo do Paraguai em 04 de março de 2010. Veja-se que o trâmite de recepção do Protocolo foi o normal, tradicional: o Brasil assinou primeiramente (20/06/2005), depois o Congresso referendou o documento (27/08/2009), sendo que posteriormente a República Federativa do Brasil o ratificou internacionalmente (04/03/2010), para então ser objeto do Decreto presidencial (01/07/2010). Levando em conta a tradicional morosidade para recepção dos atos internacionais, até que o documento foi recepcionado de forma veloz.

O Protocolo de Assunção se originou da Decisão nº 17, de 2005, do Conselho do Mercado Comum (nasceu de um ato unilateral, registre-se). Em seus considerandos, exalta-se que é fundamental assegurar a proteção, promoção e garantia dos direitos humanos e das liberdades fundamentais de todos as pessoas. E que o gozo efetivo dos direitos fundamentais é condição indispensável para a consolidação do processo de integração.

O interessante é que a Decisão 17, em seu art. 2º, preceitua que não há a necessidade de incorporação ao ordenamento jurídico dos Estados-partes, por regulamentar aspectos da organização ou do funcionamento do MERCOSUL. O que é plenamente possível, e o que deve ser, por sinal, elogiado. Contudo, apegando-se ao rigorismo constitucional e a uma vetusta postura do Supremo Tribunal Federal, o governo brasileiro se utilizou do processo tradicional de celebração dos tratados.

O texto do Protocolo encontra-se anexado à Decisão 17, tendo sido assinado pela República Argentina, a República Federativa do Brasil, a República do Paraguai e a República Oriental do Uruguai.

Um dos documentos reiterados pelo Protocolo foi a importante Declaração Presidencial de *Las Leñas*, de 27 de junho de 1992, no sentido de que a plena vigência das instituições democráticas é condição indispensável para a existência e o desenvolvimento do MERCOSUL. Sem esquecer outras fontes relevantes e citadas como fundamentos do Protocolo, como: a Declaração Presidencial sobre Compromisso Democrático no MERCOSUL; e o Protocolo de Ushuaia sobre Compromisso Democrático no MERCOSUL.

Além de reafirmar os princípios e normas contidos na Declaração Americana de Direitos e deveres do Homem, na Convenção Americana sobre Direitos Humanos e outros instrumentos regionais de direitos humanos, assim como na Carta Democrática Interamericana, também fora ressaltado o escrito na Declaração e no Programa de Ação da Conferência Mundial de Direitos Humanos de 1993, de que: a democracia, o desenvolvimento e o respeito aos direitos humanos e liberdades fundamentais são conceitos interdependentes.

Não bastassem tais consolidações, foi reconhecido no limiar do Protocolo a universalidade, a indivisibilidade, a interdependência e inter-relação de todos os direitos humanos, sejam direitos econômicos, sociais, culturais, civis ou políticos. Merece palmas essa passagem do Protocolo! Todas essas características foram trabalhadas nos capítulos iniciais deste Livro.

Já no art. 1º do Protocolo de Assunção resta consignado que a "plena vigência das instituições democráticas e o respeito dos direitos humanos e das liberdades fundamentais são condições essenciais para a vigência e evolução do processo de integração entre as Partes". Preceituando-se que os Estados-membros "cooperarão mutuamente para a promoção e proteção efetiva dos direitos humanos e liberdades fundamentais através dos mecanismos institucionais estabelecidos no MERCOSUL" (art. 2º).

Na linha do previsto no art. 3º do Protocolo, este documento será aplicado em situações em que se registrem graves e sistemáticas violações dos direitos humanos e liberdades fundamentais, quando frente a momentos de crise institucional ou durante a vigência de estados de exceção. Para tanto, as nações envolvidas promoverão as consultas pertinentes entre si e com os demais afetados. Todavia, de acordo com o art. 4º, em caso de as consultas mencionadas resultarem ineficazes, as demais partes considerarão a natureza e o alcance das medidas a serem aplicadas, tendo em vista a gravidade da situação existente, sendo que tais medidas poderão resultar desde a suspensão do direito a participar deste processo de integração até a suspensão dos direitos e obrigações. As medidas mencionadas serão adotadas por consenso pelos Estados (art. 5º).

E é importante mencionar que o presente documento está aberto à adesão dos Estados-associados do MERCOSUL, de acordo com seu art. 7º.

5. UNIÃO EUROPEIA

A União Europeia (UE) consiste em bloco supranacional. As decisões, em regra, são tomadas por maioria (a unanimidade só excepcional). Ela já possui o mercado comum europeu consolidado. Hoje tem moeda única (zona do euro). Trata-se de uma união econômica e monetária (ZUM*U*U). A UE tem um regionalismo aberto e é regida pelo Direito da União, dotado de instituições supranacionais. É o bloco regional mais desenvolvido, composto por 28 Estados, que, para ingresso, precisam cumprir com as Condições de Copenhague (1993).

Eis o rol de Estados-membros (28 no total), com o respectivo ano de adesão: Áustria (1995); Bélgica (1958); Bulgária (2007); Chipre (2004); Croácia (2013); República Checa (2004); Dinamarca (1973); Estônia (2004); Finlândia (1995); França (1958); Alemanha (1958); Grécia (1981); Hungria (2004); Irlanda (1973); Itália (1958); Letônia (2004); Lituânia (2004); Luxemburgo (1958); Malta (2004); Países Baixos (1958); Polônia (2004); Portugal (1986); Romênia (2007); Eslováquia (2004); Eslovênia (2004); Espanha (1986); Suécia (1995); e Reino Unido (1973).

ATENÇÃO

Há também um rol de países candidatos: Albânia; Antiga República jugoslava da Macedônia; Montenegro; Sérvia; e Turquia. E há, ainda, um rol de potenciais países candidatos: Bósnia e Herzegovina; e Kosovo. E mais, fala-se em possível saída do Reino Unido da União Europeia, o que recebeu o apelido de BREXIT, resultante da junção das palavras Britain (Grã-Bretanha) e exit (saída). A saída da UE é um direito dos Estados, segundo o Tratado da União Europeia, em seu art. 50: "Qualquer Estado-Membro pode decidir, em conformidade com as respectivas normas constitucionais, retirar-se da União".

Na mesma linha do que se abordou sobre o MERCOSUL, cabe destacar os principais documentos e as principais datas que representam a evolução histórica da UE:

1) 18 de abril de **1951 – Tratado de Paris** (Comunidade Europeia do Carvão e do Aço);

2) 25 de março de **1957 – Tratados de Roma** (Comunidade Europeia e Comunidade Europeia da Energia Atômica);

3) 17 de fevereiro de **1986 – Ato Único Europeu**;

4) 7 de fevereiro de **1992 – Tratado de Maastricht** (Tratado da União Europeia);

5) 2 de outubro de **1997 – Tratado de Amsterdã**;

6) 26 de fevereiro de **2001 – Tratado de Nice**; e

7) 13 de dezembro de **2007 – Tratado de Lisboa**.

O Tratado de Lisboa foi o último tratado reformador de grande relevância. Ele alterou substancialmente a estrutura da União, redefinindo competências. O documento entrou em vigor em 1 de dezembro de 2009, pondo fim às Comunidades, e **dando personalidade jurídica única à União**, hoje: somente UNIÃO EUROPEIA (não mais Comunidades, no plural).

Trata-se, verdadeiramente, de um **tratado reformador, modificador** das convenções constitutivas da UE. Os documentos modificados foram: Tratado da Comunidade Europeia, de 1957; Tratado da Comunidade Europeia de Energia Atômica, de 1957; e Tratado da União Europeia ou de Maastricht, de 1992.

Quanto à sua estrutura orgânica, o art. 13 do reformado Tratado da União Europeia elenca as principais instituições, quais sejam: **o Parlamento Europeu, o Conselho Europeu, o Conselho, a Comissão Europeia, o Tribunal de Justiça da União Europeia, o Banco Central Europeu e o Tribunal de Contas.**

Um dos pontos de maior relevância para o novo desenho do bloco é o que versa sobre a distribuição de competências, substancialmente modificado pelo Tratado de Lisboa. Antes da vigência do Tratado de Lisboa o bloco se estruturava com base em 3 pilares. Todavia, o sistema de pilares, por ser complexo e falho, foi extinto. Hoje há uma distribuição de competências mais bem definida: **competência exclusiva da União, partilhada** (Estados e União emitem atos vinculativos juntos, quando esta não exerce aquele pode agir) e **complementar ou de apoio** (a União apoia os Estados).

E para operacionalizar toda essa estrutura, mostra-se necessária a existência de várias fontes, as quais compõem o quadro de fontes do Direito da União Europeia. Tais fontes são norteadas pelos **princípios da aplicabilidade imediata, da primazia, da autonomia frente às ordens jurídicas e da subsidiariedade**. As fontes podem ser classificadas em originárias (tratados institucionais ou comunitários), **complementares** (tratados celebrados pela UE como sujeito internacional) e **derivadas** (regulamentos, diretivas, decisões, pareceres e recomendações).

Os atos unilaterais emanados de algumas instituições comunitárias (as fontes derivadas) merecem atenção. São eles:

a) **Regulamentos:** de alcance geral, com efeito erga omnes, sendo obrigatório em todos os seus elementos. Constitui fonte comunitária derivada diretamente aplicável em todos os Estados-membros, não havendo necessidade de recepção ou ato nacional que o aceite;

b) **Diretivas:** são destinatários um, vários ou todos os Estados integrantes do bloco. Para que produza efeitos quanto aos nacionais de cada Estado é necessário que o legislador nacional promulgue um ato de transposição;

c) **Decisões:** vinculativo em todos os seus elementos, mas somente para os destinatários que designar em seu corpo, não tem o caráter geral dos regulamentos. Exige também ato de transposição; e

d) **Recomendações e pareceres:** têm natureza consultiva e função de orientar.

E, por fim, mostra-se imprescindível menção ao **sistema de solução de controvérsias.** Ele é orientado pela judicialidade comunitária, em que a jurisdição é obrigatória. Os Estados não podem recorrer a outros meios. São legitimados a recorrer ao sistema comunitário de resolução das controvérsias: os **Estados-membros, as instituições da UE, as pessoas físicas e as pessoas jurídicas.** Sendo que as ações judiciais comunitárias a serem propostas perante o Tribunal de Justiça da UE são: ação por incumprimento, ação de nulidade, recurso de abstenção, ação de perdas e danos, ações trabalhistas e reenvio prejudicial.

6. A UNIÃO EUROPEIA E OS DIREITOS HUMANOS

A cidadania europeia foi estabelecida pelo Tratado de Maastricht de 1992. Conforme o art. 20 do Tratado sobre o Funcionamento da União Europeia, é cidadão desta "qualquer pessoa que tenha a nacionalidade de um Estado-membro. A cidadania da União acresce à cidadania nacional e não a substitui".

Cidadania europeia refere-se ao conjunto de direitos e deveres que o ordenamento jurídico comunitário reconhece aos nacionais dos Estados-membros, sendo que para a obtenção deste *status* é condição *sine qua non* possuir vínculo de nacionalidade com qualquer um dos países-membros do bloco.

Conforme se lê do artigo referido, o instituto é complementar à cidadania de âmbito nacional, não a substituindo, nem a derrogando.

A livre circulação de pessoas e o direito de se estabelecer em qualquer lugar dentro do território comunitário são elementos básicos da cidadania, os quais decorrem da formação do próprio mercado comum europeu.

O cidadão europeu possui direitos inerentes a esta qualidade que podem ser pontuados da seguinte forma: direito de livre circulação e permanência nos territórios dos Estados; direitos políticos (de eleger e de ser eleito); direito à proteção diplomática; direito de petição ao Parlamento Europeu; direito de queixa ao Provedor de Justiça; e direito de ver respeitados seus direitos fundamentais.

Segundo a Carta comunitária sobre direitos fundamentais, todo cidadão europeu tem o direito de eleger e de ser eleito nas eleições para o Parlamento Europeu e de também ser eleito nas eleições municipais do Estado-membro de sua residência. Como a cidadania, hoje, comporta um caráter amplo e material, não unicamente formal, a Carta ainda prevê o direito a uma boa administração, sendo que todas as pessoas têm direito a que os seus assuntos sejam tratados pelas instituições e órgãos da União de forma imparcial, equitativa e num prazo razoável.

Para viabilizar o respeito aos direitos do cidadão comunitário, o documento em estudo também prevê que qualquer cidadão da União, bem como qualquer pessoa singular ou coletiva com residência ou sede social num dos Estados-membros, tem o direito de apresentar petições ao Provedor de Justiça da União, respeitantes a casos de má administração na atuação das instituições ou órgãos comunitários.

A Carta dos Direitos Fundamentais da UE, acima mencionada, estabelece um conjunto básico de direitos civis e políticos e econômicos, sociais e culturais. São destinatários desses direitos os cidadãos e residentes da União. Em junho de 1999, o Conselho Europeu decidiu por consagrar em uma Carta os direitos fundamentais em vigor em âmbito europeu, viabilizando sua maior notoriedade e visando a assegurar o respeito efetivo pelos Estados e, principalmente, pelos órgãos com características supranacionais. A Carta foi, então, formalmente adotada em Nice, em dezembro de 2000, pelo Parlamento Europeu, pelo Conselho Europeu e pela Comissão Europeia.

A Carta prevê os princípios gerais já consagrados na Convenção Europeia dos Direitos Humanos, de 1950, bem como consagra direitos resultantes das conquistas internas de cada um dos Estados-membros.

Com a entrada em vigor do Tratado de Lisboa, em dezembro de 2009, a Carta dos Direitos Fundamentais passou a ter força jurídica vinculante, conforme os demais tratados que regulam o bloco. É considerado ato político e um documento com valor jurídico, comprovando o que alhures tanto se defendeu nesta obra, que a UE não é somente econômica e monetária, mas se ocupa também dos problemas da liberdade e da segurança dos cidadãos, ou seja, existe uma união na parte política, cultural e social.

Como se percebe da leitura da Carta supracitada, o mercado interno na UE é caracterizado pela abolição dos obstáculos à livre circulação de mercadorias, pessoas, serviços e capitais. *Os trabalhadores não encontram barreiras para livremente responderem a ofertas de empregos, para entrarem no território dos demais Estados-membros, para se deslocarem livremente e residirem em qualquer dos Estados, a fim de aí exercerem uma atividade laboral e permanecerem no território de outro país-membro onde estejam desempenhando serviços.*

A livre circulação da UE comporta uma exceção, a qual atine aos trabalhadores da administração pública, sendo reservados tais postos aos nacionais natos do Estado-membro em questão.

Eis o texto atual do Tratado sobre o Funcionamento da União Europeia, art. 45, sobre livre circulação de trabalhadores: "1. A livre circulação dos trabalhadores fica assegurada na União. 2. A livre circulação dos trabalhadores implica a abolição de toda e qualquer discriminação em razão da nacionalidade, entre os trabalhadores dos Estados-membros, no que diz respeito ao emprego, à remuneração e demais condições de trabalho. **3. A livre circulação dos trabalhadores compreende, sem prejuízo das limitações justificadas por razões de ordem pública, segurança pública e saúde pública, o direito de: a) Responder a ofertas de emprego efetivamente feitas; b) Deslocar-se livremente, para o efeito, no território dos Estados-membros; c) Residir num dos Estados-membros a fim de nele exercer uma atividade laboral, em conformidade com as disposições legislativas, regulamentares e administrativas que regem o emprego dos trabalhadores nacionais; d) Permanecer no território de um Estado-membro depois de nele ter exercido uma atividade laboral, nas condições que serão objeto de regulamentos a estabelecer pela Comissão.** 4. O disposto no presente artigo não é aplicável aos empregos na administração pública" (Grifo nosso).

A circulação de pessoas na UE ocorreu com a edição do Regulamento 1.612, de 1968, que consolidou a plena atuação da livre circulação. Há, ainda, o Acordo de Schengen (1985), completado por uma Convenção de Aplicação, que facilitou o exercício da liberdade de circulação dos cidadãos europeus, abolindo os controles nas fronteiras internas e reforçando o controle nas fronteiras externas para a entrada de imigrantes.

ATENÇÃO

Há documento específico quanto aos direitos sociais, é outra Carta. A Carta Comunitária dos Direitos Fundamentais Sociais dos Trabalhadores. A adoção de uma Carta comunitária de índole social se originou da consciência dos líderes europeus de que um processo de integração sem garantia de justiça social, sem melhoramento da qualidade de vida e sem padrões mínimos trabalhistas não poderia ser considerado evolução, mas sim retrocesso dos mais abomináveis. A integração na Europa carrega consigo duas dimensões inseparáveis nos dias de hoje, uma social e outra econômica. Reunidos em 09 de dezembro de 1989, influenciados pela Carta Social Europeia e pelas convenções da Organização Internacional do Trabalho, os Chefes de Estado e de Governo decidiram por aprovar o texto da Carta Comunitária dos Direitos dos Trabalhadores.

7. TÓPICO-SÍNTESE

TÓPICO-SÍNTESE: Os Direitos Humanos no âmbito dos blocos regionais: Mercosul e União Europeia	
1. Direito da Integração e Direito Comunitário	– O Direito da Integração tem como objeto fundamental a **integração de natureza comercial e econômica**, visando ao incentivo do comércio de uma determinada **região**. Ele consiste em desdobramento do **Direito Internacional clássico**. O Direito Comunitário (Direito da União Europeia) pode ser classificado como um Direito da Integração evoluído, aperfeiçoado. Ele teve sua origem com o bloco União Europeia; este, por sinal, é seu principal representante.
2. Fases do processo de integração	– Regra do ZUMUU: o **Z** (zona de livre comércio), o **U** (união aduaneira), o **M** (mercado comum), o **U** (união econômica e monetária) e o **U** (união política). Novamente, juntos: **ZUMUU!** Cada uma dessas letras representa uma fase no processo de integração e o nível de integração está representado pela ordem sucessória das letras.
3. MERCOSUL	– O Mercado Comum do Sul (MERCOSUL) ou Cone Sul é um bloco **intergovernamental**, em que as decisões são tomadas por **consenso** e com *quorum*, em regra, da **unanimidade**, exigindo-se a presença de **todos os Estados-membros**. Ele tem como objetivo principal a constituição de um mercado comum (ZU***M***UU), embora ainda esteja na segunda fase (Z***U***MUU); tido como uma união aduaneira incompleta e imperfeita.
4. O MERCOSUL e os direitos humanos	– Há cidadãos e há direitos a serem assegurados aos mesmos. Contudo, é certo que o bloco ainda não desenvolveu instituto assemelhado ao já existente no âmbito da União Europeia, a cidadania europeia. O bloco latino vem tentando implementar acordos que viabilizem uma futura livre circulação de pessoas e trabalhadores, característica principal da fase mercado comum, já atingida pela UE. Não se deve falar em cidadania sul-americana ou *mercosulista*. Ao menos, formalmente, não há um instituto definido e convencionalmente reconhecido como tal, embora, por óbvio, haja direitos reconhecidos e a dignidade a pessoa humana deva ser plenamente assegurada, norteando os atos do MERCOSUL.
4.1. Protocolo de Assunção sobre compromisso com a promoção e proteção dos direitos humanos no MERCOSUL	– O Presidente da República brasileiro, em 01 de julho de 2010, por meio do Decreto 7.225, promulgou o *Protocolo de Assunção sobre Compromisso com a Promoção e a Proteção dos Direitos Humanos do Mercosul, assinado em Assunção, em 20 de junho de 2005.*

5. União Europeia	– A União Europeia (UE) consiste em bloco **supranacional**. As decisões, em regra, são tomadas por maioria (a unanimidade só excepcionalmente). Ela já possui o mercado comum europeu consolidado. Hoje já tem **moeda única** (zona do euro). Trata-se de uma **união econômica e monetária** (ZUM*U*U). A UE tem um regionalismo aberto e é regida pelo Direito da União, dotado de **instituições supranacionais**. É o bloco regional mais desenvolvido, **composto** (por enquanto) **por 28 Estados**, que, para ingresso, precisam cumprir com as Condições de Copenhague (1993).
6. A União Europeia e os direitos humanos	– A cidadania europeia foi estabelecida pelo Tratado de Maastricht de 1992. Conforme o art. 20 do Tratado sobre o Funcionamento da União Europeia, é cidadão desta "qualquer pessoa que tenha a nacionalidade de um Estado-membro. A cidadania da União acresce à cidadania nacional e não a substitui". Cidadania europeia refere-se ao conjunto de direitos e deveres que o ordenamento jurídico comunitário reconhece aos nacionais dos Estados-membros, sendo que para a obtenção deste *status*, é condição *sine qua non* possuir vínculo de nacionalidade com qualquer um dos países-membros do bloco.

Capítulo

13

DIREITOS HUMANOS: TEMAS FINAIS

Leia a Lei

- *Arts. 127, 128, 129, 130, 130-A, 131, 132, 133, 134 e 135, todos da CF de 1988; Regimento Interno do Supremo Tribunal Federal; Regimento Interno do Superior Tribunal de Justiça; Lei 12.528, de 2011; e Lei 12.965, de 2014.*

O último capítulo ficou reservado para a abordagem pontual, e *esquematizada*, de temas fundamentais para os Direitos Humanos e para as demais disciplinas.

Em razão de o Livro fazer parte de uma coleção, precisa guardar consonância com os demais integrantes deste projeto. Dessa forma, alguns temas ainda não comportam capítulos autônomos, todavia, não deixarão de ser abordados. Eis o objeto do presente capítulo.

Optou-se por alocar nesta última parte alguns assuntos de abordagem isolada, com relevância para a nossa disciplina. Podem ser citados como exemplo o *marco civil da internet* e *a relação entre o Direito Internacional dos Direitos Humanos e o escândalo do mensalão*

1. OS DIREITOS HUMANOS E A ADVOCACIA PÚBLICA, A DEFENSORIA PÚBLICA E O MINISTÉRIO PÚBLICO

Os direitos humanos demandam e merecem uma proteção cada vez mais efetiva e conglobante, devendo envolver simbioticamente os mais diversos Poderes, órgãos e instituições da República.

Resta evidente que nem sempre há uma vivência institucional harmônica entre as diferentes esferas republicanas, tanto que nós tivemos a oportunidade de expor tal situação em palestra que ministramos durante a 17ª Semana Jurídica da Universidade de Cuiabá, em Mato Grosso, evento ocorrido em 12 de novembro de 2010. A exposição versava sobre a polêmica extradição do italiano Cesare Battisti.

Pede-se escusas ao leitor, para transcrever trecho de nossa apresentação, cujo conteúdo foca na conflituosa relação entre as diferentes esferas do Poder Público:

"Neste momento, estou me referindo ao narcisismo existente em nossas Instituições democráticas, nos Poderes Públicos e nos órgãos que integram a Administração Pública do Brasil. Cada um acredita ser mais poderoso que o outro. O Judiciário quer mandar mais que o Executivo, o Legislativo quer intimidar o Judiciário. Todos querem mais, embora possam o menos. E o pior, olham somente para si, valoram somente sua própria imagem, seu próprio 'eu', relegam em segundo plano a própria Constituição Federal.

Não é de hoje que presenciamos em vários momentos conflitos de competências constitucionais, não é mais novidade o fato de um Poder querer desempenhar funções de outros, invadindo o campo de atuação alheio, achando que tudo pode ou que sua palavra é a final ou, pior ainda, que está acima do outro. Eis, para mim, uma versão do narcisismo aplicável especificamente no âmbito das nossas instituições.

Citarei alguns exemplos de narcisismo, de individualismo, de supervalorização do 'eu'. E estes fatos que vou citar, eu não estou julgando se são legais ou não, corretos ou incorretos, mas sim, que demonstram a tendência das instituições públicas de mirarem somente a si, e buscarem mais poderes, até mesmo se sobreporem sobre outras em detrimento da própria Constituição.

Podemos citar inicialmente o poder de investigação do Ministério Público. A segunda turma do STF já decidiu que o MP pode investigar, que não só a polícia tem esta atribuição, isso com base na teoria dos poderes implícitos. Não estou avaliando se isso é bom ou ruim, nem se vai ser um avanço ou não no combate ao colarinho branco. Fato é que o MP quer mais, quer mais, quer poder mais, quer fazer mais, quer fazer o que sempre foi feito pela polícia, e o pior, muitos Promotores e Procuradores acham que se eles investigarem o resultado será melhor. Veja a lógica do sistema, ao invés de o Estado melhor equipar a polícia, tenta-se transferir a milenar tarefa de investigar do delegado para o promotor, como se só este fizesse uma investigação eficiente.

E tem mais, o próprio fornecimento de remédios. O STF já afirmou que passamos por um momento de judicialização do fornecimento de remédios, pois os juízes em muitos momentos vêm determinando que o Executivo forneça os medicamentos. Há uma grande discussão se pode o Judiciário determinar ao Executivo que implante polícias públicas, para garantir o respeito do direito à saúde por exemplo. Se um direito fundamental não foi assegurado, claro que deve o juiz agir, quando acionado, pois inerte é, no entanto, não pode virar uma 'Secretaria municipal' em que se fornece todo medicamento pedido.

Isso ocorre também em ações previdenciárias. Muitos indivíduos sequer passam pelas Agências do INSS para requerer benefícios previdenciários, vão direto ao Judiciário, e os juízes viram 'balcão' de Agência do INSS. O Juiz acha que do seu modo é o correto, e que esta atividade, que é eminentemente administrativa, ele pode desempenhar.

Vejam, todos estes casos podem ser citados como um pouco de narcisismo, ora do Executivo, ora do Judiciário. O que tem ocorrido é que cada um olha para si unicamente, ignora as funções do outro e relega em segundo plano as competências definidas pela Constituição Federal.

As Instituições se esqueceram de suas funções, e aos se esquecerem disso acham que tudo podem, e ao acharem que tudo podem, invadem campo alheio, e ao invadirem campo alheio, acham que não precisam se retirar, e ao acharem que não precisam se retirar geram conflitos de competências constitucionais".

Espera-se que esse desenho conflituoso de competências – confesso: pessimista – não seja um óbice à defesa dos direitos.

E levando em conta a importância de suas funções para a tutela das dignidades, passaremos a tecer comentários sobre a importância da Advocacia Pública, da Defensoria Pública e do Ministério Público para os direitos humanos, cada um dentro do seu campo constitucional de trabalho, devendo atuar em um ambiente de saudável cooperação (e não de contraposição).

1.1. Advocacia Pública

A Advocacia Pública é função essencial à justiça e à sociedade, sendo ínsita à estrutura do Estado, indispensável para a existência material deste.

Historicamente, inexistia um órgão próprio às funções de representação judicial e extrajudicial, assessoria e consultoria jurídica dos entes da federação. A institucionalização constitucional se deu com a Carta de 1988.

No Brasil, na verdade, a expressão "Advocacia Pública", em sentido lato, pode ser tradicionalmente fracionada em três espécies: *advocacia da sociedade com o Ministério Público*; *advocacia dos necessitados, ou seja, a defensoria pública*; e a *advocacia do estado ou dos entes federativos*. É a advocacia do estado que iremos abordar a partir de agora, a qual existe nas três esferas da federação: da União, dos Estados e do Distrito Federal e dos Municípios (LUSTOZA, 2013).

Com a promulgação da CF de 1988 o modelo de advocacia pública brasileira passou de um *modelo unitário* (do estado e sociedade) para um *modelo dualista* em que a defesa da sociedade recai no Ministério Público e a do Estado nas procuradorias (GRANDE JUNIOR, 2007, p. 183).

A transposição para o modelo dualista viabilizou a classificação da Advocacia Pública, do Ministério Público, da Defensoria Pública e da Advocacia, em conjunto, como funções essenciais à justiça. O despertar do constituinte originário para incluir a Advocacia Pública como essencial à justiça pode ser explicado da seguinte forma: "Foi o despertar da consciência de um novo patamar de exigências (...) o Estado democrático que sublinhou as peculiaridades do patrocínio do interesse do Estado e orientou o legislador constituinte que buscasse, nos melhores exemplos do direito comparado e na própria tradição jurídica luso-brasileira, a inspiração para institucionalizar o que hoje se chama de Advocacia de Estado" (PIERONI, 2009, p. 89).

Já que sua feição constitucional a galga à condição de imprescindível à justiça, então se mostra indispensável analisar topograficamente a colocação no texto constitucional da Advocacia Pública.

1.1.1. Feição constitucional

Os principais artigos sobre Advocacia Pública são o 131 e o 132 da CF de 1988.

O art. 131 preceitua sobre a Advocacia-Geral da União, que é tida como a "instituição que, diretamente ou através de órgão vinculado, representa a União, judicial e extrajudicialmente, cabendo-lhe, nos termos da lei complementar que dispuser sobre sua organização e funcionamento, as atividades de consultoria e assessoramento jurídico do Poder Executivo".

Quando de sua atuação, os integrantes da Advocacia Pública, como os Procuradores Federais, em razão de suas funções delimitadas pelo texto constitucional, eram incluídos na ressalva do parágrafo único do art. 14 do CPC (Código revogado de 1973): "Reclamação. (...) Descumprimento da ADI 2.652/DF. Os procuradores federais estão incluídos na ressalva do parágrafo único do art. 14 do CPC, não sendo possível, assim, fixar-lhes multa em razão de descumprimento do dever disposto no art. 14, V, do CPC. Sem discutir o acerto ou desacerto da condenação por litigância de má-fé – prevista no art. 17, V, do CPC –, imposta pela autoridade reclamada, tem-se que a condenação pessoal do Procurador do INSS ao pagamento de multa processual é inadequada porque, no caso vertente, ele não figura como parte ou interveniente na ação" (Rcl 5.133 e Rcl 7.181, Rel. Min. Cármen Lúcia, STF, J. 20/05/2009).

Um dos temas mais tormentosos para a atuação de um Procurador, tanto federal como estadual e municipal, é a mensuração de sua responsabilidade pela emissão de parecer. Nesse sentido já decidiu o STF, *in verbis*: "Controle externo. Auditoria pelo TCU. Responsabilidade de procurador de autarquia por emissão de parecer técnico-jurídico de natureza opinativa. Segurança deferida. Repercussões da natureza jurídico-administrativa do parecer jurídico: (i) quando a consulta é facultativa, a autoridade não se vincula ao parecer proferido, sendo que seu poder de decisão não se altera pela manifestação do órgão consultivo; (ii) quando a consulta é obrigatória, a autoridade administrativa se vincula a emitir o ato tal como submetido à consultoria, com parecer favorável ou contrário, e se pretender praticar ato de forma diversa da apresentada à consultoria, deverá submetê-lo a novo parecer; (iii) quando a lei estabelece a obrigação de decidir à luz de parecer vinculante, essa manifestação de teor jurídico deixa de ser meramente opinativa e o administrador não poderá decidir senão nos termos da conclusão do parecer ou, então, não decidir. No caso de que cuidam os autos, o parecer emitido pelo impetrante não tinha caráter vinculante. Sua aprovação pelo superior hierárquico não desvirtua sua natureza opinativa, nem o torna parte de ato administrativo posterior do qual possa eventualmente decorrer dano ao erário, mas apenas incorpora sua fundamentação ao ato. Controle externo: É lícito concluir que é abusiva a responsabilização do parecerista à luz de uma alargada relação de causalidade entre seu parecer e o ato administrativo do qual tenha resultado dano ao erário. Salvo demonstração de culpa ou erro grosseiro, submetida às instâncias administrativo-disciplinares ou jurisdicionais próprias, não cabe a responsabilização do advogado público pelo conteúdo de seu parecer de natureza meramente opinativa" (MS 24.631, Rel. Min. Joaquim Barbosa, STF, J. 09/08/2007). E sobre assunto similar: "Advogado público. Responsabilidade. Art. 38 da Lei 8.666/1993. Tribunal de Contas da União. Esclarecimentos. Prevendo o art. 38 da Lei 8.666/1993 que a manifestação da assessoria jurídica quanto a editais de licitação, contratos, acordos, convênios e ajustes não se limita a simples opinião, alcançando a aprovação, ou não, descabe a recusa à convocação do TCU para serem prestados esclarecimentos" (MS 24.584, Rel. Min. Marco Aurélio, STF, J. 09/08/2007).

Em continuidade, no § 1º do art. 131 da CF, consta que a "Advocacia-Geral da União tem por chefe o Advogado-Geral da União, de livre nomeação pelo Presidente da República dentre cidadãos maiores de trinta e cinco anos, de notável saber jurídico e reputação ilibada". Aqui reside um dos maiores entraves ao desenvolvimento da AGU. A nomeação de sua chefia é de livre escolha pelo Presidente da República, sequer exige-se que seja integrante da carreira. Há anos, desde sua institucionalização em 1988, a AGU pena e sofre com a politização de sua cúpula, impedindo o desenvolvimento técnico que visa o benefício da sociedade, por meio da implementação de políticas públicas e por meio da recuperação de valores desviados pela corrupção. Hoje a atuação da AGU encontra estreita relação com o respeito aos direitos humanos, especialmente os que demandam recursos públicos de grande monta, como os sociais. E não oportunizar autonomia à AGU é tolher a própria sociedade de direitos basilares, porque de advocacia de Estado passa a ser uma advocacia *do governo*, muitas vezes defendendo interesses impuros e maléficos à *res* pública. E essa pretendida autonomia começa pela escolha do Advogado-Geral da União, que deve ser pelos seus pares, desde que integrante da carreira e com mandato temporalmente fixado. Os §§ 1º e 2º do art. 128 da CF, sobre Ministério Público, devem orientar uma nova redação sobre nomeação e destituição do Advogado-Geral da União. Assim, propõe-se a seguinte redação: "A Advocacia-Geral da União tem por chefe o Advogado-Geral da União, nomeado pelo Presidente da República dentre integrantes da carreira, maiores de trinta e cinco anos, após a aprovação de seu nome pela maioria absoluta dos membros do Senado Federal, para mandato de dois anos, permitida a recondução"; e "A destituição do Advogado-Geral da União, por iniciativa do Presidente da República, deverá ser precedida de autorização da maioria absoluta do Senado Federal". Na verdade, nosso *mundo ideal* seria sem a total participação do Presidente, em qualquer fase da nomeação.

Seguindo, a possibilidade de interferência do Poder Executivo é tamanha no âmbito da Advocacia Pública que o STF já decidiu da seguinte forma: "A Constituição do Estado do Mato Grosso, ao condicionar a destituição do Procurador-Geral do Estado à autorização da Assembleia Legislativa, ofende o disposto no art. 84, XXV e art. 131, § 1º da CF/1988. Compete ao chefe do Executivo dispor sobre as matérias exclusivas de sua iniciativa, não podendo tal prerrogativa ser estendida ao Procurador-Geral do Estado" (ADI 291, Rel. Min. Joaquim Barbosa, STF, J. 07/04/2010). O STF trilha o caminho construído pela CF, pois ela, de fato, tem um texto que enfraquece a Advocacia Pública, por essa razão legitima entendimentos lesivos à sociedade e aos direitos humanos, como estes: "O cargo de Procurador Geral do Estado é de livre nomeação e exoneração pelo Governador do Estado, que pode escolher o Procurador Geral entre membros da carreira ou não. Precedentes" (ADI 291, Rel. Min. Joaquim Barbosa, STF, J. 07/04/2010); e "A garantia da inamovibilidade é conferida pela CF apenas aos magistrados, aos membros do Ministério Público e aos membros da Defensoria Pública, não podendo ser estendida aos procuradores do Estado" (ADI 291, Rel. Min. Joaquim Barbosa, STF, J. 07/04/2010).

Ainda na análise do art. 131, o seu § 2º, como alento moralizador à Instituição, exige o concurso público de provas e títulos para ingresso nas classes iniciais das carreiras da AGU. Já o § 3º preceitua que: "Na execução da dívida ativa de natureza tributária, a representação da União cabe à Procuradoria-Geral da Fazenda Nacional, observado o disposto em lei".

Logo após o art. 131, emerge o art. 132, sobre a Advocacia Pública dos Estados e do Distrito Federal, também de suma importância para a sobrevivência dos demais entes da federação, embora muitos gestores não tenham essa consciência. O art. 132: "Os Procuradores dos Estados e do Distrito Federal, organizados em carreira, na qual o ingresso dependerá de concurso público de provas e títulos, com a participação da Ordem dos Advogados do Brasil em todas as suas fases, exercerão a representação judicial e a consultoria jurídica das respectivas unidades federadas".

Quanto ao estatuto dos Procuradores dos Estados, o STF assentou: "Procurador de Estado. Vedações estatutárias para exercício de cargo público. Advocacia fora das atribuições funcionais. Liberdade de conformação do poder constituinte derivado" (ARE 646.761-AgR, Rel. Min. Gilmar Mendes, STF, J. 29/10/2013). E mais: "A atividade de assessoramento jurídico do Poder Executivo dos Estados é de ser exercida por procuradores organizados em carreira, cujo ingresso depende de concurso público de provas e títulos, com a participação da OAB em todas as suas fases, nos termos do art. 132 da CF. Preceito que se destina à configuração da necessária qualificação técnica e independência funcional desses especiais agentes públicos. É inconstitucional norma estadual que autoriza a ocupante de cargo em comissão o desempenho das atribuições de assessoramento jurídico, no âmbito do Poder Executivo. Precedentes" (ADI 4.261, Rel. Min. Ayres Britto, STF, J. 02/08/2010).

Por fim, importante frisar que ao "titular do cargo de Procurador de autarquia não se exige a apresentação de instrumento de mandato para representá-la em juízo", conforme Súmula 644 do STF.

1.1.2. Advocacia e direitos humanos

O advogado público ocupa posição privilegiada no sistema jurídico, quando vislumbrado de forma global. Isso em razão de ter uma visão do todo: dos direitos, das políticas públicas e dos limites orçamentários. O que o permite contrabalançar valores e atender direitos tendo como perspectiva a reserva do possível.

A doutrina confirma que o "Advogado Público tem a possibilidade de conhecer os limites sistêmicos em relação ao orçamento, em relação ao quadro de pessoal, ao quadro de estrutura material, em relação aos possíveis efeitos colaterais de uma política pública, colaborando para a correção dos rumos, contribuindo para a elaboração de políticas mais efetivas e mais eficientes. A atuação singular do Juiz diante do quadro concreto, assim como dos membros do Ministério Público e dos Advogados particulares, coloca-os na condição de alguém que vê a arvore sem ver a floresta. E a Advocacia Pública, através dos seus órgãos de cúpula, através dos seus órgãos de atuação institucional, deve ter essa possibilidade de ter a perspectiva geral dos órgãos de governo, para que possa melhor cumprir o seu papel" (BINENBOJM, 2010, pp. 33-37).

A viabilização das políticas talvez seja uma das formas de atuação que mais aproxima o Procurador público dos direitos humanos, por essa razão ele não pode ter apenas um viés *fazendista*, ou seja, tendente sempre a beneficiar miopemente a Fazenda Pública. Antes há que se ter como prisma a dignidade humana, valor fundamental da República. O próprio princípio da solidariedade social não autoriza um agir introspectivo por parte do defensor do Estado, mister emitir um parecer, por exemplo, com um pé nos limites orçamentários e outro pé na efetivação dos direitos humanos.

Dessa forma, resta cristalino que a "Advocacia Pública dos nossos dias não tem a função estrita de defesa dos interesses da Fazenda Pública em juízo. Nem é defensora dos interesses dos governantes do dia, nem dos interesses corporativos da Instituição. Seu compromisso institucional e funcional é com a defesa do princípio da legalidade e, especialmente, do princípio da constitucionalidade, que significa que, no Estado Democrático de Direito é a Constituição que dirige a marcha da sociedade e vincula, positiva e negativamente, os atos do poder público. Por isso, para além de sua função de representação, judicial e extrajudicial da entidade pública em que se insere (União, Estado, Distrito Federal, deve contribuir também para (a) o aperfeiçoamento das instituições democráticas e, especificamente, para o aperfeiçoamento do Poder Judiciário; (b) a intocabilidade dos direitos fundamentais, especialmente dos direitos sociais; (c) a defesa da estabilidade dos funcionários contra o nepotismo que tem estado por trás da campanha contra essa garantia da função pública, pois ela é imprescindível não só como garantia de funções relevantes, mas também contra as nomeações políticas. Essas ideias gerais bastam para mostrar quão extensa e importante é a tarefa da Advocacia Pública no Estado Democrático de Direito. Acresça-se a isso sua responsabilidade pela plena defesa dos direitos fundamentais da pessoa humana, e então se tem que seus membros saíram da mera condição de servidores públicos burocráticos, preocupados apenas com o exercício formal da atividade administrativa de defesa dos interesses patrimoniais da Fazenda Pública, para se tornarem peças relevantes da plena configuração desse tipo de Estado" (SILVA, 2010, pp. 619-620).

1.2. Defensoria Pública

A Defensoria Pública há pouco tempo era Instituição esquecida pelo Poder Público, talvez, ironicamente, por defender a camada da sociedade historicamente esquecida pelos demais: os necessitados, pobres de recursos e, muitas vezes, de esperança. Felizmente, os últimos anos foram de importantes conquistas para o corpo de Defensores Públicos, que passam a ganhar uma roupagem constitucional coadunada com sua relevância social.

Acredita-se que não restam dúvidas de que a criação da Defensoria Pública está relacionada à evolução histórica do modelo de assistência jurídica gratuita prestada pelo Estado aos necessitados. Dessa feita, a partir do momento em que o Estado é chamado a garantir o amplo acesso à justiça, por meio da concessão de benefícios de isenção de taxas, surge, consequentemente, o dever de garantir a defesa jurídica ao grupo mais carente da sociedade.

O movimento atual, e ainda incompleto, de valorização da Defensoria é sinal de que há respingos de decência e consciência humanista por parte do legislador e do gestor público. A outorga de efetiva autonomia funcional, administrativa e financeira foi reconhecida, alçando-a ao patamar do Ministério Público e da Magistratura.

1.2.1. Feição constitucional

De acordo com o art. 134 da CF: "A Defensoria Pública é instituição permanente, essencial à função jurisdicional do Estado, incumbindo-lhe, como expressão e instrumento do regime democrático, fundamentalmente, a orientação jurídica, **a promoção dos direitos humanos e a defesa, em todos os graus, judicial e extrajudicial, dos direitos individuais e coletivos, de forma integral e gratuita, aos necessitados**, na forma do inciso LXXIV do art. 5º desta Constituição Federal" (Grifei).

A Súmula Vinculante 14 do STF apregoa que: "É direito do defensor, no interesse do representado, ter acesso amplo aos elementos de prova que, já documentados em procedimento investigatório realizado por órgão com competência de polícia judiciária, digam respeito ao exercício do direito de defesa".

Em razão da desídia e da omissão do Estado em implantar a Defensoria em todos os Estados da federação, o STF decidiu que:

"Defensoria Pública. Implantação. Omissão estatal que compromete e frustra direitos fundamentais de pessoas necessitadas. Situação constitucionalmente intolerável. O reconhecimento, em favor de populações carentes e desassistidas, postas à margem do sistema jurídico, do 'direito a ter direitos' como pressuposto de acesso aos demais direitos, liberdades e garantias. Intervenção jurisdicional concretizadora de programa constitucional destinado a viabilizar o acesso dos necessitados à orientação jurídica integral e à assistência judiciária gratuitas (CF, art. 5º, LXXIV, e art. 134). Legitimidade dessa atuação dos juízes e tribunais. O papel do Poder Judiciário na implementação de políticas públicas instituídas pela Constituição e não efetivadas pelo poder público. A fórmula da reserva do possível na perspectiva da teoria dos custos dos direitos: impossibilidade de sua invocação para legitimar o injusto inadimplemento de deveres estatais de prestação constitucionalmente impostos ao Estado. A teoria das 'restrições das restrições' (ou da 'limitação das limitações'). Controle jurisdicional de legitimidade sobre a omissão do Estado: atividade de fiscalização judicial que se justifica pela necessidade de observância de certos parâmetros constitucionais (proibição de retrocesso social, proteção ao mínimo existencial, vedação da proibição insuficiente e proibição de excesso). Doutrina. Precedentes. A função constitucional da Defensoria Pública e a essencialidade dessa instituição da República. *Thema decidendum* que se restringe ao pleito deduzido na inicial, cujo objeto consiste, unicamente, na 'criação, implantação e estruturação da Defensoria Pública da Comarca de Apucarana'. Recurso de agravo provido, em parte" (AI 598.212-ED, Rel. Min. Celso de Mello, STF, J. 25/03/2014). No mesmo sentido: "Art. 104 da Constituição do Estado de Santa Catarina. Lei Complementar estadual 155/1997. Convênio com a seccional da Ordem dos Advogados do Brasil (OAB/SC) para prestação de serviço de 'defensoria pública dativa'. Inexistência, no Estado de Santa Catarina, de órgão estatal destinado à orientação jurídica e à defesa dos necessitados. Situação institucional que configura severo ataque à dignidade do ser humano. Violação do inciso LXXIV do art. 5º e do art. 134, caput, da redação originária da Constituição de 1988. Ações diretas julgadas procedentes para declarar a inconstitucionalidade do art. 104 da Constituição do Estado de Santa Catarina e da Lei Complementar estadual 155/1997 e admitir a continuidade dos serviços atualmente prestados pelo Estado de Santa Catarina mediante convênio com a OAB/SC pelo prazo máximo de um ano da data do julgamento da presente ação, ao fim do qual deverá estar em funcionamento órgão estadual de defensoria pública estruturado de acordo com a Constituição de 1988 e em estrita observância à legislação complementar nacional (LC 80/1994)" (ADI 3.892 e ADI 4.270, Rel. Min. Joaquim Barbosa, STF, J. 14/03/2012).

O § 1º do art. 134 dispõe que: "Lei complementar organizará a Defensoria Pública da União e do Distrito Federal e dos Territórios e prescreverá normas gerais para sua organização nos Estados, em cargos de carreira, providos, na classe inicial, mediante concurso público de provas e títulos, **assegurada a seus integrantes a garantia da inamovibilidade e vedado o exercício da advocacia fora das atribuições institucionais**" (Grifei). A inamovibilidade é uma das principais garantias conquistadas pela Defensoria, a qual, espera-se, seja estendida a outras carreiras, como as policiais e as da Advocacia Pública de Estado.

E o § 2º, de mesmo artigo acima citado, assegura que às "Defensorias Públicas Estaduais são asseguradas autonomia funcional e administrativa e a iniciativa de sua proposta orçamentária dentro dos limites estabelecidos na lei de diretrizes orçamentárias e subordinação ao disposto no art. 99, § 2º". Sobre o assunto o STF se manifestou na seguinte linha: "A autonomia administrativa e financeira da Defensoria Pública qualifica-se como preceito fundamental, ensejando o cabimento de arguição de descumprimento de preceito fundamental, pois constitui garantia densificadora do dever do Estado de prestar assistência jurídica aos necessitados e do próprio direito que a esses corresponde. Trata-se de norma estruturante do sistema de direitos e garantias fundamentais, sendo também pertinente à organização do Estado. A arguição dirige-se contra ato do chefe do Poder Executivo estadual praticado no exercício da atribuição conferida constitucionalmente a esse agente político de reunir as propostas orçamentárias dos órgãos dotados de autonomia para consolidação e de encaminhá-las para a análise do Poder Legislativo. Não se cuida de controle preventivo de constitucionalidade de ato do Poder Legislativo, mas, sim, de controle repressivo de constitucionalidade de ato concreto do chefe do Poder Executivo. (...) Nos termos do art. 134, § 2º, da CF, não é dado ao chefe do Poder Executivo estadual, de forma unilateral, reduzir a proposta orçamentária da Defensoria Pública quando essa é compatível com a LDO. Caberia ao governador do Estado incorporar ao PLOA a proposta nos exatos termos definidos pela Defensoria, podendo, contudo, pleitear à Assembleia Legislativa a redução pretendida, visto ser o Poder Legislativo a seara adequada para o debate de possíveis alterações no PLOA. A inserção da Defensoria Pública em capítulo destinado à proposta orçamentária do Poder Executivo, juntamente com as Secretarias de Estado, constitui desrespeito à autonomia administrativa da instituição, além de ingerência indevida no estabelecimento de sua programação administrativa e financeira" (ADPF 307-MC-REF, Rel. Min. Dias Toffoli, STF, J. 19/12/2013).

O § 3º arrebata que se aplica o mesmo § 2º às Defensorias Públicas da União e do Distrito Federal.

Ao encerrar o grupo normativo do art. 134, o seu § 4º, de forma muito feliz, inova ao assegurar que são "princípios institucionais da Defensoria Pública a unidade, a indivisibilidade e a independência funcional, aplicando-se também, no que couber, o disposto no art. 93 e no inciso II do art. 96 desta Constituição Federal".

POSIÇÃO DO STF

"O conteúdo da Emenda Constitucional 74/2013 não se mostra assimilável às matérias do art. 61, § 1º, II, c, da Constituição da República, considerado o seu objeto: a posição institucional da Defensoria Pública da União, e não o regime jurídico dos respectivos integrantes. O art. 60, § 4º, da Carta Política não veda ao poder constituinte derivado o aprimoramento do desenho institucional de entes com sede na Constituição. A concessão de autonomia às Defensorias Públicas da União, dos Estados e do Distrito Federal encontra respaldo nas melhores práticas recomendadas pela comunidade jurídica internacional e não se mostra incompatível, em si, com a ordem constitucional. Ampara-se em sua própria teleologia, enquanto tendente ao aperfeiçoamento do sistema democrático e à concretização dos direitos fundamentais do amplo acesso à Justiça (art. 5º, XXXV) e da prestação de assistência jurídica aos hipossuficientes (art. 5º, LXXIV). Ao reconhecimento da legitimidade, à luz da separação dos Poderes (art. 60, § 4º, III, da Lei Maior), de emenda constitucional assegurando autonomia funcional e administrativa à Defensoria Pública da União não se desconsidera a natureza das suas atribuições, que não guardam vinculação direta à essência da atividade executiva. Fumus boni juris *não evidenciado. Alegado risco de lesão aos cofres públicos sem relação direta com a vigência da norma impugnada, e sim com atos normativos supervenientes, supostamente nela calcados, é insuficiente para demonstrar a existência de fundado receio de dano irreparável ou de difícil reparação, requisito da concessão de medida cautelar em ação direta de inconstitucionalidade. Eventual exegese equivocada ou abusiva não conduz à inconstitucionalidade da emenda constitucional, somente inquinando de vício o ato do mau intérprete. Periculum in mora não demonstrado" (ADI 5.296, Rel. Min. Rosa Weber, STF, j. 18/05/2016).*

"Há de se ultrapassar qualquer discussão que leve a um debate de monopólios institucionais para a propositura de ações civis públicas, mesmo porque a Constituição Federal não definiu a legitimidade processual para a defesa de interesses difusos, com exceção da referência expressamente apontada para o Ministério Público no art. 129, III, da Constituição brasileira. Nos demais casos, a legitimidade de cada ator se encon-

tra definida na Lei da Ação Civil Pública, que estabeleceu os colegitimados (Ministério Público, Defensoria Pública, União, Estados, Distrito Federal, Municípios, autarquias, empresas públicas, fundações ou sociedades de economia mista e associações), devendo sua leitura ser realizada conforme a Lei das Leis. Podemos inferir, portanto, que a legitimidade da Defensoria Pública para a propositura de ação civil pública existirá quando a defesa do direito difuso beneficiar, em sua essência, os economicamente necessitados. (...) Note-se, todavia, que incumbe à instituição justificar, nos autos da ação transindividual, a pertinência temática, confirmando assim sua legitimidade. A pertinência ficará bem evidente, por exemplo, nas seguintes hipóteses: i) na tutela dos direitos difusos de consumidores que, embora possam ser indeterminados, vêm sendo atendidos, individualmente, e de forma sistemática, pela Defensoria Pública, diante de uma situação específica de violação de seus direitos consumeristas; ii) na tutela de direitos assistenciais difusos de crianças e adolescentes; e iii) nos casos em que um dano ambiental alcance, em especial, áreas onde se encontram instaladas moradias populares ou favelas" (RE 733.433, Rel. Min. Dias Toffoli, STF, j. 04/11/2015).

"A Defensoria Pública, enquanto instituição permanente, essencial à função jurisdicional do Estado, qualifica-se como instrumento de concretização dos direitos e das liberdades de que são titulares as pessoas carentes e necessitadas. É por essa razão que a Defensoria Pública não pode (e não deve) ser tratada de modo inconsequente pelo Poder Público, pois a proteção jurisdicional de milhões de pessoas — carentes e desassistidas —, que sofrem inaceitável processo de exclusão jurídica e social, depende da adequada organização e da efetiva institucionalização desse órgão do Estado. De nada valerão os direitos e de nenhum significado revestir-se-ão as liberdades, se os fundamentos em que eles se apoiam — além de desrespeitados pelo Poder Público ou transgredidos por particulares — também deixarem de contar com o suporte e o apoio de um aparato institucional, como aquele proporcionado pela Defensoria Pública, cuja função precípua, por efeito de sua própria vocação constitucional (...), consiste em dar efetividade e expressão concreta, inclusive mediante acesso do lesado à jurisdição do Estado, a esses mesmos direitos, quando titularizados por pessoas necessitadas, que são as reais destinatárias tanto da norma inscrita no art. 5º, LXXIV, quanto do preceito consubstanciado no art. 134, ambos da Constituição da República. Direito a ter direitos: uma prerrogativa básica, que se qualifica como fator de viabilização dos demais direitos e liberdades. Direito essencial que assiste a qualquer pessoa, especialmente àquelas que nada têm e de que tudo necessitam. Prerrogativa fundamental que põe em evidência — cuidando-se de pessoas necessitadas (...) — a significativa importância jurídico-institucional e político-social da Defensoria Pública" (ADI 2.903, Rel. Min. Celso de Mello, STF, j. 01/12/2005).

1.2.2. Defensoria e Direitos Humanos

A Defensoria tem como fundamentos principais a cidadania e a dignidade da pessoa humana. Os próprios objetivos da República, delineados no art. 3º da CF confundem-se com os objetivos da própria Defensoria.

Há uma estreita relação entre a atuação da Defensoria Pública com o sistema interamericano, estudado em capítulo apartado.

O sujeito-alvo de proteção é o integrante da camada mais carente da sociedade, principalmente em casos de graves violações coletivas, quando as consequências são mais profundas e os sistemas policial e judicial brasileiros são mais morosos. Assim, o acionamento do sistema interamericano pode apresentar-se como único mecanismo de cessação e prevenção da violação, bem como de reparação de danos.

É importante realçar que, recentemente, a própria Corte Interamericana reconheceu a importância da capacitação de defensores públicos para atuação perante o sistema americano, exatamente pela proximidade que os defensores públicos possuem com as *populações vulneráveis e hipossuficientes*. Registre-se: estes dois últimos conceitos são distintos, conforme Felipe Peixoto Netto (2014, pp. 49-51).

1.3. Ministério Público

Não há como negar que as funções do Ministério Público (MP) em certa medida aproximam-se das funções da Defensoria. Até mesmo por questões históricas.

O MP é instituição existente há séculos. Em razão do objeto da presente obra, calha destacar apenas sua evolução depois da República. Em 1890, o Decreto 848, que criava e regulamentava a Justiça Federal, dispôs sobre a estrutura e atribuições do Ministério Público no âmbito federal. Em 1934, a Constituição fez referência expressa ao Ministério Público no capítulo "Dos órgãos de cooperação". Os Códigos Civil de 1917, de Processo Civil de 1939 e de 1973, Penal de 1940 e o de Processo Penal de 1941 passaram a atribuir diversas funções à instituição. Em 1937, a Constituição não faz referência expressa ao Ministério Público, mas diz respeito ao Procurador-Geral da República e ao quinto constitucional. No ano de 1946, a Constituição se refere expressamente ao Ministério Público em título próprio. Seguidamente, no ano de 1951, ocorre a criação do Ministério Público da União, que se consolida com a lei federal nº 1.341. Originariamente, a legislação previa que o Ministério Público da União estaria vinculado ao Poder Executivo. Já em 1967, a Constituição faz referência expressa ao Ministério Público no capítulo destinado ao Poder Judiciário. Finalmente, na década de 80, mais precisamente em 1981, o estatuto do Ministério Público é formalizado pela Lei Complementar nº 40, que instituiu garantias, atribuições e vedações aos seus membros. Em 1985, a área de atuação do MP foi ampliada com a lei 7.347, de ação civil pública. E no ano de 1988, a Constituição faz referência expressa ao Ministério Público no capítulo "Das funções essenciais à Justiça".

Foi com a Constituição de 1988 que o MP adquiriu novas funções, destacando a sua atuação na tutela dos interesses difusos e coletivos, como meio ambiente, consumidor, patrimônio histórico, turístico e paisagístico; pessoa portadora de deficiência; criança e adolescente, comunidades indígenas e minorias ético-sociais.

> **POSIÇÃO DO STF**
>
> *"... 3. A demanda intenta o resguardo de direitos individuais homogêneos cuja amplitude possua expressiva envergadura social, sendo inafastável a legitimidade do Ministério Público para ajuizar a correspondente ação civil pública. 4. É o que ocorre com as pretensões que envolvam tributos, contribuições previdenciárias, o Fundo de Garantia do Tempo de Serviço - FGTS ou outros fundos de natureza institucional cujos beneficiários podem ser individualmente determinados (parágrafo único do art. 1º da Lei 7.347/1985) ..." (RE 643978, Min. Rel. Alexandre de Moraes, STF, J. 09/10/2019).*

> **POSIÇÃO DO STF**
>
> *O Ministério Público possui legitimidade para ajuizar ação civil pública com objetivo de compelir entes federados a entregarem medicamentos a portadores de certas doenças: "... parece possível excluir da órbita de atribuições do Ministério Público a possibilidade de ajuizamento de ação civil pública que objetiva a proteção do direito fundamental à saúde, uma vez que o papel de defensor da sociedade e da cidadania compreende precisamente a atuação em prol de garantias fundamentais ..." (RE 605533, Min. Rel. Marco Aurelio, STF, J. 12/02/2020).*

1.3.1. Feição constitucional

O art. 127 da CF aloca o Ministério Público como instituição permanente, essencial à função jurisdicional do Estado, com a incumbência pela defesa da ordem jurídica, do regime democrático e dos interesses sociais e individuais indisponíveis.

Recentemente, o STF consolidou o entendimento de que o Ministério Público estadual "possui legitimidade para recorrer de decisão que julga o pedido de registro de candidatura, mesmo que não haja apresentado impugnação anterior. Entendimento que deflui diretamente do disposto no art. 127 da CF. (...) Fixação da tese com repercussão geral a fim de assentar que a partir das eleições de 2014, inclusive, o MPE tem legitimidade para recorrer da decisão que julga o pedido de registro de candidatura, ainda que não tenha apresentado impugnação" (ARE 728.188, Rel. Min. Ricardo Lewandowski, STF, J. 12/08/2014).

E em julgado que compara as funções de juiz com as de promotor, o STF praticamente doutrinou, didaticamente, que o "Poder Judiciário tem por característica central a estática ou o não-agir por impulso próprio (*ne procedat iudex ex officio*). Age por provocação das partes, do que decorre ser próprio do Direito Positivo este ponto de fragilidade: quem diz o que seja 'de Direito' não o diz senão a partir de impulso externo. Não é isso o que se dá com o Ministério Público. Este age de ofício e assim confere ao Direito um elemento de dinamismo compensador daquele primeiro ponto jurisdicional de fragilidade. Daí os antiquíssimos nomes de 'promotor de justiça' para designar o agente que pugna pela realização da justiça, ao lado da 'procuradoria de justiça', órgão congregador de promotores e procuradores de justiça. Promotoria de justiça, promotor de justiça, ambos a pôr em evidência o caráter comissivo ou a atuação de ofício dos órgãos ministeriais públicos. Duas das competências constitucionais do Ministério Público são particularmente expressivas dessa índole ativa que se está a realçar. A primeira reside no inciso II do art. 129 (...). É dizer: o Ministério Público está autorizado pela Constituição a promover todas as medidas necessárias à efetivação de todos os direitos assegurados pela Constituição. A segunda competência está no inciso VII do mesmo art. 129 e traduz-se no 'controle externo da atividade policial'. Noutros termos: ambas as funções ditas 'institucionais' são as que melhor tipificam o Ministério Público enquanto instituição que bem pode tomar a dianteira das coisas, se assim preferir" (HC 97.969, Rel. Min. Ayres Britto, STF, J. 01/02/2011).

Na verdade, o "legislador constituinte, ao proceder ao fortalecimento institucional do Ministério Público, buscou alcançar duplo objetivo: instituir, em favor de qualquer pessoa, a garantia de não sofrer arbitrária persecução penal instaurada por membro do Ministério Público designado ad hoc; e tornar mais intensas as prerrogativas de independência funcional e de inamovibilidade dos integrantes do Parquet" (HC 102.147, Rel. Min. Celso de Mello, STF, J. 16/12/2010).

Perceba-se a redação do HC 102.147, do STF, acima citado: "a garantia de não sofrer arbitrária persecução penal instaurada por membro do Ministério Público designado ad hoc". Trata-se do princípio do promotor natural.

O princípio orientador do sistema acusatório é o do promotor natural, nessa linha, o postulado do promotor natural, que se revela imanente ao sistema constitucional brasileiro, repele, a partir da vedação de designações casuísticas efetuadas pela chefia da instituição, a figura do acusador de exceção. Além do *caput* do art. 127, o seu § 1º também fundamenta a figura do promotor natural, porque traz à baila os princípios institucionais do Ministério Público, que são: a unidade, a indivisibilidade e a independência funcional.

Em complemento, o § 2º do art. 127 assegura ao Ministério Público a "autonomia funcional e administrativa, podendo, observado o disposto no art. 169, propor ao Poder Legislativo a criação e extinção de seus cargos e serviços auxiliares, provendo-os por concurso público de provas ou de provas e títulos, a política remuneratória e os planos de carreira; a lei disporá sobre sua organização e funcionamento". Sobre o assunto, o STF exarou que: "Não configura ilegalidade a atuação do MP, por um lado, como fiscal da lei, expressando-se dentro da independência de suas funções (art. 1º, parágrafo único, da Lei 8.625/1993), e, por outro lado, como réu da ação rescisória" (AR 1.958-AgR-segundo, Rel. Min. Dias Toffoli, STF, J. 10/04/2014).

O § 3º do mesmo art. 127 preceitua que o "Ministério Público elaborará sua proposta orçamentária dentro dos limites estabelecidos na lei de diretrizes orçamentárias". Por isso que "Conquanto a Conamp tenha impugnado todo o art. 6º da Lei estadual 14.506/2009, o referido dispositivo limita a execução orçamentária não apenas em relação aos órgãos do Ministério Público, mas também em relação aos Poderes estatais (Executivo, Legislativo e Judiciário), os quais são alheios à sua atividade de representação. Todos os fundamentos apresentados pela requerente para demonstrar a suposta inconstitucionalidade restringem-se ao Ministério Público, não alcançando os demais destinatários. Conhecimento parcial da ação. O diploma normativo versa sobre execução orçamentária, impondo limites especialmente às despesas não previstas na folha normal de pessoal. Tais limites, conquanto não estejam disciplinados na lei de diretrizes orçamentárias e na lei orçamentária anual, buscam controlar a forma de gestão dos recursos orçamentários já aprovados. Se ao Ministério Público é garantida a elaboração de sua proposta orçamentária dentro dos limites estabelecidos na lei de diretrizes orçamentárias, como preceitua o § 3º do art. 127 da CF, conclui-se que esse é o meio normativo próprio (idôneo) para a imposição de eventual contenção de gastos. A autonomia financeira não se exaure na simples elaboração da proposta orçamentária, sendo consagrada, inclusive, na execução concreta do orçamento e na utilização das dotações postas em favor do Ministério Público. Nesse ponto, o art. 6º da Lei estadual 14.506/2009 faz ingerência indevida na atuação do Ministério Público, uma vez que o limitador ali presente incide invariavelmente sobre despesas com pessoal devidamente amparadas por previsões na lei de diretrizes orçamentárias e na lei orçamentária anual, que não estampam qualquer ressalva a respeito. (...) Ação direta de inconstitucionalidade julgada parcialmente procedente para declarar, com efeitos ex tunc, a inconstitucionalidade da expressão 'e do Ministério Público estadual' contida no art. 6º da Lei 14.506, de 16-11-2009, do Estado do Ceará" (ADI 4.1.2.2, Rel. Min. Dias Toffoli, STF, J. 09/02/2011).

Ademais, o "reconhecimento da autonomia financeira em favor do Ministério Público, estabelecido em sede de legislação infraconstitucional, não parece traduzir situação configuradora de ilegitimidade constitucional, na medida em que se revela uma das dimensões da própria autonomia institucional do Parquet. Não obstante a autonomia institucional que foi conferida ao Ministério Público pela Carta Política, permanece na esfera exclusiva do Poder Executivo a competência para instaurar o processo de formação das leis orçamentárias em geral. A Constituição autoriza, apenas, a elaboração, na fase pré-legislativa, de sua proposta orçamentária, dentro dos limites estabelecidos na lei de diretrizes" (ADI 514-MC, Rel. Min. Celso de Mello, STF, J. 13/06/1991).

É cediço que o Ministério Público nacional é uno (art. 128, I e II, da CF), compondo-se do Ministério Público da União e dos Ministérios Públicos dos Estados.

Conforme o § 5º do art. 128 da CF: "Leis complementares da União e dos Estados, cuja iniciativa é facultada aos respectivos Procuradores-Gerais, estabelecerão a organização, as atribuições e o estatuto de cada Ministério Público, observadas, relativamente a seus membros: I – as seguintes garantias: a) vitaliciedade, após dois anos de exercício, não podendo perder o cargo senão por sentença judicial transitada em julgado; b) inamovibilidade, salvo por motivo de interesse público, mediante decisão do órgão colegiado competente do Ministério Público, pelo voto da maioria absoluta de seus membros, assegurada ampla defesa; c) irredutibilidade de subsídio, fixado na forma do art. 39, § 4º, e ressalvado o disposto nos arts. 37, X e XI, 150, II, 153, III, 153, § 2º, I; II – as seguintes vedações: a) receber, a qualquer título e sob qualquer pretexto, honorários, percentagens ou custas processuais; b) exercer a advocacia; c) participar de sociedade comercial, na forma da lei; d) exercer, ainda que em disponibilidade, qualquer outra função pública, salvo uma de magistério; e) exercer atividade político-partidária; f) receber, a qualquer título ou pretexto, auxílios ou contribuições de pessoas físicas, entidades públicas ou privadas, ressalvadas as exceções previstas em lei".

E é no art. 129 da CF, uma forma de se especificar o que consta no *caput* do art. 127, que constam as funções institucionais do Ministério Público, local este de conectividade aguda com os direitos humanos. Destarte, são funções do MP: "I – promover, privativamente, a ação penal pública, na forma da lei; II – zelar pelo efetivo respeito dos Poderes Públicos e dos serviços de relevância pública aos direitos assegurados nesta Constituição, promovendo as medidas necessárias a sua garantia; III – promover o inquérito civil e a ação civil pública, para a proteção do patrimônio público e social, do meio ambiente e de outros interesses difusos e coletivos; IV – promover a ação de inconstitucionalidade ou representação para fins de intervenção da União e dos Estados, nos casos previstos nesta Constituição; V – defender judicialmente os direitos e interesses das populações indígenas; VI – expedir notificações nos procedimentos administrativos de sua competência, requisitando informações e documentos para instruí-los, na forma da lei complementar respectiva; VII – exercer o controle externo da atividade policial, na forma da lei complementar mencionada no artigo anterior; VIII – requisitar diligências investigatórias e a instauração de inquérito policial, indicados os fundamentos jurídicos de suas manifestações processuais; IX – exercer outras funções que lhe forem conferidas, desde que compatíveis com sua finalidade, sendo-lhe vedada a representação judicial e a consultoria jurídica de entidades públicas".

Em razão do texto do art. 129, mais especificamente quanto ao seu inc. I, o STF publicou o seguinte entendimento: "Decisão judicial de rejeição de denúncia, impronúncia de réu, de absolvição sumária ou de trancamento de ação penal por falta de justa causa, não viola a cláusula constitucional de monopólio do poder de iniciativa do MP em matéria de persecução penal e tampouco transgride o postulado do juiz natural nos procedimentos penais inerentes ao tribunal do júri" (RE 593.443, Rel. Min. Ricardo Lewandowski, STF, J. 06/06/2013).

O art. 130 da CF regula, parcamente reconheça-se, a situação dos membros do Ministério Público junto aos Tribunais de Contas, tão imprescindíveis para o combate à malversação do patrimônio público.

Por fim, o art. 130-A regula o importante Conselho Nacional do Ministério Público, que fiscaliza a atuação dos Promotores e Procuradores.

1.3.2. Ministério Público e Direitos Humanos

O Ministério Público adquiriu uma nova configuração a partir de 1988 quando foi colocado na Constituição como instituição permanente, essencial à função jurisdicional do Estado, incumbindo-lhe a defesa da ordem jurídica, do regime democrático e dos interesses sociais e individuais indisponíveis.

Há diferentes meios de inter-relacionar o *Parquet* com os direitos humanos. Uma dessas formas é a atuação do MP no processo, especialmente no penal, haja vista que seus membros não são mais acusadores natos e exclusivos. O princípio do promotor natural brota como um direito do cidadão.

Quando da compreensão do princípio do promotor natural, mister haver uma visão *garantista* e humanista de tal postulado. Promotor não é só acusador, mas sim acusador-defensor, acusador no sentido de formular denúncia e buscar a punição do violador da norma penal material; e defensor das garantias de qualquer cidadão, tanto que pode requerer a absolvição. Os membros do MP não são mais os *braços* dos Poderes Executivo ou Judiciário para punir, mas sim prolongamento da Constituição, é uma Instituição autônoma, não estando submissa a qualquer dos três Poderes.

Nessa linha garantista, há uma interpretação protetora que o processo penal tem recebido modernamente (CARVALHO, 2006), no exato percurso galgado pelo sistema processual penal acusatório.

Sobre processo penal garantista, vivo no regime acusatório, o qual tem como um de seus garantidores a figura do promotor natural, elenca Aury Lopes Jr. importantes características: "1º Jurisdicionalidade – *nulla poena, nulla culpa sine iudicio*: Não só como necessidade do processo penal, mas também em sentido amplo, como garantia orgânica da figura e do estatuto do Juiz. Também representa a exclusividade do poder jurisdicional, direito ao juiz natural. Independência da magistratura e exclusiva submissão à lei; 2º Inderrogabilidade do Juízo: No sentido de infungibilidade e indeclinabilidade da jurisdição; 3º Separação das atividades de julgar e acusar – *nullum iudicium sine accusatione*: Configura o Ministério Público como agente exclusivo da acusação, garantindo a imparcialidade do Juiz e submetendo sua atuação à prévia invocação por meio da ação penal. Esse princípio também deve ser aplicado na fase pré-processual, abandonando o superado modelo de juiz de instrução; 4º Presunção de inocência: A garantia de que será mantido o estado de inocência até o trânsito em julgado da sentença condenatória implica diversas consequências no tratamento da parte passiva, inclusive na carga da prova (ônus da acusação) e na obrigatoriedade de que a constatação do delito e a aplicação da pena ocorrerão por meio de um processo com todas as garantias e através de uma sentença; 5º Contradição – *nulla probatio sine defensione*: É um método de confrontação da prova e comparação da verdade, fundando-se não mais sobre um juízo potestativo, mas sobre o conflito, disciplinado e ritualizado, entre partes contrapostas: a acusação (expressão do interesse punitivo do Estado) e a defesa (expressão do interesse do acusado em ficar livre de acusações infundadas e imune a penas arbitrárias e desproporcionadas); 6º Fundamentação das decisões judiciais: Para o controle da contradição e de que existe prova suficiente para derrubar a presunção de inocência, também é fundamental que as decisões judiciais (sentenças e decisões interlocutórias) estejam suficientemente motivadas. Só a fundamentação permite avaliar se a racionalidade da decisão predominou sobre o poder" (2001, pp. 15-16).

Sendo assim, partindo desse prisma, pode-se afirmar que o réu tem na verdade o direito público subjetivo de somente ser acusado por um órgão escolhido de acordo com critérios legais previamente fixados (CARNEIRO, 2001), por um membro do *Parquet* desprovido de aspirações políticas, parciais e imorais, diga-se: sem a devida impessoalidade e imparcialidade.

Dentro do sistema acusatório, os direitos humanos devem ser atendidos pelo desempenho ordenado dos seus principais atores (juiz, promotor e defensor). Segundo Luigi Ferrajoli: "Do mesmo modo que ao acusador são vedadas as funções judicantes, ao juiz devem ser em suma vedadas as funções postulantes, sendo inadmissível a confusão de papéis entre os dois sujeitos (...) É nessas atividades que se exprimem os diversos estilos processuais: desde o estilo acusatório, em que é máximo o distanciamento do juiz, simples espectador do interrogatório desenvolvido pela acusação e pela defesa, ao estilo misto, em que as partes são espectadoras e o interrogatório é conduzido pelo juiz, até o estilo inquisitório, no qual o juiz se identifica com a acusação e por isso interroga, indaga, recolhe, forma e valora as provas (...) Igualmente os testemunhos, extorquidos pelo juiz e dotados de valor probatório legal na inquisição, são entregues no processo acusatório exclusivamente à interrogação pelas partes, submetidos ao seu exame cruzado, vinculados à espontaneidade e ao desinteresse das testemunhas, delimitados no objeto e na forma pelas proibições de perguntas impertinentes, sugestivas, indeterminadas ou destinadas a obter apreciações ou juízos de valor. De fato, representam resíduos inquisitórios o interrogatório (a oitiva) das testemunhas pelo juiz (...); a ditadura por parte dele nas atas de interrogatório; o poder ilimitado do juiz de admitir ou não admitir provas e, por fim, aquele substituto moderno da tortura, que é a advertência das testemunhas por meio de incriminação e condenação por falso testemunho ou por silenciarem, salvo retratações" (2002, p. 489-490).

2. O "MENSALÃO" E O DIREITO INTERNACIONAL

Embora "mensalão" não seja o mais apropriado para a presente obra, é preciso reconhecer que o título do tópico com tal palavra tem o condão de despertar maior interesse do leitor pelo assunto. Ademais, mesmo no meio acadêmico, foi assim que se espraiou o tema.

De qualquer forma, mister sublinhar que durante o julgamento do "mensalão" muito importante foram os estudos sobre Direito Internacional, particularmente sobre Direito Internacional dos Direitos Humanos. Vejamos!

"Mensalão" foi o nome dado pelos meios de comunicação a escândalo de corrupção política mediante "compra" de votos de parlamentares no Congresso Nacional brasileiro, durante os anos de 2005 e 2006.

Depois de inúmeros e costumeiros estardalhaços midiáticos, as denúncias sobre crimes contra a já combalida máquina pública deram origem à ação penal de nº 470, proposta perante o Supremo Tribunal Federal.

Muitos capítulos dessa já conhecida "novela" político-midiática já foram presenciados e muitos outros se mostram iminentes, bem como intermináveis.

Todavia, relevante aos nossos estudos foi decisão do STF de 2013 sobre a possibilidade de alguns dos réus da ação penal 470 interporem embargos infringentes. Em suma, em setembro de 2013 o Supremo manifestou-se pela admissibilidade de embargos infringentes, em apertada votação, encerrada pelo voto de desempate do Ministro Celso de Mello. Para maiores detalhes sobre as posições dos julgadores, vide os Informativos 719 e 720, de 2013, ambos do STF.

O Ministro Celso de Mello deu voto favorável ao cabimento dos embargos infringentes, encerrando, assim, o julgamento em 6 a 5 pela admissibilidade dos recursos. Último a votar na questão, o decano desempatou o julgamento, e garantiu a 12 réus o direito de ter parte de suas condenações revista pela Corte. Celso de Mello acompanhou a divergência aberta pelo ministro Luís Roberto Barroso e os votos do revisor, Ricardo Lewandowski, e dos colegas Dias Toffoli, Rosa Weber e Teori Zavascki. Ficaram vencidos o relator e então presidente do STF, Joaquim Barbosa, e os ministros Luiz Fux, Cármen Lúcia, Gilmar Mendes e Marco Aurélio.

O voto de desempate do culto Ministro Celso de Mello merece leitura, de acordo com as notas transcritas no Informativo 720 do STF: "**o Ministro Celso de Mello proferiu voto de desempate no sentido de admitir a possibilidade de utilização, na espécie, dos embargos infringentes (RISTF, art. 333, I)**, desde que existentes, pelo menos, quatro votos vencidos, acompanhando a divergência iniciada pelo Ministro Roberto Barroso. Considerou, em sua manifestação, que o art. 333, I, do RISTF não sofrera, no ponto, derrogação tácita ou indireta em decorrência da superveniente edição da Lei 8.038/90, que se limitara a dispor sobre normas meramente procedimentais concernentes a causas penais originárias, indicando-lhes a ordem ritual e regendo-as até o encerramento da instrução probatória. Afirmou que o tema deveria ser examinado à luz de dois critérios: o da reserva constitucional de lei, de um lado, e o da reserva constitucional do regimento, de outro. Explicou que a Constituição delimitaria o campo de incidência da atividade legislativa, e vedaria ao Congresso a edição de normas que disciplinassem matérias reservadas, com exclusividade, à competência normativa dos tribunais. Aduziu que, por essa razão, o STF teria julgado inconstitucionais normas que transgrediriam a cláusula de reserva constitucional de regimento (...). Afirmou, portanto, que o art. 333, I, do RISTF, embora de natureza formalmente regimental, teria caráter material de lei, e fora recebido pela nova ordem constitucional com essa característica. Assinalou, entretanto, que, atualmente, faleceria ao STF o poder de derrogar normas regimentais veiculadoras de conteúdo processual, que somente poderiam ser alteradas mediante lei em sentido formal, nos termos da Constituição" (Grifei).

E, prosseguindo em sua manifestação, o Ministro Celso de Mello, na linha do texto do Informativo 720, "mencionou a existência de projeto de lei relativo a eventual alteração no texto da Lei 8.038/90. Referido projeto propunha a abolição dos embargos infringentes em todas as hipóteses dispostas no art. 333 do RISTF. Destacou que a proposta não fora acatada ao fundamento de que os embargos infringentes constituiriam importante canal para a reafirmação ou modificação do entendimento sobre temas constitucionais, bem como sobre outras matérias para as quais os embargos infringentes seriam previstos".

Ainda, conforme Informativo 720, o "Ministro Celso de Mello **reiterou que não se presumiria a revogação tácita das leis, mormente por não incidir, no caso, qualquer hipótese configuradora de revogação das espécies normativas, na forma descrita no art. 2º, § 1º, da Lei de Introdução às Normas de Direito Brasileiro – LINDB**. Registrou, ademais, que a Lei 8.038/90 abstivera-se de disciplinar o sistema recursal interno do Supremo, embora pudesse fazê-lo, a caracterizar uma lacuna intencional do legislador ordinário. Assinalou, também, que a regra consubstanciada no art. 333, I, do RISTF buscaria permitir a concretização, no âmbito desta Corte, no contexto das causas penais originárias, **do postulado do duplo reexame, que visa a amparar direito consagrado na Convenção Americana de Direitos Humanos, na medida em que realizaria, embora insuficientemente, a cláusula da proteção judicial efetiva**. ***Sublinhou, por fim, que o referido postulado seria invocável mesmo nas hipóteses de condenações penais em decorrência de prerrogativa de foro, formuladas por Estados que houvessem formalmente reconhecido, como obrigatória, a competência da Corte Interamericana de***

Direitos Humanos em todos os casos relativos à interpretação ou aplicação desse tratado internacional. O Ministro Celso de Mello, então, ao proferir o voto de desempate, admitiu a possibilidade de utilização, no caso, dos embargos infringentes" (Grifei).

3. A COMISSÃO NACIONAL DA VERDADE (CNV)

A Comissão Nacional da Verdade (CNV) foi criada pela Lei 12.528, de 2011, e instituída em 16 de maio de 2012. A CNV tem por finalidade apurar graves violações aos direitos humanos ocorridas *entre 18 de setembro de 1946 e 5 de outubro de 1988*.

A Lei 12.528, de 2011 "Cria a Comissão Nacional da Verdade no âmbito da Casa Civil da Presidência da República". Conforme seu art. 1º, a CNV, no âmbito da Casa Civil da Presidência da República, tem a finalidade de examinar e esclarecer as graves violações de direitos humanos praticadas no período fixado no art. 8º do Ato das Disposições Constitucionais Transitórias (ADCT), **a fim de efetivar o direito à memória e à verdade histórica e promover a reconciliação nacional.**

Leia-se o *caput* art. 8º do ADCT: "É **concedida anistia aos que, no período de 18 de setembro de 1946 até a data da promulgação da Constituição, foram atingidos, em decorrência de motivação exclusivamente política, por atos de exceção, institucionais ou complementares**, aos que foram abrangidos pelo Decreto Legislativo nº 18, de 15 de dezembro de 1961, e aos atingidos pelo Decreto-Lei nº 864, de 12 de setembro de 1969, asseguradas as promoções, na inatividade, ao cargo, emprego, posto ou graduação a que teriam direito se estivessem em serviço ativo, obedecidos os prazos de permanência em atividade previstos nas leis e regulamentos vigentes, respeitadas as características e peculiaridades das carreiras dos servidores públicos civis e militares e observados os respectivos regimes jurídicos" (Grifei).

Como se pôde apurar da parte final do art. 1º da Lei instituidora da CNV, esta finca suas estruturas em um tripé representado por três valores: "É criada, no âmbito da Casa Civil da Presidência da República, a Comissão Nacional da Verdade, com a finalidade de examinar e esclarecer as graves violações de direitos humanos praticadas no período fixado no art. 8º do Ato das Disposições Constitucionais

Transitórias, a fim de **efetivar o direito à memória e à verdade histórica e promover a reconciliação nacional**" (Grifei).

A Comissão Nacional é composta de forma pluralista, integrada por sete membros, designados pelo Presidente da República, dentre brasileiros, de reconhecida idoneidade e conduta ética, identificados com a defesa da democracia e da institucionalidade constitucional, bem como com o respeito aos direitos humanos.

O art. 3º da Lei 12.528 elenca os principais objetivos da Comissão, quais sejam: "I – esclarecer os fatos e as circunstâncias dos casos de graves violações de direitos humanos mencionados no caput do art. 1º; II – promover o esclarecimento circunstanciado dos casos de torturas, mortes, desaparecimentos forçados, ocultação de cadáveres e sua autoria, ainda que ocorridos no exterior; III – identificar e tornar públicos as estruturas, os locais, as instituições e as circunstâncias relacionados à prática de violações de direitos humanos mencionadas no caput do art. 1º e suas eventuais ramificações nos diversos aparelhos estatais e na sociedade; IV – encaminhar aos órgãos públicos competentes toda e qualquer informação obtida que possa auxiliar na localização e identificação de corpos e restos mortais de desaparecidos políticos, nos termos do art. 1º da Lei nº 9.140, de 4 de dezembro de 1995; V – colaborar com todas as instâncias do poder público para apuração de violação de direitos humanos; VI – recomendar a adoção de medidas e políticas públicas para prevenir violação de direitos humanos, assegurar sua não repetição e promover a efetiva reconciliação nacional; e VII – promover, com base nos informes obtidos, a reconstrução da história dos casos de graves violações de direitos humanos, bem como colaborar para que seja prestada assistência às vítimas de tais violações".

Os objetivos e as finalidades ora em estudo demonstram que a CNV tem como múnus resolver inúmeras questões jurídico-administrativas relacionadas à sua atuação, o que se faz por meio de seu limitado poder normativo, que se materializa por meio de resoluções, aprovadas pelos membros da Comissão da Verdade. As resoluções da Comissão devem ser publicadas no Diário Oficial da União (DOU):

RESOLUÇÃO Nº 1, DE 2 DE JULHO DE 2012 – Regimento interno da Comissão Nacional da Verdade.
RESOLUÇÃO Nº 2, DE 20 DE AGOSTO DE 2012 – Dispõe sobre a atuação da Comissão Nacional da Verdade.
RESOLUÇÃO Nº 3, DE 17 DE SETEMBRO DE 2012 – Institui o grupo de trabalho sobre a Operação Condor.
RESOLUÇÃO Nº 4, DE 17 DE SETEMBRO DE 2012 – Dispõe sobre a cooperação e intercâmbio de informações com as Comissões Estaduais da Verdade ou quaisquer outras comissões de natureza semelhante.
RESOLUÇÃO Nº 5, DE 5 DE NOVEMBRO DE 2012 – Institui Grupo de Trabalho sobre violações de direitos humanos relacionadas à luta pela terra e contra populações indígenas, por motivações políticas.
RESOLUÇÃO Nº 6, DE 19 DE NOVEMBRO DE 2012 – Designa Claudio Lemos Fonteles coordenador da CNV para o período de 16 de novembro de 2012 a 16 de fevereiro de 2013.
RESOLUÇÃO Nº 7, DE 4 DE FEVEREIRO DE 2013 – Designa o coordenador da Comissão Nacional da Verdade para o período de 16 de fevereiro de 2013 a 16 de maio de 2013 e seu substituto eventual.
RESOLUÇÃO Nº 8, DE 4 DE MARÇO DE 2013 – Estabelece o novo regimento interno da Comissão Nacional da Verdade.

Os trabalhos da CNV culminaram, em dezembro de 2014, em seu relatório final, o que gerou (e gerará) muitos debates acadêmicos, mas também de ordem política e social.

O relatório indicou o nome de 377 agentes públicos como responsáveis por violações aos direitos humanos durante a ditadura militar. Isso pode levar, espera-se, à revisão da Lei de anistia, mesmo já existindo decisão do STF em sentido contrário, a qual contraria a jurisprudência da Corte Interamericana, conforme já estudamos no capítulo sobre o sistema americano de proteção aos direitos humanos.

4. DIREITO DAS MINORIAS

O Direito das Minorias consiste em categoria que pode ser estudada sob a perspectiva tanto do Direito Internacional como do Direito interno. Ele está estreitamente conectado com o já estudado sistema heterogêneo de proteção aos direitos humanos. Todavia, consta como item deste capítulo em razão de sua especificidade e em razão da conexão com outras matérias, especialmente com o Direito Constitucional.

Vale à pena relembrar que o sistema heterogêneo é formado por um conjunto de normas que visa proteger determinado grupo de indivíduos, em situação de constante discriminação, historicamente apartado ou esquecido pelos ordenamentos interno e internacional. O processo de especificação do sujeito, com a produção normativa focada, mira tutelar as pessoas em situação de vulnerabilidade.

Dessa forma, a definição de *minoria* pode variar de acordo com o critério adotado (APPIO, 2008). Fato é que seu conceito pressupõe a ideia de discriminação. Há critérios conceituais *objetivos* e *subjetivos* para a conceituação; há também parâmetros que levam em conta, v.g., a inferioridade numérica.

Nem mesmo a Organização das Nações Unidas (ONU) conseguiu chegar a um conceito universalmente aceito. A Declaração Universal, de 1948, não tratou particularmente dos direitos das minorias, ficando esta tarefa ao encargo do Pacto Internacional dos Direitos Civis e Políticos, primeiro instrumento normativo internacional da ONU a tratar sobre o tema, mas que, mesmo assim, não forneceu uma definição segura de minoria, haja vista que apenas pregou, genericamente, o respeito aos direitos dos grupos minoritários. De acordo com o art. 27 do Pacto de 1966, *in verbis*: "Nos Estados em que haja minorias étnicas, religiosas ou linguísticas, as pessoas pertencentes a essas minorias não poderão ser privadas do direito de ter, conjuntamente com outros membros de seu grupo, sua própria vida cultural, de professar e praticar sua própria religião e usar sua própria língua".

Em sede jurisprudencial o STJ já assegurou os direitos das minorias, incluindo neste grupo os homossexuais, assexuais ou transexuais: "Se a prerrogativa de vara privativa é outorgada ao extrato heterossexual da população brasileira, para a solução de determinadas lides, também o será à fração homossexual, assexual ou transexual, e todos os demais grupos representativos de minorias de qualquer natureza que tenham similar demanda" (REsp 1291924, Rel. Min. Nancy Andrighi, STJ, J. 28/05/2013).

Da mesma forma o STF exarou o seguinte julgado: "UNIÃO CIVIL ENTRE PESSOAS DO MESMO SEXO – ALTA RELEVÂNCIA SOCIAL E JURÍDICO-CONSTITUCIONAL DA QUESTÃO PERTINENTE ÀS UNIÕES HOMOAFETIVAS – LEGITIMIDADE CONSTITUCIONAL DO RECONHECIMENTO E QUALIFICAÇÃO DA UNIÃO ESTÁVEL HOMOAFETIVA COMO ENTIDADE FAMILIAR: POSIÇÃO CONSAGRADA NA JURISPRUDÊNCIA DO SUPREMO TRIBUNAL FEDERAL (ADPF 132/RJ E ADI 4.277/DF) – O AFETO COMO VALOR JURÍDICO IMPREGNADO DE NATUREZA CONSTITUCIONAL: A VALORIZAÇÃO DESSE NOVO PARADIGMA COMO NÚCLEO CONFORMADOR DO CONCEITO DE FAMÍLIA – O DIREITO À BUSCA DA FELICIDADE, VERDADEIRO POSTULADO CONSTITUCIONAL IMPLÍCITO E EXPRESSÃO DE UMA IDEIA-FORÇA QUE DERIVA DO PRINCÍPIO DA ESSENCIAL DIGNIDADE DA PESSOA HUMANA – ALGUNS PRECEDENTES DO SUPREMO TRIBUNAL FEDERAL E DA SUPREMA CORTE AMERICANA SOBRE O DIREITO FUNDAMENTAL À BUSCA DA FELICIDADE – PRINCÍPIOS DE YOGYAKARTA (2006): DIREITO DE QUALQUER PESSOA DE CONSTITUIR FAMÍLIA, INDEPENDENTEMENTE DE SUA ORIENTAÇÃO SEXUAL OU IDENTIDADE DE GÊNERO – DIREITO DO COMPANHEIRO, NA UNIÃO ESTÁVEL HOMOAFETIVA, À PERCEPÇÃO DO BENEFÍCIO DA PENSÃO POR MORTE DE SEU PARCEIRO, DESDE QUE OBSERVADOS OS REQUISITOS DO ART. 1.723 DO CÓDIGO CIVIL – O ART. 226, § 3º, DA LEI FUNDAMENTAL CONSTITUI TÍPICA NORMA DE INCLUSÃO – A FUNÇÃO CONTRAMAJORITÁRIA DO SUPREMO TRIBUNAL FEDERAL NO ESTADO DEMOCRÁTICO DE DIREITO – A PROTEÇÃO DAS MINORIAS ANALISADA NA PERSPECTIVA DE UMA CONCEPÇÃO MATERIAL DE DEMOCRACIA CONSTITUCIONAL – O DEVER CONSTITUCIONAL DO ESTADO DE IMPEDIR (E, ATÉ MESMO, DE PUNIR) "QUALQUER DISCRIMINAÇÃO ATENTATÓRIA DOS DIREITOS E LIBERDADES FUNDAMENTAIS" (CF, ART. 5º, XLI) – A FORÇA NORMATIVA DOS PRINCÍPIOS CONSTITUCIONAIS E O FORTALECIMENTO DA JURISDIÇÃO CONSTITUCIONAL: ELEMENTOS QUE COMPÕEM O MARCO DOUTRINÁRIO QUE CONFERE SUPORTE TEÓRICO AO NEOCONSTITUCIONALISMO – RECURSO DE AGRAVO IMPROVIDO. NINGUÉM PODE SER PRIVADO DE SEUS DIREITOS EM RAZÃO DE SUA ORIENTAÇÃO SEXUAL" (RE 477554, Rel. Min. Celso de Mello, STF, J. 16/08/2011).

E dentro do mencionado RE 477554, do STF, consta o seguinte trecho: "A proteção das minorias e dos grupos vulneráveis qualifica-se como fundamento imprescindível à plena legitimação material do Estado Democrático de Direito. – Incumbe, por isso mesmo, ao Supremo Tribunal Federal, em sua condição institucional de guarda da Constituição (o que lhe confere 'o monopólio da última palavra' em matéria de interpretação constitucional), desempenhar função contramajoritária, em ordem a dispensar efetiva proteção às minorias contra eventuais excessos (ou omissões) da maioria, eis que ninguém se sobrepõe, nem mesmo os grupos majoritários, à autoridade hierárquico-normativa e aos princípios superiores consagrados na Lei Fundamental do Estado".

A título complementar, especificamente quanto às crianças, de acordo com a Lei nº 13.257, de 2016, estabeleceu-se critérios para as políticas públicas da primeira infância, com alterações em outras normas, como o ECA. Dessa forma, conforme art. 4º de aludida norma, as políticas públicas voltadas ao atendimento dos direitos da criança na primeira infância serão elaboradas e executadas de forma a: "I - atender ao interesse superior da criança e à sua condição de sujeito de direitos e de cidadã; II - incluir a participação da criança na definição das ações que lhe digam respeito, em conformidade com suas características etárias e de desenvolvimento; III - respeitar a individualidade e os ritmos de desenvolvimento das crianças e valorizar a diversidade da infância brasileira, assim como as diferenças entre as crianças em seus contextos sociais e culturais; IV - reduzir as desigualdades no acesso aos bens e serviços que atendam aos direitos da criança na primeira infância, priorizando o investimento público na promoção da justiça social, da equidade e da inclusão sem discriminação da criança; V - articular as dimensões ética, humanista e política da criança cidadã com as evidências científicas e a prática profissional no atendimento da primeira infância; VI - adotar abordagem participativa, envolvendo a sociedade, por meio de suas organizações representativas, os profissionais, os pais e as crianças, no aprimoramento da qualidade das ações e na garantia da oferta dos serviços; VII - articular as ações setoriais com vistas ao atendimento integral e integrado; VIII - descentralizar as ações entre os entes da Federação; IX - promover a formação da cultura de proteção e promoção da criança, com apoio dos meios de comunicação social".

E, por derradeiro, quanto as mulheres, a Lei 14.022, de 2020, ao alterar a Lei nº 13.979, estabeleceu medidas específicas de enfrentamento à violência doméstica e familiar contra a mulher e de enfrentamento à violência contra crianças, adolescentes, pessoas idosas e pessoas com deficiência, durante a emergência de saúde pública de importância internacional decorrente do coronavírus. Relembre-se que a Lei 13.979, também de 2020, disciplinou sobre medidas genéricas para enfrentar aludida pandemia, trazendo, v.g., conceitos de isolamento (separação de pessoas doentes ou contaminadas, ou de bagagens, meios de transporte, mercadorias ou encomendas postais afetadas, de outros, de maneira a evitar a contaminação ou a propagação do coronavírus) e de quarentena (restrição de atividades ou separação de pessoas suspeitas de contaminação das pessoas que não estejam doentes, ou de bagagens, contêineres, animais, meios de transporte ou mercadorias suspeitos de contaminação, de maneira a evitar a possível contaminação ou a propagação do coronavírus).

5. MARCO CIVIL DA INTERNET

O *Marco Civil da Internet*, instituído pela Lei nº 12.965, de 2014, consiste em normativa que regula o uso da Internet no Brasil, por meio da previsão de *princípios, garantias, direitos e deveres* para quem explora a rede mundial de computadores. A lei também estipula diretrizes para a atuação do Estado. O projeto surgiu em 2009 e foi aprovado na Câmara dos Deputados em 25 de março de 2014, e no Senado Federal em 23 de abril de 2014, sendo, posteriormente, sancionado pelo Presidente da República.

Recentemente foi aprovada a Lei 13.709, de 2018, "Lei Geral de Proteção de Dados Pessoais (LGPD)". Em seu art. 1º: "Esta Lei dispõe sobre o tratamento de dados pessoais, inclusive nos meios digitais, por pessoa natural ou por pessoa jurídica de direito público ou privado, com o objetivo de proteger os direitos fundamentais de liberdade e de privacidade e o livre desenvolvimento da personalidade da pessoa natural".

A Lei 12.965, de 2014, "Estabelece princípios, garantias, direitos e deveres para o uso da Internet no Brasil".

De acordo com o art. 2º da lei, a "disciplina do uso da internet no Brasil tem como fundamento o respeito à liberdade de expressão", bem como outros postulados, como: o reconhecimento da escala mundial da rede; *os direitos humanos, o desenvolvimento da personalidade e o exercício da cidadania em meios digitais*; a pluralidade e a diversidade; e outros.

Os princípios que norteiam o uso da internet no Brasil (art. 3º) são, de forma exemplificativa, sem excluir outros decorrentes do ordenamento nacional:

Garantia da liberdade de expressão, comunicação e manifestação de pensamento, nos termos da Constituição Federal.
Proteção da privacidade.
Proteção dos dados pessoais.
Preservação e garantia da neutralidade de rede.
Preservação da estabilidade, segurança e funcionalidade da rede, por meio de medidas técnicas compatíveis com os padrões internacionais e pelo estímulo ao uso de boas práticas.
Responsabilização dos agentes de acordo com suas atividades, nos termos da lei.
Preservação da natureza participativa da rede.
Liberdade dos modelos de negócios promovidos na internet, desde que não conflitem com os demais princípios estabelecidos nesta Lei.

Em complemento ao rol de princípios, é preciso destacar que a disciplina do uso da internet no Brasil tem por objetivo (art. 4º) a promoção do direito de acesso à internet a todos, do acesso à informação, ao conhecimento e à participação na vida cultural e na condução dos assuntos públicos, da inovação e do fomento à ampla difusão de novas tecnologias e modelos de uso e acesso e da adesão a padrões tecnológicos abertos que permitam a comunicação, a acessibilidade e a interoperabilidade entre aplicações e bases de dados.

Por tais razões que o acesso à internet é essencial ao exercício da cidadania (art. 7º), devendo ser assegurados inúmeros direitos aos usuários, como: inviolabilidade da intimidade e da vida privada, sua proteção e indenização pelo dano material ou moral decorrente de sua violação; inviolabilidade e sigilo do fluxo de suas comunicações pela internet, salvo por ordem judicial, na forma da lei; inviolabilidade e sigilo de suas comunicações privadas armazenadas, salvo por ordem judicial; não suspensão da conexão à internet, salvo por débito diretamente decorrente de sua utilização; e outros.

O art. 9º da Lei 12.965, de 2014, preceitua que o "responsável pela transmissão, comutação ou roteamento tem o dever de tratar de forma isonômica quaisquer pacotes de dados, sem distinção por conteúdo, origem e destino, serviço, terminal ou aplicação".

E o art. 18 da lei traz preceito que pode entrar em rota de colisão com decisões de Tribunais Superiores: "O provedor de conexão à internet não será responsabilizado civilmente por danos decorrentes de conteúdo gerado por terceiros". Em continuidade, o art. 19 dispõe que: "Com o intuito de assegurar a liberdade de expressão e impedir a censura, o provedor de aplicações de internet somente poderá ser responsabilizado civilmente por danos decorrentes de conteúdo gerado por terceiros se, após ordem judicial específica, não tomar as providências para, no âmbito e nos limites técnicos do seu serviço e dentro do prazo assinalado, tornar indisponível o conteúdo apontado como infringente, ressalvadas as disposições legais em contrário".

Embora a lei seja extensa, para encerrar, citamos as diretrizes fixadas ao Estado. De acordo com o art. 24: "Constituem diretrizes para a atuação da União, dos Estados, do Distrito Federal e dos Municípios no desenvolvimento da internet no Brasil: I – estabelecimento de mecanismos de governança multiparticipativa, transparente, colaborativa e democrática, com a participação do governo, do setor empresarial, da sociedade civil e da comunidade acadêmica; II – promoção da racionalização da gestão, expansão e uso da internet, com participação do Comitê Gestor da internet no Brasil; III – promoção da racionalização e da interoperabilidade tecnológica dos serviços de governo eletrônico, entre os diferentes Poderes e âmbitos da Federação, para permitir o intercâmbio de informações e a celeridade de procedimentos; IV – promoção da interoperabilidade entre sistemas e terminais diversos, inclusive entre os diferentes âmbitos federativos e diversos setores da sociedade; V – adoção preferencial de tecnologias, padrões e formatos abertos e livres; (...)".

Antes de fecharmos o presente item, apenas iremos expor uma breve visão crítica quanto à recente lei sobre internet. Primeiro, que somos céticos quanto à efetividade na lei, haja vista que o controle e regulação da internet é de difícil implementação por um Estado, como o Brasil, que falha na ampla maioria dos serviços prestados e com baixa capacidade técnica como sujeito regulador do mercado, em todos os seus setores. Ademais, somos partidários de uma visão mínima de Estado, que deve intervir quando *necessário*, mas não em todos os setores, embora essa *figura estatal* muitas vezes não se encaixe no *Estado tido como moderno* (ou burguês), conforme doutrina Eros Roberto Grau (2005, p. 16). Ademais, em contrapartida, o marco civil da internet pode ser mais uma porta para ingerências do Poder Público na vida privada das pessoas, como tem sido demonstrado por atitudes recentes do governo brasileiro, que, vez ou outra, tenta controlar aspirações e comportamentos dos cidadãos de forma indevida, com um viés nitidamente ditatorial.

Em alguns pontos, há um retrocesso nítido, especialmente para a investigação criminal. A lei do marco civil contraria os avanços na seara da investigação, especialmente em relação a outras leis recentemente também aprovadas. Nessa linha, veja que o art. 2º, § 2º, da Lei 12.830, de 2013, veio conferir poderes de requisição de dados aos delegados de polícia na investigação criminal, não restringindo dados cadastrais de quaisquer espécies. E mais, a Lei sobre organizações criminosas, nº 12.850, de 2013, mais uma vez garantiu em seu art. 15 o poder de requisição de dados cadastrais independentemente de autorização judicial aos delegados, incluídos novamente os dados referentes aos provedores da internet.

Mas é preciso se *desarmar*, ou seja, dar tempo ao tempo, de forma a esperar pela boa utilização da Lei 12.965, de 2014. Veremos!

6. PROGRAMA NACIONAL DE DIREITOS HUMANOS (PNDH-3)

Está em vigor terceira versão do *Programa Nacional de Direitos Humanos* (PNDH-3), que tenta dar continuidade ao processo de consolidação das orientações para concretizar a promoção e defesa dos direitos humanos em território nacional. Contudo, *o plano ainda é um plano*, com o perdão da redundância, ele ainda se classifica como uma *simples folha de papel*, que tenta, apenas formalmente, dar tons de seriedade ao Poder Público, eterno omisso e responsável pelas barbáries vivenciadas dia a dia no Brasil.

O texto do documento avança incorporando a transversalidade nas diretrizes e nos objetivos estratégicos propostos, na perspectiva da universalidade, indivisibilidade e interdependência dos direitos das pessoas.

No ano de 2008 deu-se início a atualização e revisão do Programa Nacional de Direitos Humanos I e II, tendo como instrumento principal a realização da *11ª Conferência Nacional dos Direitos Humanos*. Foram realizados 137 encontros prévios às etapas estaduais e distrital. Tais reuniões envolveram aproximadamente 14 mil participantes, representando a sociedade civil organizada e o Estado.

O PNDH-3 está estruturado em seis eixos orientadores, subdivididos em 25 diretrizes, 82 objetivos estratégicos que incorporam ou refletem os 7 eixos, as 36 diretrizes e as 700 resoluções da *11ª Conferência Nacional dos Direitos Humanos*. O Programa tem também como alicerce as resoluções das Conferências Nacionais temáticas, os Planos e Programas do governo federal, os tratados internacionais ratificados pelo Brasil e as recomendações dos Comitês de Monitoramento de Tratados da ONU e dos relatores especiais.

7. O ESTATUTO DA PESSOA COM DEFICIÊNCIA

A Lei federal 13.146, de 06 de julho de 2015, instituiu o Estatuto da Pessoa com Deficiência. Eis mais uma norma infraconstitucional totalmente *insuflada* pelo fenômeno do Direito Internacional, que se espalhada, felizmente, pelo sistema jurídico nacional.

De acordo com o art. 1º do Estatuto, institui-se a Lei Brasileira de Inclusão da Pessoa com Deficiência (Estatuto da Pessoa com Deficiência), destinada a assegurar e a promover, em condições de igualdade, o exercício dos direitos e das liberdades fundamentais por pessoa com deficiência, visando à sua inclusão social e à cidadania.

E o parágrafo único do art. 1º preceitua que, o Estatuto da Pessoa com Deficiência tem como base a *Convenção sobre os Direitos das Pessoas com Deficiência e seu Protocolo Facultativo*, referendados pelo Congresso Nacional por meio do Decreto Legislativo nº 186, de 9 de julho de 2008, em conformidade com o procedimento previsto no § 3º do art. 5º da Constituição Federal (trata-se de convenção equivalente às emendas constitucionais).

Para tanto, considera-se pessoa com deficiência "aquela que tem impedimento de longo prazo de natureza física, mental, intelectual ou sensorial, o qual, em interação com uma ou mais barreiras, pode obstruir sua participação plena e efetiva na sociedade em igualdade de condições com as demais pessoas" (art. 2º).

A Lei 13.146, de 06 de julho de 2015, ainda consagra o importante princípio da igualdade e da não discriminação.

Em conseguinte, asseguram-se expressamente direitos fundamentais, alguns até redundantes normativamente, haja vista que cansativamente consagrados na Constituição Federal e em várias convenções internacionais. Todavia, embora repetitivos, os seus conteúdos têm um sujeito-alvo específico (a pessoa com deficiência), o que atende ao processo de especificação do sujeito, dando maior proteção aos sujeitos-alvos. São direitos fundamentais: direito à vida; direito à habilitação e à reabilitação; direito à saúde; direito à educação; direito à moradia; direito ao trabalho; direito à assistência social; direito à previdência social; direito à cultura, ao esporte, ao turismo e ao lazer; e direito ao transporte e à mobilidade.

Além do cabedal tutelar acima citado, o Estatuto destina seu Título III ao direito à acessibilidade. Dessa forma, o art. 53 preceitua que a "acessibilidade é direito que garante à pessoa com deficiência ou com mobilidade reduzida viver de forma independente e exercer seus direitos de cidadania e de participação social". Por isso que a "construção, a reforma, a ampliação ou a mudança de uso de edificações abertas ao público, de uso público ou privadas de uso coletivo deverão ser executadas de modo a serem acessíveis" (art. 56).

Além da acessibilidade, trata a lei 13.146 do acesso à informação e à comunicação, da tecnologia assistiva e do direito à participação na vida pública e política.

Em seção própria, sobre ciência e tecnologia, o Estatuto estabelece ser dever do Estado fomentar o desenvolvimento científico, a pesquisa e a inovação e a capacitação tecnológicas, voltados à melhoria da qualidade de vida e ao trabalho da pessoa com deficiência e sua inclusão social. Sendo que o fomento pelo poder público deve priorizar a geração de conhecimentos e técnicas que visem à prevenção e ao tratamento de deficiências.

Em seu Livro II, Parte Especial, há inauguração de parte sobre o acesso à Justiça. Conforme o art. 79, o "poder público deve assegurar o acesso da pessoa com deficiência à justiça, em igualdade de oportunidades com as demais pessoas, garantindo, sempre que requeridos, adaptações e recursos de tecnologia assistiva". Por tais razões que deve haver uma melhor capacitação dos membros e dos servidores que atuam no Poder Judiciário, no Ministério Público, na Defensoria Pública, nos órgãos de segurança pública e no sistema penitenciário quanto aos direitos da pessoa com deficiência.

O art. 84 sepulta uma das várias discriminações legais que existiam contra as pessoas com deficiência. Ele preceitua que a "pessoa com deficiência tem assegurado o direito ao exercício de sua capacidade legal em igualdade de condições com as demais pessoas".

Como forma de repressão a qualquer conduta que atente contra as pessoas com deficiências, há a previsão de *crimes e infrações administrativas*, tipificadas do art. 88 a 91.

Por fim, em seu fechamento, o Estatuto dispõe, no art. 92, sobre a criação do Cadastro Nacional de Inclusão da Pessoa com Deficiência (Cadastro-Inclusão), registro público eletrônico com a finalidade de coletar, processar, sistematizar e disseminar informações georreferenciadas que permitam a identificação e a caracterização socioeconômica da pessoa com deficiência, bem como das barreiras que impedem a realização de seus direitos.

Além do Cadastro supra, o art. 94 do Estatuto cria um "auxílio-inclusão, nos termos da lei, a pessoa com deficiência moderada ou grave". Para fazer jus a tal benefício, há que se preencher alguns requisitos, quais sejam: I - receba o benefício de prestação continuada previsto no art. 20 da Lei nº 8.742, de 7 de dezembro de 1993, e que passe a exercer atividade remunerada que a enquadre como segurado obrigatório do regime geral da Previdência Social; II - tenha recebido, nos últimos 5 (cinco) anos, o benefício de prestação continuada previsto no art. 20 da Lei nº 8.742, de 7 de dezembro de 1993, e que exerça atividade remunerada que a enquadre como segurado obrigatório regime geral da Previdência Social.

Muitos outros artigos poderiam ser estudados, contudo, sua extensão é incompatível com o objetivo atual deste capítulo do Livro. Mas é preciso reconhecer que o Estatuto da Pessoa com Deficiência revolucionou o Direito brasileiro, especialmente o Direito Privado. A leitura do Código Civil atual bem demonstra essa assertiva. Para tanto, citaremos apenas um artigo inicial do atual *Código realeano*, veja-se a profunda alteração sofrida pela matéria atinente às incapacidades (absoluta e relativa) da pessoa natural:

CÓDIGO CIVIL SEM AS ALTERAÇÕES:	CÓDIGO CIVIL COM A REFORMA DO ESTATUTO DA PESSOA COM DEFICIÊNCIA:
- ***Art. 3º*** *São absolutamente incapazes de exercer pessoalmente os atos da vida civil:* *I - os menores de dezesseis anos;* *II - os que, por enfermidade ou deficiência mental, não tiverem o necessário discernimento para a prática desses atos;* *III - os que, mesmo por causa transitória, não puderem exprimir sua vontade.*	- ***Art. 3º*** *São absolutamente incapazes de exercer pessoalmente os atos da vida civil os menores de 16 (dezesseis) anos. (Redação dada pela Lei nº 13.146, de 2015)*

POSIÇÃO DO STF

"A Convenção Internacional sobre os Direitos da Pessoa com Deficiência concretiza o princípio da igualdade como fundamento de uma sociedade democrática que respeita a dignidade humana. À luz da Convenção e, por consequência, da própria Constituição da República, o ensino inclusivo em todos os níveis de educação não é realidade estranha ao ordenamento jurídico pátrio, mas sim imperativo que se põe mediante regra explícita. Nessa toada, a Constituição da República prevê em diversos dispositivos a proteção da pessoa com deficiência, conforme se verifica nos arts. 7º, XXXI; 23, II; 24, XIV; 37, VIII; 40, § 4º, I; 201, § 1º; 203, IV e V; 208, III; 227, § 1º, II, e § 2º; e 244. Pluralidade e igualdade são duas faces da mesma moeda. O respeito à pluralidade não prescinde do respeito ao princípio da igualdade. E na atual quadra histórica, uma leitura focada tão somente em seu aspecto formal não satisfaz a completude que exige o princípio. Assim, a igualdade não se esgota com a previsão normativa de acesso igualitário a bens jurídicos, mas engloba também a previsão normativa de medidas que efetivamente possibilitem tal acesso e sua efetivação concreta. O enclausuramento em face do diferente furta o colorido da vivência cotidiana, privando-nos da estupefação diante do que se coloca como novo, como diferente. É somente com o convívio com a diferença e com o seu necessário acolhimento que pode haver a construção de uma sociedade livre, justa e solidária, em que o bem de todos seja promovido sem preconceitos de origem, raça, sexo, cor, idade e quaisquer outras formas de discriminação (art. 3º, I e IV, CRFB). A Lei 13.146/2015 indica assumir o compromisso ético de acolhimento e pluralidade democrática adotados pela Constituição ao exigir que não apenas as escolas públicas, mas também as particulares deverão pautar sua atuação educacional a partir de todas as facetas e potencialidades que o direito fundamental à educação possui e que são densificadas em seu Capítulo IV" (ADI 5.357, Rel. Min. Edson Fachin, STF, j. 09/06/2016). "Há a considerar (...), por relevante, a Convenção Internacional das Nações Unidas sobre os Direitos das Pessoas com Deficiência assinada em Nova York (2007) e incorporada, formalmente, ao plano do direito positivo interno brasileiro pelo Decreto 6.949/2009.

Torna-se digno de nota registrar que essa Convenção Internacional, por veicular normas de direitos humanos, foi aprovada pelo Congresso Nacional pelo Decreto Legislativo 186/2008, cuja promulgação observou o procedimento ritual a que alude o art. 5º, § 3º, da Constituição da República, a significar, portanto, que esse importantíssimo ato de direito internacional público reveste-se, na esfera doméstica, de hierarquia e de eficácia constitucionais. A Convenção Internacional em referência, ao estabelecer normas destinadas a assegurar à pessoa portadora de deficiência (ou portadora de necessidades especiais) o direito de acesso ao trabalho e ao emprego (art. 27), estabelece regras cuja eficácia desautoriza a pretensão recursal da União Federal, ora agravante, eis que a mens que informa a cláusula normativa fundada no inciso VIII do art. 37 da Constituição da República visa a instituir mecanismos compensatórios que traduzam ações afirmativas a serem implementadas pelo Poder Público e que buscam, na realidade, "promover e proteger os direitos e a dignidade das pessoas com deficiência", corrigindo "as profundas desvantagens sociais" que afetam tais pessoas, em ordem a tornar efetiva "sua participação na vida econômica, social e cultural, em igualdade de oportunidades, tanto nos países em desenvolvimento como nos desenvolvidos" (Preâmbulo, y). Veja-se, portanto, que o tratamento diferenciado a ser conferido à pessoa portadora de deficiência, longe de vulnerar o princípio da isonomia, tem por precípua finalidade recompor o próprio sentido de igualdade que anima as instituições republicanas, motivo pelo qual o intérprete há de observar, no processo de indagação do texto normativo que beneficia as pessoas portadoras de deficiência (ou de necessidades especiais), os vetores que, erigidos à condição de "princípios gerais", informam o itinerário que referida Convenção Internacional estabelece em cláusulas impregnadas de autoridade, hierarquia e eficácia constitucionais (CF, art. 5º, § 3º), como precedentemente já assinalado" (RMS 32.732 AgR, Rel. Min. Celso de Mello, STF, j. 03/06/2014).

"Assentada a natureza constitucional da política pública de acessibilidade, necessariamente a ser implementada pelos demais Poderes Públicos, decorre do conjunto normativo a existência do direito subjetivo público de adequação dos edifícios e áreas públicas visando possibilitar a livre locomoção de portadores de necessidades especiais. É ele qualificado, quando se trata de escola pública, cujo acesso surge primordial ao pleno desenvolvimento da pessoa, consoante proclama o art. 205 da Carta Federal.

O art. 206, I, dela constante assegura a igualdade de condições para a permanência na escola. Barreiras arquitetônicas que impeçam a locomoção de pessoas acarretam inobservância à regra constitucional, colocando cidadãos em desvantagem no tocante à coletividade. A imposição quanto à acessibilidade aos prédios públicos é reforçada pelo direito à cidadania, ao qual têm jus os portadores de necessidades especiais. A noção de república pressupõe que a gestão pública seja efetuada por delegação e no interesse da sociedade e, nesta, aqueles estão integrados. Obstaculizar-lhes a entrada em hospitais, escolas, bibliotecas, museus, estádios, em suma, edifícios de uso público e áreas destinadas ao uso comum do povo, implica tratá-los como cidadãos de segunda classe, ferindo de morte o direito à igualdade e à cidadania" (RE 440.028, Rel. Min. Marco Aurélio, STF, j. 29-10-2013).

"A ordem constitucional brasileira, inaugurada em 1988, trouxe desde seus escritos originais a preocupação com a proteção das pessoas portadoras de necessidades especiais, construindo políticas e diretrizes de inserção nas diversas áreas sociais e econômicas da comunidade (trabalho privado, serviço público, previdência e assistência social). Estabeleceu, assim, nos arts. 227, § 2º, e 244, a necessidade de se conferir amplo acesso e plena

capacidade de locomoção às pessoas com deficiência, no que concerne tanto aos logradouros públicos, quanto aos veículos de transporte coletivo, determinando ao legislador ordinário a edição de diplomas que estabeleçam as formas de construção e modificação desses espaços e desses meios de transporte. Na mesma linha afirmativa, há poucos anos, incorporou-se ao ordenamento constitucional a Convenção Internacional sobre os Direitos das Pessoas com Deficiência, primeiro tratado internacional aprovado pelo rito legislativo previsto no art. 5º, § 3º, da Constituição Federal, o qual foi internalizado por meio do Decreto presidencial 6.949/2009. O art. 9º da convenção veio justamente reforçar o arcabouço de proteção do direito de acessibilidade das pessoas com deficiência" (ADI 903, Rel. Min. Dias Toffoli, STF, j. 22/05/2013).

ATENÇÃO

A lei 13.836, de 2019, acrescentou dispositivo ao art. 12 da Lei nº 11.340, de 2006, para tornar obrigatória a informação sobre a condição de pessoa com deficiência da mulher vítima de agressão doméstica ou familiar.

8. TÓPICO-SÍNTESE

TÓPICO-SÍNTESE: Direitos Humanos - Temas Finais	
Os direitos humanos e a Advocacia Pública, a Defensoria Pública e o Ministério Público	– Os direitos humanos demandam e merecem uma proteção cada vez mais efetiva e conglobante, devendo envolver simbioticamente os mais diversos Poderes, órgãos e instituições da República.
Advocacia Pública	– A Advocacia Pública é função essencial à justiça e à sociedade, sendo ínsita à estrutura do Estado, indispensável para a existência material deste. No Brasil, na verdade, a expressão "Advocacia Pública", em sentido lato, pode ser tradicionalmente fracionada em três espécies: *advocacia da sociedade com o Ministério Público*; *advocacia dos necessitados, ou seja, a defensoria pública*; e a *advocacia do estado ou dos entes federativos*.
Feição constitucional	– Os principais artigos sobre Advocacia Pública são o 131 e o 132 da CF de 1988.

Advocacia e direitos humanos	– O advogado público ocupa posição privilegiada no sistema jurídico, quando vislumbrado de forma global. Isso em razão de ter uma visão do todo: dos direitos, das políticas públicas e dos limites orçamentários. O que o permite contrabalançar valores e atender direitos tendo como perspectiva a reserva do possível.
Defensoria Pública	– A Defensoria Pública há pouco tempo era Instituição esquecida pelo Poder Público, talvez, ironicamente, por defender a camada da sociedade historicamente esquecida pelos demais: os necessitados, pobres de recursos e, muitas vezes, de esperança. Felizmente, os últimos anos foram de importantes conquistas para o corpo de Defensores Públicos, que passam a ganhar uma roupagem constitucional coadunada com sua relevância social.
Feição constitucional	– **De acordo com o art. 134 da CF:** "A Defensoria Pública é instituição permanente, essencial à função jurisdicional do Estado, incumbindo-lhe, como expressão e instrumento do regime democrático, fundamentalmente, a orientação jurídica, **a promoção dos direitos humanos e a defesa, em todos os graus, judicial e extrajudicial, dos direitos individuais e coletivos, de forma integral e gratuita, aos necessitados**, na forma do inciso LXXIV do art. 5º desta Constituição Federal" (Grifei).
Defensoria e direitos humanos	– A Defensoria tem como fundamentos principais a cidadania e a dignidade da pessoa humana. Os próprios objetivos da República, delineados no art. 3º da CF confundem-se com os objetivos da própria Defensoria. Há uma estreita relação entre a atuação da Defensoria Pública com o sistema interamericano.
Ministério Público	– Não há como negar que as funções do Ministério Público (MP) em certa medida aproximam-se das funções da Defensoria. Até mesmo por questões históricas. O MP é instituição existente há séculos. Foi com a Constituição de 1988 que o MP adquiriu novas funções, destacando a sua atuação na tutela dos interesses difusos e coletivos, como meio ambiente, consumidor, patrimônio histórico, turístico e paisagístico; pessoa portadora de deficiência; criança e adolescente, comunidades indígenas e minorias ético-sociais.
Feição constitucional	– O art. 127 da CF aloca o Ministério Público como instituição permanente, essencial à função jurisdicional do Estado, com a incumbência pela defesa da ordem jurídica, do regime democrático e dos interesses sociais e individuais indisponíveis.

Ministério Público e direitos humanos	– O Ministério Público adquiriu uma nova configuração a partir de 1988 quando foi colocado na Constituição como instituição permanente, essencial à função jurisdicional do Estado, incumbindo-lhe a defesa da ordem jurídica, do regime democrático e dos interesses sociais e individuais indisponíveis. Há diferentes meios de inter-relacionar o *Parquet* com os direitos humanos. Uma dessas formas é a atuação do MP no processo, especialmente no penal, haja vista que seus membros não são mais acusadores natos e exclusivos. O princípio do promotor natural brota como um direito do cidadão.
O "mensalão" e o Direito Internacional	– **Informativo 720 do STF:** "o Ministro Celso de Mello proferiu voto de desempate no sentido de admitir a possibilidade de utilização, na espécie, dos embargos infringentes (RISTF, art. 333, I), (...) Ministro Celso de Mello reiterou que não se presumiria a revogação tácita das leis, mormente por não incidir, no caso, qualquer hipótese configuradora de revogação das espécies normativas, na forma descrita no art. 2º, § 1º, da Lei de Introdução às Normas de Direito Brasileiro – LINDB. (...) do postulado do duplo reexame, que visa a amparar direito consagrado na Convenção Americana de Direitos Humanos, na medida em que realizaria, embora insuficientemente, a cláusula da proteção judicial efetiva. *Sublinhou, por fim, que o referido postulado seria invocável mesmo nas hipóteses de condenações penais em decorrência de prerrogativa de foro, formuladas por Estados que houvessem formalmente reconhecido, como obrigatória, a competência da Corte Interamericana de Direitos Humanos em todos os casos relativos à interpretação ou aplicação desse tratado internacional.* (...)".
A Comissão Nacional da Verdade (CNV)	– A Comissão Nacional da Verdade (CNV) foi criada pela Lei 12.528, de 2011, e instituída em 16 de maio de 2012. A CNV tem por finalidade apurar graves violações aos direitos humanos ocorridas *entre 18 de setembro de 1946 e 5 de outubro de 1988*. A Lei 12.528, de 2011 "Cria a Comissão Nacional da Verdade no âmbito da Casa Civil da Presidência da República". Conforme seu art. 1º, a CNV, no âmbito da Casa Civil da Presidência da República, tem a finalidade de examinar e esclarecer as graves violações de direitos humanos praticadas no período fixado no art. 8º do ADCT, a fim de efetivar o direito à memória e à verdade histórica e promover a reconciliação nacional.
Direito das Minorias	– O Direito das Minorias consiste em categoria que pode ser estudada sob a perspectiva tanto do Direito Internacional como do Direito interno. Ele está estreitamente conectado com o já estudado sistema heterogêneo de proteção aos direitos humanos. Dessa forma, a definição de *minoria* pode variar de acordo com o critério adotado (APPIO, 2008). Fato é que seu conceito pressupõe a ideia de discriminação. Há critérios conceituais *objetivos* e *subjetivos* para a conceituação; há também parâmetros que levam em conta, v.g., a inferioridade numérica. Nem mesmo a Organização das Nações Unidas (ONU) conseguiu chegar a um conceito universalmente aceito.

Marco civil da internet	– O *Marco Civil da Internet*, instituído pela Lei nº 12.965, de 2014, consiste em normativa que regula o uso da Internet no Brasil, por meio da previsão de *princípios, garantias, direitos e deveres* para quem explora a rede mundial de computadores. A lei também estipula diretrizes para a atuação do Estado. O projeto surgiu em 2009 e foi aprovado na Câmara dos Deputados em 25 de março de 2014, e no Senado Federal em 23 de abril de 2014, sendo, posteriormente, sancionado pelo Presidente da República. A Lei 12.965, de 2014, "Estabelece princípios, garantias, direitos e deveres para o uso da Internet no Brasil".
Programa Nacional de Direitos Humanos PNDH-3	– Está em vigor terceira versão do *Programa Nacional de Direitos Humanos* (PNDH-3), que tenta dar continuidade ao processo de consolidação das orientações para concretizar a promoção e defesa dos direitos humanos em território nacional.
Estatuto da Pessoa com Deficiência	– A Lei federal 13.146, de 06 de julho de 2015, instituiu o Estatuto da Pessoa com Deficiência. De acordo com o art. 1º do Estatuto, institui-se a Lei Brasileira de Inclusão da Pessoa com Deficiência (Estatuto da Pessoa com Deficiência), destinada a assegurar e a promover, em condições de igualdade, o exercício dos direitos e das liberdades fundamentais por pessoa com deficiência, visando à sua inclusão social e à cidadania. E o parágrafo único do art. 1º preceitua que, o Estatuto da Pessoa com Deficiência tem como base a *Convenção sobre os Direitos das Pessoas com Deficiência e seu Protocolo Facultativo*.

REFERÊNCIAS

ACCIOLY, Hildebrando; NASCIMENTO E SILVA, Geraldo Eulálio do; CASELLA, Paulo Borba. *Manual de Direito Internacional Público*. 16 ed. São Paulo: Saraiva, 2008.

ACQUAVIVA, Guido. Human rights violations before international tribunals: reflections on responsibility of international organizations. *Leiden journal of international law*, 2007.

ALEXY, Robert. *Teoria dos Direitos Fundamentais*. São Paulo: Malheiros, 2006.

AMBOS, Kai. *Derecho y processo penal internacional*: ensayos críticos. Mexico: Fontamara, 2008.

ÂNGELO, M. *Direitos humanos*. São Paulo: Editora de Direito, 1998.

APPIO, Eduardo. *Direito das Minorias*. São Paulo: Revista dos Tribunais, 2008.

ARENDT, Hannah. *As Origens do Totalitarismo:* totalitarismo, o paroxismo do poder. Rio de Janeiro: Ed. Documentário, 1979.

ÁVILA, Humberto. *Teoria dos Princípios:* da definição à aplicação dos princípios jurídicos. 12. ed. São Paulo: Malheiros, 2011.

BARRETTO, Rafael. *Direitos Humanos*. Salvador: Juspodivm, 2011.

BARROSO, Luis Roberto. *Interpretação e aplicação da Constituição*: fundamentos de uma dogmática constitucional transformadora. 6 ed. São Paulo: Saraiva, 2004.

____. Fundamentos teóricos e filosóficos do novo direito constitucional brasileiro: pós-modernidade, teoria crítica e pós-positivismo. *Revista Diálogo Jurídico*. Salvador, ano I, v. I, n. 6, set., 2001.

BASTOS, Roberta. Notícias do Superior Tribunal de Justiça. 15:44 – Ministro Dipp: *Decisões da Corte Interamericana têm eficácia e aplicação imediata*, Brasília, 17 mai. 2005. Disponível em: http://www.stj.gov.br/webstj/Noticias/detalhes_noticias.asp?seq_noticia=14018. Acesso em: 09 08 2009.

BELSKY, Adam C.; MERVA, Mark; ROTH-ARRIAZA, Naomi. Implied Waiver under the FSIA: A Proposed Exception to Immunity for Violations of Peremptory Norms of International Law. *California Law Review*, 1989, vol. 77.

BELTRAME NETO, Silvio. *Direitos Humanos*. 5 ed. Salvador: Juspodivm, 2018.

BEVILÁQUA, Clovis. Direito público internacional. Tomo II. 2. ed. Rio de Janeiro: Freitas Bastos, 1939.

BEZERRA, Fábio Luiz de Oliveira. *Responsabilidade internacional do Estado pelos atos de particulares*. Curitiba: CRV, 2014.

BIDART CAMPOS, Germán J. *La interpretación del sistema de derechos humanos*. Buenos Aires: Ediar, 1994.

BINENBOJM, Gustavo. A Advocacia Pública e o Estado Democrático de Direito. *Revista Brasileira de Direito Público – RBDP*, Belo Horizonte, n. 31, ano VIII, out.-dez. 2010.

BOBBIO, Norberto. *Teoria Geral do Direito*. São Paulo: Martins Martins Fontes, 2010.

___. *A era dos direitos*. Rio de Janeiro: Campus, 2004.

BONAVIDES, Paulo. *Curso de Direito Constitucional*. 19 ed. São Paulo: Malheiros, 2006.

BONIFÁCIO, Artur Cortez. *O Direito Constitucional Internacional e a proteção dos direitos fundamentais*. São Paulo: Método, 2008.

BRAGA NETTO, Felipe Peixoto. *Manual de Direito do Consumidor*. 9 ed. Salvador: Juspodivm, 2014.

BROWNLIE, Ian. *Princípios de direito internacional público*. Tradução de Maria Manuela Farrajota. Lisboa: Fundação Calouste Gulbenkian, 1997.

CAMPOS, João Mota de. *Organizações internacionais*. Lisboa: Fundação Calouste Gulbenkian, 2006.

CANOTILHO, J. J. Gomes. *Direito Constitucional e Teoria da Constituição*. 7 ed. Coimbra: Almedina, 2003.

CARNEIRO, Paulo Cesar Pinheiro. *O ministério público no processo civil e penal*: promotor natural, atribuição e conflito. Rio de Janeiro: Forense, 2001.

CARVALHO, Amilton Bueno de. *Garantismo Penal Aplicado*. 2 ed. Rio de Janeiro: Lumen Juris, 2006.

CAVALCANTE FILHO, João Trindade. *Teoria geral dos direitos fundamentais*. Disponível em: https://www.stf.jus.br/repositorio/cms/portaltvjustica/portaltvjusticanoticia/anexo/joao_trindadade__teoria_geral_dos_direitos_fundamentais.pdf. Acesso em: 16/12/2018.

COMPARATO, Fábio Konder. Fundamento dos Direitos Humanos. In: *Cultura dos Direitos Humanos*. São Paulo: Ltr, 1998.

DEL´OLMO, Florisbal de Souza; KAMPF, Elisa Cerioli Del´Olmo. *A extradição no Direito brasileiro*. Rio de Janeiro: GZ, 2011.

DEVA, Surya. *Regulating corporate human rights violations*: humanizing business. Londres: Routledge, 2014.

DIMOULIS, Dimitri; MARTINS, Leonardo. *Teoria Geral dos Direitos Fundamentais*. São Paulo: Revista dos Tribunais, 2008.

DINAMARCO, Cândido Rangel. *Instituições de direito processual civil*. 4 ed. São Paulo: Malheiros, 2004.

DOLINGER, Jacob. *Direito internacional privado*: a criança no direito internacional. Rio de Janeiro: Renovar, 2003.

FEIX, Virginia. Por uma política pública nacional de acesso à Justiça. *Estudos Avançados* (18), n. 51, 2004.

FERREIRA FILHO, Manoel Gonçalves. *Direitos Humanos Fundamentais*. 9 ed. São Paulo: Saraiva, 2007.

FERRAJOLI, Luigi. *Direito e Razão – Teoria do Garantismo Penal*. São Paulo: Revista dos Tribunais, 2002.

GOMES, Luis Flávio; MAZZUOLI, Valério de Oliveira. Crimes da ditadura militar e o "Caso Araguaia": aplicação do direito internacional dos direitos humanos pelos juízes e tribunais brasileiros. In: GOMES, Luis Flávio; MAZZUOLI, Valério de Oliveira (org.). *Crimes da Ditadura Militar*: uma análise à luz da jurisprudência atual da Corte Interamericana de Direitos Humanos. São Paulo: Revista dos Tribunais, 2011.

____;____. *Direito Supraconstitucional*: Do absolutismo ao Estado Constitucional e Humanista de Direito. Col. Direito e Ciências afins. V. 5. São Paulo: Revista dos Tribunais, 2010.

____;____. *Comentários à Convenção Americana sobre Direitos Humanos (Pacto de San José da Costa Rica)*. São Paulo: Revista dos Tribunais, 2008.

____. *Estado Constitucional de Direito e a Nova Pirâmide Jurídica*. São Paulo: Premier Máxima, 2008.

GORI, Gisella. Compliance. *In*: SHELTON, Dinah (edit.). *International Human Rights Law*. Oxford: Oxford University Press, 2013.

GRANDE JÚNIOR, Cláudio. Advocacia Pública: Estudo classificatório de direito comparado. *Revista da Procuradoria do Estado do Rio Grande do Sul*, n.66, 2007.

GRAU, Eros Roberto. *A ordem econômica na Constituição de 1988*. 10 ed. São Paulo: Malheiros, 2005.

GRESPAN, Jorge. *Revolução Francesa e Iluminismo:* Repensando a História. São Paulo: Contexto, 2003.

GROSS, Leo. The Peace of Westphalia, 1648 – 1948. *American Journal of International Law*, 42, 1948.

GROTIUS, Hugo. *O Direito da Guerra e da Paz*. V. II. 2 ed. Ijuí: Unijuí, 2005.

GUERRA, Bernardo Pereira de Lucena Rodrigues. *Direito Internacional dos Direitos Humanos*: nova mentalidade emergente pós-1945. Curitiba: Juruá, 2006.

HERKENHOFF, João Baptista. *Curso de direitos humanos*: gênese dos direitos humanos. Rio de Janeiro: Acadêmica, 1994.

HESSE, Konrad. *Elementos de Direito Constitucional da República Federal da Alemanha*. Porto Alegre: Sergio Antonio Fabris, 1998.

HOBSBAWM, Eric J. *A Revolução Francesa*. São Paulo: Paz E Terra, 1996.

HÖFFE, Otfried. *Immanuel Kant*. Trad. de Christian Viktor Hamm e Valerio Rohden. São Paulo: Martins Fontes, 2005.

HONESKO, Raquel Schlommer. Discussão Histórico-Jurídica sobre as Gerações de Direitos Fundamentais: a Paz como Direito Fundamental de Quinta Geração. In: *Direitos Fundamentais e Cidadania*. FACHIN, Zulmar (coord.). São Paulo: Método, 2008.

JAEGER, Guilherme Pederneiras. A Evolução da Jurisprudência Brasileira no Tema Imunidade de Jurisdição do Estado Estrangeiro. *Seminários de Direito*, 2008.

JAYME, Erik. Identité culturelle et integration: le droit international privé posmtmoderne. In: *Recueil des Cours*. V. 251, 1995.

KRASNER, Stephen D. Pervasive Not Pervasive: Semi-Sovereigns as the Global Norm. *Cornell International Law Journal*, 30, 1997.

LIMA, Renata Mantovani de; BRINA, Marina Martins da Costa. *O Tribunal Penal Internacional*. Belo Horizonte: Del Rey, 2006.

LOPES Jr., Aury. *Sistemas de Investigação Preliminar no Processo Penal*. Rio de Janeiro: Lumen Juris, 2001.

LOUREIRO, Patrícia. A cidadania da União Europeia: mito ou realidade? In: SOUSA, Mônica Teresa Costa e LOUREIRO, Patrícia (org.). *Cidadania. Novos temas, velhos desafios*. Ijuí: Unijuí, 2009.

LUSTOZA, Helton Kramer. *Advocacia Pública em ação*: atuação prática judicial e extrajudicial. Salvador: Juspodivm, 2013.

MACHADO, Diego Pereira. Direito da União Europeia. São Paulo: Saraiva, 2013.

____. Comentários ao Estatuto da Igualdade Racial – arts. 56-57. In: LEAL, Bruno Bianco; MACHADO, Diego Pereira; SANCHES, José Roberto (org.). Igualdade Racial: história, comentários ao Estatuto e igualdade material. Rio de Janeiro: GZ, 2013.

____. *Direito Internacional e Comunitário para concurso de Juiz do Trabalho*. 2 ed (ver., amp. e atual.). São Paulo: Edipro, 2012.

____. Crianças e adolescentes: normativa internacional de proteção. In: PAVIONE, Lucas dos Santos; SILVA, Luiz Antônio Miranda Amorim (org.). *Temas aprofundados AGU (Advocacia-Geral da União)*. Salvador: Juspodivm, 2012.

____. Caso Battisti: pensamentos críticos! In: DEL´OLMO, Florisbal de Souza; KAKU, Willian Smith; SUSKI, Liana Maria Feix. *Cidadania e Direitos Humanos*: tutela e efetividade internacional e nacional. Rio de Janeiro: GZ, 2011.

____. *Sistema regional americano de proteção dos direitos humanos*. São Paulo: TV LFG, 2010. Vídeo 60 min. Disponível em: www.tvlfg.com.br. Acesso em 14 04 2011.

____; DEL´OLMO, Florisbal de Souza. *Direito da Integração, Direito Comunitário, MERCOSUL e União Europeia*. Salvador: Juspodivm, 2011.

MACHADO, Jónatas E. M. *Direito Internacional*: do paradigma clássico ao pós-11 de setembro. 3 ed. Coimbra: Coimbra Editora, 2006.

MACHADO, Rafaela Benevides Ferreira. Juiz Constitucional Brasileiro: A Atividade Criativa Ausente de Princípios Limitadores e a Negação de Uma Responsabilidade Política. *Revista de Direito Brasileira*, v. 2, n. 2, jan-jun, 2012.

MAZZUOLI, Valério de Oliveira. Curso de Direito Internacional Público. 6 ed. São Paulo: Revista dos Tribunais, 2012.

____. O Controle Jurisdicional da Convencionalidade das Leis. São Paulo: Revista dos Tribunais, 2009.

____. Os Tratados Internacionais de Proteção dos Direitos Humanos e sua Incorporação no Ordenamento Brasileiro. Disponível em: http://www.mt.trf1.gov.br/judice/jud13/tratados.htm. Acesso em: 03/07/2008.

____. O novo § 3º do artigo 5º da Constituição e sua eficácia. In: GOMES, Eduardo Biacchi; REIS, Tarcísio Hardman (coord.). O direito constitucional internacional após a emenda 45/04 e os direitos fundamentais. São Paulo: Lex Editora, 2007.

____. *Tribunal Penal Internacional e o Direito Brasileiro*. São Paulo: Premier Maxima, 2005.

MELLO, Celso Antônio Bandeira de. *Conteúdo jurídico do princípio da igualdade*. 3 ed. São Paulo: Malheiros, 2007.

MELLO, Celso D. de Albuquerque. *Direito Constitucional Internacional*. 2 ed. São Paulo: Renovar, 2000.

____. *Curso de Direito Internacional público*. 12 ed. Vol. 1. Rio de Janeiro: Renovar. 2000.

MENDES, Gilmar Ferreira; BRANCO, Paulo Gustavo Gonet. *Curso de Direito Constitucional*. 6 ed. São Paulo: Saraiva, 2011.

MIRANDA, Jorge. *Curso de direito internacional público:* uma visão sistemática do direito internacional dos nossos dias. 4 ed. Rio de Janeiro: Forense, 2009.

MIRANDA, Pontes de. Comentários à Constituição de 1967. 2. ed. São Paulo: Revista dos Tribunais, tomo III, p. 109.

MORAES, Alexandre de. *Direitos humanos fundamentais*. 9. ed. São Paulo: Atlas, 2011.

NETTO, Felipe Peixoto Braga. *Manual de Direito do Consumidor*. 9 ed. Salvador: Juspodivm, 2014.

NOVELINO, Marcelo. *Direito Constitucional*. 5 ed. São Paulo: Método, 2011.

OLIVEIRA, Erival da Silva. *Direitos Humanos*. São Paulo: Revista dos Tribunais, 2009.

OLIVEIRA, Bruna Pinotti Garcia; LAZARI, Bruno de. *Manual de direitos humanos*. 5 ed. Salvador: juspodivm, 2019.

ÖSTREICH, Gabriele. Le système de la protection des droits de l'homme en Afrique et en Europe: échange d'expériences et perspectives.In: *Rapport Général*. Actas do Colóquio afro--europeu, Estrasburgo, 26-31 marc. 1990.

PEDRAS, Cristiano Villela. A Incorporação dos Tratados de Direitos Humanos na Constituição. Estado de Direito, nº 26, ano IV, 2010.

PIERONI, Fabrizio de Lima. A Função Constitucional e a Autonomia da Advocacia Pública. In: FIGUEIREDO, Guilherme Jose Purvin de (org.). *Estudos Jurídicos em homenagem ao Ministro Sepúlveda Pertence São Paulo*: Letras Jurídicas, 2009.

PIOVESAN, Flávia. Desenvolvimento Histórico dos Direitos Humanos e a Constituição Brasileira de 1988. In: AGRA, Walber de Moura (coord.). *Retrospectiva dos 20 Anos da Constituição Federal*. São Paulo: Saraiva, 2009.

____. Tratados internacionais de direitos humanos e a reforma do Judiciário. In: *Direitos fundamentais*: estudos em homenagem ao Professor Ricardo Lobo Torres. Rio de Janeiro: Renovar, 2006.

____. *Direitos Humanos e Justiça Internacional*. São Paulo: Saraiva, 2006.

____. *Temas de Direitos Humanos*. 2 ed. São Paulo: Max Limonad, 2003.

____. *Direitos Humanos e o Direito Constitucional Internacional*. São Paulo: Max Limonad, 1997.

POSNER, Eric A.; SYKES, Alan O. *Economic Foundations of International Law*. Cambridge: Harvard University Press, 2013.

REINISCH, A. The Changing International Legal Framework for Dealing with Non-State Actors. In: ALSTON, P. (Ed.). *Non-State Actors and Human Rights*. Oxford: Oxford University Press, 2005.

REZEK, Francisco. *Direito Internacional Público*. 11 ed. São Paulo: Saraiva, 2008.

ROCHA NETO, Alcimor Aguiar. *À espreita de Vargas*. Fortaleza: Imprensa Universitária, 2006.

ROSSATO, Luciano Alves; LÉPORE, Paulo Eduardo; CUNHA, Rogério Sanches. *Estatuto da Criança e do Adolescente Comentado*. São Paulo: Revista dos Tribunais, 2010.

SAID, Edward W. *Humanismo e crítica democrática*. São Paulo: Companhia das Letras, 2007.

SANTIAGO NIÑO, Carlos. *The ethics of human rights*. Oxford: Clarendon Press, 1991.

SARLET, Ingo Wolfgang. *A eficácia dos Direitos fundamentais*. 8 ed. Porto Alegre: Livraria do Advogado, 2007.

SEN, Amartya. *A ideia de justiça*. São Paulo: Companhia das Letras, 2009.

SILVA, José Afonso da. *Comentário Contextual à Constituição*. 7 ed. São Paulo: Malheiros, 2010.

____. *Comentário contextual à Constituição*. 4 ed. São Paulo: Malheiros, 2007.

____. *Curso de Direito Constitucional Positivo*. 9 ed. São Paulo: Malheiros, 1992.

SHEERAN, Scott. The relationship of international human rights law and general international law: a hermeneutic constraint, or pushing the boundaries? *In*: SHEERAN, Scott; RODLEY, Nigel (eds.). *Routledge handbook on international human rights law*. London: Routledge, 2013.

SOARES, Guido. *Órgãos dos Estados nas relações internacionais*: formas da diplomacia e as imunidades. 1 ed. Rio de Janeiro: Forense, 2001.

SOUSA, Oziel Francisco. *A efetivação dos direitos fundamentais sociais pelo Poder Judiciário*: uma breve análise. São Paulo: All Print, 2008.

SUNSTEIN, Cass. *Infotopia*: How Many Minds Produce Knowledge. Oxford: Oxford University Press, 2006.

TAVARES, André Ramos. *Curso de Direito Constitucional*. 6. ed. São Paulo: Saraiva, 2008.

TOBIN, Jhon. *The right to health in international law*. Oxford: Oxford University Press, 2012.

TRINDADE, Antônio Augusto Cançado. *Tratado de Direito Internacional dos Direitos Humanos*. Vol. I. 2. ed. Porto Alegre: Sergio Antonio Fabris, 2003.

____. *Tratado de direito internacional dos direitos humanos*. V. III. Porto Alegre: Sergio Antonio Fabris, 2003.

____. *Direito das Organizações Internacionais*. 3 ed. Belo Horizonte: Del Rey, 2003.

____. *O Direito Internacional em um mundo em transformação*. São Paulo: Renovar, 2002.

VALVERDE, Antonio Martín; GUTIÉRREZ, Fremin Rodríguez-Sañudo; MURCIA, Joaquín García. *Derecho del Trabajo*. 18 ed. Madrid: Tecnos, 2009.

WAMBIER, Teresa Arruda Alvim. Introdução – reflexões sobre as ações constitucionais e sua efetividade. In: DIDIER JR., Fredie. *Ações Constitucionais*. 4 ed. Salvador: Juspodivm, 2009.

ANEXO

Declaração Universal dos Direitos Humanos

Adotada e proclamada pela Resolução nº 217 A (III) da Assembleia-Geral das Nações Unidas, em 10 de dezembro de 1948. Assinada pelo Brasil na mesma data.

Considerando que o reconhecimento da dignidade inerente a todos os membros da família humana e de seus direitos iguais e inalienáveis é o fundamento da liberdade, da justiça e da paz no mundo,

Considerando que o desprezo e o desrespeito pelos direitos humanos resultam em atos bárbaros que ultrajam a consciência da humanidade e que o advento de um mundo em que os homens gozem de liberdade de palavra, de crença e da liberdade de viverem a salvo do temor e da necessidade foi proclamado como a mais alta aspiração do homem comum,

Considerando essencial que os direitos humanos sejam protegidos pelo Estado de Direito, para que o homem não seja compelido, como último recurso, à rebelião contra a tirania e a opressão,

Considerando essencial promover o desenvolvimento de relações amistosas entre as nações,

Considerando que os povos das Nações Unidas reafirmaram, na Carta, sua fé nos direitos humanos fundamentais, na dignidade e no valor da pessoa humana e na igualdade de direitos dos homens e das mulheres, e que decidiram promover o progresso social e melhores condições de vida em uma liberdade mais ampla,

Considerando que os Estados-Membros se comprometeram a promover, em cooperação com as Nações Unidas, o respeito universal aos direitos humanos e liberdades fundamentais e a observância desses direitos e liberdades,

Considerando que uma compreensão comum desses direitos e liberdades é da mais alta importância para o pleno cumprimento desse compromisso,

A Assembleia-Geral proclama:

A presente Declaração Universal dos Direitos Humanos como o ideal comum a ser atingido por todos os povos e todas as nações, com o objetivo de que cada indivíduo e cada órgão da sociedade, tendo sempre em mente esta Declaração, se esforce, através do ensino e da educação, por promover o respeito a esses direitos e liberdades, e, pela adoção de medidas progressivas de caráter nacional e internacional, por assegurar o seu reconhecimento e a sua observância universal e efetiva, tanto entre os povos dos próprios Estados-Membros, quanto entre os povos dos territórios sob sua jurisdição.

Artigo 1º

Todas as pessoas nascem livres e iguais em dignidade e direitos. São dotadas de razão e consciência e devem agir em relação umas às outras com espírito de fraternidade.

Artigo2º

Toda pessoa tem capacidade para gozar os direitos e as liberdades estabelecidas nesta Declaração, sem distinção de qualquer espécie, seja de raça, cor, sexo, língua, religião, opinião política ou de outra natureza, origem nacional ou social, riqueza, nascimento, ou qualquer outra condição.

Não será tampouco feita qualquer distinção fundada na condição política, jurídica ou internacional do país ou território a que pertença uma pessoa, quer se trate de um território independente, sob tutela, sem governo próprio, quer sujeito a qualquer outra limitação de soberania.

Artigo 3º

Toda pessoa tem direito à vida, à liberdade e à segurança pessoal.

Artigo 4º

Ninguém será mantido em escravidão ou servidão; a escravidão e o tráfico de escravos serão proibidos em todas as suas formas.

Artigo 5º

Ninguém será submetido à tortura, nem a tratamento ou castigo cruel, desumano ou degradante.

Artigo 6º

Toda pessoa tem o direito de ser, em todos os lugares, reconhecida como pessoa perante a lei.

Artigo 7º

Todos são iguais perante a lei e têm direito, sem qualquer distinção, a igual proteção da lei. Todos têm direito a igual proteção contra qualquer discriminação que viole a presente Declaração e contra qualquer incitamento a tal discriminação.

Artigo 8º

Toda pessoa tem direito a receber dos tribunais nacionais competentes remédio efetivo para os atos que violem os direitos fundamentais que lhe sejam reconhecidos pela constituição ou pela lei.

Artigo 9º

Ninguém será arbitrariamente preso, detido ou exilado.

Artigo 10

Toda pessoa tem direito, em plena igualdade, a uma audiência justa e pública por parte de um tribunal independente e imparcial, para decidir sobre seus direitos e deveres ou do fundamento de qualquer acusação criminal contra ele.

Artigo 11

§1. Toda pessoa acusada de um ato delituoso tem o direito de ser presumida inocente até que a sua culpabilidade tenha sido provada de acordo com a lei, em julgamento público no qual lhe tenham sido asseguradas todas as garantias necessárias à sua defesa.

§2. Ninguém poderá ser culpado por qualquer ação ou omissão que, no momento, não constituíam delito perante o direito nacional ou internacional. Tampouco será imposta pena mais forte do que aquela que, no momento da prática, era aplicável ao ato delituoso.

Artigo 12

Ninguém será sujeito a interferências na sua vida privada, na sua família, no seu lar ou na sua correspondência, nem a ataques à sua honra e reputação. Toda pessoa tem direito à proteção da lei contra tais interferências ou ataques.

Artigo 13

§1. Toda pessoa tem direito à liberdade de locomoção e residência dentro das fronteiras de cada Estado.

§2. Toda pessoa tem o direito de deixar qualquer país, inclusive o próprio, e a este regressar.

Artigo 14

§1. Toda pessoa, vítima de perseguição, tem o direito de procurar e de gozar asilo em outros países.

§2. Este direito não pode ser invocado em caso de perseguição legitimamente motivada por crimes de direito comum ou por atos contrários aos propósitos e princípios das Nações Unidas.

Artigo 15

§1. Toda pessoa tem direito a uma nacionalidade.

§2. Ninguém será arbitrariamente privado de sua nacionalidade, nem do direito de mudar de nacionalidade.

Artigo 16

Os homens e mulheres de maior idade, sem qualquer restrição de raça, nacionalidade ou religião, têm o direito de contrair matrimônio e fundar uma família. Gozam de iguais direitos em relação ao casamento, sua duração e sua dissolução.

§1. O casamento não será válido senão como o livre e pleno consentimento dos nubentes.

§2. A família é o núcleo natural e fundamental da sociedade e tem direito à proteção da sociedade e do Estado.

Artigo 17

§1. Toda pessoa tem direito à propriedade, só ou em sociedade com outros.

§2. Ninguém será arbitrariamente privado de sua propriedade.

Artigo 18

Toda pessoa tem direito à liberdade de pensamento, consciência e religião; este direito inclui a liberdade de mudar de religião ou crença e a liberdade de manifestar essa religião ou crença, pelo ensino, pela prática, pelo culto e pela observância, isolada ou coletivamente, em público ou em particular.

Artigo 19

Toda pessoa tem direito à liberdade de opinião e expressão; este direito inclui a liberdade de, sem interferência, ter opiniões e de procurar, receber e transmitir informações e ideias por quaisquer meios e independentemente de fronteiras.

Artigo 20

§1. Toda pessoa tem direito à liberdade de reunião e associação pacíficas.

§2. Ninguém pode ser obrigado a fazer parte de uma associação.

Artigo 21

§1. Toda pessoa tem o direito de tomar parte no governo de seu país, diretamente ou por intermédio de representantes livremente escolhidos.

§2. Toda pessoa tem igual direito de acesso ao serviço público do seu país.

§3. A vontade do povo será a base da autoridade do governo; esta vontade será expressa em eleições periódicas e legítimas, por sufrágio universal, por voto secreto ou processo equivalente que assegure a liberdade de voto.

Artigo 22

Toda pessoa, como membro da sociedade, tem direito à segurança social e à realização, pelo esforço nacional, pela cooperação internacional de acordo com a organização e recursos de cada Estado, dos direitos econômicos, sociais e culturais indispensáveis à sua dignidade e ao livre desenvolvimento da sua personalidade.

Artigo 23

§1. Toda pessoa tem direito ao trabalho, à livre escolha de emprego, a condições justas e favoráveis de trabalho e à proteção contra o desemprego.

§2. Toda pessoa, sem qualquer distinção, tem direito a igual remuneração por igual trabalho.

§3. Toda pessoa que trabalha tem direito a uma remuneração justa e satisfatória, que lhe assegure, assim como à sua família, uma existência compatível com a dignidade humana, e a que se acrescentarão, se necessário, outros meios de proteção social.

§4. Toda pessoa tem direito a organizar sindicatos e a neles ingressar para a proteção de seus interesses.

Artigo 24

Toda pessoa tem direito a repouso e lazer, inclusive a limitação razoável das horas de trabalho e a férias periódicas remuneradas.

Artigo 25

§1. Toda pessoa tem direito a um padrão de vida capaz de assegurar a si e a sua família saúde e bem-estar, inclusive alimentação, vestuário, habitação, cuidados médicos e os serviços sociais indispensáveis, e direito à segurança em caso de desemprego, doença, invalidez, viuvez, velhice ou outros casos de perda dos meios de subsistência em circunstâncias fora de seu controle.

§2. A maternidade e a infância têm direito a cuidados e assistência especiais. Todas as crianças, nascidas dentro ou fora de matrimônio, gozarão da mesma proteção social.

Artigo 26

§1. Toda pessoa tem direito à instrução. A instrução será gratuita, pelo menos nos graus elementares e fundamentais. A instrução elementar será obrigatória. A instrução técnico-profissional será acessível a todos, bem como a instrução superior, esta baseada no mérito.

§2. A instrução será orientada no sentido do pleno desenvolvimento da personalidade humana e do fortalecimento do respeito pelos direitos humanos e pelas liberdades fundamentais. A instrução promoverá a compreensão, a tolerância e a amizade entre todas as nações e grupos raciais ou religiosos, e coadjuvará as atividades das Nações Unidas em prol da manutenção da paz.

§3. Os pais têm prioridade de direito na escolha do gênero de instrução que será ministrada a seus filhos.

Artigo 27

§1. Toda pessoa tem o direito de participar livremente da vida cultural da comunidade, de fruir as artes e de participar do processo científico e de seus benefícios.

§2. Toda pessoa tem direito à proteção dos interesses morais e materiais decorrentes de qualquer produção científica, literária ou artística da qual seja autor.

Artigo 28

Toda pessoa tem direito a uma ordem social e internacional em que os direitos e liberdades estabelecidos na presente Declaração possam ser plenamente realizados.

Artigo 29

§1. Toda pessoa tem deveres para com a comunidade, em que o livre e pleno desenvolvimento de sua personalidade é possível.

§2. No exercício de seus direitos e liberdades, toda pessoa estará sujeita apenas às limitações determinadas por lei, exclusivamente com o fim de assegurar o devido reconhecimento e respeito dos direitos e liberdades de outrem e de satisfazer às justas exigências da moral, da ordem pública e do bem-estar de uma sociedade democrática.

§3. Esses direitos e liberdades não podem, em hipótese alguma, ser exercidos contrariamente aos propósitos e princípios das Nações Unidas.

Artigo 30

Nenhuma disposição da presente Declaração pode ser interpretada como o reconhecimento a qualquer Estado, grupo ou pessoa, do direito de exercer qualquer atividade ou praticar qualquer ato destinado à destruição de quaisquer dos direitos e liberdades aqui estabelecidos.

EDITORA JusPODIVM
www.editorajuspodivm.com.br

Impressão e Acabamento
PlenaPrint
Indústria Gráfica